행복,
채움으로 얻는가 비움으로 얻는가

행복,
채움으로 얻는가 비움으로 얻는가

박찬욱 기획, 김재성 편집 | 미산 · 최연철 · 박영환 · 강상진 · 이진경 · 권석만 집필

운주사

기획자 서문

보다 많은 사람들이 보다 행복하게 살길 기원하며

동녘에서 태양이 떠오를 즈음 사람들은 잠에서 깨어나 하루를 시작합니다. 남녀노소를 불문하고 삶 속에서 무언가를 얻기 위하여 몸과 마음을 움직입니다. 각자 형편에 따라 부족한 것들을 채우기 위하여, 일상을 유지하기 위하여, 신념과 가치를 추구하기 위하여 활동합니다.

나는 삶 속에서 무엇을 얻고자 하는가?

살면서 진지하게 물어보아야 할 질문입니다. 강의를 듣는 수강생들과 집단상담 프로그램에 참가한 사람들은 다양하게 응답합니다. 각자가 당면한 현실에 따라 즉각적으로 나오는 답이 다릅니다. 제시된 많은 답들 중에서 과정적인 목표들을 걸러 내면 궁극적인 목표만 남게 됩니다. 거의 모든 경우, 사람들은 자신들이 최종적으로 얻고자 하는 것이 행복임을 통찰하고 동의합니다.

행복!

많은 사람들이 삶 속에서 얻고자 하는 최종 목표인 행복은 과연 무엇인가요? 어떻게 해야 성취할 수 있으며, 성취 여부를 어떻게 확인할 수 있나요? 우리는 일상에서 얼마나 행복한가요?

모든 이의 관심사인 행복에 대하여, 초기불교, 대승불교, 선불교의 입장과 서양철학, 윤리학·사회학, 심리학의 관점을 조망하고 논의해 봄으로써, 보다 많은 사람들이 보다 행복한 삶을 살 수 있는 지혜와 실천 방법들을 얻기를 소망하면서 이 책과 제9회 학술연찬회를 기획하였습니다.

이 책을 편집하시고 학술연찬회에서 좌장 역할을 하시는 김재성 교수님, 해당 분야의 연구 성과를 논문으로 정리하시고 학술연찬회에서 주제발표와 토론을 하시는 미산 스님, 최연철(로덴) 교수님, 박영환 교수님, 강상진 교수님, 이진경 교수님, 권석만 교수님의 노고에 감사드립니다. 그리고 「밝은 사람들 총서」 출판을 흔쾌히 맡아 주신 도서출판 운주사 김시열 사장님과 꼼꼼하게 교정 작업을 해 주신 임헌상 선생님께 깊은 사의를 표합니다.

일상에서 늘 행복하시길 기원하며

2010년 11월

밝은사람들연구소장

담천湛泉 박찬욱朴贊郁

편집자 서문

행복에 대한 이해와 실천을 위하여

동서고금을 막론하고 모든 인간은 괴로움을 피하고 행복을 얻으려고 한다. 괴로움과 행복에 대한 이해와 괴로움을 없애고 행복을 얻기 위한 방법에 차이는 있을지언정, 누구도 괴로움을 원하지 않으며, 누구나 행복하기를 바란다는 것은 자명하다고 볼 수 있다.

그러면 행복이란 무엇이며, 그 행복을 어떻게 얻을 수 있을 것인가? 그에 대한 답을 불교와 서양철학, 그리고 윤리학·사회학과 심리학의 입장에서 고찰하려는 시도로 이 책은 기획되었다.

이 책은 초기불교, 대승불교, 선불교의 불교전통과 서양 고중세철학, 윤리학, 사회학, 그리고 심리학 특히 긍정심리학이라는 프리즘을 통해 본 '행복'에 관한 6편의 글로 구성되어 있다. '행복'이란 무엇일까? 그에 대한 답을 동양과 서양, 고대와 현대의 입장에서 고찰해 보면서 우리 스스로 '행복'에 대해서 진지하게 논의할 장을 만들어 보고자 하는 노력의 결과물이다.

행복에 대한 다양한 접근을 통해서 독자들은 현재 각자가 생각하고 있는 행복을 되돌아보고, 또한 삶 속에서 추구하고 있는 행복에 이르는 길에 대해서 깊이 있게 사유해 볼 수 있는 중요한 원천을 많이 발견하게 될 것이다.

　이제 여섯 편의 글을 통해서 행복이란 무엇이며, 또 어떻게 얻을 수 있는지, 개관해 보고자 한다.

　먼저 불교에서 말하는 행복에 대해 정리해 보자. 깨달음을 얻기 전 붓다는 모든 인간이 겪을 수밖에 없는 늙음, 병듦, 죽음이라는 괴로움을 벗어나서 늙음이 없고, 병이 없으며, 죽음이 없는 상태를 구하기 위하여, 가족과 현실의 기득권을 모두 버리고 집 없는 구도자가 되었다. 고도의 정신집중(定)과 치열한 고행苦行이라는 시행착오를 거친 후, 감각적 쾌락의 함정이 없는, 내적인 기쁨과 행복을 경험하는 선정禪定 체험을 바탕으로 한, 지혜－내면의 오염원을 제거하는 실천적 지혜－의 힘에 의해 자신이 찾고자 했던 불사不死의 경지, 최상의 행복을 경험하게 되었다. 그리고 그 행복을 많은 사람들에게 45년 동안 가르쳤다. 따라서 불교는 붓다가 경험한 행복에 대한 가르침이자 그 행복에 이르는 길의 가르침이라고 할 수 있다.

　첫 번째 글에서 미산스님은 「초기불교 및 상좌불교의 행복론: 최상의 행복을 향하여」라는 제목으로 초기불교와 상좌불교에서 말하는 행복론을 경전과 주석 문헌을 통해서 정리하였다. 미산스님은 먼저 우리에게 진정으로 행복해지고 싶은지 물음을 던지면서 글을 시작하고 있다. 그리고 행복을 추구하는 잘못된 접근 방식인 순간의 쾌락을 좇는 것도, 맹목적 성취를 위한 매달림도, 모든 것을 포기한 무기력함도 모두 진정한 행복을 얻는 데 아무런 도움이 되지 않는다고 정리한 후에, 연기법에 대한 이해를 통한 중도적 행복이 붓다가 제시하고자 하는 행복임을 말한다. 행복은 순간순간 변화하는 연기적 과정 속에서 만들어지는 것이므로 행복이 실체로써 따로 존재할 수 없다. 예를 들면 행복이라는 산의 정상을 향해 등산을 할 때 성취주의자는 정상에 도달하면 영원히 행복해질 것이라는 환상을 가지고 있다. 그에게 등산 자체는 중요하지 않다. 반면 쾌락주의자는 오로지 등산 자체가 중요하다고 탐착한다. 정상과 등산 두 가지를 다 포기한 허무주의자는 삶에 환멸을 느낀다. 진정으로 등산을 잘하는 사람은 정상의 정복에 대한 환상도, 등산 자체에 대한 집착도, 환멸도 모두 내려놓고 등산의 과정 자체를 즐길 수 있어야 한다. 왜냐하면 붓다에 의하면 행복이란 처음과 중간과 끝을 포함하여 어디에도 치우치지 않은 연기적 과정이기 때문이다.

그리고 연기적 과정으로서의 행복에 이르는 길을 경전과 후대의 주석문헌을 통해 제시하고 있다. 특히 『숫따니빠따』의 「행복경」에 나타난 최상의 행복에 대한 붓다의 가르침을 자세히 분석하면서 인간의 행복(manussa-sukha), 천상의 행복(dibba-sukha), 그리고 열반의 행복(nibbana-sukha)이라는 행복의 3가지 차원을 말한다.

인간의 행복은 여섯 가지 기본적인 사회적 관계들인 부모와 자녀, 스승과 제자, 남편과 아내, 친구와 동료, 고용주와 고용인, 재가자와 종교 지도자 사이의 인간관계에서 경험하는 행복이며, 전적인 수용과 사섭법(보시, 애어, 이행, 동사)을 통해서 구체화됨을 보여 주고 있다. 천상의 행복이란 삼매의 체험을 통해 경험하는 행복으로, 다양한 선정禪定의 계발과 자비희사의 사무량심의 실천을 통해서 얻을 수 있다. 마지막으로 제시한 열반의 행복이 불교에서 말하는 최상의 행복이며, 현상의 본질을 꿰뚫어 보는 지혜의 계발과 출세간의 팔정도八正道를 통해서 얻을 수 있는 마지막 단계의 행복임을 보여 주고 있다.

간단히 정리하면, 인간관계에서 상호의무에 의한 타인과의 조화로운 관계 맺음과 덕행의 실천은 보통의 인간이 경험할 수 있는 현재의 행복을 위해 필요하다. 하지만 인간의 행복을 넘어선 좀 더 심화되고 지속적인 행복은 마음 수련법인 선정 수행을 통한 마음의 정화를 통해서 가능하며, 선정 수행은 현세에서의 행복뿐만 아니라(現法樂住), 다음 생에서의 행복으로 연결되어 있다. 불교는 현세의 행복뿐만 아니라 내세의 행복도 중요시하고 있음을 알 수 있다. 하지만 이러한 현세와 내세의 행복도 일시적인 것일 뿐이므로, 궁극적으로는 영원한 행복인 열반의 행복을 이루어야 한다는 점이 불교에서 말하는 최상의 행복이라고 할 수 있다. 이 세 가지 행복은 서로 상충하지 않으며, 오히려 현세와 내세의 행복을 위해 노력하는 것을 장려하면서, 궁극적 행복을 얻을 수 있는 길을 보여 주고 있다는 점에서 초기불교 및 상좌불교의 행복론의 특징을 찾을 수 있을 것이다.

행복에 이르는 과정은 탐진치라는 근본 번뇌인 불선不善의 뿌리의 제거에 의해 가능하기 때문에 불교의 행복은 불선을 비워 내고, 선善의 뿌리인 탐진치가 없는 마음을 길러서 얻어지는 것이라고 할 수 있을 것이다. 탐진치는 다양한 형태의 번뇌로 제시되는데, 그중에서 불행의 악순환의 고리를 끈질기게 산출해 내는 미세번뇌로 ① 개아가 실존한다는 견해〔有身見〕, ②의심〔疑〕, ③금기사항과 종교적 의례에 대한 집착〔戒禁取〕, ④감각적 욕망〔欲貪〕, ⑤악의〔瞋〕, ⑥색계 존재에 대한 욕망〔色貪〕, ⑦무색계 존재에 대한 욕망〔無色貪〕, ⑧자만〔慢〕, ⑨들뜸〔掉擧〕,

⑩무지〔無明〕라는 열 가지로 이루어진 악순환의 족쇄(saṃyojana)가 제시된다. 이 열 가지 족쇄를 완전히 비워 내는 자가 탐·진·치 삼독의 번뇌를 모두 해결하여 열반을 성취한 자, 즉 아라한阿羅漢이며, 최상의 행복을 이룬 자이다.

미산스님은 초기불교의 연기 ·중도적 행복론을 다음과 같이 정리하면서 마무리한다. 행복은 매순간의 연기적 과정 속에서 만들어지므로 어떤 차원의 행복이든 행복이라는 실체가 따로 있는 것이 아니다. 현재의 삶의 자연스런 흐름에서 나타나는 이익과 손실, 명성과 악평, 칭송과 비난, 행복과 불행, 즉 4가지 순경順境과 4가지 역경逆境의 팔풍八風 경계를 경험하더라도 얼마나 평정한 마음으로 휘둘리지 않는 삶을 사느냐가 붓다가 전하는 행복의 핵심 메시지이다. 중도적 행복을 실천하는 사람은 불행을 피하지도 않고 행복을 붙잡지도 않는다. 다만 지금 여기에 서 있는 그대로의 삶을 받아들이며 누리고 만족하는 것이다. 풍요로움과 평화가 넘치고 만족과 감사의 마음이 충만한 중도적 행복은 사랑과 친절과 연민을 함께 나누는 것이다. 중도적 행복을 나누기 위해 붓다는 세상에 대한 연민으로, 신과 인간의 유익함과 안녕과 행복을 위해서 처음도 중간도 끝도 좋은 법을 많은 사람들에게 전하라고 하였다. 이것이 진정한 행복주의이며, 중도적 행복의 삶은 지금 여기에서 언제나 온전하다.

두 번째 논문인 최연철(최로덴) 박사의 「대승불교의 행복론: 모두의 행복을 위한 보살의 길」에서는 초기불교의 사상을 계승하면서, 소승불교라고 폄하된 부파불교의 한계를 극복하고자 일어난 새로운 신앙부흥 운동인 인도 대승불교와 티벳불교의 행복론에 대해서 정리하고 있다.

이 논문은 붓다의 삶이 곧 대승의 길이었음을 전제로 하여 시작한다. 붓다는 완전한 깨달음을 이룬 후, 오직 중생을 위한 이타적 대비심으로 대승적인 중도의 길을 실천하기 위해 지복의 삼매에서 깨어나 세상으로 한 걸음 더 나아갔으며, 존재로서 존재하는 동안 너의 행복이 곧 나의 행복일 수밖에 없는 연기의 원리에 맞는 삶을 살았다. 붓다는 모든 중생을 보편적 행복의 길로 인도하는 연기의 깨달음을 전하기 위해서, 45년이라는 긴 세월 동안 세속의 회향처에 머물며 묵묵히 중도의 길을 실천한 것이다. 그리고 이렇게 완성된 붓다의 삶은 붓다의 일대기 자체로 불교의 모든 교학과 수행의 의미를 다 담고 있다고 한다. 붓다의 일대기에 나타난 내용 그대로 '존재에 대한 의문 – 아라한적 견성 – 성불 – 보살적 회향'이라는 도식은 이후에 전개된 인도불교의 역사적 전개 양상에 그대로 나타난다고 하면서 인도불교의 역사를 붓다의 일생과 관련지어 고찰하고 있다. 붓다의 가르침을 그대로 담고 있는 초기불교를 시작으로 아라한적 견성해탈을 분석적으로 탐구한 부파불교와 붓다의 이타적 실천행에 초점을 맞추어 보살적 회향의 불교를 논리적·수행적으로 재구성한 대승불교의 역사로 보고 있는 것이다.

이렇게 이 논문은 붓다의 보살적 회향의 일대기를 염두에 두고 인도불교의 역사에서 대승불교가 이타적인 삶과 보편적인 행복을 추구할 수밖에 없었던 이유를 살펴보고 있으며, 인도 대승불교의 수행적 목적과 인식논리의 전통을 그대로 수용하고 있는 티벳불교의 전통을 통해 대승적 행복론을 재고하였다. 이러한 시도를 통해서 최 박사는 현대 문명의 이기적 행복추구에 대한 모순을 자각하고 석가모니 붓다가 몸소 보여 준 대승적 삶의 소중한 가치를 드러내려고 한 것이다.

본고는 인도에서 대승불교가 일어날 수밖에 없었던 이유를 기성 부파 교단의 한계에서 찾고 있다. 즉 붓다의 가르침을 체계적으로 정리하는 데 몰두한 부파불교의 논증적 탐구는 불교를 체계화시킨 공로에도 불구하고 결과적으로 자신들만의 언어에 갇힌 개념적 천착에 빠짐으로써, 삶에 지쳐 종교적 안녕을 구하는 민중의 염원과는 유리되게 되었다는 것이다. 민중의 염원은 현재의 삶 속에서 행복해지는 것이지만 그들은 스스로 자신을 구원할 힘이 없기 때문에 누군가의 도움에 의지하여 그들이 원하는 것을 이루고자 한다고 가정한다. 부파불교의 엄격한 계율과 복잡 난해한 법문의 이해 방식이 출가 수행을 통해서만 가능해 보이는 이상, 일상의 삶에 바쁜 대다수의 민중들은 그로부터 멀어질 수밖에 없었으며, 이와 같은 모순을 극복하기 위해 인도불교 역사 안에서 민중의 구원과 구제의 염원을 수용한 대승불교가 출현했다고 보았다.

대승불교의 사상적 특징을 대체로 세 가지 정도로 요약하여 제시하는데, 첫째는 붓다에 대한 관점의 변화로 구제불救濟佛을 원하는 민중의 염원과 맞물려 다양한 구제불이 출현한다는 점을 들고 있다. 둘째는 불법佛法에 대한 이해의 차이로 붓다의 가르침 자체에 천착했던 부파불교가 '법에 대한 분석'을 통해 존재의 모순을 제시하고 그 해결책으로써 아라한과에 도달하는 수행적 과정을 제시하고 있는 반면, 대승불교에서는 존재의 모순 자체가 깨달음의 다른 모습임을 자각하는 것이 붓다의 올바른 지혜임을 드러내고자 한다. 그래서 중생의 다른 모습이 곧 부처이고, 삶의 다른 모습이 곧 죽음이며, 번뇌가 곧 깨달음이 되는 것이라고 한다. 셋째는 초역사적이고 문학적인 상상력으로 가득한 대승경전의 출현을 들고 있다. 이러한 대승불교가 출현한 이유는 붓다의 일대기에서 좀 더 따뜻한 가슴을 가진 중도 실천의 길을 발견하기 위한 것이었고, 그 모습을 있는 그대로 닮아 가기 위한 것이었으며, 거기에는 분명 보편적인 다수의 행복을 추구하는 목적의식이 있다고 한다.

또한 필자는 인도의 초기 대승경전인 반야경般若經, 법화경法華經, 화엄경華嚴經, 정토경淨土經에 나타난 행복론을 정리하면서 초기 대승불교의 행복론이 무엇인지 간명하게 보여 주고 있다. 그리고 인도대승불교의 양대학파인 중관학파中觀學派와 유식학파唯識學派의 교설을 통해서 중기 대승불교철학에 나타난 행복론과 후기 대승밀교大乘密敎의 행복론을 정리한다.

필자는 중관사상과 유식사상을 요약해서 다음과 같이 정리한다. 인간은 마음 쓰기에 따라 행복해지기도 하고 불행해지기도 한다. 마음을 잘 길들여 행복하고 좋은 쪽으로만 사용하게 되면 스스로 불행해질 일이 없는 것이다. 이와 같은 붓다의 행복론을, 마음이든 존재든 그 자체로 실체가 없다는 것에 초점을 맞춘 중관학파와는 달리, 유식학파는 마음 자체에 초점을 두고 있다. 중관학파가 실체가 없는 연기적 산물에 대한 공성의 확고한 진리를 터득함으로써 집착에서 벗어나 해탈열반을 얻고자 한다면, 유식학파는 마음의 속성과 작용원리를 탐구하여 요가적으로 길들이는 수행을 통해 해탈열반을 얻고자 한다. 결과적으로 자타의 분별이 사라지고 너의 행복이 곧 나의 행복임을 터득하게 됨으로써 중생을 위한 보리심을 가지고 보편적인 행복을 추구하기 때문에 이 두 학파를 대승학파로 분류한다고 하고 있다. 하지만 중관사상과 유식사상을 이해하기 어려웠던 민중은 언제나 신앙적 열망을 충족시킬 수 있는 쉽고 본질적인 가르침을 원했기 때문에, 7세기경 힌두교의 강력한 신앙적 종합과 맞물려 인도의 후기 대승불교는 밀교적 신앙과 수행을 중심으로 발전하게 되었다. 대승불교의 특별한 형태인 대승밀교는 『화엄경』에 나타나는 비로자나(大日如來)의 사상처럼, 붓다의 지혜법신을 나타내는 광명을 통해 출현한 수많은 보신불보살의 원력과 방편을 통해 이 몸 그대로 붓다의 지혜광명으로 전환되는 새로운 수행방법을 제시한다. 이론적으로는 중관의 연기공성의 진리를 흡수하고 실천적으로는 유식의 마음의 전환원리를 그대로 흡수하고 있지만, 내용적으로는 근기에 따라 누구나 법신의 광명세계로 인도하려는 원력을 가진 보신불보살로 가득한 만다라의 청정한 법의 세계를 구현하여 민중을 행복의 세계로 인도하고자 하였다. 본고에서는 밀교가 대승적인 차원의 의미를 갖는 것도 민중들의 안녕과 행복을 돌보며 붓다의 본래지혜를 일깨우는 방편을 강구하고 있기 때문이라고 본다. 단순한 세속적 이익을 위한 구원이나 보호 차원의 방편이 아니라 수행의 마지막 단계에서는 결과적으로 붓다의 깨달음(法身)을 그대로 성취할 수 있는 방편을 담고 있기 때문에 대승적인 수행의 목적과 결과에도 부합한다고 한다. 그런 의미에서 학자들은 밀교가 중관, 유식, 여래장 등의 대승불교의 이론을 기반으로 시대 상황에 맞게 민중의 열망에 호응한 것이라고 말하면서 대승밀교를 대승불교의 특별한 방편(金剛乘)이라고 정리하고 있다.

　인도불교의 날란다 승원대학 전통을 그대로 흡수한 티벳불교 역시 승원을 중심으로 민중의 눈높이에 맞춘 신앙과 붓다의 지혜를 깨닫고자 하는 출가 승려가 함께 어우러지는 불교적 공동체를 구현하기 위해 노력해 왔다. 티벳의 불교승원에서는 부파불교와 대승불교의 현교顯敎과 밀교密敎을 모두 공부한다. 설일체유부 계열의 부파불교 계행戒行을 바탕으로 대소승을 망라한 현교적인 교학을 배우고, 그 후에 밀교적 수행과 공부를 병행한다. 종파에 따라 교학과 수행의 방식이 조금씩 차이를 보이기는 하지만, 큰 틀에서 보면 주로 ①불교인식논리학, ②반야학, ③중관학, ④아비달마구사론, ⑤율학 등을 공부한다.

티벳불교에서 인도불교를 구분할 때, 보통은 수행 방식에 따라서 소승, 대승, 그리고 금강승으로 나누며, 사상적 견해에 따라서 유부(說一切有部), 경부經部, 유식唯識, 그리고 중관中觀의 네 가지 주요 학파로 나눈다. 이것은 각기 특정한 가르침의 법맥과 경전, 교의와 수행에 따른 분류이다. 인도불교가 종학의 발달사에 따라 또는 개인의 근기에 따라 다양하게 발전한 것처럼, 티벳불교가 닝마(rNying Ma), 까규(bKa' brGyud), 싸꺄(Sa sKya), 겔룩(dGe Lugs)의 4대 종파로 나누어져 온 것도 각각의 법맥과 중생의 근기, 그리고 역사적 흐름에 따른 필요에 의해서 형성된 것이다. 티벳의 모든 종파들이 공감하는 보편적인 불법의 가르침은, 모든 중생들을 붓다의 길로 인도하기 위한 보리심을 일깨우고, 6바라밀의 수행을 통한 보살도를 발전시키며, 윤회를 벗어난 해탈열반을 추구하는 기본적인 원칙들이다. 티벳불교에서는 현교와 밀교가 서로 괴리되지 않고 상호 보완적 관계에 있으며, 현교적인 공성空性의 훈련을 통해 밀교적인 광명의 공성을 체득함으로써 업과 번뇌의 영향으로부터 해방된다고 한다. 이렇게 윤회 전생轉生을 벗어나 능동적인 해방의 상태에 머물며 모든 중생의 이익과 행복을 위해 일하는 것이 티벳불교에서 추구하는 대승불교의 본래 목적이라고 한다.

석가모니 붓다의 깨달음이 대승적 중생구제로 연결될 수밖에 없었듯이, 모든 종교의 기본적인 가치는 이타적인 실천을 염두에 두고 있다는 달라이라마의 대승적 행복론의 중요성을 말하면서 보편적 행복을 향한 무주보살의 길로 사홍서원과 6바라밀의 실천을 강조한다. 그리고 대승불교의 정신과 한국 선불교의 방향성에 대한 글로 마무리하고 있다. 즉 한국불교도 불교의 연기공성의 의미 그대로 가장 최근의 모순으로부터 출발하여 그것을 새롭게 다시 재구성함으로써 끊임없이 중도를 실천해야 한다. 그래야 이 땅에 붓다가 출현한 이유와 대승의 이상적인 인간상인 보살도의 목적이 드러나기 때문이다.

인도의 대승불교는 자유와 행복을 향한 열망에 부응하는 변증법적 자기반성이었다. 인간은 누구나 행복을 원하고 불행을 원하지 않는다는 것을 너무나 잘 알고 있었기 때문에 개인적인 자유와 행복은 물론, 보편적인 큰 자유와 큰 행복을 추구한 것에서 대승불교의 행복론의 특징을 찾고 있다.

세 번째, 박영환 교수의 「선불교의 행복론: 선시, 절대적 행복을 노래하다」는 송대의 대문장가이자 우리에게 소동파로 알려진 소식蘇軾의 선시에 나타난 선불교의 행복론을 보여 주는 글이다.

이 글에서는 소식이 불교를 받아들이는 과정을 살펴보면서 소식의 선시를 통해서 본 행복을 수연자적隨緣自適의 행복과 일체개공一切皆空의 행복으로 나누어 설명하고 있다.

당대 이후 수많은 중국 문인들은 겉으로는 유학자이지만 내면으로는 불교 수행자였던 외유내불外儒內佛이라는 방식을 통해서 자기 인생에서의 모순과 번뇌를 해결하려 했고, 그 결과 선사상을 통해서 직지인심의 경지를 표현하고자 했다.

특히 소식에게 있어서 무엇보다도 중요한 것은, 수많은 정치적인 역경에도 굴하지 않고 그것을 뛰어넘거나 철저하게 비우는 자세로 일관해, 소극적인 불교관의 운용이라는 인식을 뛰어넘어 불교사상을 적극적으로 운용함으로써 자신의 작품 속에서 광달함과 여유, 해학과 달관의 자세를 견지하고 있다는 점이다. 또한 인생의 고난을 창작으로 승화시켜 수많은 뛰어난 작품을 통해 우리에게 대승공관, 수연자적, 무집착, 원융무애 등 인연을 따르는 인생관을 통해 진정한 선불교 수행자의 행복관을 보여 주고 있다.

소식은 「굴원탑屈原塔」이라는 시에서 이 세상에서 죽지 않는 사람은 없기에 장수와 단명을 따질 필요가 없으며, 모든 사람들이 추구하는 세속의 부귀영화도 영원한 것이 아니고 순간적이고 일시적이라는 것임을 이야기한다. 이는 세속의 욕망을 버리고 내면의 청정심을 추구하는 불법과 일맥상통한다. 다시 말해서 장수와 부귀 같은 우리의 욕망을 버리고 오염되지 않은 담박한 마음을 추구하는 것이 불법에 부합되는 것이다. 비움으로써 낙관과 달관을 추구하는 시인의 형상을 잘 나타낸 시이다.

소식의 나이 60세, 유배지 혜주에서 지은 「사월 십일 처음 여지를 먹다(四月十日初食荔支)」란 시에서 역경 속에서 임운자재하며 살아가는 시인의 달관한 모습을 볼 수 있다.

我生涉世本爲口	내 인생 벼슬길로 든 것은 원래 입 때문,
一官久已輕蓴鱸	관직은 전부터 순채, 농어보다 가볍게 여겼네.
人間何者非夢幻	인간사 어떤 것이 꿈과 환상이 아니던가?

南來萬里眞良圖   남쪽 만리 온 것이 정말 좋은 방법이라네.

　　소식이 벼슬길로 들어선 것은 생활고를 해결해야 했기 때문이며, 이미 오래 전부터 벼슬을 나물과 생선보다도 가볍게 여겼으며, 인간사 모든 것이 꿈과 환상이 아닌 것이 없다고 하고 있다. 소식은 선종의 공관을 활용하여 인생의 모든 것을 꿈이라고 여기고, 벼슬길은 나물보다 가볍다고 여겨 철저히 버리고 비우고 있는 것이다. 이것이 바로 달관한 인생관을 유지하는 비결이다. 그러므로 마지막 구절에서 비록 자신이 황량한 남쪽으로 만리나 유배되어 왔지만, 이곳의 풍경이 너무 아름답고 좋아서 남쪽 만리로 유배 온 것이 오히려 전화위복이 되었다는 낙관적이고 광달한 면모를 나타내며 역경을 헤쳐 나가는, 불교 사상의 진수를 보여 주는 듯하다.
　　소식은 일생 동안 불교 선종의 섭리와 우주관을 매우 잘 활용하여 외유내불外儒內佛의 정신적인 구도자의 길을 걸어왔기에 어떠한 역경 속에서도 분노하지 않고, 오히려 수연자적하면서 세속일체의 번뇌와 애증의 분별심에서 벗어난 생활을 추구할 수 있었다. 소식의 인생에 있어서 수연자적하는 인생관의 체현과 더불어서 가장 두드러진 특징 중의 하나는 초연하게 모든 것을 비우는 달관적인 태도를 나타내고 있다는 점이며, 소식의 일생을 관통하는 중요한 사상은 대승공관, 수연자적, 무심과 무주, 무집착 등으로, 원융무애의 인생관을 견지하고 있다. 그러기에 그의 시문 속에는 자주 낙관적이면서도 모든 것에 초연할 수 있는, 인생을 달관한 듯 행복하고 해학적인 선사의 모습이 투영되고 있는 것이다.

세속에 살되 세속의 가치에 얽매이지 않고, 세속의 온갖 고초에서 초탈한 모습으로 낙관적인 소식의 이러한 삶은 현대의 각박한 생활에서 행복을 찾고 있는 우리들에게 진정한 행복은 밖에 있는 것이 아님을 말해주고 있는 것 같다.

네 번째, 강상진 교수의 「서양철학의 행복론: 인간적 행복과 신적 지복」은 그리스 고대철학의 체계를 확립한 아리스토텔레스(기원전 384~322년)와 고대철학의 마지막을 장식한 아우구스티누스(354~430), 그리고 중세의 윤리신학으로 이어지는 고중세 서양철학의 행복론에 관한 글이다. 이 논문의 내용을 살펴보자.

아리스토텔레스에 의하면 인간의 모든 행동은 마지막에 놓인 목적을 모든 행위의 궁극목적으로 삼으며, 모든 선택과 행위가 지향하는 좋음의 마지막 단계를 최고선이라고 한다. 아리스토텔레스는 이렇게 이해된 최고선이자 궁극목적을 당대 그리스어로 '에우다이모니아eudaimonia'라고 하였고, 이는 한국어로 통상 '행복'으로 번역된다.

아리스토텔레스가 말하는 '행복' 혹은 '행복하다'는 것은 자신이 생각하는 좋은 삶이 무엇인지 그 전체의 방향을 잘 잡아주면서 살아가는 것이며, 이를 두고 아리스토텔레스는 대부분의 사람들이 '행복하다'는 것을 '잘사는 것'과 '잘 행위하는 것'과 같은 것으로 생각한다는 점을 지적하였다.

인간의 행복이 인간에게 고유한 사람다움, 사람 노릇, 사람의 기능을 잘하는 것이라면, 그리고 그런 기능을 지속적으로 잘 수행하게 하는 터전이 인간의 탁월성 혹은 덕이라면 이런 결론이 나오게 될 것이다.

인간의 행복은 탁월성에 따른 활동에 달려 있다. 이것이 아리스토텔레스가 명예나 쾌락과 같은 통속적 이해를 물리치고 제시하는 행복의 정의이다. 인간의 행복은 탁월성(덕)에 따른 영혼의 활동이라고 정의한다. 다시 말하면, 모든 감정 표현과 외적 사물에 대한 태도의 영역, 혹은 타인과의 인간관계에서 당신의 인간다움이 드러나고, 그 인간다움이 주어진 가능성 중 최선으로 발휘될 수 있는 성격, 즉 덕이 되었을 때 인간으로서의 기능을 잘 수행하는 것이며, 그렇게 덕에 따른 활동을 하는 것이 행복이라고 정의하는 것이다.

서양의 고전 윤리학은 그런 탁월성을 대표하는 네 가지를 사주덕四主德이라고 하는데, 용기, 절제, 정의, 지혜가 그것이다. 즉 인간의 행복은 용기라는 덕, 절제라는 덕, 정의라는 덕, 지혜라는 덕에 따라 활동하는 삶이라고 할 수 있다. 따라서 본고에서는 이 네 가지 덕에 대해서 자세한 설명을 하고 있다.

아리스토텔레스에 따르면 인간 고유의 기능, 사람 노릇을 잘한다는 얘기는 결국 자신의 감정을 잘 다스리는 성격, 외적인 선에 대해 적절한 태도를 취할 줄 아는 것, 인간관계에서 잘하는 것을 넘어, 앎을 추구하고자 하는 본성 또한 잘 발휘되는 것을 의미하며, 궁극적으로는 인간이 어떤 본성을 가지고 있는지, 우주는 또 어떤 원리에 의해 움직이는지, 이런 본성을 가진 인간이 어쩌다가 이런 원리를 가진 우주에 태어나게 되었는지에 대한 앎, 말하자면 신적인 앎에까지 이어지는 일련의 과정 속에서 인간 본성은 가장 잘 발휘될 것이며 그런 활동들의 연속에서 행복이 성립한다고 한다.

아리스토텔레스는 인간적 행복의 한계인 운명의 의미를 정확히 통찰하되, 이 문제의 해결을 위해 인간적인 것 이상으로 나아가지 않는다. 그는 훌륭한 사람은 아무리 엄청난 불행이 와도 행복할 것이라고 주장하지 않는다. 지극히 복될 수는 없겠지만, 결코 비참하게 되지는 않을 것이라고만 할 뿐이다. 그는 우리는 할 수 있는 최선의 노력을 다 하면서, 운명이 우리의 노력을 좌절시키지 않게 해 달라고 운명을 주재하는 신에게 기도하는 길을 택하지 않는다. 우리는 이런 의미에서 그의 행복을 '인간적 행복'이라고 부를 수 있을 것이다.

아우구스티누스(354~430)는 인간적 본성이 부딪히고 있는 한계를 보다 적극적으로 받아들인다. 모든 인간들이 사멸하는 존재인 한, 필연적으로 비참할 수밖에 없다는 생각을 축으로 진정한 행복은 이 죽음의 한계를 넘어설 때 성립하며, 따라서 행복은 영원한 것이어야 하며, 그것이 참된 행복, 곧 지복至福이라고 아우구스티누스는 주장한다. 그는 인간 본성 자체의 한계인 죽음을 극복하지 않고서는 참된 행복을 이야기 할 수 없다고 한다. 아우구스티누스는 고전적 행복론이 부딪힌 우연과 운명의 가변성 문제를 넘어 운명 앞에 선 인간본성의 피할 수 없는 유한성 자체를 정면으로 응시한다.

아우구스티누스는 잘못된 사랑이 만들어 낸, 그래서 필연적으로 정의를 결여할 수밖에 없는 현실의 국가 자리에 이 현실 국가를 나그네처럼 지나 신국神國으로 향하는 신자들의 공동체를 놓는다. 진정한 인간 본성의 완성은 제대로 된 사랑의 질서 속에서 탄생한 공동체인 신국에서 이루어질 것이며 거기에서 영원한 행복이 가능하다는 것이다. 현실의 비참함을 견디는 힘과 희망은 이 모든 노력의 궁극목적으로서의 신국과 그 안에서의 영원한 행복에 있다고 한다. 아리스토텔레스와 아우구스티누스 사이에는 700년 정도의 간격이 있다. 한 편은 고대 민주주의의 꽃이었던 아테네를 배경으로 인간적 노력의 최고치에서 성립하는 행복을 설파한 반면, 다른 한 편은 몰락해 가는 로마를 배경으로 올바른 사랑의 질서에서 성립하는 신적 지복을 가르친 셈이다.

필자는 이후 중세 유럽에서 아리스토텔레스 사상의 수용 과정의 초기에 있었던 간명한 답을 이렇게 정리하고 있다. 아리스토텔레스를 위시한 도덕철학자들은 좋은 삶의 본성과 그런 삶을 낳는 행위들이 무엇인지를 연구한다. 그들의 중심 주제는 행복, 즉 삶을 잘 영위하고 잘 행위하는 것이다. 철학적 윤리학은 인간적 삶에 대해서만 고려할 뿐, 죽음 이후 영혼의 운명과 같은 문제까지 나아가지는 않는다. 철학적 윤리학이 탐구하는 것과는 다른 인간 완성의 길, 즉 초자연적인 차원의 영원한 완성이 있는지의 문제는 신학자들의 문제 영역이 되어 버렸고 이 부분에 대한 논의는 더 이상 전개하지 않는다.

철학적 윤리학이 다루는 분야는 인간이 사회 안에서 어떻게 서로 상호작용하는지 그 방식을 다룰 수 있을 뿐이며 궁극적 목적, 인간의 완성인 신과의 합일은 고유하게 윤리신학의 영역이라고 정리한다. 간단하게 말하자면 도덕은 철학의 소관이지만, 중세에서 행복 혹은 지복은 그리스도교의 소관으로 넘어가게 되었다고 한다.

왜 우리가 도덕적이어야 하는지에 대한 물음을 아리스토텔레스에게 던졌다면, 아리스토텔레스의 대답에는 인간 본성의 충만한 실현이나 인간의 완성에 대한 언급이 핵심적 역할을 할 것이다. 간단하게 말하자면 그것이 당신의 행복을 구현하는 가장 확실하고 인간적인 길이라는 대답을 주지 않고서는 우리가 도덕적이어야 할 이유를 설명할 수가 없을 것이다. 우리는 왜 절제 있는 사람이 되어야 하는지, 왜 용감한 사람이 되어야 하는지, 왜 정의로운 사람이 되어야 하는지 등등에 대한 최종적 대답은 결국 그러한 성격을 갖는 것이 당신의 진정한 행복에, 당신의 진정한 인간다움에 기여한다는 것이다.

필자는 아리스토텔레스가 이해했던 인간적 행복이 역사적 우연에 따라 그리스도교 지평으로 들어가서 신적 지복에 자리를 내준 이후 철학 혹은 학문적 관심 일반에서 밀려났던 행복 개념을 다시 학문적 탐구의 대상으로 가져와야 한다고 역설한다. 행복이 여전히 종교의 소관이라고 여기면서 학문적 탐구에서 더 이상 도외시할 수 없는 이유는 행복이 인간 행위 일반에 대해 그토록 중요한 설명력을 갖기 때문이라고 한다. 윤리학 내부에서는 덕 윤리의 부활이라는 흐름을 통해, 철학 바깥에서는 심리학의 경험과학적 탐구를 통해 학문의 집을 나갔던 행복 개념은 다시 돌아오고 있는데, 과연 이렇게 돌아오면 가출할 때 품었던 문제들이 해결될 수 있는지는 여전히 유효해 보인다고 한다.

마지막으로 필자는 행복을 채움과 비움의 관점에서 볼 때, 서양철학에서는 채움에서 성립한다고 보아야 할 것이라고 한다. 무엇을 가지고 채울지, 신적인 것에 대한 앎으로 채울지, 신이 보여준 모범에 따른 사랑으로 채울지는 물론 열린 문제이지만 채움으로써 행복에 이른다는 생각은 서양의 고중세가 공유하는 것 같다고 하면서 글을 마무리하고 있다.

다섯 번째 글인 이진경 교수의 「윤리학·사회학의 행복론: 삶을 행복하게 만드는 기예를 위하여」는 현대 긍정심리학의 연구 성과 등에 기반을 둔 사회학적, 철학적, 불교적사유가 반영된 글이라고 할 수 있다. 다양한 각도에서 우리 사회의 행복을 위한 담론을 제공하고 있는 이 글은 현재 한국인의 행복과 불행을, 한국이 자살공화국이라는 현실과 불만스런 만족도와 행복의 분포도를 통해 소개하고 있다. 그리고 우리 삶을 행복하게 만드는 것들을 행복의 방정식과 사회적 관계와 자아의 건전한 방어기제를 통해 살펴본 후에 행복의 기예로 행복의 윤리학, 행복의 사회학을 제시하며, 마지막으로 행복의 외부성과 무아를 통해 행복에 이르는 길을 제시하고 있다.

먼저 한국의 자살률이나 삶의 만족도 등을 통해 살펴본 한국인의 행복도는 매우 부정적인 것이었다. OECD 최대의 자살률과 전 세계 평균 이하의 삶의 만족도, 그리고 불만과 화에 끄달리는 일에선 전 세계에서 가장 열악한 수준에 속한다는 사실이 그렇다. 이는 경제성장은 했지만, 사람들의 삶의 안정성을 보장하기 위한 장치에 대해선 거의 관심을 갖지 않고, 반대로 삶을 파괴하거나 불만세력을 진압하는 무기나 장비에 수많은 돈과 인력을 투여한 그간의 오랜 정부정책에 크게 기인하는 것일 터이다. 그리하여 개인들이 삶에서 곤란한 사태가 발생할 경우, 그것을 해결하기 위한 장치를 개인이나 가족에 떠넘기는 것이 한국이지만, 이제는 그나마 이전의 공동체적 연계도 약화되어 서구의 개인주의적 국가와 비교해도 비상시에 의존할 사회적 관계도 빈약하고 타인들에게 존중받는 정도도 밑바닥인 저급한 삶이 한국인의 삶의 조건이 된 것이다. 그러나 정작 더 심각한 문제는 이러한 문제나 사태를 한국의 통치자나 지배자들은 거의 인식하지 못하고 있으며, 그리 중요하게 여기지도 않는다는 사실이다. 여전히 그들은 경제성장률이나 경기지표, 그것을 부양하기 위한 건설사업과 부동산 정책, 그리고 해외시장의 확대 등만을 생각하고 있을 뿐이다.

다음으로 한국에서 사람들이 행복하다고 느끼게 만드는 것은 무엇인지 한국인의 행복지수를 조사한 최근의 한 연구를 보면, 성별, 연령, 동거인 수, 결혼여부, 종교유무, 학력, 소득수준 등의 변수들을 투입했을 때, 통계적으로 유의미한 영향을 미치는 것은 소득수준이었고, 통계적 의미가 있는 것과 없는 것의 경계치 정도에서 결혼여부가 영향을 미치는 것으로 보고한다. 행복지수에 영향을 강하게 미치는 것은 성별, 연령, 동거인 수, 결혼여부, 종교유무 등의 인구학적 요인보다는 외향적이고 적극적인 성격인가의 여부, 그리고 자기존중감이나 낙관주의, 행복에 대한 긍정적 생각 등의 요인이라고 분석한다. 소득수준의 경우에는 성격이나 삶의 태도 등을 고려하지 않은 수준에서는 유의미한 영향을 미치지만, 다른 변수들이 고려되기 시작하면 그 영향력은 급격히 줄어든다는 점에서, 행복을 결정하는 변수라기보다는 네가티브한 방식으로 불행과 관련된 변수로 보인다. 즉 그것이 행복을 만드는 직접적 요인은 아니지만, 그것이 없으면 행복해지는 데 장애가 발생한다는 점에서 행복의 변수들이 작동하는 조건을 제공하는, 다시 말해 생활과 관련된 고통이나 불행을 줄여 주는 변수라고 해야 할 것 같다.

필자는 긍정심리학의 연구 성과들을 바탕으로 행복을 규정하는 요소를 다음과 같은 세 가지 요인으로 재규정하여 정리하고 있다.

첫째 요인은 성격적인 것이다. 적극적이고 활달한 성격이라면 소극적이고 소심하며 걱정이 많은('신경증적인') 성격에 비해 매사에 훨씬 더 긍정적일 것이고, 이는 상대적으로 삶에 대해 좀 더 만족하고 행복하게 한다. 심리학자들은 많은 경우 성격을 '타고난' 것으로 간주하며, 종종 유전적인 것으로 이해하기도 한다.

두 번째 요인은 '환경적인 요인'이다. 소득수준이나 결혼여부, 연령(젊음), 학력, 성적인 차이, 인종적 차이, 종교적 차이, 사회적 관계 등이 그것이다. 이에 관해 셀리그만이 제시하는 다양한 심리학적 조사의 결과에 따르면, 소득수준은 생존을 좌우하는 한계 범위에서는 행복의 정도를 크게 좌우하지만, 일정 정도를 넘으면 행복도에 미치는 영향은 아주 미소한 것이 된다고 한다. 학력이나 지능, 날씨, 성별의 차이나 인종의 차이가 행복도에 미치는 정도 또한 통계적으로 유의미하지 않다고 한다.

종교의 경우는 비종교인에 비해서 종교인이 삶에 더 만족하고 행복해한다는 연구결과가 많다고 한다. 이에 대한 해석은 다양한데, 종교 자체의 힘이 행복을 주는 효과보다는 종교로 인해 약물중독, 범죄, 이혼, 자살 등에 빠질 가능성이 작아진다거나 종교를 가지면 사회적 활동이 많아지기에 그렇다고 하는 경우들이 그것이다. 그러나 셀리그만은 종교가 현재와 미래의 삶에 대해 의미를 부여하고, 그럼으로써 그것을 긍정하게 하는 힘이 있다는 점에서 행복에 직접적인 영향을 미친다고 주장한다.

세 번째 요인은 삶의 방향을 규정하는 '정서(affect)' 내지 '의지(will)'로서, 평가적인 것, 감정적인 것, 관념적인 것 등을 포괄하여 어떤 행위나 사건에 대한 긍정/부정의 지향성을 표현하는 것이다. 이는 시간적으로 과거에 속하는 것, 현재에 속하는 것, 미래에 속하는 것으로 나눌 수 있는데, 셀리그만은 과거에 대한 긍정적 정서 내지 의지로는 만족감,

감사의 정서, 안도감, 성취감, 자부심, 평정감 등이 있고, 현재에 대한 것으로는 기쁨, 평온함, 열의, 정열, 몰입 등이, 미래에 대한 것으로는 낙관성, 희망, 신념, 신뢰 등을 열거하고 있다. 한마디로 말하면 과거, 현재, 미래에 대한 만족도나 긍정적 정서를 뜻한다.

긍정심리학에서 행복도를 규정하는 요인으로 들고 있는 것은 성격적이고 기질적인 것과 외부적 환경에 속하는 것, 그리고 삶에 대한 긍정적인 정서나 의지라고 할 수 있는 것이다. 그런데 이 세 가지 요소에 대한 얘기를 유심히 살펴보면, 어느 것이든 삶을 행복하게 만드는 것은 '긍정적인 것'이라는 공통점을 가짐을 알 수 있다.

또 다른 연구에 의하면, 다른 사람들과의 사회적 유대관계와 자아의 방어기제의 탄력성 내지 유연성이 행복한 삶을 규정하는 핵심적인 요인이라고 한다. 그런데 자아의 방어기제가 대상으로 하는 것이 자아의 외부로부터 주어지는 상황이나 사건, '자극'이란 점에서 그러한 방어기제가 유연하다는 것은 외부적인 사건이나 상황에 대한 수용능력이 크고 탄력적임을 뜻한다. 그것은 외부에 대해, 타인이나 낯선 것, 뜻밖의 사건에 대해 개방성을 규정하는 것일 터이다. 따라서 그것이 사회적 유대관계의 확대와 친화성에 있으리라는 것은 쉽게 이해할 수 있을 것이다고 정리한다.

필자는 행복한 삶이란 단순하게 말하자면, 기쁨의 감응을 극대화하고 슬픔의 감응을 극소화하는 것이라고 하면서, 긍정적 삶의 윤리학이란 타자들과의 관계를 기쁨이라는 긍정적 감응을 최대한으로 이끄는 방향으로 살아가는 기예를 가르치는 것이라고 한다. 그것은 '윤리학'이라는 이름으로 명명되었지만, 타자와의 관계 속에서, 즉 사회적 관계 속에서 긍정적 삶의 방법을 찾아야 함을 요구한다는 점에서 긍정적 삶의 사회학을 처음부터 요구하는 윤리학이라고 한다.

삶이 이처럼 타인과 함께 하는 것인 한, 삶의 긍정은 나의 삶의 '긍정'만을 고려하는 것으로는 결코 충분하지 못하다. 나와 함께 사는 존재자, 나의 행동으로 촉발 받는 타인들의 삶을 존중하고 긍정하는 배려 없이는 나의 삶이 기쁨을 주는 긍정적인 것이 되기 어렵다. '나'에게 필요한 것, 나에게 이익이 되는 것을 계산하여 행하는 것은 그 순간에는 이익을 줄 수 있을지 모르지만, 그것이 타인의 손해나 '슬픔'을 야기하는 한 반드시 나에게 손해나 고통을 야기하는 것으로 되돌아온다. 반대로 종종 자신의 손해나 노고를 감수해야 하는 타인들에 대한 배려는 나에 대한 타인들의 배려로 되돌아온다. 이런 이유에서 푸코는 고대의 윤리학적 실천에 대한 연구를 통해 진정한 '자신에 대한 배려'란 '타인에 대한 배려'임을 명확히 한 바 있다고 하였는데, 이 점은 불교의 자리이타의 정신과 부합하는 면이라고 할 수 있다.

자리와 이타의 두 가지 모두가 제대로 작동하기 위해서는 외부성을 긍정하는 것을 필요로 한다. 첫째, 행복의 윤리학에서 외부성의 문제이다. "삶을 즐긴다"는 것은 그때마다 자신의 삶에 다가오는 것을, 다가오는 사람이나 존재자들의 타자성을 긍정하는 것('즐기는 것')이고, 그때마다 주어지는 상황이나 사건을 '즐기는' 것이라고 한다. 둘째, 행복의 사회학에서 외부성의 문제로 연대 자체가 기쁨을 주는 관계, 그것은 그렇게 기쁘고 즐겁게 만나고 무언가를 함께 할 수 있는 사람들을 강하게 결속시킨다. 타인에 대한 배려를 통한 자기의 배려, 간단히 말해 '자리이타'의 실천은 '리(利)'라는 말로 연결되는 사람들을 하나로 묶어 주며 그것을 통해 기쁘고 즐거운 관계를 만들어 낸다. 이러한 관계 역시 관계 속의 사람들을 강하게 결속시킨다. 하지만 연대의 기쁨을 나누는 경계를 내부자들로 닫아 버릴 경우, 공동체적 연대에서의 이중의 긍정은 삶의 긍정이 주는 행복 이상으로 뜻하지 않은 자들의 출현에 불안해하고 경계하며 적대하는 부정적 의지를 피할 수 없다. 관계의 긍정이 계속 긍정적인 것으로 지속될 수 있기 위해서도 지금 존재하는 친숙하고 익숙한 관계의 외부를 긍정할 수 있어야 하고, 그런 외부자들에 대해 열려 있어야 한다. 외부성에 열린 정도가 크면 클수록 낯선 존재자, 뜻밖의 사건들에 대해 긍정할 수 있게 될 것이다. 그것이 절대적 극한으로까지 확장된다면, 어떤 낯선 존재자나 외부적 사건에도 동요함 없이 행복하게 받아들일 수 있게 된다. 외부성은 행복의 윤리학과 행복의 사회학이 제대로 작동하기 위한 조건이고, 그것이 충분히 멀리까지 나아가기 위한 조건이다.

외부성의 개념은 본질적으로는 '나'라는 자아와 그 외부와의 관계를 뜻하는 것이다. 이러한 유연성 내지 탄력성의 가능한 최대치는, 외부적인 것에 대한 경계와 적대를 무한히 0에 가깝게 줄이고 외부성의 정도를 무한히 확대하는 것을 뜻하는 것일 게다. 그것은 아마도 '자아'가 소멸하고 사라지는 지점일 것이다. 무아無我란 이처럼 모든 외부에 열림을 뜻하는 외부성의 절대적 극한이고, 따라서 모든 차이와 이질성을 기쁘게 긍정할 수 있는 능력이다. 거기는 두려움이나 불안 같은 부정의 정서가 소멸하는 지점(無畏)일 것이고, 어떤 어려움이나 '고통'도 삶의 '친구'가 되는 지점일 것이다. 따라서 거기에서는 어떤 불행이나 부정적 정서도 소멸하게 될 것이다. '지복' 혹은 절대적 행복이란 것이 있을 수 있다면,

바로 거기에 있을 것이다. 따라서 거기는 행복이 이런저런 값을 갖는 상대적 행복에서 절대적 행복으로 비약하게 되는 지점이라고 말해도 좋을 것이다.

필자에 의해 제기된 외부성과 무아의 연결과 그 결과로 얻어지는 행복에 대한 논의는 관계 속에서 살아갈 수 밖에 없는 존재들에게 부여된 중요한 패러다임이라고 할 수 있겠다.

마지막 여섯 번째, 권석만 교수의 「심리학의 행복론: 개인과 사회의 상생적 행복을 꿈꾸다」는 얼마 전까지만 해도 심리학분야에서 연구가 진전되지 않았던 '행복'에 대한 과학적 연구성과를 소개하고 있는 글이다.

제2차 세계대전 이전의 초기 심리학은 인간에 대한 과학적 연구를 통해서 구현하고자 하는 세 가지의 실천적 사명을 지니고 있었다. 그 첫째는 정신장애를 치료하는 일이었고, 둘째는 탁월한 재능과 천재성을 발견하여 육성하는 일이었으며, 셋째는 모든 사람들이 좀 더 행복한 삶을 살도록 돕는 일이었다. 그러나 세계를 혼란의 소용돌이로 몰아넣은 제2차 세계대전을 겪으면서 심리학은 두 번째와 세 번째의 사명을 망각하게 되었다.

1998년에 미국심리학회 회장으로 취임한 Martin Seligman은 그동안 심리학자들이 망각하고 있던 사명을 상기시키면서 심리학의 새로운 방향과 입장을 제시하였다. "심리학은 인간의 약점과 장애에 대한 학문만이 아니라 인간의 강점과 미덕에 대한 학문이기도 해야 한다. 진정한 치료는 손상된 것을 고치는 것만이 아니라 우리 안에 있는 최선의 가능성을 이끌어 내는 것이어야 한다"라고 제안하면서, 이러한 심리학의 새로운 방향을 '긍정심리학(Positive Psychology)'이라고 명명하였고, 이후 긍정심리학은 인간의 강점과 재능을 함양하고 행복을 증진시키는 심리학의 중요한 사명을 재확인하고 구현하려는 노력으로 현재 활발하게 연구되고 있다.

긍정심리학은 크게 세 가지의 주제, 즉 인간의 긍정 상태, 긍정 특질, 긍정 조직에 대해서 탐구한다.

긍정 상태(positive states)는 인간이 주관적으로 경험하는 다양한 긍정적인 심리 상태를 의미하며 행복감, 안락감, 만족감, 사랑, 친밀감 등과 같은 긍정적 정서를 비롯하여 자신과 미래에 대한 낙관적 생각과 희망, 열정, 활기, 확신 등을 포함한다. 긍정심리학자들은 이러한 긍정 상태의 구성요소, 유발 요인, 삶에 미치는 효과, 증진 방법 등을 밝히고자 한다.

긍정 특질(positive traits)은 개인이 지속적으로 나타내는 긍정적인 행동 양식, 성격 특성, 미덕과 덕성을 의미하며, 행복한 삶의 구현에 기여하는 개인적 특질이라고 할 수 있다. 긍정심리학자들이 관심을 지니는 긍정 특질은 창의성, 지혜, 사랑, 자비심, 진실성, 겸손, 용기, 열정, 끈기, 리더십, 낙관성, 유머, 영성 등과 같이 매우 다양하다.

개인의 행복과 자기실현을 지원하는 긍정 조직(positive organizations)도 중요한 주제이다. 사회적 존재인 개인은 그가 속한 조직의 영향을 받을 수밖에 없기 때문이다. 긍정심리학자들은 구성원의 행복과 더불어 집단의 번영을 함께 이루는 긍정 조직, 즉 긍정적인 가족, 학교, 직장, 사회의 특성과 그 실현 방법을 탐구한다.

긍정심리학은 행복을 탐구하는 철학적 또는 종교적 접근과 몇 가지

점에서 구별된다. 우선, 긍정심리학자들은 과학적 방법과 실증적 자료에 근거하여 행복을 탐구한다. 긍정심리학은 과학적 연구방법론에 근거하여 행복이라는 현상을 연구한다는 점에서 여타의 분야와 구별된다. 아울러 긍정심리학은 인간의 삶에 대한 당위적 주장을 제시하지 않는다. 긍정심리학은 인간과학의 한 분야로서 현상적 사실을 밝히고자 노력할 뿐 "모든 인간은 이러이러하게 살아야만 한다"는 절대주의적 명제를 제시하지 않는다. 물론 행복에 관한 실증적인 연구결과와 그러한 결과를 아우르는 이론, 그리고 다양한 행복 증진 방법을 제시하고 있다. 그러나 긍정심리학의 연구 내용과 행복 증진 방법을 받아들여 자신의 삶에 적용하는 것은 각자의 몫이다. 요컨대, 긍정심리학은 과학적 입장에서 행복이라는 현상과 관련된 심리학적 원리와 그 증진 방법을 탐구하는 학문분야라고 할 수 있다고 하여 긍정심리학과 종교 또는 철학에서 말하는 행복론의 입장을 구별하고 있다.

행복에 대한 긍정심리학자의 조작적 정의는 크게 두 가지의 관점에서 이루어지고 있다.

그 하나는 쾌락주의적 행복관에 근거한 것인데, 행복은 개인의 주관적인 경험으로서 자신의 삶에 만족하며 안락감을 느끼는 긍정적인 심리상태라고 정의된다. 긍정심리학자들은 이렇게 정의된 행복을 '주관적 안녕'이라는 용어로 지칭하고 있다.

다른 하나는 자기실현적 행복관에 기반하고 있으며, 행복은 개인의 긍정적 성품과 잠재능력을 충분히 발현함으로써 자신뿐만 아니라 타인 또는 사회의 상생적 번영을 이루는 삶의 상태라고 정의된다. 본 논문은 두 가지 행복에 대한 정의에 입각한 긍정심리학의 연구성과를 중심으로 긍정심리학의 행복론을 소개하고 있다.

먼저 쾌락주의적 행복관에 근거하고 있는 긍정심리학자들은 행복을 개인이 자신의 삶에 만족하며 긍정적인 정서를 느끼는 주관적인 심리적 상태라고 정의한다. 이들은 행복의 핵심적 요소를 세 가지 측면에서 파악하고 있다. 첫째, 행복은 주관적인 경험이라는 점, 둘째, 행복은 자신의 삶에 대한 긍정적인 평가를 의미하며, 셋째, 정서적 경험 역시 행복의 중요한 요소라고 한다. 쾌락주의적 관점에서 행복을 연구하는 긍정심리학자들은 다양한 의미를 함축하고 있는 행복이라는 용어 대신 '주관적 안녕(subjective well-being)'이라는 용어를 사용하고 있다.

주관적 안녕만이 행복은 아니라고 생각하는 긍정심리학자들은 Aristotle이 『니코마코스 윤리학』에서 제시한 'eudaimonia'라는 개념에 주목한다. 그는 eudaimonia로 인도하는 12가지 덕성(용기, 관용, 긍지, 친애, 재치, 정의, 절제, 희망, 온유, 정직, 양심, 고결)을 제시한다.

eudaimonia라는 개념을 통해 Aristotle이 제시하는 행복관은 세 가지 측면의 함의를 지닌 것으로 이해될 수 있다. 첫째, 사회적 존재로서의 인간이 지향해야 할 행복한 삶의 모습을 제시하고 있다. 둘째, 행복은 주관적 체험을 넘어서 좀 더 객관적인 관점에서 인식되어야 한다. 셋째, eudaimonia는 덕성의 발현이 행복한 삶에 중요함을 함축하고 있다고 한다.

Carol Ryff는 주관적 안녕에 대비되는 것으로서 심리적 안녕(psychological well-being)이라는 용어를 사용하고 있다. 그리고 심리적 안녕의 6가지 요소로서 환경의 효율적 통제, 타인과의 긍정적인 인간관계, 자율성, 개인적 성장감, 인생의 목적의식, 자기수용을 제시한다.

본고에서 마지막으로 제시하고 있는 자기실현적 행복의 심리학적 이해에 의하면 행복은 심리적 안녕, 정신건강, 자기실현, 심리적 성숙 등과 같은 다양한 용어로 개념화하고 있다. 또한 이러한 입장을 지닌 긍정심리학자들은 행복한 삶에 기여하는 인간의 긍정적 성품과 덕성에 깊은 관심을 나타내고 있다. 이 글에서는 Martin Seligman이 제시하고 있는 행복 모델을 중심으로 긍정심리학의 행복관을 소개하고 있다

Seligman은 자기실현적 행복관에 근거하여 행복한 삶의 세 가지 요소를 제시하고 있다.

행복의 첫 번째 요소는 긍정적인 정서를 느끼며 살아가는 즐거운 삶(pleasant life)이다. 행복의 두 번째 요소는 관여적인 삶(engaged life)이다. 행복의 세 번째 요소는 의미 있는 삶(meaningful life)이다.

Seligman에 따르면, 행복한 삶이란 긍정 정서를 느끼는 즐거운 삶 속에서 자신의 역할에 열성적으로 임하며 잠재능력을 충분히 발휘하고 자신보다 더 큰 어떤 것을 위해 공헌하고 있다는 의미감을 느끼며 살아가는 삶이라고 할 수 있다.

행복한 삶의 세 가지 요소를 증진하는 가장 효과적인 방법은 개인의 대표강점을 발견하여 발휘하는 것이다. 인간은 누구나 나름대로의 강점과 재능을 지니고 있다. 대표강점(signature strengths)은 개인의 독특성을 반영하는 가장 탁월한 덕성과 역량을 의미한다.

마지막으로 본고는 현대 한국인의 문제를 Ed Diener의 연구를 통해 정리하고 있다. 최근에 한국을 방문한 바 있는 저명한 긍정심리학자인 Ed Diener는 한국인의 행복 수준이 낮은 이유에 대해서 다음과 같이 진단하고 있다.

첫째, 한국인은 물질주의적 성향이 다른 나라에 비해서 현저하게 높다. 둘째, 한국인은 생활환경에 대한 만족도가 낮은 것으로 나타났다. 셋째, 한국인은 사회적·심리적 부에 대한 평가가 낮은 것으로 나타났다. Ed Diener의 진단을 요약하면, 한국인은 물질적인 가치를 지나치게 중시하며 경쟁적인 삶의 태도를 지니는 반면 국가, 직업, 환경에 대한 만족도가 낮을 뿐만 아니라 지지적인 인간관계와 타인에 대한 신뢰가 부족하다는 것이다

행복은 21세기의 중요한 화두가 되었다. 진정한 행복을 위해서 우리는 개인의 차원에서뿐만 아니라, 사회 공동체의 차원에서, 더 나아가 생태학적인 차원에서 행복을 논의하고 실천에 옮겨야 할 필요성이 절실한 시대에 살고 있다. 이 책에 실린 여섯 편의 논문은 행복에 대한 다양한 관점을 살펴봄으로써, 우리들이 행복을 더 깊고 넓게 이해하며 실천하는 데 성찰의 계기가 되어줄 것이다.

김재성
서울불교대학원대학교 불교학과

기획자 서문 · 5
　　보다 많은 사람들이 보다 행복하게 살길 기원하며

편집자 서문 · 7
　　행복에 대한 이해와 실천을 위하여

| 초기 및 상좌불교의 행복론 | **최상의 행복을 향하여** 　　　　　미산 · 43 |

1. 정말 행복해지고 싶은가? · 43
2. 연기법과 중도적 행복 · 45
　　1) 행복추구의 유형 · 46
　　2) 행복한 마음과 탐·진·치, 그리고 집착 · 47
　　3) 연기법과 중도적 행복 · 53
3. 「행복경」의 세계 · 58
　　1) 「행복경」의 구조 · 59
　　2) 행복의 3가지 차원 · 72
4. 관계의 행복 · 75
　　1) 인간의 행복 · 76
　　2) 전적인 수용과 사섭법 · 79
5. 삼매의 행복 · 82
　　1) 천상의 행복 · 83
　　2) 선정의 계발과 사무량심 · 85
6. 최상의 행복 · 92
　　1) 열반의 행복 · 93
　　2) 지혜의 계발과 출세간의 팔정도 · 95

대승불교의 행복론 | 모두의 행복을 위한 보살의 길　　최연철(로덴)·108

1. 서언: 붓다의 삶과 대승의 길·108
2. 대승불교의 발단과 문제의 본질·112
3. 인도의 대승경론에 나타난 행복론·122
    1) 초기 대승경전에 나타난 행복론·122
        (1) 반야경·123
        (2) 법화경·125
        (3) 화엄경·127
        (4) 정토경淨土經·129
    2) 중기 대승불교철학에 나타난 행복론·131
        (1) 중관학파·132
        (2) 유식학파·138
    3) 후기 대승밀교大乘密敎의 행복론·141
4. 날란다 전통 티벳불교의 행복론·145
    1) 티벳불교의 대승적 승가구현·145
    2) 티벳불교의 대승적 중심교설·149
    3) 달라이라마의 대승적 행복론·154
5. 보편적 행복을 향한 무주보살의 길·163
6. 결어: 인도 대승불교의 정신과 한국 선불교의 방향성·168

선불교의 행복론 | 선시, 절대적 행복을 노래하다　　박영환 · 174

1. 서론 · 175
2. 소식 불교의 연원 · 177
3. 불법의 수용 과정 · 183
4. 소식 선시를 통해서 본 행복 · 192
    1) 수연자적隨緣自適의 행복 · 192
    2) 일체개공一切皆空의 행복 · 204
5. 결론 · 222

서양철학의 행복론 | 인간적 행복과 신적 지복　　강상진 · 224

1. 들어가는 말: 행복-다시 학문적 담론의 세계로 · 224
2. 삶의 궁극 목적으로서의 행복 · 226
    1) 행위와 선택의 목적 · 226
    2) 궁극목적과 최고선 · 229
    3) 행복: 사람 노릇 · 231
3. 행복과 탁월성(덕) · 234
    1) 습관화와 성격적 탁월성 · 236
    2) 배움과 지적인 탁월성 · 243
4. 운명: 인간적 노력의 한계 · 246
5. 운명에 대한 다른 태도: 신적 지복으로 · 252
    1) 비참한 현실과 영원한 생명 · 253
    2) 고전적 덕론의 변형: 사랑의 질서 · 259
6. 중세: 철학적 윤리학과 윤리신학 · 265
7. 나가는 말: 행복, 무엇으로 채울 것인가? · 271

윤리학·사회학의 행복론 | 삶을 사랑하는 법, 혹은 두 번의 긍정　　이진경 · 274

1. 한국인의 행복과 불행 · 274

    1) 한국, 자살공화국! · 274

    2) 불만스런 만족도 · 280

    3) 행복의 분포 · 285

2. 삶을 행복하게 만드는 것들 · 291

    1) 행복의 방정식 · 291

    2) 사회적 관계와 자아의 방어기제 · 299

3. 행복의 기예 · 306

    1) 행복의 윤리학 · 307

    2) 행복의 사회학 · 314

4. 행복의 외부성과 무아 · 321

심리학의 행복론 | 긍정심리학, 개인과 사회의 상생적 행복을 꿈꾸다　　권석만 · 326

1. 행복에 대한 과학적 탐구: 긍정심리학 · 326

2. 행복에 대한 긍정심리학의 두 가지 관점 · 331

    1) 쾌락주의적 행복: 주관적 안녕 · 332

    2) 자기실현적 행복: 심리적 안녕과 정신건강 · 336

3. 주관적 안녕의 심리학적 이해 · 341

    1) 주관적 안녕에 영향을 미치는 요인들 · 341

    2) 주관적 안녕의 심리적 과정 · 344

        (1) 욕망충족 이론 · 344

        (2) 목표 이론 · 346

        (3) 비교 이론 · 348

        (4) 적응 이론 · 349

3) 주관적 안녕의 심리적 과정에 대한 통합적 이해 • 351
4. 자기실현적 행복의 심리학적 이해 • 354
   1) Seligman의 행복 모델 • 354
   2) 인간의 긍정적 성품과 강점에 대한 이해 • 357
   3) 성격강점 및 덕성의 발휘와 자기실현적 행복 • 362
5. 결어: 한국인의 불행과 행복 • 363

참고문헌 • 367
주 • 381

〔초기 및 상좌불교의 행복론〕

최상의 행복을 향하여

미산(중앙승가대 포교사회학과)

1. 정말 행복해지고 싶은가?

인간은 누구나 불행을 싫어하고 행복을 원한다. 그러나 불행은 멀리할수록 가까워지고 행복은 가지려고 할수록 멀어진다. 불행에서 벗어나 행복해지려고 안간힘을 써도 쉽게 손에 잡히지 않는 것이 행복이다. 그런데 요즈음 행복을 쉽게 얻을 수 있다는 정보가 넘쳐 나고 있다. 연예인·스포츠 스타·패션에 관한 대중잡지를 비롯해서 주거생활 정보, 건강 및 웰빙 생활 정보, 연극·음악회·여행 등 여가생활 정보 등은 이런저런 행복법을 던져 준다. 더 나아가 처세술, 자기계발 기법, 『시크릿』류의 책들은 모든 것이 생각대로 될 수 있으므로 마음을 조작하는 기법들로 부자도 될 수 있고 행복해질 수 있다고 장담한다.[1] 행복에 대한 정보가 넘쳐 나는 시대에 사는 우리는 과연 행복한가? 이런 행복의 기법들로 정말 행복해질 수 있을까? 행복에 집착하고 불행을 거부하는 방식으로 진정 행복할 수 있을까?

2600년 전 붓다는 행복 추구를 위한 갖가지 기법들을 섭렵하였다. 왕궁의 호화스런 주거생활, 향락에 필요한 온갖 여가생활, 지적 행복감을 채우기 위한 학문의 습득 등 왕자로 누릴 수 있는 행복수업을 모조리 받아 보았다. 그러나 행복해지기는커녕 더욱더 불행해짐을 알 수 있었다. 그래서 반대로 왕위까지 버리면서 극도의 불행을 자초하는 고행(수행)의 길을 택한다. 하지만 여기에서도 참다운 행복은 찾을 수 없었다. 온갖 행복과 불행을 경험한 붓다는 제3의 길을 찾아 나선다. 거기서 참다운 행복의 길을 깨닫게 된다. 제3의 길이란 인간 삶에 있어서 행복이든 불행이든 모두 극단적 이면을 내포하고 있음을 온전히 체득하는 길이다. 즉 중도中道의 가르침을 의미한다.

인간들이 삶 속에서 연출해 내는 현실에서는 늘 행복과 불행, 긍정과 부정이 공존한다. 즐거운 일 끝에는 괴로운 일이 기다리고 있고, 경제적 풍요로움의 근저에는 가난의 그늘이 존재한다. 죽도록 사랑하는 사람과 함께 있으면 늘 행복할 것 같지만 그 이면에 집착과 증오를 항상 내포하고 있는 것이다. 모든 이들이 부러워하는 성공이라는 것도 사실은 그 성공 이면에 무수한 실패를 함께 가지고 있다. 지적으로 아무리 훌륭한 학문이라고 판단되더라도 전적으로 옳다고 집착하는 것은 안 된다. 항상 틀릴 가능성이 내포되어 있기 때문이다. 불교를 포함한 종교에서 말하는 진리도 마찬가지이다. 진리에 집착한다면 그것은 더 이상 진리가 아니다. 아무리 옳은 것이라도 거기에 집착해서 그것만이 유일한 진리라고 고집하는 순간, 그것은 진리의 기능과 특성을 상실하고 만다. 전적으로 옳다는 것은 전적으로 틀릴 수도 있다는 것이다. 다시 말하면, 조작된 모든 현상들의 이면에는 옳고 그름, 성공과 실패, 좋고 나쁨, 행복과 불행 등 극단적 모습이 내재되어 있다.

진정한 행복은 이 양 극단을 지양하고 모든 것은 관계로써, 상의상관적으로 존재하게 된다는 것을 깨닫는 데 있음을 알 수 있다. 붓다는 정말로 행복해지고 싶으면 최적의 행복을 추구하라고 한다. 어디에도 치우침이 없는 최적의 행복은 연기법緣起法을 체득하여 중도행을 실천하는 것이라 할 수 있다. 따라서 이 글은 우리는 정말 진정한 행복을 원하는가에 대한 물음(1장)으로 시작하여 초기불교 행복론의 토대가 되는 연기법과 중도행中道行을 정리한다(제2장). 행복을 주제로 설한 『행복경』의 분석을 통해서 행복에 이르는 3가지 차원의 길이 무엇인지를 살펴보고(3장), 이를 바탕으로 현실적 관계의 행복(4장), 이상적 삼매의 행복(5장), 그리고 현실과 이상을 뛰어 넘는 최상의 행복(6장)에 대한 논의를 하고자 한다.

2. 연기법과 중도적 행복

붓다는 순간의 쾌락을 좇는 것도, 맹목적 성취를 위한 매달림도, 모든 것을 포기한 무기력함도 모두 진정한 행복을 얻는 데 아무런 도움이 되지 않는다고 말한다. 왜냐하면 행복은 순간순간 변화하는 연기적 과정 속에서 만들어지는 것이므로 행복이 실체로써 따로 존재할 수 없기 때문이다. 예를 들면 행복이라는 산의 정상을 향해 등산을 할 때 성취주의자는 정상에 도달하면 영원히 행복해질 것이라는 환상을 가지고 있다. 그에게 등산 자체는 중요하지 않다. 반면 쾌락주의자는 오로지 등산 자체가 중요하다고 탐착한다. 정상과 등산 두 가지를 다 포기한 허무주의자는 삶에 환멸을 느낀다. 진정으로 등산을 잘하는 사람은 정상의 정복에 대한 환상도, 등산 자체에 대한 집착이나 환멸도 모두 내려놓고 등산의 과정 자체를 즐길 수 있어야 한다. 붓다에 의하면 행복이란 처음과 중간과 끝을 포함하여 어디에도 치우치지 않은 연기적 과정이기 때문이다. 이를 진정한 행복주의라고 할 수 있다. 초기불교의 행복론은 이처럼 연기·중도적 태도를 바탕으로 하고 있다.

1) 행복추구의 유형

인간은 여러 가지 유형으로 행복을 추구한다. 먼저 쾌락적 태도를 취하는 유형이 있는데, 이러한 경우에는 행복이 어떤 원리나 규범에 의해서 만들어지는 것이 아니라 그냥 우연히 행운이 오면 행복해지는 것이기 때문에 순간의 즐거움과 쾌락을 탐닉하고 어떤 도덕적 규범이나 종교적 금욕에 구애받지 않는다. 순간의 만족을 얻을 수 있으면 나중에 불행해지는 행동도 서슴지 않는다.

이에 반하여 행복의 성취는 절제와 금욕, 그리고 절대자를 향한 무조건적 복종에 의해서 이루어질 수 있다는 성취 지향적 태도를 지닌 유형이 있다. 이런 유형의 사람들은 현실의 고통을 감내하고 오직 성공을 위해서 모든 것을 희생하고 성취의 욕망을 채우기 위한 삶을 살아간다. 이들은 행복을 성취하기 위한 과정 자체를 즐거움으로 여기는 것이 아니라 목표를 중요시한다. 하나의 목표를 달성하면 안도감을 갖지만 또 다른 목표를 설정하므로 중압감에 시달린다. 결국 소진된 몸과 마음으로 모든 것이 엉망이 된 채 극심한 고통과 허탈감을 겪게 된다. 『시크릿』 류의 책에서 말하는 '생각한 대로 이루어진다는 원리'를 믿고 실천했던 사람은 자신의 목적이 생각한 것처럼 이루어지지 않을 경우 그것의 효용성을 의심하게 된다.[2] 절대자에 대한 복종으로 행복과 성공을 보장 받을 것이라 생각했던 사람은 절대자를 원망하고 비난하게 될 것이다.

또 다른 행복 추구의 유형은, 행복이란 숙명으로 정해진 것이기 때문에 노력한다고 오는 것이 아니고 태어날 때부터 타고난 것이라고 생각하는 허무주의적 태도이다. 행복 추구에 몇 번 실패하고 나면 자신은 불행한 운명을 타고 났다고 인정하고 자포자기하는 허무주의적 삶을 살아간다. 우연론적인 인생관을 가진 자는 쾌락주의적 삶의 태도를 갖게 되고, 절대적 신이나 변치 않는 규범을 따라 성취에 매달리게 하는 유신론적 혹은 규범적 인생관을 가진 자는 목적 지향의 성취주의적 태도를 갖는 경향이 있다. 숙명론적 인생관은 행복 추구를 아예 단념하고 삶에 아무런 의미가 없다고 믿으며 체념적 태도로 살아간다. 쾌락주의나 성취주의도 결국엔 또다시 불행을 느낄 수밖에 없기 때문에 자포자기의 심정으로 무기력한 허무주의자가 되기 마련이다. 행복을 추구하지만 행복하다고 느끼지 못하고 불행해지는 이유는 역설적으로 행복과 불행에 집착하기 때문인 것이다.

2) 행복한 마음과 탐·진·치, 그리고 집착

행복하려고 안간힘을 쓰지만 불행한 삶에서 벗어나지 못하고 불행이라는 악순환의 굴레를 여전히 맴돌고 있는 이유는 무엇일까? 행복을 추구하는 태도, 즉 의도가 바르지 못한 것이 아닌지 점검해 볼 필요가 있다. 위에서 언급한 순간적 쾌락에 빠져 있는 태도, 성취 목적에 집착하는 태도, 자포자기하는 태도를 취하면 행복하려고 애를 쓸수록 불행해진다고 했다. 인간이 결국 불행해지는 이유는 탐貪·진嗔·치痴라는 번뇌 때문이라고 한다. 초기경전에서는 번뇌를 의미하는 다양한 용어들을 사용하고 있지만, 초기불교의 번뇌는 불선법不善法의 뿌리가 되는 탐·진·치로 요약할 수 있다. 불행의 원인이 되는 마음들이다. 탐욕, 성냄, 어리석음, 이 중에서도 어리석음은 무명無明과 관련되어 있고 탐욕은 갈애에 해당되며 성냄은 증오하고 원망하는 악의의 마음이다. 이런 번뇌는 모두 마음에서 일어나는 다양한 심리현상이다. 상좌부 아비담마는 불선법에 속하는 해로운 심리현상(不善心所)들을 14가지로 나누고, 이것들의 뿌리인 탐·진·치로 다시 분류한다. 치심에 속하는 심리현상 4가지, 즉 어리석음, 양심 없음, 수치심 없음, 들뜸은 불선한 마음이 일어날 때 항상 같이 일어나는 심리현상이며, 탐심에 속하는 3가지는 탐욕, 사견, 자만이다. 또한 진심에 속하는 4가지는 성냄, 질투, 인색, 후회이며, 게으름과 관련된 2가지는 해태와 혼침이고, 마지막 1가지는 의심이다.[3]

불선한 마음의 뿌리인 탐·진·치가 없는 상태의 마음이 무탐·무진·무치의 마음, 즉 행복한 마음이다. 어리석음 없는 마음은 팔정도八正道의 바른 견해(正見)와 바른 의도(正思)를 바탕으로 계발되어야 한다. 바른 견해, 즉 삶에 대한 바른 가치관을 갖는 것이 연기·중도적 태도를 갖는 것이라면, 바른 의도를 갖는 것은 욕심냄, 성냄, 해침에 맞서 무욕無慾, 무에無恚, 무해無害의 태도로 살아가는 것이다. 욕심으로 행복을 붙잡으려 하면 고통이 먼저 손에 잡히고, 성냄으로 불행에 저항하면 그 기세가 더욱 강해진다. 또한 해침으로 남에게 고통을 주면 자기도 그만큼 아픈 법이다. 행복한 마음의 바탕은 바른 견해와 바른 의도이며, 이 두 가지 덕목은 3가지 불선한 번뇌인 탐·진·치의 뿌리를 약화시킨다. 치심, 즉 어리석은 마음은 바른 견해라는 지혜의 힘에 의해서 뿌리가 흔들리게 된다. 물론 완전한 깨달음의 단계에 도달해야 번뇌를 단절하겠지만, 비록 작은 불씨라도 온 산을 태울 수 있는 것과 마찬가지로 처음엔 가물거리는 등불이라 할지라도 결국 모든 번뇌를 태워버릴 수 있는 힘을 갖게 된다. 그렇지만 욕망과 성냄의 기세가 강할 때는 지혜의 불씨를 보호하는 것이 만만치 않음을 알 수 있다. 그 기세를 꺾기 위해 저항해 보지만 오히려 더 강해지는 것을 어찌할 것인가.

붓다는 거부하고 저항하는 억압의 방법으로는 문제가 해결되기는커녕 오히려 더 악화된다는 사실을 『상윳따니까야』의 「화살경」에서 "두 번째 화살을 쏘지 말라"[4]라는 말로 잘 보여 주고 있다. 이런 방법은 문제를 해결하는 것이 아니라 단지 문제를 표면 아래로 가라앉힐 뿐이며, 곧바로 연쇄반응을 일으켜 괴로움의 화살만 반복해서 쏘는 것과 같은 것이다.

그럼 이런 악순환에서 벗어나는 길은 무엇일까? 욕망과 성냄, 그리고 어리석음으로부터 벗어나는 돌파구로 붓다가 일관되게 제시하시는 것은 지혜의 계발이다. 진정한 자유와 행복은 마음속으로 미련을 가진 채 억지로 욕망과 성냄을 억누르는 것이 아니라 부정적인 감정이 더 이상 자신을 묶을 수 없도록 그것의 관점을 바꾸는 일이다. 부정적 생각과 감정의 성질을 이해하고, 그래서 주의를 기울여 심리현상들을 면밀히 검토해 가면 이들의 힘이 약화됨을 알게 된다. 관점의 방향을 긍정적으로 바꾸는 것을 붓다는 '지혜로운 숙고(如理作意, yoniso manasikāra)'라고 하였다. 관점이 생각과 감정에 영향을 미치듯 똑같이 생각도 관점에 영향을 미친다. 평소 우리들의 관점에는 '지혜롭지 못한 숙고(ayoniso manasikāra)', 부정적 방향의 요소가 혼합되어 있음을 알 수 있다. 보통 우리는 사물의 겉모습만 보거나 당장의 욕심과 눈앞의 이익이나 쾌락, 아니면 순간적인 분노나 충동에 이끌려 생각의 노예가 되는 경우가 종종 있다. 우리가 관여하고 있는 일에 대해서 그 근원을 파 보거나 장기적으로 미칠 결과를 철저히 살펴보는 일은 극히 드물다. 하지만 '지혜로운 숙고'로 점검할 때 우리들의 관심은 무엇이 즐거운 것이냐가 아니라 무엇이 참된 것이냐의 문제에 초점이 맞추어지게 된다. 이때는 일시적 편안함을 버리는 한이 있더라도 참된 것을 찾아 나갈 준비와 각오를 갖게 된다. 진정한 행복은 편안한 쪽에 있는 것이 아니라 언제나 참된 쪽에 있기 때문이다.[5] 최상의 행복을 위한 어리석음의 극복, 즉 지혜의 계발에 관해서는 제6장에서 자세히 다루기로 하고 탐·진·치의 번뇌 중에서 탐심과 분노를 다루는 방법에 대해서 살펴보자.

 탐심과 진심은 인간의 감성과 관련된 번뇌이므로 바른 의도를 가지고 다루어야 한다. 즉 무욕, 무에, 무해의 의도로 탐심과 진심을 바르게 교정하지 않으면 번뇌가 날로 치성해지기 마련이다. 탐심과 성냄은 그 뿌리가 하도 깊어서 쉽게 다스려지지 않는다. 붓다는 이런 부정적인 심리현상들은 바로 정면으로 승부할 것이 아니라 긍정적인 의도로 대체하여 간접적으로 접근하는 것이 바람직하다고 말한다. 예를 들면, 소유욕을 떨쳐버리기 힘들 때 보시의 덕을 생각하여 나눔을 적극적으로 실천하는 것이다. 서로 상반되는 생각은 공존할 수 없기 때문에 무욕의 측면을 강화시키면 결국 욕심스러운 생각을 밀어내게 되는 것이다. 그래서 무욕이 탐욕의 자리를 대신하게끔 만드는 것이다.[6]

삶 속에서 행복을 저해하는 감정적 행위는 분노와 노여움이다. 성냄은 나의 삶을 괴롭게 할 뿐만 아니라 상대의 마음도 상하게 한다. 욕심으로부터 자유롭게 되는 것처럼, 노여움과 성냄의 의도를 자애와 연민의 생각으로 대체하여야 한다. 욕망의 경우처럼 성냄을 다루는 한 가지 방법은 행동이나 말로 분노와 혐오를 표현함으로써 성냄을 극복하는 것이다. 이는 흔히 사람들이 습관적으로 사용하는 방법인데 긴장을 당장 해소하고 분노를 자신의 몸 밖으로 뱉어버리는 데 도움이 될지는 모르겠지만 여러 가지 부조화와 불행을 초래한다. 이런 폭력적인 방식은 남의 원한을 사고 보복을 불러오며 적을 만들고 인간관계를 악화시키며 불선업을 생기게 한다. 또 다른 방식은 성냄을 억압하는 것인데 이 또한 악의의 파괴적인 힘을 없애 버릴 수는 없다. 이 방식은 다만 악의의 힘을 돌려서 안으로 밀어 넣는 꼴이 되는데 이렇게 되면 이 힘은 자기비하, 만성우울증, 이성을 잃고 폭력을 휘두르는 경향 등의 이상한 형태로 변하게 된다.[7] 성냄에 대응하는 처방은 자애와 사랑의 마음을 계발하여 나누는 것이다. 자애관법은 자기치유로부터 시작한다. 자애가 자기 자신을 향하도록 방향을 돌리면 이 자애가 우리의 부정적 태도가 만들어 놓은 두꺼운 껍질을 녹아내리게 해서 친절(慈)과 연민(悲)이 밖으로 흘러나갈 수 있도록 만들어 준다. 이때에 내면적 훈훈함과 관대함을 친밀한 사람, 무관한 사람, 결국에는 미워하거나 원한 맺힌 사람에게까지도 보내어 자애와 사랑의 에너지가 충만하게 하는 것이다. '자애'의 염이 절정에 달하면 범천이 거주하는 저 높은 세계(Brahmavihāra)에까지 올라갈 수 있는데, 그곳은 일체 중생의 안녕을 기원하는 염력을 사방으로 방사放射하는 염念 중심의 거룩한 세계이다.[8] 자애관을 포함한 사무량심 수행에 대해서는 제5장에서 자세히 살펴볼 것이다.

번뇌의 극복은 행복과 불행에 직접적인 영향을 미친다. 불교의 수행체계는 어떻게 이 번뇌를 이겨 내어 행복한 삶을 영위할 수 있는지를 가르치고 있다. 계·정·혜 3학 중에서 선심을 길러서 불선심의 번뇌가 일어나지 않는 심적 환경을 만들도록 하는 것이 계행이며, 고요함과 평온함으로 치성한 번뇌들이 일어나지 않게 하는 것이 삼매이고, 미세 번뇌까지 송두리째 뽑아 없애는 것이 지혜 수행이라고 할 수 있다. 그러므로 번뇌의 근본적인 치유는 마음 차원에서 이루어져야 한다. 일반적으로 인간의 불행을 초래하는 심리장애는 몸의 부조화에서 기인하는 경우도 있겠지만, 마음 차원에서는 위와 같은 탐·진·치에 뿌리를 둔 불선심소들이 순간적으로 혹은 지속적으로 지배함으로써 형성된다고 볼 수 있다.[9] 불행한 마음인 탐·진·치의 심리 상태를 무탐·무진·무치의 심리 상태로 전환시키는 것이 행복한 마음이다.

탐·진·치와 함께 주목해야 할 것이 취착(取着, upādāna), 즉 집착이다. 집착이야말로 갈애보다 더 강화된 상태로 심리적 문제를 일으킬 수 있는 여지를 늘 내포하고 있는 것이다. 집착의 정의가 다양하지만 몇 가지 예를 들어보면 '갈애가 강하게 드러난 것', '잡음', '움켜쥠' 등이다. 심리학적 측면에서 정의한다면 현재성, 유연성, 초연성이 결여된 심리 상태를 집착된 상태라고 말할 수 있다. 현재성이 결여되어 있다는 것은, 지금 현재의 경험이 과거나 미래에 묶여 있는 것이다. 유연성이 결여되어 있다는 것은, 고정되고 경직된 시각이나 태도, 행동 등을 고수하고 고집하는 것으로 이 또한 어떤 틀지어진 패턴이나 방식 등에 매여 있음을 말하고 결국 '무상'을 모르는 것을 의미한다. 초연성이 결여되어 있다는 것은, 자신의 경험을 자기 존재 자체와 동일시함으로써 당면한 사건에 따라 존재 자체의 안위가 위협받는다고 느끼고 생각하는 것과 관련된다고 본다. 좀 더 포괄적으로는 '무아'의 개념과 연결될 수 있다.[10]

불행한 마음은 현재성, 유연성, 초연성이 결여된 심리 상태이고, 반면 행복한 마음은 현재에 깨어 있고, 어떤 문제에도 긍정적인 태도로 유연하게 대처하고, 초연한 태도로 어디에도 머물지 않고 모든 것을 있는 그대로 수용하는 것이다. 탐·진·치라는 심리현상들의 순간적 점령을 막기 위해 늘 깨어 있는 마음으로 즉각적으로 알아차리고 탐착하여 끌어들이거나 혐오하여 밀쳐 내지 않고, 있는 그대로 수용하는 태도로 살아가면 연기·중도적 행복에 다가가게 될 것이다.

3) 연기법과 중도적 행복

붓다가 가르치는 행복의 토대는 연기론과 중도행이다. 연기법에서 본다면, 어떤 한 인간이 행복함을 경험하는 것은 단순히 일어나는 것이 아니라, 복합적인 인연관계 속에서 나타나는 것이다. 인간의 행복을 연기론적 중도행의 관점에서 보는 것이다. 이에 반해 앞에서 언급한 것처럼 행복을 원인도 없고 조건도 없으며 그저 우연일 뿐이라고 보는 우연론이나, 행복이란 일종의 행운으로서 좋은 운을 타고난 사람에게만 찾아오는 운명이라는 씨줄과 날줄에 의해 정해진 것이라고 하는 숙명론이나, 행복은 신이나 브라만에 의해 주어지는 것이라는 유신론적인 사고방식이 세상에 많이 퍼져 있음을 알 수 있다. 붓다 당시에도 가장 주목을 끌었던 인생의 행복론은 바로 우연론과 숙명론, 그리고 유신론의 인생관에 바탕을 두고 있다. 『중아함경』에서 붓다는 당시의 사상적 조류를 비판하고 연기론적 관점을 세워 다음과 같이 설하고 있다.

> 세상에는 극복해야 할 3가지 그릇된 견해가 있다. 지혜 있는 사람들이 파벌을 만들어 서로 주장을 달리 하지만 인생에 있어 아무런 소득이 없다. 어떤 것이 셋인가. 첫째는 '사람의 모든 일은 일체가 다 숙명으로 만들어졌다'는 것이요, 둘째는 '사람의 모든 일은 일체가 다 신이 만든 것이다'는 주장이며, 셋째는 '모든 일은 아무런 인연도 없는 우연이다'라는 주장이다. …… 나는 저들의 주장에 맞서 연기법을 깨닫고 중생에게 가르치고 있다. 이것은 인간이 자신의 지혜로운 선택에 의해 자기를 만들어 가는 길이다.[11]

3가지 잘못된 인생관에 대해 붓다는 연기법을 설하고 있다. 행복에의 가능성은 모든 존재가 저 홀로 존재하는 것이 아니라 서로서로 상의상관으로 연결되어 있으므로 너를 의지하여 내가 있고, 너로 인해 내가 있으며, 너의 행복이 곧 나의 행복으로 연결된다는 것이다. 우연이나 숙명이나 신의 뜻이 아니라 인간 스스로의 자유의지와 정진으로 연기의 이법을 깨달아 지혜롭게 행복한 삶을 영위할 수 있음을 밝히고 있다. 붓다가 제시한 연기적 인생관에 입각한 행복이란 현재진행형이다. 과거의 쓰라린 경험에 묶여 있거나 미래의 두려운 불안감에 떨고 있지 않고 현재를 직시하여 관계의 현상 속에서 행복의 이면을 여실히 바라보는 것이다.

붓다가 마가다국의 왕사성 죽림정사에 머물 때였다. 자이나 교도인 사꿀루다인이 과거와 미래에 대해 질문하자 붓다는 이렇게 대답하였다.

과거는 과거대로 내버려 두고
미래는 미래대로 내버려 두자.
내가 너에게 현실을 통해 법을 설하겠다.

이것이 있으므로 저것이 있게 되고
이것이 일어나므로 저것이 일어난다.
이것이 없으므로 저것이 없게 되고
이것이 소멸하므로 저것이 소멸한다.[12]

'이것이 있으므로 저것이 있게 된다'는 연기의 기본 법칙을 행복론의 관점에서 조금 더 확장해 보자. 즐거움이 있으므로 괴로움이 있고, 이익이 있으므로 손실이 있고, 명성이 있으므로 악성 루머가 있으며, 성공이 있으므로 실패가 있을 수 있다. 나아가 잘생긴 사람이 있으므로 못생긴 사람이 있고, 키가 큰 사람이 있으므로 작은 사람이 있고, 똑똑한 사람이 있으므로 어리숙한 사람이 있는 것이다. 이런 식으로 연기법은 우리가 상대적으로 분별하고 있는 일체의 이원론적 사고방식을 거두어 들이고 있다. 즉 즐겁다는 분별은 사실 고정적으로 즐겁고 괴로운 것이 정해진 것이 아니라 즐거움이 있으므로 그것과 견주어 비교되는 괴로운 것이 있다는 사실을 의미한다. 어떤 사람이 잘생겼다든지 못생겼다든지, 성공했다든지 실패했다든지, 행복하다든지 불행하다든지라는 일체의 분별은 절대적인 기준에 따라 정해지는 것이 아니라 다른 사람과의 연관관계 속에서 결정되어지는 상대적인 것일 뿐이다.

이처럼 모든 존재의 양 극단의 분별은 나 혼자서는 할 수 없는 것이며, 그것은 연기되어진 타인과의 관계성 속에서만 가능한 것이다. 이런 양 극단의 분별은 끊임없이 상황이나 조건에 따라 변하는 것이므로 무상성無常性이고, 행복하다가도 불행해지고 불행하다가도 행복해지는 것처럼 행복 혹은 불행이라는 고정적인 실체가 없으므로 무아성無我性인 것이다. 백 평짜리 호화 아파트는 없더라도 단칸방에서 가족들과 가정을 꾸리고 사는 사람은 집도 가족도 없이 길거리를 헤매는 걸인보다 행복하게 느껴지는 것처럼 인연 따라 상황 따라 변하는 것이며, 그렇기에 '행복한 사람' 혹은 '불행한 사람'이라고 고정적으로 말할 수 없다는 뜻이다.

이와 같이 양 극단의 분별로써 고정할 수 없는 속성을 중도성中道性이라고 한다. 즉 연기된 모든 것은 무상하고 무아이며, 그렇기 때문에 어느 한 극단으로 판단해서는 안 되며 항상 중도적인 치우치지 않은 시선으로 대상을 바라보아야 한다는 것이다. 여기서 마침내 중도적 행복감이 생기게 되는 것이다. 그러니 어떤 한 사람을 보고 잘났다거나, 성공했다거나, 혹은 못났다거나, 실패했다거나, 그 어떤 한 쪽으로 치우친 견해로 판단해서는 안 된다. 어떤 사람도 인연 따라 잘났거나 못났을 뿐이고, 인연 따라 성공했거나 실패했을 뿐이며, 인연 따라 변해 갈 뿐이다. 그렇기에 우리가 세상의 행복과 불행을 논할 때, 중도적인 치우침 없는 시선으로 편견이나 선입견 없이 '현상 그대로를 있는 그대로' 볼 수 있어야 한다. 이것이 뒤에서 다시 언급하게 될 팔정도의 정견正見이다. 연기적인 시선이 바로 정견이며, 중도이고, 무상과 무아의 바라봄인 것이다.

이런 연기·중도적 관점으로 세상을 바라보아 마음이 맑고 평화로우면 이것이 행복한 사람의 모습이라고 붓다는 말한다. "저 수행자들은 숲속에 거주하고 평화롭고 청정범행을 닦고 하루에 한 끼만 먹는데도 왜 안색이 맑습니까?" 어느 날 한 천신이 붓다에게 이렇게 묻자 붓다가 답하였다.

지나간 것에 슬퍼하지 않고
오지 않은 것을 동경하지 않으며
현재에 얻은 것으로만 삶을 영위하나니
그들의 안색은 그래서 맑도다.

아직 오지 않은 것을 동경하는 자
이미 지나간 것을 두고 슬퍼하는 자
어리석은 그들은 시들어 가나니
푸른 갈대 잘려서 시들어 가듯.[13]

이와 같은 붓다의 응답은 진정으로 행복한 사람의 모습과 불행한 사람의 모습을 영상으로 보여 주는 것 같이 선명하다. 현재에 깨어 있는 자는 먼저 안색을 통해서 마음이 맑고 밝아 행복한 자임을 알 수 있다. 반면 행복을 추구하지만 항상 과거의 일로 후회하고 슬퍼하는 자와 미래를 걱정하고 불안해하는 자는 안색이 누렇게 떠서 잘려진 마른 갈대처럼 생기가 없는 것이다. 즉 무기력한 삶을 살고 있는 것이다.

과거에 집착해 삶의 의욕을 상실한 자는 행복을 성취하기 위해 끊임없이 미래로 달려갔거나, 순간의 행복에 탐닉해 더 짜릿한 쾌락을 목말라했기에 결국엔 불행의 나락으로 떨어지게 된 것이다. "쾌락주의자는 순간의 노예로 살고, 성취주의자는 미래의 노예로 살게 되며, 허무주의자는 과거의 노예로 산다"[14]는 하버드대 행복학 명강사 탈 벤 샤허르의 말처럼 과거, 현재, 미래에 집착하는 것은 노예로서 사는 것이지 주인으로서 사는 것이 아니다. 진정한 행복주의자의 삶은 현재에 살되 현재에도 집착하지 않고 연기적 태도로 자기중심을 잡고 생동감 있게 살아가는 것임을 알 수 있다.

이처럼 초기불교의 행복론은 연기·중도적 관점을 바탕으로 행복과 불행 두 가지 양 극단의 선택 가운데 어느 한쪽을 택하는 습관적 방식에서 벗어나는 것이다. 그것은 행복에 집착하지도 않고 불행을 거부하지도 않으며, 불행도 인생의 한 부분임을 알아 그냥 담담히 받아들이고, 행복도 너무 거창하게 칭송하지 않고 담백하게 담아낼 줄 아는 지혜를 바탕으로 함을 알 수 있다. 붓다가 이런 지혜로운 중도의 행복을 어떻게 일상의 삶 속에서 담아 낼 수 있도록 가르쳤는지, 잘 알려진 『숫따니빠따』의 「망갈라숫따」, 즉 「행복경」[15]을 통해서 살펴보자.

3. 「행복경」의 세계

초기경전은 출가자들의 수행에 관한 법문이 많은 비중을 차지하지만, 일상의 삶을 살아가는 평범한 일반 사람들의 행복한 삶에 대한 구체적인 가르침도 설하고 있다. 이와 관련된 대표적인 경전들은 『디가니까야』의

「육방예경」,[16] 『숫따니빠따』의 「자애경」, 「행복경」 등이다. 「육방예경」과 「자애경」에 대해서는 4장과 5장에서 차례로 살펴보도록 하고, 먼저 「행복경」에 대하여 알아보자.

1) 「행복경」의 구조

붓다가 행복이라는 단어를 직접 언급하면서 설한 경전이 「행복경」이다. 초기불전에서 행복이라는 술어는 즐거움을 뜻하는 수카sukha와 길상, 축복, 행운, 행복 등이라 번역할 수 있는 망갈라maṅgala이다. 인도의 종교문헌에 주로 사용되는 행복을 의미하는 단어가 망갈라인데, 망maṅ은 '비참한'이란 뜻이고 갈라gala는 '그런 상태를 벗어남'의 의미이다.[17] 즉 비참하고 한심한 상태에서 벗어나 평온과 축복의 상태가 지속된다는 말이다. 삶에서 느낄 수 있는 평안과 소박한 만족감을 나타낸다. 보통 사람들은 편히 잠자고 쉴 수 있는 주거지와 먹을거리 그리고 의복, 적당한 성생활과 자존감을 지켜주는 명성 등 기본 욕구가 충족되었을 때 만족하다고 하거나 행복하다고 한다.

「행복경」에서는 기본 욕구의 충족과 함께 어진 사람이나 존경스러운 사람과 같이하고 덕행을 쌓는 것, 가족을 잘 돌보는 것 등 세간에 사는 인간으로서 누릴 수 있는 소박한 행복과 더불어 이를 넘어선 열반의 행복, 즉 출세간의 행복도 함께 강조하고 있다. 붓다는 행복을 크게 세간의 행복과 출세간의 행복으로 나누고, 세간의 행복은 다시 현세적 인간의 행복, 인간들이 이상세계라고 여기는 내생에 태어날 수 있는 천상의 행복으로 분류한다. 「행복경」은 붓다의 원음이 담겨있는 가장 오래된 경전인 『숫따니빠따』에 포함되어 있으므로 매우 평이하고 간략하다. 모두 12개의 게송으로 된 시로 이루어져 있고 첫 게송은 질문이며 중간의 10개의 게송은 응답이다. 이 게송들은 38가지 행복의 덕목들을 순차적으로 나열하고 있다. 마지막 게송은 위와 같이 행하면 최상의 행복이 보장된다는 내용이다. 응답의 끝마다 '이것이 최상의 행복이다'(etam maṅgalam uttamaṃ)[18]라는 후렴구가 반복되는 것이 특징이다. 어구가 평이하지만 내용을 심도 있게 음미해 보면 인간의 행복에서 천상의 행복 그리고 최상의 행복인 열반에 이르는 길을 체계적으로 설하고 있음을 알 수 있다. 먼저, 경전의 전체 구성을 정리해 본다.

서문	기원정사에 천신이 나타나 붓다에게 행복에 대한 법문을 청함
게송1	인간과 천신들은 행복과 안온을 원함. 최상의 행복이란 무엇인가?
게송2	〔1〕어리석은 이를 멀리함 〔2〕현명한 이를 가까이함 〔3〕존경스러운 이를 공경함
게송3	〔4〕적당한 처소 〔5〕공덕을 쌓음 〔6〕삶의 바른 방향설정(서원)
게송4	〔7〕많은 배움 〔8〕다양한 예능을 익힘 〔9〕윤리적 규범 준수와 수련 〔10〕의미 있는 대화
게송5	〔11〕부모를 섬김 〔12〕자녀를 보살핌 〔13〕배우자를 돌봄 〔14〕일관성 있는 삶
게송6	〔15〕보시 〔16〕여법함 〔17〕친지를 보호함 〔18〕비난에서 자유로운 행동
게송7	〔19〕악함을 멀리함 〔20〕술을 절제함 〔21〕부지런히 선법과

덕행을 닦음에 방일하지 않음

게송8 [22]공경함 [23]겸손함 [24]만족함 [25]감사함 [26]적합한 때에 법문을 들음

게송9 [27]인내함 [28]온화함 [29]수행의 스승을 만남 [30]시의적절한 때에 법에 대해 점검함

게송10 [31]열심히 정진함 [32]청정한 삶 [33]사성제를 관조함 [34]열반을 성취함

게송11 [35]세상일에 동요치 않는 담담한 마음 [36]슬픔이 없이 안온한 것 [37]탐욕으로부터 자유로움 [38]충만한 안정감

게송12 이와 같이 산다면 어떤 상황에서도 행복하리라.

서문에서는 천신이 붓다에게 최상의 행복에 대한 법문을 청하는 것으로 묘사되고 있다. 초기불전 여러 곳에서 볼 수 있는 광경으로, 천신들이 풀지 못한 문제가 있을 때 붓다에게 해결책을 묻는 형식으로 대화가 진행된다. 「행복경」의 주석서에 의하면 인간들이 행복에 대한 열띤 토론을 하고 있을 때 천상의 천신들도 최상의 행복에 관한 궁금증이 생겨 붓다에게 묻기 위해 특사를 보낸 것으로 되어 있다.[19] 어느 날 밤 붓다가 기원정사에 머물 때 천신이 숲 전체를 환하게 밝히며 광채 가득한 모습으로 나타나 다음과 같이 청한다.

게송1 "많은 신들과 사람들은 행복을 바라고 있습니다. 최상의 행복을 말씀해주십시오." 인간은 물론이고 천상의 신들도 모두 행복을 바라고 있지만 결국엔 상대적 행복에 탐닉하다 불행해지는 결과를 초래하는

경우가 대부분이라는 것을 암시하고 있다. 불교의 세계관에 의하면 인간이 속해 있는 욕계欲界에도 일부 천신이 있으며 색계色界 그리고 무색계無色界는 천신들이 거주하는 곳이다. 주로 선한 공덕을 많이 쌓으면 태어나는 곳인데 너무 즐거움에 취해 사느라 더 이상 공덕을 지을 동기 부여가 적기 때문에 시간이 지남에 따라 자연히 공덕이 감소되어 인간 세상이나 더 낮은 차원의 삶을 살아야 한다고 한다. 하지만 인간 세상은 즐거움과 괴로움이 공존하는 세상이기에 오히려 수행을 통해서 최상의 행복인 열반의 즐거움을 성취할 가능성이 더욱 높다는 것이다. 그래서 천신이 붓다에게 최상의 행복에 대한 법문을 요청하는 것으로 볼 수 있다.[20] 붓다는 다음 게송들을 통해 천신에게 특별한 행복수업을 시켜 준다.

게송2 행복수업의 첫 걸음은 어리석은 이를 멀리하고 현명한 이와 존경받을 만한 덕성과 수행을 갖춘 이들을 가까이 하는 것이다. 경전에 나오는 '발라bāla'라는 말은 원래 철모르는 어린애라는 뜻이었지만, 어리석은, 지혜롭지 못한, 악한 짓을 일삼는 사람이란 의미로 쓰인다. 이들과 같이 하면 지혜롭지 못한 충고를 듣게 되며 그로 인해 마음이 사악해지고, 감관이 산만해져 자제할 수 없게 되며 행동이 거칠어지고 말이 조악해진다. 이로 인해 끝없는 감각적 욕망을 추구하게 되고 그 결과 괴로운 삶의 늪에 깊이 빠지게 된다. 반면 '빤디따paṇḍita'는 어질고, 학덕이 있으며, 경험이 풍부하여 삶의 실질적인 충고를 줄 수 있는 사람이란 뜻이다. 이들과 함께 하면 좋은 충고를 들을 수 있으며, 이치에 합당한 믿음을 갖게 되고, 명료한 생각을 하므로 감관이 고요하고 맑아서 행동이 섬세하고 말이 온유해진다. 그 결과 지혜가 충만해져 행복하고 자유로운 삶이 지속된다고 볼 수 있다. '뿌자 뿌자네야남pūjā pūjaneyyānaṃ'이란 존경스러운 분을 존경한다는 뜻이다.[21] 예경 올리고 따르고 싶은 분, 배울 점이 많고 관대한 분을 말하는데 이들과 함께 있는 것 자체가 즐거움이고 행복이다. 늘 겸손하고 자만심이 없으므로 어떤 상황에서든 자기향상을 위해서 항상 열린 배움의 자세로 삶을 살아가는 이들이다. 붓다는 이러한 부류의 사람들을 '선지식(善知識 또는 善友)' 또는 '도반道伴'이라고 부른다. 선지식은 '좋은 벗'이라는 뜻이고 도반은 '함께 구도의 길을 가는 동무'라는 뜻이다. 『중아함경』에서 붓다는 좋은 벗의 소중함에 대해 이렇게 가르쳤다.

선지식은 마치 보름으로 향하는 달과 같은 사람이다. 보름으로 향하는 달은 처음 생길 때 산뜻하고 밝고 깨끗하며 날로 그 모양을 키워 간다. 그리하여 보름이 되면 그 모습이 둥글고 풍만해지며 밝은 빛을 발한다. 그러나 악지식은 그믐으로 향하는 달과 같은 사람이다. 그를 가까이 하면 마치 허공의 달이 탐욕의 그늘에 가리어 세간의 모든 별들이 광명을 잃는 것처럼 될 것이다.[22]

또한 『잡아함경』에서도 좋은 친구를 사귀는 것은 수행의 절반이라고 생각하는 아난다에게 절반이 아니라 전체임을 강조한다.

수행자들이여, 그대들은 이렇게 생각해야 한다. '나에게 좋은 벗이 있고, 그 벗과 함께 있으면 수행의 절반을 이룩한 것이 아니라 전부를 이룩한 것이나 다름없다'고. 왜냐하면 좋은 벗에게는 언제나 순수하고 원만하고 깨끗하고 바른 행동이 따라다니지만 나쁜 벗은 그 반대이기 때문이다. 그러므로 언제나 좋은 벗과 사귀고 좋은 벗과 함께 있도록 해야 한다.[23]

이처럼 붓다가 설한 행복의 첫 번째 덕목은 현명한 벗과 사귀는 것이다. 왜냐하면 좋은 벗은 근심과 걱정을 만들지 않으며 기쁨과 행복을 주는 사람이므로 수행을 처음 시작하는 경우 가장 소중한 조건이 되는 것이다.

게송3 삶이 행복하다는 것은 쾌적하고 편안한 주거 생활과 밀접한 관계가 있다. '빠띠루빠데사와사paṭirūpadesavāsa'란 단순히 주거환경의 쾌적함이나 편안함만을 의미하는 것이 아니라 다투지 않고 반목·질시하지 않으며 신뢰로써 서로를 존중하는 이웃이 있는 곳을 말한다. 또한 '뿝베까따뿐냐따pubbe katapuññatā'란 과거에 많은 복덕을 쌓았다는 말인데 현재에 그것의 공덕을 누리게 된다는 것이다. 물론 선업의 공덕을 말하는데 그것은 건강, 미모, 부유함, 좋은 가문 등 행복의 조건들을 잘 갖추게 되는 것이다. 이와 함께 더 중요한 행복의 덕목은 자기중심을 잘 잡아 삶의 방향설정을 바르게 하는 것(attasammāpaṇidhi)이다.[24] 즉 맑고 향기로운 삶을 통해서 나눔을 실천하겠다는 서원을 세우는 것을 말한다.

게송4 붓다 당시에는 가까이에서 스승으로부터 많이 듣고 배우는 것(bāhu-sacca)이 교육의 방법이었다. 그러므로 배움이란 스승을 옆에 모시고 스승의 말과 행동 그리고 사고방식까지 직접 체득할 수 있는 축복을 만끽하는 것이다. 삶 속에서 활용할 수 있는 다양한 기술과 예능(sippa)을 익히는 것 또한 행복한 일이다. 삶이 정돈되어 윤리적 규범(vinaya)을 준수하고 수련을 잘해 나가는 것(susikkhita)이 행복이며, 삶의 이치와 우주만유의 이법에 대한 의미 있는 대화(subhāsitā yā vācā)[25]를 통해서 자신과 상대방을 향상시키는 것은 크나큰 축복임에 틀림없다.

게송5 가정은 행복 실현의 바탕이다. 화목한 가정으로부터 안녕과 질서가 생긴다. 부모를 섬기는 것(mātāpitūpaṭṭhānaṃ)이야말로 가족의 중심을 세우는 것이고 자녀를 보살피고 양육하는 것이 가문의 혈통을 이어가는 것이며 배우자를 잘 돌봄(puttadārassa saṅgaha)이 사랑이 충만한 가정을 이루는 것이다. 또한 일을 도모함에 일관성이 있을 때 만족감이 생긴다. 목적의 성취만을 위한 삶은 곧 소진되고 만다. 처음도 좋고 중간도 좋으며 끝도 좋은 것이 행복을 향한 길이다. 서로 상충되지 않고(anākulā) 일이 원만하게 끝나는 것(kamma+anta)이다. 여기서 '깜마'는 직업 혹은 일을 의미하며 '안따'는 끝, 즉 목적을 뜻한다.[26] 목적 지향적 삶은 처음과 중간이 끝과 상충될 수 있다. 전체 과정이 수미일관首尾一貫할 때 진정한 행복이 있는 것이다.

게송6 보시, 즉 '다나dāna'야말로 행복을 성취하는 데 필요조건 중의 하나이다. 기쁨은 나누면 두 배가 되고 슬픔은 나누어서 반이 된다는 말이 있듯이 행복은 나눔을 통해서 증장되고 온전해지는 것이다. 보시는 단지 물질적인 것에 국한되지 않는다. 따뜻한 말 한마디, 밝은 미소, 상대방에 대한 온정 어린 배려와 자애 등 말과 마음으로 할 수 있는 보시는 한계를 지을 수 없을 정도로 많다. 특히 바른 가르침을 나누는 법시法施는 그 어떤 보시의 공덕보다 수승하고, 근원적인 행복의 토대를 마련해 준다는 점에서 더욱 중요하다고 할 수 있다. 여법함이란 열 가지 법다운 행동(dhammacariya),[27] 즉 십선법으로 삶을 청정히 하고 친지들을 보호하고 누구에게도 비난 받지 않을 행동을 하는 것이 행복의 기본적인 덕목이라고 보는 것이다.

게송7 행복을 영위하는 필수 조건은 악행을 멀리하고 선행을 행하는 것이다. 악행은 멀리해야 하고(ārati) 절제(virati)해야 한다. 멀리함은 계행을 지키는 데 있어서 마음으로 악한 생각을 일으키지 않는 것이다. 악한 일에는 아예 흥미와 관심도 없어 탐·진·치의 불이 마음에 지펴지지 않는 것이다. 왜냐하면 연료가 다 소진되었기 때문이다. 반면 절제함이란 몸의 행동과 말의 행위를 함부로 하지 않고 체면을 생각하고 계행을 지켜야 된다는 의무감을 가지고 조심스럽게 하는 것이다. 예를 들면, 도둑질을 하려는 마음이 일어날 때, 첫째는 '만약에 탄로나면 가족 전체가 망신을 당할거야!'라는 생각을 할 수 있다. 이는 체면과 관습적인 태도로 절제하는 것이다. 둘째는 '도둑질은 계를 파하는 것이야!'라고 생각하여 계를 지키겠다는 의지로 절제하는 것이다. 셋째는 수행을 잘하는 고귀한 자들은 악행의 힘이 미약하므로 갈등하지 않고 자연스럽게 절제할 수 있는 것이다. 이 경우가 가장 이상적이고 행복으로 가는 지름길이라 할 수 있다. 오계 중의 '술을 절제함'은 행복으로 가는 도중에 시야를 흐리게 할 수 있는 장애를 없애는 것과 같다. 아무리 행복의 고속도로가 잘 준비되어 있고 성능 좋은 행복 자동차를 가지고 있다고 하더라도 운전자가 술에 취해 시각 기능이 혼란스러워지고 순간순간의 명확한 판단을 할 수 없다면 큰 사고를 당할 수밖에 없고 그 결과 불행해지는 것이다. 술뿐만 아니라 사람의 마음을 미치게 하는 마약, 도박 등 중독성 있는 행위들을 총칭하여 '맛자majja'라 하는데 이는 영어의 mad와 비슷한 말로 정상적인 정신활동을 마비시킨다는 뜻이다. 행복의 또 다른 조건은 부지런히 선한 덕행을 닦음에 게으르지 않음(appamādo dhammesu),[28] 즉 방일하지 않음이다.

게송1~7은 주로 청정하고 화목한 생활환경과 계목의 준수 등이 인간 세상에서 행복을 영위하는 데 필요한 덕목으로 설명하고 있다. 다음 게송들은 좀 더 높은 차원의 행복을 추구하려면 어떤 태도로 삶을 살고 수행을 해야 하는지를 제시하고 있다.

게송8 붓다가 설한 연기법 수행의 첫걸음은 모든 존재를 공경하고 겸손한 태도로 사는 것이다. 관계 속에 주어진 여건에 만족하고 감사할 줄 아는 태도가 삶을 실로 훈훈하고 편안하게 해준다. '가라바gārava'란 충심을 다해 불법승 삼보를 공경함이요, 특히 선지식을 찾아 수행의 스승으로 삼고, 법을 공부하여 깨달음을 성취하고자 하는 것이다. 주석서에서는 공경의 생활은 축복이며 현생에서는 조화와 균형 있는 삶을 살게 하고, 내생에서는 천상에 태어나 행복을 누리게 됨을 강조하고 있다. '니와따nivāta'란 자신을 낮추어 겸손한 태도로 삶을 살아가는 것이다. 수행의 향상을 가름하는 잣대가 여러 가지 있지만 자신을 내세우지 않고 얼마나 하심下心을 잘하느냐가 기준이 될 수 있다. 주석서에는 다음과 같은 비유를 들고 있다. 하심을 잘하는 수행자는 '발 닦는 수건처럼', '뿔 잘린 황소처럼', '송곳니를 뺀 뱀처럼' 거만하지 않고 위협적이지 않으며 낮은 곳에서 자신이 할 일을 말없이 성심껏 하는 것이다. '산뚜티 santuṭṭhī'란 만족을 의미한다. 현재 가진 것에 만족하고 수행하기 위한 체력 유지에 필요한 것을 얻는 데 만족하는 것, 그리고 자신의 분수에 맞지 않는 것들을 어른들에게 드리는 데에서 생긴 만족이다.

 수행자들이 공동체 생활을 하는 데 필요한 4가지 필수품은 승복, 공양물, 처소, 그리고 비상 약품인데, 모두 의식주에 관련된 것들이다. 주석서는 이에 대해 각각 구체적인 예를 들어 설명하고 있다. 한 가지 예만 들어 보면, 탁발을 해서 얻은 음식에 대해 거친 것이든 부드러운 것이든 상관치 않고 얻은 대로 구별치 않고 먹는 것이 첫 번째 만족이다. 하지만 몸이 아파서 거친 음식을 먹을 수 없어 동료가 얻은 부드러운 음식을 나누도록 요청하여 몸의 건강을 우선 챙기는 것이 두 번째 유형의 만족이다. 세 번째 유형의 만족은 자신의 형편에 맞지 않은 분에 넘치는 음식을 얻었을 때 어른 스님들께 그 공양물을 드리고 자신은 격에 맞는 음식을 먹는 것을 말한다. 이처럼 적절한 생활용품이나 주거지를 선택하는 데 있어 결핍이나 분에 넘치지 않도록 중도적 지혜로 판단하는 것이다. 마지막으로 적합한 때에 법문을 듣는 것이 축복이다.[29] 중도적 판단을 저해하는 불선한 생각들이 일어나 불행의 길로 가게 되는 경우가 흔히 있다. 수시로 법문을 청취함으로써 선법을 키워 가고 불선법을 약화시키는 것이 행복한 길로 나아가는 것이다.

게송9 최상의 행복을 향해 가는 보살의 바라밀 수행 중에 빼놓을 수 없는 것이 '칸띠khanti', 즉 인욕이다. '칸띠'는 3가지의 의미를 내포하는데 참음, 용서, 그리고 관용이다. 어떤 역경계가 닥쳐서 몸과 마음을 힘들게 하더라도 흔들리지 않고 참아 견디는 것이다. 누군가 나를 비난하고 공격할 때에도 평정의 마음을 잃지 않고 관용으로 용서하는 것이다. 항상 수정과 같이 맑은 마음으로 담담하게 모든 경계를 대하므로 그것의 노예가 아니라 주인으로 살아가는 것이다. 가까운 가족이나 친지가 잘못하거나 배신하면 참기 힘들고 용서하기가 어려운 법이다. 하지만 밖의 대상에 대한 인욕보다 더 어려운 것이 자기 자신의 약점과 과오를 참아 주고 용서하는 것이다. 남을 사랑하고 자애를 베푸는 것도 중요하지만 먼저 자신을 진정으로 아끼고 사랑할 수 있어야 한다. 그러므로 자애관 수행을 할 때 첫 번째 대상은 자기 자신이다. 자신에 대한 인욕은 자애의 마음을 증장시키는 바탕이 되기 때문이다. '소와짜사따sovacassata'는 온화함 혹은 유연함이다. 접근하기 쉽고, 충고를 잘 받아들여 자기 향상을 위해 노력하는 삶의 태도이다. 항상 부드럽고 친절하여 늘 열려 있는 마음으로 살아가므로 행복한 것이다. 모든 사람들이 축복의 마음을 나누기 때문이다. '사마나남 다싸남samaṇānaṃ dassanaṃ'이란 수행의 스승을 직접 만남을 의미한다. '다싸남'이란 눈으로 본다는 뜻이므로 스승의 곁에서 직접 수행 지도를 받아 공부를 지어 감을 말한다. 공부 도중에 예기치 않은 마장이나 어려움이 있을 수 있다. 이때 스승은 중요한 역할을 하게 된다. '깔레나 담마사까짜kalena dhammasākacchā'란 시의적절한 때에 법에 대해 점검하는 것을 말한다.[30] 수행 점검을 통해 어떤 마장 경계에도 머물지 않게 하고 정법에 준하여 수행을 지어 갈 수 있도록 분명한 안목을 갖게 되는 것이다. 이런 스승이 곁에 있는 것은 큰 축복이고 행복인 것이다. 만약에 스승이 곁에 있지 않다면 좋은 도반과 법에 대한 담론을 통해서 자신의 수행을 점검하여 삿된 길로 빠지지 않도록 하여야 한다.

게송10 꾸준한 정진은 최상의 행복을 성취하기 위한 연료와 같은 것이다. 좋은 스승이 이끌어 주고 유익한 도반이 있어 탁마할 수 있다 하더라도 열심히 노력하지 않으면 아무런 소용이 없는 것이다. 경전에서는 정진을 '따빠tapas'라고도 하는데 원래의 뜻은 '타오르는 불'이라는 뜻이다. 브라만교에서 사방에 불을 피우고 가운데 외발로 선 채 고행을 하는 것을 나타내는 말이었다. 붓다는 이런 극단적인 고행은 아니더라도 타오르는 번뇌의 불길을 잡아 열반에 이르려는 굳은 의지로 정진을 하도록 독려하였다. '브라흐마짜리야brahmacariya'란 청정범행을 의미하는데, 수행자들이 성적인 욕망으로부터 벗어나 성스러운 삶을 사는 것을 나타내는 말이다. 계행을 잘 지켜서 나타나는 청정함과 이미 닦아 온 삼매 수행으로 형성된 맑고 고요함, 사무량심 수행을 통한 자애와 연민 그리고 공감의 기쁨과 평정의 마음으로 충만한 상태를 말한다. 이때 비로소 열반을 향해 나아가게 되면 성스러운 진리인 사성제를 체득(ariyasaccānaṃ dassanaṃ)하게 되고 마침내 열반을 증득하게 되는 것이다.[31] 이것이야말로 최상의 행복을 성취한 것이고 모든 일을 성취해 마친 것이라 할 수 있다.

게송11 최상의 행복인 열반을 성취한 사람은 어떤 삶을 살아갈까? 먼저 세상일에 동요치 않는 담담한 마음으로 살아가며, 슬픔이 없이 안온하며

(asoka), 탐욕으로부터 자유로워(viraja) 충만한 안정감(khema)과 행복감으로 순간순간 깨어있는 삶을 살아가는 것이다.[32] 이것이 진정 행복한 삶이다.

게송12 이와 같이 산다면 어떤 상황에서도 행복하리라.[33]

지금까지 「행복경」의 구조와 12게송에 나타난 행복의 38개 덕목들을 살펴보았다. 행복의 38개 덕목들은 크게 계·정·혜 삼학으로 나눌 수 있다. 한편 초기경전에서 붓다가 제시한 다양한 행복들을 인간의 행복, 천상의 행복, 그리고 열반의 행복이라는 3가지 차원으로 분류하기도 한다. 첫 번째 덕목부터 21번째 덕목까지는 계율의 실천에 해당되고, 22번째 덕목부터 30번째 덕목까지는 삼매의 성취에 관련이 있으며, 31번째 덕목에서 38번째 덕목까지는 지혜의 수행을 나타낸다고 보고 있다.[34] 주석서는 38가지 덕목을 종합하여 "중생들은 금생과 내생, 그리고 출세간의 행복도 원한다"[35]라고 강조하고 있다. 여기서 금생은 인간의 행복, 내생은 천상의 행복, 그리고 출세간의 행복은 열반의 행복이라 볼 수 있다. 여기서 주목해야 할 점은 최상의 행복에 관한 질문인 첫 번째 게송을 제외하면 나머지 11개의 게송의 말미에 "최상의 행복"(maṅgalam uttamaṃ)이라는 후렴구를 반복하고 있는 것이다. 매 순간 위의 38가지 행복의 덕목들을 실천하는 것이 최상의 행복을 향하는 것이고 최상의 행복 그 자체임을 암시하고 있다고 볼 수 있다.

2) 행복의 3가지 차원

행복의 38가지 덕목들은 최상의 행복을 향하는 삶의 과정들이라고 볼 수 있다. 앞에서 말했듯이 붓다가 가르친 행복이란 연기적 삶의 과정 속에서 성취되는 것이다. 『상윳따니까야』의 「알라와까경」에서는 최상의 행복한 삶을 다음과 같이 읊고 있다.

믿음이 인간의 으뜸가는 재화이며
법을 잘 닦아야 행복할 수 있느니라.
진리야말로 가장 뛰어난 맛이며
통찰지로 살아야 최상의 삶이라 할 수 있느니라.[36]

연기에 대한 통찰의 지혜와 어디에도 머물거나 집착하지 않는 중도행이 최상의 행복으로 가는 지름길이다. 이 경의 주석서는 가르침을 믿고 법을 잘 닦아야 행복할 수 있다는 것을 강조하며 다음과 같은 3가지 차원의 행복, 즉 인간의 행복(manussa-sukha), 천상의 행복(dibba-sukha), 그리고 열반의 행복(nibbana-sukha)[37]을 제시하고 있다. 인간의 행복은 자신의 도덕적인 의무와 사회적 책임을 실현할 때 얻어지는데, 현재의 삶에서 직접적으로 경험할 수 있는 유익함과 행복(diṭṭha-dhamma-hitasukha)이다. 천상의 행복이란 10선업이나 보시 등의 공덕이 되는 행위, 자비희사의 사무량심[38]을 실천할 때 얻어지는 것으로 다음 생에까지 연결되는 유익함과 행복함(samparāyika-hitasukha)을 말한다. 열반의 행복이란 생사윤회로부터의 완전한 해탈을 말하는데, 이는 팔정도 수행을 통해 성취되는 것으로 지고의 안락, 궁극적인(paramattha)

행복을 의미한다.[39]

인간의 행복

인간의 행복을 성취하는 과정은 게송2에서 게송7까지에 포함된 21가지 덕목을 통해서 전개된다고 볼 수 있다.

어리석은 이를 멀리하고 현명한 이를 가까이하며 존경스러운 이를 공경한다. 수행하기에 적당한 처소를 택하고 지난날에 쌓은 공덕을 잘 활용하여 삶의 바른 방향을 설정하고 서원을 세운다. 자기계발을 위한 다양한 학문과 예능을 습득하고 계율과 규범을 잘 준수하며 고귀한 뜻을 함께하는 사람들과 의미 있는 대화를 나누어 삶의 참된 가치관을 정립한다. 최상의 행복을 향한 삶을 산다 할지라도 세간에서의 의무와 역할을 충실히 하는 것이 매우 중요하다. 부모를 정성껏 보살피고 섬기며 자녀를 잘 기르고 교육시키며 배우자는 서로서로 아끼고 사랑하여 화목한 가정을 꾸려가야 한다. 이것이 바로 최상의 행복으로 가는 지름길이며 목적 중심이 아닌 과정을 소중히 여기는 일관성 있는 삶의 길이라 볼 수 있다. 보시를 생활화하여 아낌없이 베풀고, 어려운 일이 있을 때 억지로 피하려고 하지 않고 자연스런 삶의 흐름에 맡기어 여법한 자세로 임하며 자신이 불이익을 받더라도 친지를 보호하고 비난에서 자유로운 행동으로 쓸데없는 걱정거리를 줄이는 것이 최상의 행복이다. 또한 유익하지 못한 행동들을 절제하고 술을 포함한 중독성 있는 것들에 빠지지 않음으로 맑고 명료함을 유지하여 선법과 덕행을 닦음에 방일하지 않으면 이것이 인간세상에서 누릴 수 있는 최상의 행복이다.

인간들이 이런 행복을 얻기 위해선 무엇보다도 먼저 청정한 계를 지켜야 한다. 이것이 인간의 행복수업의 시발점이며 모든 불교 수행의 근간이라고 할 수 있다. 세간에 살면서 수행하려고 마음을 내었다면 우선 생활부터 정리 정돈하여 정화해야 한다. 계율의 준수와 감관의 단속, 그리고 정법에 입각한 원활한 관계의 삶과 균형 잡힌 검소한 삶이 행복수업의 요건인 것이다.

천상의 행복

천상의 행복은 게송8의 22번째 덕목부터 게송9의 30번째 덕목까지이다. 천상의 행복은 삼매 수행과 관련이 있다. 삼매의 성취는 선한 마음을 바탕으로 한다. 그러므로 몸과 말과 뜻으로 10가지 선업을 닦는 것이 선결 조건이다. 즉 몸으로는 죽을 목숨을 살려 주고 도와주며, 부지런히 일하고, 맑고 바른 행실을 하며, 입으로는 바른 말과 참된 말, 그리고 화합의 말과 부드러운 말을 하고, 뜻으로는 베풀어 주고, 자비로 대하고, 슬기롭게 행하는 것이다. 이처럼 보시 등과 같이 공덕이 되는 행위와 사무량심四無量心 수행을 통해서 거룩한 삶을 살아가는 것이다. 특히 삼매 수행을 꾸준히 실천하면 몰입의 즐거움이 있게 되고 행복을 위한 긍정적인 심리현상들이 나타나게 된다. 더 높은 차원의 삶과 관련된 행복의 덕목인 공경함, 겸손함, 만족함, 감사함, 인내함, 온화함 등이 체화된다. 바른 스승을 만나 수행의 경지에 맞는 적합한 법문을 듣고 점검 받는 일을 게을리 하지 않는다. 이생의 행복과 내생의 행복을 약속해 주는 전체의 수행과정을 바로 천상의 행복 혹은 몰입삼매의 행복이라 하는 것이다.

열반의 행복

열반의 행복은 게송10의 31번째 덕목부터 게송11의 38번째 덕목까지이다. 삼매의 성취가 최상의 행복에 도달하기 위한 과정일 뿐 목적은 아니다. 삼매를 닦으므로 마음이 고요해지고 안정되었으며 좋은 심리현상들을 하나로 통일시켜 마음의 힘이 증장되었다. 평온하고 행복한 삶의 문을 활짝 열게 되었다. 하지만 여기서 머물지 않고 지혜의 성취를 통해 최상의 행복을 향하여 한 발짝 더 나아가야 한다. 이를 위해 더욱더 열심히 정진하고 청정한 수행의 삶을 살아야 한다. 삶의 본질을 꿰뚫어 보는 통찰력을 길러 사성제를 관조하고, 번뇌의 깊은 뿌리를 송두리째 뽑아내어 고통을 영원히 종식시켜야 한다. 이것이 바로 붓다가 말하는 최상의 행복인 열반의 행복이다. 이런 경지에 이른 자를 아라한(阿羅漢, arahan)이라 한다. 열반을 성취한 자는 세상의 어떤 일에도 동요치 않는 담담한 마음으로 살아가니 탐욕도 슬픔도 없이 안온하고 늘 안정감으로 충만한 행복의 삶이 지속되는 것이다.

4. 관계의 행복

인간은 관계 속에서 구체적인 행복과 불행을 느낀다. 붓다는 일반 사람들이 현재의 삶 속에서 추구하는 행복의 방향과 구체적인 방법을 설하였다. 현실의 삶에서 가족과 사회구성원들이 어떤 상호의무 관계를 맺으며 살아야 하는지를 가르친 초기경전은 『디가니까야』의 「교계敎誡 싱갈라경」[40]이다. 이른 새벽마다 한 청년이 아버지의 유훈을 따라 전통 브라만교에서 가르치는 방법으로 6방향을 향하여 절하는 것을 본 붓다는 이

형식적인 예배의 행위를 연기·중도적 실천의 관점으로 재해석하여 신선한 의미를 부여해 준다. 예로부터 이 경은 재가자들의 행복한 삶을 위한 지침서로 활용되고 있다.

붓다에 의해서 설명된 "여섯 방향에 대한 예배"의 수행은 사회의 구성원들이 자애, 연민, 선의의 마음으로 서로 간의 의무와 책임을 실현할 때, 사회적 질서의 정합성을 가져오며, 서로 연결된 관계망에 의해 사회가 유지된다는 것을 전제한다. 여섯 가지 기본적인 사회적 관계들은 부모와 자녀, 스승과 제자, 남편과 아내, 친구와 동료, 고용주와 고용인, 재가자와 종교 지도자이다. 각각의 방향은 그것의 상대방 편이 되는 여섯 방향 중의 하나로 여겨진다. 부모는 동쪽, 스승은 남쪽, 아내와 자녀는 서쪽, 친구는 북쪽, 고용인은 아래쪽, 종교적 지도자는 위쪽이다. 체계적이고 관계적인 의미로써, 붓다는 상대방을 존중함과 함께 각 쌍의 구성원 각각의 다섯 가지 의무의 중요성을 강조하였다. 절 혹은 예배의 의미는 자신의 아상을 내려놓고 상대방에게 감사와 공경의 마음을 바쳐 행복한 관계를 유지하는 것이다. 「교계 싱갈라경」에 나오는 이와 같은 인간 사회의 행복을 좀 더 자세히 살펴보자.[41]

1) 인간의 행복
동쪽에서의 부모와 자녀의 행복한 관계
아들이 동쪽 방향으로써 부모를 섬겨야 하는 다섯 가지 방법이 있다. 부모님들에게 해야 하는 의무로 ①부모에게 지원받은 것과 같이 그들을 지원할 것, ②부모님들에게 의무를 행할 것, ③가족의 전통을 지킬 것, ④유산을 가치 있게 할 것, ⑤부모님의 사후, 부모님의 이익을 위해 보시를 할 것이다. 이에 대하여 자식에 의해서 섬김을 받은 부모들이 보답을 하는 다섯 가지 방법이 있다. ①악으로부터 멀리하게 할 것, ②선을 행함으로써 지지해 줄 것, ③기술을 가르쳐줄 것, ④어울리는 배우자를 찾아줄 것, ⑤적당한 때에 유산을 물려줄 것이다. 이러한 방법으로 동쪽 방향은 감싸지고, 두려움으로부터 벗어나 평화와 자유가 있을 것이다.

남쪽에서의 스승과 제자들의 행복한 관계
제자들이 남쪽 방향으로써 스승들을 섬겨야 하는 다섯 가지 방법이 있다. ①인사하기 위해 일어나고, ②기다리고, ③배우려고 하고, ④섬기려고 하고, ⑤가르친 기술을 숙련한다. 이에 대해 스승들이 보답하는 다섯 가지 방법들이 있다. ①가르침을 통하여 줄 것, ②완전히 이해해야 할 것을 확실히 이해시킬 것, ③모든 기술들의 기초교육을 할 것, ④스승의 친구와 동료들에게 추천할 것, ⑤모든 방향에서 안전함을 줄 것이다.

서쪽에서의 아내와 남편의 행복한 관계
남편이 서쪽 방향으로써 그의 아내를 섬겨야 하는 다섯 가지 방법이 있다. ①존중하고, ②얕보지 말고, ③그녀에게 신뢰받지 못하는 자가 되지 말며, ④권한을 넘겨주고, ⑤장신구를 사 준다. 이에 대해 아내가 보답하는 다섯 가지 방법이 있다. ①일을 잘 처리함, ②하인들에게 친절함, ③신뢰받지 못한 것이 없음, ④가계를 보호함, ⑤맡은 모든 일에서 숙련되고 열심히 함이다.[42]

북쪽에서의 친구와 동료 행복한 관계

북쪽 방향으로써 그의 친구와 동료를 섬겨야 하는 다섯 가지 방법이 있다. ①선물, ②친절한 말, ③친구의 유익함을 돌봄, ④자신과 같이 그들을 대함, ⑤자신의 말을 지킴이다. 이에 대해 섬김을 받은 친구들과 동료들이 보답하는 다섯 가지 방법이 있다. ①취해 있을 때 돌봄, ②취해 있을 때 소지품을 보호해 줌, ③두려움에 처해 있을 때 의지처가 되어 줌, ④어려움에 처해 있을 때 떠나지 않음, ⑤친구의 자녀들에 대하여 관심을 보임이다.

아래쪽에서의 고용주와 고용인의 행복한 관계

주인이 아래 방향으로써 하인과 고용인을 섬겨야 하는 다섯 가지 방법이 있다. ①능력에 따라 일을 배당, ②음식과 임금을 공급, ③아플 때 돌봄, ④함께 맛있는 것을 나눔, ⑤적당한 때에 쉬게 함이다. 또한 주인에 의해서 섬김을 받은 하인과 고용인이 보답하는 다섯 가지 방법이 있다. ①주인이 일어나기 전에 일어남, ②주인이 잠든 후에 잠을 잠, ③주어진 일에 만족, ④일을 잘 처리함, ⑤주인에 대한 명성을 지키고 칭송을 할 것이다.

위의 방향에서의 바라문과 사제의 행복한 관계

위의 방향으로써 수행자와 바라문을 섬겨야 하는 다섯 가지 방법들이 있다. ①~③몸, 말, 생각으로 자애를 보일 것, ④집을 열어 둠, ⑤물질적 필수품을 공급함. 이에 대해 섬김을 받은 수행자와 바라문은 다섯 가지 방법으로 보답한다. ①삿된 것으로부터 멀리하게 하고, ②선을 행하도록 격려하고, ③재가자를 향해 선한 마음으로 자애롭게 돌보며, ④배우지 않은 것을 가르치고, ⑤천상으로 가는 길을 드러내 준다.

붓다는 무조건 절하는 게 아니고 여섯 방향에 절하는 데는 중요한 의미가 있다며 실질적인 의미를 가르쳐 주고 있다. 가정과 사회에서 어떻게 관계를 맺고 어떻게 서로 돕고 배려해야 가정과 사회가 윤리적으로 바로 서고 평화로움을 지속할 수 있는지를 보여 주고 있다. 그러나 이 경의 가르침은 도덕과 사회윤리 차원에 그치는 게 아니라 감사와 사랑의 삶을 체화하기 위한 구체적인 행복 지침서이다. 감사와 사랑이 있으면 세상의 모든 관계는 한층 원활해지고 더 높은 차원의 행복으로 나아갈 수 있게 된다.

2) 전적인 수용과 사섭법

인간의 행복을 성취하는 지침으로써 붓다는 자신을 낮추고 상대방을 공경하는 마음으로 매사에 임하도록 하였다. 관계 속에서 행복을 추구하는 데 필요한 핵심 덕목은 전적인 수용이다. 전적인 수용의 덕목을 가장 잘 갈무리하고 있는 수행법이 사섭법(四攝法, cattāri-saṅgaha-vatthūni)이다. 불교경전에서는 섭수攝受라는 용어를 자주 사용하는데, 한문 섭攝자를 파자해 보면 재미있다. 손 수手변에 귀 이耳자 3개가 조합된 글자이다. 밑에 있는 2개의 귀는 얼굴 양 측면에 있는 실제의 귀라면 위쪽에 있는 귀는 마음의 귀이다. 자세히 듣기 위해 손을 마음의 귀에 대는 것을 형상화한 것으로 생각해 볼 수 있다. 실제의 귀로는 들을 수 없는 것도 상대방의 입장으로 마음을 돌이켜 마음의 귀로 섬세하게 들어 보면 수용할 수 있는 마음의 여유가 생기기 마련이다. 섭수의 마음이 생길 때는 자애와 연민의 공감이 생기고 행복한 관계가 형성되는 것이다. 『중아함경』에서는 다음과 같은 사섭법의 가르침이 나온다. 어느 날 붓다의 제자인 핫따까라는 장자가 수백 명의 사람들을 거느리고 붓다를 방문했을 때 어떤 방법으로 그 많은 사람들을 섭수하게 되었는지를 장자에게 묻는다.

> 세존이시여, 세존께서 말씀하신 네 가지 일로 섭수합니다. 은혜로써 베푸는 것(布施)이요, 부드러운 말로써 대하는 것(愛語)이요, 상대방을 이익 되게 하는 것(利行)이요, 행동을 같이 하는 것(同事)입니다. 이러한 네 가지로 대중을 섭수하나이다.
> 착하다, 장자여. 너는 법답게 대중을 섭수하고, 문(門)답게 대중을 받아들이며, 인연답게 대중을 이끌어 주는구나.[43]

보시섭

「행복경」 6게송의 15번째 덕목이 보시이다. 보시란 베풀어 주는 것이다. 첫째는 물질적인 나눔인 재시財施이고, 둘째는 정신적 가르침의 나눔인 법시法施이다. 가난한 사람들에게 재물을 나누고, 정신적으로 방황하는 자들에게 성스러운 가르침을 나누는 것이다. 상대방이 무엇을 원하는지를 알고 섭수하는 마음으로 물적 혹은 정신적 나눔을 실천하는 것이 보시섭이다.

애어섭

애어란 사랑스럽고 부드러운 말을 의미한다. 항상 상대방의 입장을 관찰하고 서로의 느낌을 알아차리면서 욕구를 파악하고 섭수하는 태도로 말하는 것이다. 가슴에 비수를 꽂는 폭력적인 말이나 거짓말 등 잘못된 언어 습관에서 벗어나 늘 조화롭고 균형 있는 말로 행복을 창조해 가는 것이 애어섭이다.

이행섭

병에 걸려 있는 사람이나 액난에 시달리는 사람들에게 직접 도움이 되는 행동을 하는 것이다. 각자 자기가 처한 상황에서 주변의 손길이 필요한 곳에 다가가 이로운 일을 몸소 행하는 것이다. 우선 어려움에서 벗어나도록 성심껏 보살펴 준다. 이후에 불법에 인연을 맺을 수 있도록 그 씨앗을 심어 주고, 언젠가 최상의 행복을 향해 갈 수 있도록 인도하는 것이다. 이것을 이행섭이라 한다.

동사섭

함께 일을 도모하여 동고동락하는 것이다. 행복의 조건들을 스스로 만들어 나누고 서로 이끌어 주며 함께 행복 공동체를 만들어 가는 것이다. 사섭법의 완성은 동사섭이다. 보시섭, 애어섭, 이행섭을 자유롭게 운용하는 장이 동사섭이며, 최상의 행복을 향하여 함께 나아가는 것이다. 행복이라는 정상에 오르는 과정 속에서 결핍되어 있는 것을 채워 주고, 과도한 것을 덜어 가볍게 하며, 상처 받은 가슴을 위로하고, 지쳐서 쓰러지려 할 때 서로 붙잡아 주는 것이다. 행복한 연기 관계의 가치를 서로 확인하고 어디에도 머물지 않고 섭수의 힘으로 함께 정진해 가는 것이 동사섭이다.

관계의 행복에서 인간들은 만족감과 충만감을 갖는다. 그러나 더 깊고 높은 차원의 행복을 추구하는 것이 인간의 성향이라 할 수 있다. 마음을 집중하여 의식의 지평을 넓히고 깊게 했을 때 삼매를 통한 행복을 성취할 수 있다고 붓다는 가르치고 있다.

5. 삼매의 행복

팔정도의 하나인 삼매三昧 수행은 마음의 깊이와 폭을 넓혀 새로운 세계를 인식하게 해 준다. '바른 집중'으로 번역할 수 있는 '삼마 사마디 sammā samādhi'는 어떤 의식 상태에서도 빠짐없이 두루 존재하는 한 가지 특정 심적 요소를 강화하는 것을 의미한다. 그 요소란 '마음이 한 점을 겨냥하고 있음(one-pointedness of mind, 心一境性, citt'ekaggatā)'을 말한다. 매 순간 마음은 무언가를, 그것이 보이는 것이든, 들리는 것이든, 냄새든, 맛이든, 촉감이든, 정신적 대상이든 간에 인식하도록 되어 있다. 심일경성心一境性, 즉 바른 집중은 심리적 현상들을 인식 작업에 일관성 있게 통합시키는 기능을 갖고 있다. 또한 바른 집중은 의식이 대상세계를 개별화시키는 역할을 효율적으로 잘 수행해 내기 때문에 마음 활동으로 하여금 대상에 집중된 채 확실히 머물러 있도록 해 준다. 하지만 한 점에 확실히 머물러 있다 해서 모두 붓다가 가르치는 바른 집중 혹은 삼매인 것은 아니다. 삼매는 그 중에서도 특별한 종류의 것이다. 예를 들어 게임이나 도박에 몰입하고 있는 자, 포르노 영화에 빠져 시간 가는 줄 모르는 자, 은행의 금고문을 열기 위해 온 정신을 집중하고 있는 자, 누군가를 죽이려 하고 있는 암살자 등 모두가 집중된 마음으로 행동을 하지만, 이들의 정신집중을 삼매라 할 수는 없다.

　삼매는 오로지 선한 면에서의 한 점에 모음, 선한 마음 상태에서의 집중이다. 그런 경우에도 그 폭은 더욱 좁아진다. 선한 집중이라 해서 어떤 형태든 다 포함하는 것이 아니라 다만 마음을 더 높은, 보다 더 순수한 알아차림의 수준으로 끌어올리려는, 의도적인 시도의 결과로 생겨난 강화된 집중만을 의미한다.[44] 선한 집중으로서의 삼매는 지속적으로 주의를 기울이는 특성을 갖게 되므로 끊임없이 일어나는 번뇌로 들뜬 마음 상태를 고요하게 하고, 근심과 걱정으로 인해 침체된 상태를 맑고 생동감 있게 해 준다. 일상에서 느끼지 못한 몰입의 즐거움, 희열과 행복감을 만끽할 수 있다. 다시 말하면 선한 마음으로 대상에 지속적으로 집중함으로써 선정의 상태에 들어가 몰입의 긍정적 심리현상들이 나타나는 것이다.

1) 천상의 행복

사실상 인간의 행복과 천상의 행복이 따로 나누어져 있는 것이 아니다. 다만 보통 인간들이 행복하다고 생각하고 누리는 것은 인간의 인식의 한계를 벗어나지 못한다. 선한 공덕행과 보시행을 통해서 마음 수행의 바탕을 마련하고 사무량심과 삼매 수련을 통해서 인식의 폭과 넓이를 확장해 가는 것이 천상의 행복을 경험하는 길이다. 확장된 인식을 통한 선업의 축적과 행복의 경험은 현생에 머물지 않고 다음 생으로 연장되어 조건에 맞는 천상의 세계에서도 지속될 수 있기에 붓다는 이를 천상의 행복 혹은 내생의 행복이라 말한 것이다. 그러므로 천상의 행복은 현생, 지금 바로 여기서도 경험할 수 있다는 것이다. 현재의 이 순간에 몰입하면 완전히 다른 차원의 정신세계의 문이 열린다.

『자기 진화를 위한 몰입의 재발견』이란 책의 저자 미하이 칙센트미하이는 몰입(flow)이 삶의 질을 결정한다고 말한다. 저자에 의하면 몰입은 '어떤 행위에 깊게 몰입하여 시간의 흐름이나 공간, 더 나아가서는 자신에 대한 생각까지도 잊어버리게 되는 심리적 상태'를 뜻한다. 다시 말해 몰입이란 '다른 어떤 일에도 관심이 없을 정도로 지금 하고 있는 일에 푹 빠져 있는 행복의 상태'이다. 이때의 행복이란 외부에서 주는 순간적인 자극이 아닌, 현재 이 순간에 몰입함으로써 얻을 수 있는 감정의 상태라고 한다. 몰입된 삶의 환희가 고조되는 순간에 행동이 자연스럽게 이루어지는 느낌을 표현하는 말로, 물아일체, 무아지경, 황홀경 등의 상태와 비슷하다고 할 수 있다. 몰입이란 자연스럽게 흘러 빠져 들어가 있는 상태를 말한다. 몰입의 상태에 들기 위해서는 집중력이 필요하다.[45]

붓다는 몰입과 집중력을 계발하는 다양한 방법을 초기경전에서 말하고 있다. 앞에서 살펴 본 「행복경」의 게송2에서 게송7에 이르는 21가지 행복의 덕목들은 바로 몰입과 집중력의 계발을 위한 환경과 조건들을 충실히 갖추기 위한 것들로 볼 수 있다. 좋은 스승과 도반, 적당한 처소, 만족스런 가족관계, 선행과 덕행을 닦음, 중독성 있는 습관으로부터 자유로움, 올바른 목표 설정과 일관성 있는 정진 등 인간의 행복을 위한 조건들을 잘 갈무리해 놓았을 때 비로소 삶의 질을 천상의 수준으로 업그레이드할 수 있다는 것을 알 수 있다. 앞에서 언급했듯이 천상의 행복을 위한 덕목들은 삼매 수행을 통해서 나타난 몰입의 긍정적 마음 상태가 가져다 준 고귀한 것들이다. 공경함, 겸손함, 만족함, 감사함, 인내함, 온화함 등은 한결 높은 차원의 거룩한 삶과 관련되어 있음을 알 수 있다. 긍정적인 심리현상들은 내면에서 신체 및 정신적 에너지를 한 곳에 모을 수 있는 능력, 즉 집중력에 의해서 계발된다. 집중력이 떨어지면 사고가 선명하지 않고 허술하며 감정의 기복이 심하며 행동은 자신감이 없고 허약해진다. 몰입을 위한 외적 조건이 아무리 좋다 하더라도 온전한 몰입에 진입할 수 없다. 이때에 중요한 것은 바른 스승을 만나 자신의 수준에 맞는 명상 주제를 선택하여 집중력을 계발하고 적절한 때에 점검을 받아 자신의 수행상의 좌표를 수시로 확인할 수 있어야 한다는 점이다.

집중력의 수준은 기술이 아니라 활동의 유형과 태도에 좌우된다. 예를 들면, 자신이 좋아하는 명상 주제일수록 집중하기 쉽다. 하지만 더 중요한 것은 어떤 자세로 임하는가 하는 것이다. 나라는 존재를 완전하게 바치겠다는 의지와 각오가 없으면, 집중력을 키우기는 어렵다. 붓다는 집중력, 즉 삼매력을 증장시킬 수 있는 다양한 행법을 제시하고 있다. 이 행법을 꾸준히 실천하면 몰입의 경험을 할 수 있는 4선정에 들 수 있고, 자애와 연민 그리고 공감의 기쁨과 평정의 마음을 수련하는 사무량심의 충만감을 만끽할 수 있다. 이것을 천상의 행복이라 한 것이다.

2) 선정의 계발과 사무량심
선정의 계발
계행이 청정할 것, 각종 장애 요인들을 제거할 것, 명상 수행에 임함에 있어 자신에 알맞은 가르침을 반드시 찾아낼 것, 그리고 수행에 도움이 되는 처소에 머물 것 등, 이런 예비조건들이 일단 갖추어지면, 선정을 닦는 명상자는 집중을 익히기 위해서 쓸 어떤 집중점, 다시 말해 명상 대상을 결정해야 한다. 사람들의 성향과 근기에 따라 다양한 명상 대상이 있을 수 있다. 『청정도론』은 40가지 업처(業處, kammaṭṭhāna),[46] 즉 명상 대상을 열거하여 택할 수 있도록 한다. 이 중에서 호흡에 대한 마음챙김 명상이 일반적으로 많이 추천된다. 호흡은 살아 있는 누구에게나 공통적인 생명현상이므로 가장 적합한 주제인 것이다. 일단 마음이 가라앉아 집중력이 생기면 각자의 필요에 따라 대상을 바꾸어서 수행할 수 있는 것이다. 성냄과 악의를 잠재우기 위해서는 자비관을, 관능적 욕망을 약화시키기 위해서는 부정관不淨觀 혹은 신체의 각 부분에 대한 마음챙김을, 신심을 불어넣기 위해서는 붓다의 덕성을 흠모함을, 긴박감을 일으키기 위해서는 죽음에 대한 명상을 택할 수 있다. 그때그때의 상황에 알맞은 명상 주제를 택하는 데에는 숙련이 필요하지만 이런 숙련 역시 실제 수행을 통해, 때로는 간단한 시행착오를 통해 발전될 수 있다. 특히 5가지 장애-감각적 욕망, 분노, 혼침, 들뜸, 의심-들이 때로는 생각으로, 때로는 심상心像으로, 때로는 강박 감정으로 나타난다. 이 장애들은 무서운 장벽처럼 나타나지만, 인내심과 지속적인 노력만 있으면 얼마든지 극복해 낼 수 있다.

 대부분의 생각은 감각기관을 통해서 일어난다고 하지만, 명상을 한다고 앉아 보면 감각 정보를 차단했는데도 마음속에서 잡다한 생각들이 일어났다 사라진다. 그렇지만 포기하지 않고 '법에 대한 믿음'을 갖고 명상 대상에 대한 마음챙김과 집중을 통해 지혜롭게 정진해 가면, 많은 시행착오를 거친 후에 비로소 본삼매에 접근해 간다. 이 상태에서 집중을 더욱더 정미하게 해 가면 간헐적으로 선정의 5요소(禪支, jhānaṅga)가 일어난다. 선정의 상태에 나타나는 다섯 가지 특수한 마음의 현상들(心所, cetasika)을 5선지라 한다. 명상의 대상에 집중하려는 심리 상태인 위따까(vitakka, 尋), 집중된 지속적 심리 상태인 위짜라(vicāra, 伺), 희열감(喜, pīti), 행복감(幸, sukha), 그리고 통일감(心一境性, ekaggatā)이 그것인데, 이 마음현상들은 선한 마음 상태(kusalacitta)와 함께 일어나는 것이다. 이런 안온하고 고요한 상태에서 몰입삼매에 들게 된다.

몰입삼매에서 제1선으로 들어가고 거기서 더 깊은 선정의 단계인 제2·3·4선으로 나아간다. 제2선에서는 대상에 집중하려는 심리 상태가 사라지고 희열감, 행복감, 통일감이 남는다. 제3선은 희열감이 사라지며 행복감과 통일감이 지속된다. 제4선에서는 행복감이 평온으로 바뀌면 아주 맑은 마음챙김과 통일감이 남게 되어 온전한 몰입삼매에 들게 된다. 이와 같이 몰입의 강도가 증가할수록 잡념이나 불필요한 감정이 끼어들 여지는 티끌만큼도 없다. 제1선은 대상에 집중하고 지속하려는 심리 상태 때문에 자연스러운 흐름의 마음, 즉 몰입력이 비교적 강하지 못하다. 하지만 5가지 주된 심리적 방해 요소들이 사라졌으므로 자신감은 평소보다 커진다. 긍정적 심리현상인 희열과 행복감이 지속되기 때문에 더욱더 몰입할 수 있게 된다. 몰입의 시간이 즐겁고 경쾌하고 편안하다. 오랫동안 이런 심리적 상태에 머물러 있어도 시간 가는 줄 모른다. 한 시간이 일 분처럼 금방 흘러간다. 제2선에서는 처음의 명상 대상에 집중하고 지속하려는 심리 상태가 사라지고 희열과 행복감, 그리고 통일감만 남는다. 마음챙김의 힘과 몰입력이 점점 증가되고 삼매가 더욱 깊어진다. 제3선에는 극적인 심리현상인 희열감은 사라지고 행복감과 통일감은 더욱더 깊어지며 마음챙김의 힘은 증가한다. 제4선에서는 행복감마저 사라지고 가장 맑고 강력한 깨어 있는 마음 상태와 좋고 나쁨의 분별의식에 전혀 동요되지 않는 평정의 마음이 확고히 자리 잡는다. 붓다는 바로 제4선의 마음 상태에서 최상의 행복인 열반을 향하게 되어 깨달음을 얻었고 최후의 열반에 들었다. 이런 방식으로 색계의 4선정[47]이 전개되는 것이다. 또 다른 방식의 삼매 수행은 자비의 에너지를 계발하는 것을 통해서 가능하다. 이를 위한 통합적인 수행 방법이 사무량심이다.

사무량심

불교라는 광대한 사상체계의 두 가지 축은 지혜와 자비이다. 사실 지혜의 발현과 자비의 실천이 불교의 포괄적 지향점이라 할 수 있다. 그래서 예로부터 지혜와 자비는 새의 양 날개와 같고, 수레의 양 바퀴와 같다고 했다. 연기법의 체득이 지혜의 발현이라면, 연기적 삶의 실천이 자비행이라고 볼 수 있다.

초기불교뿐만 아니라 대승불교에서도 사섭법四攝法과 함께 사무량심四無量心을 자비 실천의 중요한 덕목으로 삼는다. 초기불교에서 사무량심이란 네 가지 유익하고 무량한 마음을 일컫는다. 네 가지 무량한 마음은 대표적으로 인간이 가질 수 있는 가장 긍정적인 마음들로서 사랑의 마음(慈), 연민의 마음(悲), 기쁨의 마음(喜), 평온(捨)의 마음이다.

초기경전의 여러 곳에서 붓다는 자애와 연민의 마음을 드러내 보이고 수행방법으로 제시하고 있으며, 기쁨과 평정의 마음을 늘 삶 속에서 몸소 보여 주며 열심히 이 한량없는 마음들을 계발할 것을 당부하였다. 특히 자애에 관련된 경전들은 자애 명상의 이익을 열거하기도 하고, 자애로운 마음의 체계적인 닦음으로 해탈을 성취하기도 하며, 자애명상과 관련하여 사마타와 위빠사나 수행을 병행할 수 있음을 말하기도 한다. 『디가니까야』의 「사자후전법륜경」[48]에 자慈·비悲·희喜·사捨의 마음을 사방으로 방사하는 것이야말로 수행자들이 가질 수 있는 복된 재화라는 것을 일깨워 준다. 하지만 일반적으로 가장 잘 알려진 경전은 『숫따니빠따』에 나오는 「자애경(Karanīya Mettā Sutta)」[49]이다. 그러나 초기경전의 주석서라고 할 수 있는 『청정도론』은 자·비·희·사의 각각의 덕목으로 어떻게 구체적인 행법을 진행할 것인가에 대한 자세한 방법이 제시되고 있다. 이런 이유 때문에 상좌부불교에서는 『청정도론』에 제시된 사무량심 수행의 방법이 가장 보편적으로 활용되고 있다. 자애관 수행은 어떤 대상으로부터 시작해야 하는가? 『청정도론』은 자애관을 시작할 때, 가장 먼저 자애의 대상으로 삼으면 안 될 사람의 부류와 그 이유를 말하고 있다. 첫째 싫어하는 사람, 둘째 아주 좋아하는 친구, 셋째 무관한 사람, 넷째 원한 맺힌 사람이다. 그리고 이성과 죽은 자이다.[50]

그럼 왜 맨 처음, 위에 언급한 사람들을 자애의 대상으로 삼으면 안 되는가? 『청정도론』은 설명하기를, 싫어하는 사람을 좋아하는 자의 위치에 두는 것도, 아주 좋아하는 친구를 무관한 자의 위치에 두는 것도, 무관한 자를 존경하는 분의 위치나 좋아하는 자의 위치에 두는 것도 수행자를 어렵고 피곤하게 만들기 때문이라고 한다. 그리고 원한 맺힌 사람을 생각할 때는 노여움이 일어나기 때문에, 싫은 사람 등은 제일 먼저 자애의 대상으로 삼아서는 안 된다고 한다. 그리고 특히 좋아하는 이성을 자애의 대상으로 삼을 때는 애욕이 일어나기 때문에, 특정한 이성을 정해 놓고 자애를 닦아서는 안 되며,[51] 죽은 사람을 자애의 대상으로 삼을 때에는 근접삼매나 본삼매[52]를 다 얻지 못하기 때문에, 죽은 자에 대해서도 절대로 자애를 닦아서는 안 된다고 설명한다.[53]

그럼 가장 먼저 자애의 대상으로 삼아야 할 사람은 누구인가?『청정도론』에 의하면, 그것은 바로 자기 자신(atta)이다. 남에게 물질적인 도움을 주려고 할 때 자신에게 물질이 있어야만 가능하듯, 남에게 정신적인 자애를 주려고 할 때도 동일한 원리가 적용된다. 자기 스스로 행복한 마음이 없이 어떻게 남에게 행복을 전할 수 있겠는가? 그래서『청정도론』은 자애관을 시작할 때 먼저 자신을 향해 자애를 거듭거듭 닦아야 하고, 자신을 자애로 가득 채우고 난 뒤 다음 사람에게 나아가야 한다고 한다.『청정도론』은 자애를 닦아 나가야 할 대상으로 다음과 같은 순서를 제시하고 있다. 첫째 자기 자신, 둘째 존경하는 스승이나 좋아하는 친구, 셋째 무관한 사람, 넷째 원한 맺힌 사람이다.[54]

타인을 자애의 대상으로 삼기 전에, 맨 먼저 자기 자신을 자애의 대상으로 삼아야 한다는 가르침은 너무나 실제적이고 합리적이다.『상윳따니까야』의「말리까경」에서 붓다는 자기 자신이 가장 사랑스럽고 그렇기 때문에 남을 절대로 해쳐서는 안 된다고 다음과 같이 강조하신다.

마음으로 사방을 찾아보건만
자신보다 사랑스러운 자 찾아볼 수가 없네.
이처럼 누구에게나 자신이 사랑스러운 법.
그러므로 자기를 사랑하는 자, 남을 해치지 마세.[55]

그럼 자기 자신에 대한 자애는 어떻게 닦는 것일까? 그 수행방법은 무엇인가? 자애관을 시작하는 단계에서 수행자가 사용하는 자애관의 정형구는 크게 두 가지 방법이 있다. 먼저, 포괄적으로 한 구절만을 사용할 경우 "부디 내가 행복하기를, 고통이 없기를(aham sukhito homi, nidukkho)"이란 정형구를 암송한다. 하지만 좀 더 구체적으로 표현하고 싶으면 다음의 네 가지 정형구를 사용한다.

부디 내가 원한이 없기를(aham avero homi),
부디 내가 악의가 없기를(aham avyāpajjo homi),
부디 내가 근심이 없기를(aham anīgho homi),
부디 내가 행복하게 살기를(aham sukhī attānam pariharāmi).[56]

위와 같은 네 가지 정형구를 사용하여 먼저 자기 자신을 자애로 가득 채우고 나면, 그 다음은 좋아하거나 존경하는 사람에게 자애를 닦으라고 한다. 자기 자신에 대한 자애를 닦을 때와 마찬가지로 똑같은 네 가지 정형구를 사용한다. 그 다음에는 무관한 사람에 대해서, 그 다음에는 원한 맺힌 사람에 대해서 자애를 닦아야 한다. 하지만 자애 명상을 한다고 해서 한 번에 원한 맺힌 사람을 용서하고 자애와 사랑을 보내는 것은 쉽지 않은 일이다.

만약 이와 같이 노력해도 적개심이 제거되지 않으면, 『청정도론』은 열 가지 단계적인 방법을 통해서 포기하지 말고 느긋한 마음으로 반복해서 시도해 보라고 한다.[57] 이처럼 자애 수행은 철저하게 적개심을 비워내고 사랑과 자애로 가득 채워 연민과 공감의 마음, 그리고 치우침 없는 평정의 마음이 삶 속에 배어나도록 하는 것이다. 최상의 행복에 이를 수 있는 이상적인 마음의 환경을 조성하는 것이다.

6. 최상의 행복

선정을 계발하고 사무량심 수행을 하였다고 최상의 행복에 도달한 것은 아니다. 최상의 행복을 향한 이상적인 바탕을 만들어 끊임없이 정진해야 하는 것이다. 선정과 사무량심 수행으로 아주 좋은 환경과 토양이 마련되었으니 이곳에 지혜의 씨앗을 심어 발아시켜 꽃과 열매를 맺도록 하는 것이다. 불행의 굴레에서 벗어나기 위해서는 선정 수행을 바탕으로 지혜 수행으로 나아가야 한다. 이를 위해서 선정과 지혜 수행의 유기적 관계를 파악하여야 한다. 붓다는 사성제의 가르침을 바탕으로 팔정도八正道라는 종합적인 수행체계를 정립하였다. 팔정도는 계를 바탕으로 선정과 지혜를 유기적 관계 속에서 조화롭게 실천하는 것이다. 팔정도의 수행 덕목들은 정견正見, 정사유正思惟, 정어正語, 정업正業, 정명正命, 정정진正精進, 정념正念, 정정正定인데 서로 밀접하게 연관되어 있고 수행의 핵심사항들이 종합적으로 집대성되어 있다.

이러한 팔정도를 계(戒: 정어·정업·정명), 정(定: 정정진·정념·정정), 혜(慧: 정견·정사유) 삼학三學의 구조 속에서 이해할 수 있으며, 또한 그 수행내용에 따라 3가지의 영역으로 나눌 수 있다. 첫째는 삶과 사물에 대해서 올바른 견해를 갖는 것이다. 이는 팔정도의 첫 덕목인 정견에서 제시되는 것으로서 불교의 기본적 가르침을 듣고 공부하여 올바른 이해를 하는 것이다. 즉 불교의 근본 가르침인 사성제, 삼법인, 십이연기,

중도설 등을 깊이 궁구하여 삶과 존재의 실상에 대한 올바른 견해를 정립하는 것이다. 또한 깊은 사유를 통해서 괴로움의 근원적 원인인 번뇌의 뿌리를 뽑아내는 것이다. 둘째는 올바른 견해와 사유에 근거하여 실천적 노력을 하는 것이다. 정사유로부터 정정진에 이르는 수행은 사고, 언어, 행동, 생활을 포괄하는 삶의 다양한 측면에서 노력을 지속하는 것이다. 셋째는 불교의 가르침을 실제로 체험하는 수행이다. 정념과 정정이 이러한 체험적 수행에 해당한다. 즉 정념을 통해 자신의 몸과 마음을 깊이 관찰하여 괴로움과 번뇌가 생겨나고 사라지는 것을 있는 그대로 보고 정정, 즉 올바른 정신 집중을 통해 적멸의 경지인 삼매를 직접 체험하는 것이다.[58]

그러나 삼매만으로 최상의 행복인 구경열반을 성취하는 데 한계가 있다. 이에 대해서는 지혜의 계발을 언급할 때 구체적으로 살펴 볼 것이다. 먼저 사성제의 가르침이 어떻게 최상의 행복인 열반의 행복을 추구하는 진리체계로 활용되는지를 초기경전을 통해서 살펴보자.

1) 열반의 행복

사람들은 자신의 안락과 행복을 위해서 생각하고 말하고 행동을 한다. 붓다는 괴로움과 괴로움의 소멸을 말할 뿐이라고 하였다. 즉 사성제四聖諦를 설한 것이다. 사성제는 냉철한 현실 인식에 기반을 둔 최상의 행복을 추구하는 진리라고 할 수 있다. 붓다가 삶과 우주에 대한 진리를 깨달은 후에 설한 최초의 설법은 고苦·집集·멸滅·도道의 사성제이다. 사성제는 붓다의 최초의 설법인 동시에 일생의 설법이다. 붓다는 성도 후 수 주일 동안 선정에 잠기신 후 자신의 법을 듣고 이해할 수 있다고 생각되는 교진여 등 다섯 비구를 찾아 베나레스의 녹야원으로 갔다. 그리고는 사성제라는 진리를 설했다.

네 가지의 성스럽고 참다운 진리가 있다. 무엇을 네 가지라고 하는가? 첫째는 모든 것은 괴롭다는 진리요(苦聖諦), 둘째는 괴로움의 원인은 쌓임에 있다는 진리요(苦集聖諦), 셋째는 모든 괴로움이 소멸된 진리요(苦滅聖諦), 넷째는 괴로움을 소멸시키는 방법의 진리(苦滅道聖諦)다. 만약 수행자로서 이미 모든 것이 괴롭다는 진리를 알고 이해하며(知), 괴로움은 그 원인의 쌓임에 있음을 알고 끊으며(斷), 괴로움이 소멸된 진리를 알고 증득하며(證), 괴로움이 사라지는 방법의 진리를 알고 닦았다면(修), 그런 사람은 빗장과 자물통이 없고, 구덩이를 편편하게 고르고, 모든 험하고 어렵고 얽매이는 것으로부터 벗어났다고 하리라. 그는 어질고 성스러운 사람(賢聖)이라 부를 것이며 거룩한 깃대를 세웠다고 하리라.[59]

여기서 붓다는 괴로움의 세계라는 현실과 그 고통의 원인, 괴로움이 멸한 세계, 그리고 괴로움을 멸하는 길을 깨우쳐 준다. 이 사성제의 실천구조는 심리적 고통을 호소하는 환자의 병을 치료하는 원리와 유사하다. 고苦, 즉 괴로움은 우리들이 앓고 있는 심리적 병의 증상에 해당된다. 그리고 집集, 즉 미혹과 집착의 갈애渴愛는 심리적 발병의 원인이 된다. 멸滅, 즉 괴로움이 멸해서 평안한 상태는 심리적 갈등인 병이 없는 건강한 상태이다. 마지막으로 도道, 즉 괴로움을 없애고 열반에 이르는 길은 심리적 병을 치료하는 방법, 즉 위에서 언급한 팔정도인 것이다. 현실의 괴로움과 괴로움의 원인은 길고 먼 윤회의 길로 추락하는 경로를 나타내고 괴로움의 소멸과 소멸에 이르는 길인 8정도는 영원한 행복과 자유가 있는 열반의 고향으로 되돌아가는 경로를 보여 준다. 이 열반의 행복으로 가는 경로는 지혜의 계발이 중심축이며 세간과 출세간을 통합한 차원 높은 팔정도 수행이다.

2) 지혜의 계발과 출세간의 팔정도
지혜의 계발

지혜의 계발은 최상의 열반에 이르는 바른 길을 확립하는 데 가장 핵심적인 것이다. 지혜의 계발에 대한 본격적인 논의를 하기 전에, 먼저 왜 천상의 행복의 조건인 삼매 수행만으로는 구경해탈을 성취하는 데 충분하지 못한지 그 이유를 검토해 보자. 삼매 수행이 온전한 행복을 보장하지 못하는 이유는 삼매가 탐·진·치라는 근본 번뇌를 건드리면서도 그 근본 기층基層을 허물지는 못하기 때문이다. 번뇌는 3가지 층으로 이루어져 있다. 잠재함(anusaya)의 단계, 치성함(pariyuṭṭhāna)의 단계, 범함(vītikkama)의 단계가 그것이다. 가장 깊이 자리 잡고 있는 것이 '잠재함'의 수준으로서 여기서는 번뇌가 아무런 활동상도 보이지 않고 다만 잠복하고 있을 뿐이다. 두 번째 수준인 '치성함'의 단계에서는 번뇌가 여러 자극의 영향을 받아서 갑자기 강해져서 생각, 감정, 의욕 등의 형태로 떠오른다. 그리고 세 번째 수준인 '범함'의 단계에서는 번뇌가 심적 치성함에만 그치지 않고 더 나아가 불선한 몸의 업이나 말의 업을 유발하기에 이른다. 『청정도론』에서는 '범함의 번뇌'는 계를 의지해서 불행의 원인인 불선행을 행복의 원인인 선행으로 대체하여야 하고,

'치성함의 번뇌'는 삼매를 통해서 눌러야 하며, '잠재함의 번뇌'는 지혜를 통해서 그 뿌리를 근절해야 한다고 강조하고 있다.[60] 이처럼 계로 대체하고 삼매로 눌러 억제하였다 하더라도 번뇌의 뿌리가 근절되지 않는 한 적당한 조건이 형성되면 다시 번뇌가 치성하여 불선행을 저지르는 결과를 초래하여 최상의 행복을 향한 길에 방해의 요소로 작용하는 것이다.

이와 같은 번뇌의 3가지 층에 대응하여 계·정·혜의 수행을 종합적으로 닦아 가야 함을 알 수 있다. 그 각각을 적절히 저지하기 위해서 팔정도를 잘 활용할 필요가 있다. 앞에서 본 것처럼 팔정도는 계·정·혜 삼학三學으로 나눌 수 있고, 기능적인 면을 더 잘 이해하고 실천한다면 더 효과적임을 알 수 있다. 먼저 계율 수련은 불선한 신체적, 언어적 행위를 제어함으로써 번뇌가 범함의 단계에 도달하지 못하도록 막는다. 그 다음의 삼매 수련은 치성함의 단계에 대비할 수 있다. 삼매는 이미 치성하게 모양새를 드러내는 번뇌들을 지우고, 계속 몰려드는 번뇌들로부터 마음을 지켜낸다. 그러나 완전 몰입의 깊이까지 삼매를 추구해 들어가도 심적 연속 속에 잠복하고 있는 잠재적 성향이라는 고통의 근본적 원천까지는 건드리지 못한다. 이들에 대해서는 삼매도 속수무책이다. 이 뿌리들을 뽑아내기 위해서는 마음의 고요함 이상의 그 무엇이 요구된다. 통일된 마음의 평정과 고요함을 넘어 요구되는 것이 지혜(paññā), 즉 현상을 근본적 존재양식 수준에서 꿰뚫어 보는 눈이다.[61]

오로지 존재의 양식을 꿰뚫어 보는 통찰의 지혜만이 잠재적 성향을 뿌리째 뽑아낼 수 있다. 왜냐하면 번뇌를 구성하는 심리현상 중 가장 기본적 요소이자 다른 요소들을 키우고 달라붙도록 하는 것이 바로 무지(無明)이기 때문이다. 지혜가 바로 그 무지를 치유하는 약이다. 무지는 우리 내면생활의 구석구석을 파고들어 끊임없이 작용하고 있는, 방심할 수 없는 들뜬 심적 요소다. 그것은 인식을 왜곡하고, 의욕을 지배하며, 우리들 존재의 전체 성향을 좌우한다. 붓다는 그래서 "무지야 말로 우리를 불행에 매이게 하는 참으로 강력한 요소다"[62]라고 말한 것이다.

무지는 삶의 정신 활동인 지각, 사고, 관점 등에 파고들어와 우리의 경험에다가 여러 겹의 미혹을 보태어 그 경험을 엉뚱하게 왜곡하도록 만든다. 이런 왜곡 중에서도 가장 중요한 것이 3가지가 있다. 무상한 것을 항상하다고 보려 드는 왜곡(anicce niccavipallāsa), 불행을 두고 행복이라 보려 드는 왜곡(dukkhe sukhavipallāsa), 무아를 두고 자아라고 보려 드는 왜곡(anattani attavipallāsa)이다.[63] 그래서 모든 것은 변하고 무너지기 마련이라는 것이 불 보듯 뻔한 데도 불구하고 자신과 세계가 견고하고 안정되어 있으며 지속적인 것인 양 여긴다. 또 그처럼 고통, 실망, 좌절을 거듭거듭 겪으면서도 우리는 행복과 즐거움을 누릴 천부의 권리라도 있는 양 조금도 기죽지 않고 마냥 성취 지향적 중독과 쾌락적 향락에 빠져 헤어날 줄 모르는 것이다. 나아가 자신에 대한 고정된 틀을 가지고 자기의 상像을 만들어 영구불변의 실체인 양 거들먹거리며 자신을 내세우고 집착한다.[64]

이 3가지 왜곡 가운데 가장 고질적이고 집요한 것이 자아라는 미망의 왜곡이다. 우리가 생각하는 자아라는 것이 여러 현상들의 조합일 뿐 실체가 있는 것이 아니지만, 일단 이 자아관념이 생겨난 이상, 이 관점을 통해서 세상을 내다보게 되어 모든 이를 '나'와 '나 아닌 것'으로 분별하여 인식하게 된다. 이런 양분법의 관점은 많은 번뇌를 만들어내고, 스스로 불러낸 번뇌들은 나에게 이롭다고 판단되면 강하게 붙잡아 끌어들이고 해롭다고 생각되면 역시 강하게 붙잡아 밀어낸다. 그 결과 피할 수 없는 불행의 늪에 빠져 허우적대는 삶을 살아가게 되는 것이다.

자아에 집착하는 불행의 늪으로부터 빠져 나오려면 자아의 환상을 무아의 깨달음으로 과감히 부수고 떨쳐버려야 한다. 이를 위해 지혜의 계발이 절실히 필요한 것이다. 이 계발의 도정에 나아가는 첫걸음은 철저히 분석하여 해체하는 것이다. 자아라는 경험 세계를 해체하여 여러 요소들로 분류하여 정리한 다음 그 어떤 것도 변하지 않는 것은 없고, 자아라고 할 수 있는 어떤 실체가 없음이 확인될 때까지 조리 정연하게 점검하여야 한다. 이런 지혜의 안목을 얻으려면 강한 마음챙김을 계발하지 않으면 안 된다. 마음챙김 수행을 본격적으로 할 수 있는 지침서는 『대념처경』이다. 붓다는 이 경에서 몸身·느낌受·마음心·법法을 마음챙김의 대상으로 하여 수행하라고 설한다.

> 4념처, 여기서 4가지란 무엇인가? 비구들이여, 마음을 챙겨 알아차리고 열심히 정진하는 비구는 세상에 대한 탐착과 혐오의 [분별하는] 마음을 놓아 버리고 몸에서 몸의 수관(身隨觀)을 행한다. …… 그는 느낌(감각)에서 느낌의 수관(受隨觀)을 행한다. …… 그는 마음에서 마음의 수관(心隨觀)을 행한다. …… 그는 법에서 법의 수관(法隨觀)을 행한다.[65]

사념처 수행의 대상 중에서 법념처에 대해서만 살펴보자. 법념처의 대상은 초기불교의 주요 교설인 오개五蓋, 오온五蘊, 십이처十二處, 칠각지七覺支, 사성제四聖諦이다.[66] 여기서 주목해야 할 점은 앞서 말한 몸, 느낌, 마음에 대한 현상들도 다름 아닌 법法, 즉 담마dhamma이다. 오온의 예를 들면, 붓다가 가장 자주 활용했던 분석법인데, 자아라고 생각되는 '나'라는 존재를 몸이라는 물질적 형태(色), 느낌(受), 관념(想), 심적 현상들(行), 그리고 식별함(識), 이렇게 다섯 가지 더미로 보는 것이다. 물질적 형태는 몸에 있는 감각기능들과 함께 하는 신체 조직과 바깥의 인식 대상들이다. 나머지 네 가지 더미는 마음의 측면을 말한다. 느낌은 감각과 감정에 관련 있으며, 관념은 주목하고 확인하여 개념화하는 것이며, 심적 현상들은 의지와 다양한 마음의 활동들이며, 식별함은 모든 심적 경험과 반드시 함께 일어나는 분별의 인식 기능이다. 이런 방식으로 오온을 분석하여 해체해 들어가면, 자아 없음을 확연히 드러내어 무아임을 철견할 수 있다. 오온이 무아임을 증득하는 것과 함께, 그것은 끝없이 변화하는 무상의 현상이며 갈등구조로 형성된 고의 현상임을 확연히 아는 것, 즉 무상·고·무아의 세 특상(三法印)의 입장에서 오온을 보는 것이 지혜 계발의 지름길임을 알 수 있다.

지혜 계발의 또 다른 접근법은 오온을 구성하고 있는 것들이 연기적으로 생성되어 존재했다 사라진다는 것을 원인과 조건들, 그리고 결과의 측면에서 바라보는 것이다. 자아의 견해는 존재의 요소들을 분석적 방법보다 그것들 간의 연기적 관계의 측면을 보면, 온蘊들이 조건들에 의지해서만 존재한다는 것이 명확히 드러난다. 예컨대, 우리 몸은 정자와 난자의 결합으로 생긴 것이고 음식, 물, 공기에 의존해서 지탱된다. 느낌, 관념, 심적 현상들은 몸과 감각들에 의지해서 생겨난다. 그들은 대상과 그에 상응하는 의식, 그리고 감각 기능을 매체로 대상과 의식의 접촉을 필요로 한다. 다시 의식은 의식대로 감각력이 있는 기관과 그리고 함께 일어난 심적 요소들의 전체 집합에 의존한다. 다시 이 모든 생성과정은 상관성 속에서 진행되므로 그 어떤 것도 독자적 존재 양태를 향유하지 못한다. 모든 조건 지어진 현상들은 다른 것들에 연관되어 의지해서 연기적으로 존재하고 있는 것이다.

위의 해체적 분석 방법과 연기적 관계성에 대한 명료한 이해의 두 단계는 자아라는 관념에 대한 지적 왜곡과 집착을 끊는 것을 돕는다. 그러나 이 두 가지만으로는 왜곡된 지각에 의해 지탱되는 자아에의 뿌리 깊은 집착을 모두 파괴하기에는 역부족이다. 이 미묘한 형태의 자아집착을 뿌리까지 뽑아버리기 위해서는 공의 수관(空隨觀, suñña-tānupassanā)이 필요하다.[67] 이러한 접근은 관법 수행의 막바지에서 미세한 번뇌까지 그 뿌리를 근절하기 위한 조치로, 온전한 지혜 계발로 출세간의 행복인 열반의 행복을 향한 마지막 여정이라고 할 수 있다.

출세간의 팔정도

앞에서 보았듯이 팔정도는 불교의 종합 수행법이다. 『맛지마니까야』의 「마하짜따리사까경」에서는 팔정도를 세간과 출세간의 차원으로 나누어서 설명한다.[68] 행복 수행의 관점에서 본다면 인간의 행복, 천상의 행복은 물론 세간적 차원의 행복을 위한 여정이다. 열반의 행복을 향한 관법 수행의 차원에서도 역시 세간적 팔정도로 접근해 들어가지만, 출세간적 경지에 가까워질수록 관법 수행의 지혜가 강해져 팔정도의 8가지 덕목들도 이전과 다른 강도를 지니게 된다. 그들은 우선 힘이 강해진다. 그리고 목표를 향해 밀어붙이는 단일의 응집력 강한 하나의 길(道)로 융합된다. 이 관법 수행에서는 8가지 덕목들과 세 수련(三學) 모두가 더불어 존립한다. 그 하나하나가 자기 자리를 지키면서 다른 모든 것들을 받쳐 주고 있다. 그 개개가 공부에 자기 특유의 기여를 해낸다. 도덕적 훈련의 요소들(戒)은 탈선 성향들을 강력한 주의력을 기울여 계속 감시하고 있어 비윤리적 행위를 범할 엄두가 나지 않게 한다. 집중을 이루는 요소들(定)은 마음으로 하여금 잘 잊어버리고 산만해지기 쉬운 경향에서 벗어나서 확고하게 현상들의 흐름에 고정되게끔 만들어, 일어나는 것은 무엇이건 다 흠잡을 데 없는 정밀성으로 수관하게 한다. 올바른 견해는 이제 관찰의 지혜(慧)가 되어 끊임없이 더 날카로워지고 깊어진다. 또 올바른 의도 역시 초연함과 목표의 불변함을 통해 전체 수관 과정에 미동도 없는 안정을 가져다줌으로써 자신의 면모를 드러낸다.[69]

이 관법 수행 단계의 팔정도도 역시 세간의 길(lokiyamagga)이라고 한다. 이 명칭이 세간의 길이라 해서 통찰의 도정 목표가 세간적인 것이라고 생각하거나 세간적 행복의 추구에 머무는 것을 의미하는 것은 아니다. 이것 역시 최상의 행복을 희구하며 열반으로 안내한다. 다만 아직 조건에 매인 세계 안에서 대상을 관찰한다는 것이다. 그러나 이 조건에 매인 것에 대한 세간적 관찰은 어디까지나 조건에 매이지 않은 상태, 즉 출세간에 도달하는 수레 역할을 하고 있는 것이다. 이 관찰 수행이 그 정점에 도달할 때, 즉 형성된 모든 것들이 무상·고·무아임을 완벽하게 파악할 때, 마음은 조건에 매인 상태를 돌파하여 조건에 매이지 않은 상태인 열반을 실현하게 되는 것이다. 마음은 직시의 눈으로 열반을 보며, 열반은 즉각적 깨달음의 대상이 된다.[70]

열반의 행복으로 가는 여정에 몇 가지 극적인 전환이 일어나 세간의 도에서 출세간의 도(出世間道, lokuttaramagga)로 진입하게 된다. 관법수행을 할 때 지혜의 힘이 증장되는 중요한 과정들은 특히 세간의 차원에서 출세간의 차원으로 접근해 갈 때 일어난다. 즉 조건에 의해서 형성된 현상을 좋다 나쁘다 분별하지 않고 평정한 마음으로 대하게 되는 행에 대한 평온의 지혜(saṅkhārupekkhā ñāṇa), 열반의 행복인 출세간의 길을 향해 수순하는 지혜(anuloma ñāṇa)이다. 이처럼 더욱 향상된 지혜로 범부의 종성種姓을 벗어버리고 성인의 종성을 얻게 되는 전환의 단계에 이르게 되는데, 이것을 세간에서 출세간으로 전환하려는 것에 대한 종성의 지혜(種姓智, gotrabhū ñāṇa)라 한다.[71] 이 전환지轉換智를 통해 삶의 질적인 변화가 일어나 열반의 행복으로 향해 나아가게 된다. 곧 이어 사성제를 몰록 체득하게 되어 성인 계위의 첫 단계인 수다원(sotāpanna) 혹은 예류도預流道에 들게 된다. 그렇지만 비록 성인의 영역에 들어왔다 할지라도 일상적인 관찰의 힘으로는 감지하지 못했던 미세한 번뇌들이 남아 있게 된다. 이러한 미세번뇌를 해결하는 데도 역시 사성제에 대한 통찰이 필수적이다. 예류도에서 사다함(sakadāgāmī) 혹은 일래도一來道, 아나함(anāgāmī) 혹은 불환도不還道, 그리고 아라한도에 이르기까지의 과정들은 모두 사성제에 대한 통찰력을 공유하며, 사성제를 개념이 아니라 직관적으로 이해한다. 사성제가 불변의 진리임을 한 점의 의심 없이 보는 것이다. 사고력을 이해 수단으로 쓰는 성찰의 단계에서처럼 사성제가 순차적으로 이해되는 것이 아니라 한 순간에 몰록 전체를 보게 된다.[72] 팔정도를 통해 사성제 중 하나인 도성제를 본다는 것은 곧 사성제 모두를 보는 것이 된다. 도가 사성제를 꿰뚫게 되면 모든 조건에 매인 존재들의 불행한 모습을 봄으로써 고성제를 완전히 파악한다. 이와 동시에 불행의 원인인 갈애를 버리고 이기심과 욕구의 덩어리를 잘라낸다. 모든 불행의 원인을 소멸함으로써 최상의 행복인 열반을 실현한다. 마지막으로 성스러운 팔정도를 진전시킨다.

출세간적 팔정도의 8가지 덕목들은 강력한 에너지로 충전되어 매우 안정적으로 최상의 행복인 열반으로 나아간다. 정견은 안정적인 섬세한 안목으로 열반을 곧바로 보는 것으로, 정사는 열반에 마음 기울임으로, 정어·정업·정명의 세 윤리적 요소들은 도덕적 탈선에 대한 제어로, 정정진은 출세간도의 강력한 에너지로, 정념은 알아차림의 요소로, 그리고 정정은 마음이 한 점에 모아진 초점으로 제각기 활짝 피어나는 것이다. 마음이 동시에 네 가지 기능을 수행할 수 있는 능력은 양초가 동시에 심지를 태우고, 밀랍을 소모하고, 어둠을 몰아내고, 빛을 주는 것에 비유된다.[73]

최상의 행복은 미세한 번뇌까지 근절했을 때 완성된다. 출세간도들은 미세번뇌를 근절하는 특별한 과업을 띠고 있다. 이 길들을 증득하기 전인 삼매 수행의 단계에서는, 그리고 심지어는 관법 수행의 단계에서도 번뇌는 잘려나가지 않은 채 더 높은 정신적 기능들을 닦고 있는 기운에 눌려서 단지 약화되고 저지되어 억압되고 있을 뿐이었다. 의식의 깊숙한 밑바닥에서는 번뇌가 언제든지 드러날 수 있는 잠재적 성향의 형태로 계속 꿈틀대고 있다. 그러나 출세간의 길에 도달하면 미세한 번뇌를 근절하는 공부가 본격화된다.

불행의 악순환의 고리를 끈질기게 산출해 내는 미세번뇌를 파악하여 분류하면, (1)개아가 실존한다는 견해〔有身見〕, (2)의심〔疑〕, (3)금기사항과 종교적 의례에 대한 집착[戒禁取], (4)감각적 욕망[欲貪], (5)악의[瞋], (6)색계 존재에 대한 욕망[色貪], (7)무색계 존재에 대한 욕망[無色貪], (8)자만[慢], (9)들뜸[掉擧], (10)무지[無明], 이렇게 열 가지로 이루어진 악순환의 '족쇄(saṃyojana)'들이 된다.[74]

네 가지 출세간의 도들은 각기 특정 번뇌를 근절한다. 첫 번째의 예류도에서는 처음 3가지 족쇄를 끊어낸다. 오온을 영원한 자아라고 보는 견해와 수행의 완성에 대한 회의적인 태도, 계율, 금기사항, 종교적 의식에 대한 집착을 극복해야 한다. 이런 미세번뇌가 제거된 상태, 즉 결과를 팔라phala라고 하며 첫 번째 과를 예류과預流果라 하고, 이런 사람을 '흐름에 든 자'(預流者)라 한다. 아직 번뇌들이 남아 있고, 그 때문에 최종 목적지에 도달하는 데 일곱 생까지 걸릴 수도 있겠지만 이미 거기에 도달하기 위해 필요한 핵심적 깨달음을 얻어 놓았기 때문에 퇴전하는 일은 결코 없다. 두 번째, 일래도에서는 10가지 족쇄 중 앞의 3가지는 해결되었지만 성적 쾌감에 대한 미세한 욕망과 미미하게나마 진심의 성향을 띤 거친 마음이 남아 있는 경우이다. 이 도를 따라가면 수행자는 그것의 과를 경험하게 되고 그때에는 완전한 해탈을 얻기 전에 많아야 한 번만 더 이 욕계세상으로 되돌아올 뿐인 '한 번만 더 돌아오는 이'(一來者)가 된다. 세 번째는 위의 5가지 하위의 번뇌를 온전히 제거했지만 아직 상위의 5가지 번뇌인 색계 존재에 대한 욕구, 무색계 존재에 대한 욕구, 자만, 들뜸, 무지가 남아 있는 경우, 이를 불환도를 얻은 자라고 한다. 어떤 자극에 대해서도 분노, 혐오, 그리고 불만을 일으키지 않게 된다. '돌아오지 않는 자'(不還者)이기 때문에 그는 어떤 미래세에도 욕계의 존재 상태로는 돌아오지 않는다. 바로 금생에 마지막

도인 아라한의 도에 들지 않으면 죽은 후에 색계 중 상천(五淨居天)에 재생하여 거기서 바로 해탈에 들게 된다. 네 번째는 이 10가지 번뇌를 전부 해결하여 다시 윤회의 세계에 오지 않는 경우, 이를 탐·진·치 삼독의 번뇌를 모두 해결하여 열반을 성취한 자, 즉 아라한阿羅漢이라 한다.[75]

지금 여기서의 행복

이 글을 시작하면서 던졌던 질문을 다시 한 번 음미해 보면서 마무리하려고 한다. 우리는 정말 행복해지고 싶은가? 진정 행복해지고 싶다면 행복하려는 마음을 내려놓고 그 마음을 자세히 들여다보라고 붓다는 말한다. 그 마음이 어디로 향해 있는가를 살펴보면 '성취에 대한 집착'인지, '쾌락에 대한 탐닉'인지, '좌절로 인한 포기'인지, 아니면 '행복 자체에도 집착하지 않는 중도적 태도'인지를 바로 알 수 있다는 것이다. 초기불교와 상좌부불교에서 제시하는 행복은 바로 이런 중도적 행복론이다. 붓다는 이 중도적 행복의 성취를 위한 3가지 차원의 길을 제시하였다. 첫 번째는 인간의 구체적인 현재 삶 속에서 어떻게 행복을 성취해 갈 것인가에 대한 것이다. 윤리적 규범과 계율을 바탕으로 청정한 삶을 실천하는 중도적 행복의 차원이다. 두 번째는 인간의 행복을 토대로 하여 한 차원 더 높은 천상의 행복을 내세에 실현하기 위한 의식의 확장과 심화를 통해 중도적 행복을 추구하는 것이다. 명상을 통한 삼매의 개발과 자애와 연민 등의 수행을 통해 행복에 필요한 감사, 공감, 포용 등과 같은 긍정적 심리적 기제들을 강화하여 부정적인 심적 요소들의 활동을 축소시키는 것이다. 세 번째는 탐·진·치라는 번뇌들을 뿌리째 뽑아내는 데 꼭 필요한 지혜를 계발하여야 한다. 사성제를 온전히 몸으로 체화하는 관법 수행을 통해서 잠재적 성향의 미세한 번뇌까지도 포착하여 없애는 섬세한 수행과정을 거쳐서 바야흐로 중도적 행복의 완성인 열반의 행복에 이르게 되는 것이다.

인간의 행복, 천상의 행복, 그리고 열반의 행복이라는 3가지 차원으로 나누어 제시했다고 해서 서로 단절되어 따로 어떤 차원이 설정되어 있는 것은 아니다. 물론 현세와 내세의 천상에 태어나기 위한 수행은 주로 재가자들에게 가르쳤으며 열반의 행복은 출가자들을 위한 수행으로 되어 있다. 붓다는 행복을 추구하는 대상이 누구냐에 따라 적합한 방법을 제시해 주었다. 재가자들에게는 형편에 맞게 탐·진·치의 번뇌를 덜어놓는 방법으로 보시, 지계, 천상의 행복과 관련된 덕목을 실천하는 점차적인 가르침(ānupubbikathā, 次第說)을, 믿음과 이해 능력이 있는 재가자에게는 곧바로 사성제 수행을 가르쳤다. 앞의 두 행복은 최상의 행복에 이르는 과정이지만 결코 이를 등한시하거나 열등한 것으로 여기지는 않았다. 오히려 재가자들은 현실의 삶 속에서 법답게 행복을 추구할 것을 강조했다. 통치자는 왕으로서의 본분을 잘 지켜 법에 의한 통치를 해야 한다고 역설하였고, 보통사람들은 열심히 노력해서 재산을 모으고, 그 재산은 남들과 함께 공유하면서 현세적 삶의 행복을 유지하라고 제안하였다. 사회 구성원들 사이의 상호 의무를 제시하면서 상호 존중과 돌봄의 정신을 일깨워 주었다. 보시와 도덕적인 생활을 강조하고, 자비 희사 등의 명상을 통해 천상에 이르는 수행법을 지도하였다.[76] 나아가 재가자라 하더라도 최상의 행복을 향하여 정진하면 출세간적인 지혜를 갖추어 예류과, 일래과, 불환과를 성취해 열반의 행복에 도달할 수

있다고 기회의 폭을 활짝 열어 놓았다.[77]

　행복은 매순간의 연기적 과정 속에서 만들어진다. 어떤 차원의 행복이든 행복이라는 실체가 따로 있는 것이 아니다. 다만 현재의 삶의 자연스런 흐름에서 나타나는 이익과 손실, 명성과 악평, 칭송과 비난, 행복과 불행, 즉 4가지 순경順境과 4가지 역경逆境의 팔풍八風 경계를 경험하더라도 얼마나 평정한 마음으로 휘둘리지 않는 삶을 사느냐가 붓다가 전하는 행복의 핵심 메시지임을 알 수 있다. 이익과 명성, 칭송과 행복이라는 순경이 오면 경험하되 거기 머물거나 매료되지 않고, 또한 손실과 악평, 비난과 불행과 같은 역경이 들이닥치더라도 저항하거나 분노에 사로잡히지 않고 섭수하며 흔들림 없는 마음을 갖는 것이다.[78]

　시시각각 변하는 팔풍의 순경과 역경 속에서 진정한 행복은 처음과 중간과 끝을 포함하여 어디에도 치우치지 않은 중도·연기적 과정에서만 드러난다. 일이 잘 풀린다고 행복에 겨워 빠져 있지 않고 일이 막혀 풀리지 않는다고 답답해하지 않는다. 중도적 행복을 실천하는 사람은 불행을 피하지도 않고 행복을 붙잡지도 않는다. 다만 지금 여기에서 있는 그대로의 삶을 받아들이며 누리고 만족하는 것이다. 풍요로움과 평화가 넘치고 만족과 감사의 마음이 충만한 중도적 행복은 사랑과 친절과 연민을 함께 나누는 것이다. 중도적 행복을 나누기 위해 붓다는 세상에 대한 연민으로, 신과 인간의 유익함과 안녕과 행복을 위해서 처음도 중간도 끝도 좋은 법을 많은 사람들에게 전하라고 하였다. 이를 진정한 행복주의라고 할 수 있다. 중도적 행복의 삶은 지금 여기에서 언제나 온전하다.

{대승불교의 행복론}

모두의 행복을 위한 보살의 길

― 인도 대승불교와 티벳불교를 중심으로 ―

최연철(로덴)(동국대 티벳장경연구소)

1. 서언: 붓다의 삶과 대승의 길

인간은 누구나 행복을 원하며 스스로 불행해지기를 바라지 않는다. 그렇기 때문에 자신과 자신을 둘러싼 주변의 행복을 위해 살아가는 삶을 최고의 선으로 여기는 것이다. 약육강식의 소용돌이 속에서 약해지지 않으려는 것은 약자의 희생과 몰락을 행복으로 여기지 않기 때문이다. 영원한 유토피아를 꿈꾸는 것도 역시 자신과 주변의 완전한 행복을 원하기 때문이다. 추구하는 차원에 따라 다양한 형태의 모습으로 나타나는 행복의 기준은 그래서 지극히 상대적인 것이기도 하다.

석가모니 붓다가 출현하기 이전, 고대 인도에서는 지고의 우주적 질서(Rta)에 순응한 보편성(梵)과 개별성(我)의 참된 조화(一如)를 통해 완전한 행복을 추구하는 삶의 양식을 발전시켜 왔다. 우주와 개인의 운행질서를 조화롭게 하는 적극적인 행위(祭行)를 통해 가정과 사회의 안녕과 행복을 추구한 것이다. 나아가 생사윤회의 끝없는 반복을 벗어난 영원한 해탈을 꿈꾸게 되었다. 그들이 추구하는 해탈은 단순히 세상을 벗어나 홀로 숲속에 머무는 해탈이 아니었다. 감각적 만족이나 경제적 풍요 등의 현실적 가치를 추구하는 세속적 차원을 기반으로 실재의 근본 원리에 대한 바른 지혜(jñāna)를 얻어 궁극적 차원의 삶을 완성하는 그런 해탈이었다. 그 결과 세속의 질서(dharma)를 유지하는 의무(dharma), 욕망(kama), 재부(artha)와 지고의 가치를 완성하는 해탈(mokṣa)이라는 삶의 네 가지 주요 목적과 그것을 성취하기 위한 지식을 공부하는 학생기(Brahmacarya), 집에 머물며 가정의 번영을 추구하는 가주기(Gṛhasthāna), 자연으로 돌아가 금욕적 삶을 사는 임서기(Vanaprasthā), 죽을 때까지 궁극적 실재를 명상하며 떠도는 유랑기(Sanyāsa)라는 삶의 네 단계 양식을 구축하기에 이르렀다. 이렇게 해서 참나(眞我)를 깨닫고 궁극적 실재인 브라흐만과 하나가 되는 영원한 행복을 완성하고자 한 것이다.

한편, 기원전 6~5세기경에 이르게 되면 상공업의 발달과 도시문명의 활성화로 인해 인도인들의 삶에 커다란 변화가 일어난다. 농경문화에 기반을 둔 이전의 인도문화가 근원적 실재에 대한 전능한 조화의 지혜를 담고 있는 베다성전의 지식을 신앙하고 우주적 질서를 유지하기 위한 제사의식을 통해 안정과 행복을 추구하는 것이었다면, 이 시기의 인도에서는 제사를 통한 질서유지를 추구하는 베다적 지식에 대한 회의가 일어나고 인간의 진정한 행복을 새로운 방식으로 찾아보고자 하는 사상운동이 전개된다. 이러한 반베다적·반제식주의적인 일련의 사상가들을 사문(沙門, Śramana)이라고 하는데, 이들은 주로 고행과 난행의 수행을 통해 실존적인 해탈을 추구하였다. 이들은 존재에 대한 철학적 분석을 통해 그에 따른 궁극적 행복의 길을 제시하였다. 세상의 모든 것을 주재主宰하는 근원적인 영향력과의 조화를 통해 자신의 번영과 행복을 추구하던 이전의 삶의 방식에서 벗어나, 속박된 자로서의 존재이유(raison d´être)를 밝힘으로써 진정한 해탈을 이루고자 하였다. 인간적인 노력을 통해 속박을 벗어나는 완전한 행복의 길을 열고자 한 것이다. 석가모니 붓다 역시 이러한 길을 걸었던 사문 계열에 속한다.

　이와 같은 사상적 전환기에 출현한 석가모니 붓다는 이전의 모든 존재론적 접근 방식을 종합하고 그것을 비판적으로 수행하여 새로운 차원의 문제해결 방식에 도달하였다. 이러한 내용은 붓다의 일대기에 그대로 나타난다. 붓다는 도대체 무엇이 그토록 궁금하여 왕궁의 욕락을 버리고 6년간의 긴 고행의 시간을 견디어 내었던 것일까? 무엇을 찾아 해매다 어떠한 답을 얻어 마침내 붓다가 된 것일까? 그리고 성도 이후에는 또 왜 그렇게 긴 세월을 중생을 위한 회향처의 삶에 매진하게 된 것일까?

　붓다의 전기를 다루고 있는 불전문학佛傳文學[1]에 보면, 붓다가 되기 이전의 왕자 싯다르타Siddhārtha는 부왕과 함께 한 농경제農耕祭에서 벌레와 새들의 약육강식을 목격하고 존재에 대한 두려움과 함께 존재에 대한 의문을 처음 일으킨 이래, 사문유관四門遊觀[2]을 통해 인간의 생로병사와 그로부터 벗어나고자 하는 출가자의 삶을 목격하게 되면서 답을 구하고자 하는 열망으로 멈출 수 없는 사색에 빠져들게 되었다. 존재 자체의 욕락에 빠져 있는 삶만으로는 완전한 행복에 도달할 수 없다는 것을 인식한 싯다르타는 결국 왕자로서의 안락한 삶을 포기하고 왕궁을 떠나 출가하게 된다. 그리고 당대의 선정가들로부터 최고의 삼매를 경험하고 가장 극심한 절식絕食의 고행도 하였지만 끝내 원하던 답을 구할 수는 없었던 싯다르타는 결전의 최후 장소로 선택한 보리수나무 아래서 마침내 원하던 답을 얻고 붓다가 되었다.

"이것이 있으면 저것이 있고 이것이 생하면 저것이 생한다. 이것이 없으면 저것이 없고 이것이 멸하면 저것이 멸한다"[3]라는 연기緣起의 원리를 통해 모든 행을 일으키는 존재 질서(dharma)가 무상(諸行無常)이고 따라서 모든 존재 원리는 실체가 없는 무아(諸法無我)임을 깨달아 존재에 대한 의문을 풀고, 번뇌의 씨앗인 왜곡된 인식을 전환하여 번뇌가 소멸된 열반의 적정(涅槃寂靜)을 이루어 있는 그대로만 보는 청정한 눈(證知現量)[4]을 갖게 되었다. 그래서 더 이상 윤회의 원인을 만들지 않게 된 것이다. 이렇게 붓다가 된 석가모니는 자신의 완전한 열반에도 불구하고 여전히 번뇌의 윤회를 떠도는 중생들을 구제하기 위해 완전한 지복의 삼매에서 깨어났다. 깨달음의 내용을 말로 전하기 어려운 줄 알면서도, 또한 애써서 몸을 움직여야 하는 불편함을 너무나 잘 알면서도 오직 중생을 위한 이타적 대비심으로 대승적인 중도의 길을 실천하기 위해 지복의 삼매에서 깨어나 세상으로 한 걸음 더 나아갔다. 존재로서 존재하는 동안 너의 행복이 곧 나의 행복일 수밖에 없는 연기의 원리에 맞는 삶을 살지 않을 수 없었던 것이다. 개인적인 행복만을 추구한다고 해도 결국 남들의 희생이 전제되어야 하듯이, 나를 둘러싼 주변의 행복이 결국 나의 행복을 위한 원인이 되는 연기의 원리를 깨달았기에 여전히 몸을 가지고 있는 존재세계 안에서는 나와 남의 완전한 행복을 위한 이타적 삶을 살아야 함을 몸소 보여줄 수밖에 없었다. 그것은 또한 붓다의 깨달음을 가장 적극적으로 전하는 방법이기도 했다. 모든 중생을 보편적 행복의 길로 인도하는 연기의 깨달음을 전하기 위해서, 붓다는 45년이라는 긴 세월 동안 세속의 회향처에 머물며 묵묵히 중도의 길을 실천한 것이다.

이렇게 완성된 붓다의 삶은 붓다의 일대기 자체로 불교의 모든 교학과 수행의 의미를 다 담고 있다. 붓다의 일대기에 나타난 내용 그대로 '존재에 대한 의문 - 아라한적 견성 - 성불 - 보살적 회향'이라는 도식은 이후에 전개된 인도불교의 역사적 전개양상에도 그대로 나타난다. 붓다의 가르침을 그대로 담고 있는 초기불교를 시작으로 아라한적 견성해탈을 분석적으로 탐구한 부파불교와 붓다의 이타적 실천행에 초점을 맞추어 보살적 회향의 불교를 논리적 수행적으로 재구성한 대승불교의 역사가 그러하다. 따라서 본문에서는 붓다의 보살적 회향의 일대기를 염두에 두고 인도불교의 역사에서 대승불교가 이타적인 삶과 보편적인 행복을 추구할 수밖에 없었던 이유를 살펴보고자 한다. 또한 인도 대승불교의 수행적 목적과 인식논리의 전통을 그대로 수용하고 있는 티벳불교의 전통을 통해 대승적 행복론을 재고해 보고자 한다. 이를 통해 현대 문명의 이기적 행복추구에 대한 모순을 자각하고 석가모니 붓다가 몸소 보여준 대승적 삶의 소중한 가치를 조금이라도 드러낼 수 있기를 바란다.

2. 대승불교의 발단과 문제의 본질

답을 구하는 것은 언제나 문제의식으로부터 출발한다. 의문이 없이는 답을 구할 수 없듯이 의문을 가진 자라야 화두를 깨칠 수 있다. 불교는 의단의 종교이다. 석가모니 붓다 역시 스스로 궁금해 하던 '존재에 관한 의문'을 통해 깨달음의 길(菩提道)에 들어섰고 그 여정의 끝자리에서 마침내 성불하였기 때문이다.[5]

인도불교의 역사 속에서 대승불교가 어떻게 발흥하게 되었는지에 대해서는 학자들의 노력에도 불구하고 여전히 모호한 점이 많다. 대체적으로 부파불교의 대중부로부터 발전했다는 견해와 일반 대중에게 부처님의 전기(佛傳)를 읽어 주던 찬불讚佛 독송자인 법사(dharma bhāṇaka)들의 활동에 의한 것이라는 견해, 혹은 부처님이 열반하신 후에 유골을 수습하여 세우기 시작한 불탑을 중심으로 모여든 재가 신자들의 신심에 의한 불탑신앙에 의한 것이라는 견해 등의 세 가지 기원설을 유력하게 제시한다.[6] 또 외적인 원인으로는 당시 인도의 바라문 문화에서 일어난 대중적인 힌두교 운동인 신애운동(信愛, Bhaktism)과의 관련성을 논하기도 한다.[7] 수많은 정복전쟁에 시달려야 했던 당시의 민중들은 신앙과 사랑을 통한 종교적 안녕을 구하고 있었기 때문에, 불교도 민중들의 종교적 구원에 대한 염원을 반영하여 대승적인 경향을 드러내지 않을 수 없었다는 것이다. 대승불교가 출현할 수밖에 없었던 이유를 밝히고 있는 이와 같은 주장들은 어느 경우든 단 한 가지의 사유만으로 대승불교가 출현했다고 보기는 어렵다. 오히려 이 모든 안팎의 조건이 모여 필연적으로 일어난 것이라고 할 수 있다. 그것은 마치 석가모니 붓다의 연기적 깨달음이 대비심의 실천적 삶으로 직결될 수밖에 없었던 필연성을 지니고 있는 것과 같다.

역사는 정체하지 않는다. 붓다의 입멸 이후 가르침의 순수성을 보존하기 위해 결집을 통해 옥석을 가려낸 초기불교의 성립과 함께, 붓다의 가르침을 체계적으로 정리하는 데 몰두한 부파불교의 논증적 탐구는 불교를 체계화시킨 공로에도 불구하고 결과적으로 자신들만의 언어에 갇힌 개념적 천착에 빠짐으로써, 삶에 지쳐 종교적 안녕을 구하는 민중의 염원과는 유리되게 되었다. 모든 유기적 생명체가 연기와 무상의 원리 속에서 멈추지 않고 흘러가는 것처럼, 붓다의 깨달음을 정리하고 이해하기 위한 제자들의 천착이 부파불교를 형성하게 하였고 그것이 정점에 이르게 되자 그에 따른 모순도 동시에 촉발하게 된 것이다.

붓다는 일찍이 라타파알라에게 "너는 가서 아직 제도되지 않은 자는 제도하고, 아직 해탈하지 못한 자는 해탈을 얻게 하며, 아직 열반하지 못한 자는 열반을 얻게 하라"[8]고 말하였다. 붓다의 말씀을 잘 듣고 이해한 다음 홀로 적정처에 머물며 그것을 수행하여 깨달음(聞思修)을 얻게 되면 이제 남은 것은 연기의 원리 그대로 보편적 행복을 이루기 위해 실천적으로 살아가는 것뿐이다. 그것이 연기의 깨달음을 진실로 완성하는 길임을 붓다는 중도의 실천적 삶을 통해 이미 보여 주었다.

연기의 깨달음을 실천하기 위해 중생들 속으로 들어가는 삶은 자신만의 깨달음을 위해 수행하던 때와는 다르다. 너무나 다양한 근기의 사람들이 자신들만의 방식으로 세상을 바라보며 그들 눈에 비친 왜곡된 현상을 진실인양 인식하여 스스로 고통 받고 있다는 사실은 연기의 바른 진리를 전달하기가 결코 쉽지 않음을 말해 준다. 그래서 방편이 필요한 것이다. 민중의 염원은 현재의 삶 속에서 행복해지는 것이다. 하지만 그들은 스스로 자신을 구원할 힘이 없다. 따라서 누군가의 도움에 의지하여 그들이 원하는 것을 이루고자 한다. 부파불교의 엄격한 계율과 복잡

난해한 법문의 이해 방식이 출가수행을 통해서만 가능해 보이는 이상, 일상의 삶에 바쁜 대다수의 민중들은 그로부터 멀어질 수밖에 없다.

이와 같은 모순을 극복하기 위해 인도불교 역사 안에서는 민중의 구원과 구제의 염원을 수용한 대승불교가 출현한다. 기존의 번쇄한 부파불교의 모순을 극복하고 붓다의 회향적 삶에 더 중점을 둔 새로운 형태의 불교가 나타나 다양한 근기의 중생들을 적극적으로 제도하기 위한 방편의 불교를 펼치기 시작한 것이다. 그래서 이들은 재가자들도 쉽게 수행할 수 있는 타력의 구원[9]을 설하기도 한다. 이러한 방식은 붓다의 말씀에만 치중하던 이전의 불교와는 달리 붓다의 삶 전체를 불교 수행의 완전한 전형(role-model)으로 보는 것이다.

대승불교에서는 이렇게 붓다의 삶 전체를 하나의 완전한 수행체계로 보고 실천하는 사람들을 대승적 이타행을 실천하는 보살(bodhisattva)이라고 한다. 석가모니 붓다가 깨달은 연기의 정견과 해탈열반의 행복을 자타가 함께 깨우칠 수 있도록 발보리심發菩提心한 자들이다. 이렇게 해서 형성된 일련의 불교적 경향을 대승불교라고 한다. 위로는 깨달음을 구하고(上求菩提) 아래로는 중생을 구제하려는(下化衆生) 원력으로 붓다의 가르침을 수행하고 실천하기 때문에 붓다의 가르침에 대한 해석도 철저히 중생의 입장에서 해석한다. 붓다의 지혜를 어떻게 확실히 드러내어 중생들과 공유할 수 있을 것인가에 대한 다양한 해석적 고민이 모여서 대승불교의 방편적 특징을 형성한 것이다. 이것은 대승경전이라는 일련의 불교문헌 군에서 더욱 구체화되는데, 이와 같이 중생을 위한 방편적 삶을 중심에 두고 중생구제의 본래목적을 실현하기 위해 활성화된 대승불교의 사상적 특징은 대체로 세 가지 정도로 요약할 수 있다.

첫째는 붓다에 대한 관점의 변화이다. 구제불救濟佛을 원하는 민중의 염원과 맞물려 다양한 구제불이 출현한다. 약사여래, 아미타불, 아촉불 등이 귀의와 신앙의 대상(報身)으로 출현하여 지혜법신法身을 깨우치도록 돕는다. 나아가 이와 같은 보신불報身佛들의 세계로 적극적으로 이끌어주는 초인적인 보신보살報身菩薩들이 등장하는데, 그 대표적 예가 자비화신 관세음보살, 지혜화신 문수보살, 행원화신 보현보살 등이다. 그리고 이러한 보살의 개념은 불교를 수행하는 이상적 인간상으로 자리 잡아 보리심을 기반으로 한 인간적인 대승보살의 개념으로 발전하게 된다. 한 가지 유의할 것은 민중의 염원에 부응한 대승불교의 붓다관이 초인격적인 것으로 형성되기는 하였지만, 그 내용적인 측면에서 보면 석가모니 붓다의 성도 이후의 삶에 더 초점을 맞춘 좀 더 인간적인 불교라는 점이다. 그런 면에서 부파불교가 인간 붓다의 행적에 초점을 맞추고 있는 것 같지만 오히려 붓다의 말씀에만 초점을 맞춘 현학적 불교가 되어 버린 역설적인 면이 있음을 간과해서는 안 된다. 이렇게 출가 중심의 아비달마에 대한 비판적 태도는 신앙의 대상으로써의 붓다관을 적극적으로 요구하게 되었고, 그 결과 절대적인 붓다에 대한 흠모를 형상화한 불상과 탱화 등의 법구法具들이 제작되기 시작하였다.

둘째는 불법佛法에 대한 이해의 차이이다. 붓다의 가르침 자체에 천착했던 부파불교가 '법에 대한 분석'을 통해 존재의 모순을 제시하고 그 해결책으로서 아라한과에 도달하는 수행적 과정을 제시하고 있는 반면, 대승불교에서는 존재의 모순 자체가 깨달음의 다른 모습임을 자각하는 것이 붓다의 올바른 지혜임을 드러내고자 한다. 그래서 중생의 다른 모습이 곧 부처이고, 삶의 다른 모습이 곧 죽음이며, 번뇌가 곧 깨달음이 되는 것이다. 소멸을 전제로 한 찰나멸刹那滅의 중도적 깨어 있음(覺)이 곧 붓다(覺者)이기 때문에 굳이 출가와 재가의 형식을 따로 구분하지 않더라도 양변兩邊의 분별적 사유를 넘어서 중도를 실천하는 것이 더 중요하다고 보는 것이다. 이와 같은 중도 실천의 지혜(般若)를 가장 잘 설명해 주는 용어로서 용수보살은 '공空'이라는 용어를 채택하였고 후기 대승의 유식계열에서는 '여래장如來藏의 일심一心' 개념을 세우기도 한다. 따라서 스스로 중생이라는 생각을 바꾸어 바른 지혜를 갖추고 모든 중생을 위해 일하는 보살의 실천행인 6바라밀의 수행법과 원력이나 회향을 중요시하는 능동적 삶의 자세가 대승경전에 적극적으로 묘사되고 있는 것이다.

셋째는 초역사적이고 문학적인 상상력으로 가득한 대승경전의 출현이다. 부파불교의 경전인 아함이나 니까야의 내용이 비교적 통일성이 있는 표현방식과 현실적인 사건을 중심으로 비유와 설법이 이루어지고 있는 반면, 대승경전에서는 이상적이고 초인간적인 모습의 붓다와 보신 세계의 다양한 불보살, 그리고 대승의 이상을 적극적으로 실천하는 인간적인 대승보살이 서로 교감하며 중생을 불법의 정수인 지혜법신(法身佛)으로 인도한다. 또한 지혜의 화신(化身佛)인 붓다는 철저하게 중생 구제를 위해서만 출현한다. 아함과 니까야의 경전이 붓다의 가르침을 기억한 제자들의 전승이라면 대승경전은 붓다가 이 세상에 출현한 본래의 목적을 상기시키는 지혜와 방편의 전승이라고 할 수 있다. 이러한 내용을 담은 대승의 대표적인 경전들은 『반야경』, 『화엄경』, 『법화경』, 『정토경』 등이 있다.

한편, 대승불교가 출현한 이유는 이와 같은 대승불교의 특징을 통해 충분히 짐작할 수 있는 것이지만, 민중의 염원에 호응하여 다양한 방편을 시설하게 된 대승불교의 내용이 문자화되자 오히려 그 복잡 다양한 사상체계로 인해 대승경전의 내용이 불설佛說이 아니라는 비판에 직면하게 된다. 인도 대승불교를 종합하는 대표적인 논서로 손꼽히는 샨띠데바(Śāntideva, 687~763)의 『입보리행론』에서도, "만일 대승의 [가르침]이 성립하지 않는다면, 그대 [소승의] 경전은 어떻게 성립하겠는가[9.41. ab]"[10]라고 대승 비불설에 대해 치열한 반박을 하고 있다. 이것은 단순히 불설 비불설의 논쟁이 아니라 중생을 위한 부처님의 가르침을 어디까지 이해했는가에 대한 문제 제기이다. 번뇌의 소멸을 통한 적정만을 구하는 소승적 차원의 이해로는 대승경전에 나타난 공성의 바른 지혜를 이해할 수 없으며, 따라서 불법佛法에 대한 깊이를 다 헤아리지 못한 것이기 때문에 단순히 전통이나 경전의 성립 시기만을 가지고 문제 삼는 것은 아전인수적 발상이라는 것이다.

이러한 논쟁은 오늘날에도 여전히 계속되는 문제이기도 하다.[11] 불설 비불설의 논쟁 자체가 경전이라는 문헌적 근거를 가지고 하는 대립인 이상, 대부분은 문헌학적·해석학적 문제해결 방식을 가지고 접근하기 마련이다. 그러나 이러한 문헌학적 접근 방식은 불교 자체가 대중과 유리되는 모순을 여전히 내포하고 있다. 이것은 앞에서 살펴본 것처럼 인도에서 대승불교가 출현할 수밖에 없었던 이유이기도 하다. 하지만 대승을 추구하는 현대의 많은 불교 연구자들조차 여전히 부파불교의 현학적 모순에 빠져들고 있는 것이 사실이다. 역사적 모순은 여전히 반복되고 있는 것이다. 이에 대해 대승불교의 종교적 본래 목적을 드러내기 위한 체계불학(Systematic Buddhology)을 주장하는 김성철은 다음과 같이 정리하고 있다.

> 문헌학적 방법론에 의한 분석과 비평과 재단의 방식으로 구성된 현대의 불교학은 차가운 현학이 되어 가고 있다. 뜨거운 가슴으로 대승적인 행복을 고민하고 실천하려던 의미가 점차 상실되어 가고 있는 것이다. …… 그러나 불교학의 경우는 일반적인 인문학과 그 성격이 다르다. 배후에 그 가르침을 자신의 인생관, 종교관으로 삼고 살아가는 수억數億의 신도 집단이 있다. …… 현대의 인문학적 불교학의 연구 성과를 취합할 경우 …… 우리가 불전에 대한 인문학적인 연구결과에 토대를 두고 불교를 바라볼 경우 대부분의 불전은 후대에 조작된 가짜로 판명되고, 부처님 이후 불교계에서 활동한 고승대덕들은 거짓말쟁이가 되고 만다. …… 서구에서 시작된 현대적 불교학에는 '신앙으로서의 불교학'이 결여되어 있다.[12]

위의 지적대로 서구의 문헌학적 방법론에 의해 구축된 현대의 불교학은 현학적인 접근으로 인해 민중의 염원과 유리된 채 차가운 불교가 되어 가던 인도 부파불교의 흐름과 크게 달라 보이지 않는다. 결과적으로 대승불교가 출현할 수밖에 없었던 인도불교의 역사적 흐름이 보이는 것이다.

역사는 정체되지 않는 것이기 때문에 한 번 규정된 관념이나 기존의 체계도 지속적으로 유지되지 않는다. 부파불교의 모순이 대승불교를 발흥시킨 것처럼 대승불교의 모순은 또 다른 불교의 출현을 자극한다. 이에 대해 홍사성은 오히려 한국적 대승불교의 모순을 지적하면서 초기불교로 돌아갈 것을 주장한다.

전통적으로 대승불교의 위대성을 믿어 온 우리나라 불교계는 근년에 일고 있는 초기불교에 대한 관심이 좀 못마땅한 것 같다. …… 냉정히 살펴보면 대승불교는 사상적으로 위대한 공헌을 했지만 신앙적으로는 불교를 왜곡하고 타락시킨 혐의를 받을 수밖에 없는 측면도 많다. 따라서 오늘의 대승불교는 대승의 위대성만 내세울 것이 아니라 그 문제점을 제거하는 데도 관심을 기울여야 한다. 그래야 대승이 또 다른 외도라는 누명을 쓰지 않게 되고, 바른 신행도 가능해진다. 이것이 우리가 초기불교에 눈 돌려야 할 까닭이다.[13]

사실 이러한 문제는 부파나 대승의 교의가 가지고 있는 의미적 모순이라기보다 그것을 이해하고 운용하는 사람들의 자기당착이 더 크다고 할 수 있다. 중생의 염원을 들어주기 위해 나타난 구제불들이 연기적으로 이해되지 않고 영원한 실체를 믿는 종교인 양 하게 되면 그것은 더 이상 불교적 가르침이 될 수 없는 것이며, 학자들끼리만 이해하는 용어로 시시비비만 논할 경우 그 역시 대중의 관심을 잃고 현학적인 것이 되고 만다.

그러면 이제 우리는 어디로 가야 하는 것일까? 물론 돌아가야 할 곳은 여전 석가모니 붓다의 일대기 그 자체이다. 길을 잃을 때마다 우리는 붓다가 터득하고 가르친 열반적정의 길과 대승적 차원의 회향으로 돌아가지 않으면 안 된다. 인도불교의 역사에서 대승불교가 출현한 이유는 붓다의 일대기에서 좀 더 따뜻한 가슴을 가진 중도 실천의 길을 발견하기 위한 것이었고, 그 모습을 있는 그대로 닮아 가기 위한 것이었다. 거기에는 분명 보편적인 다수의 행복을 추구하는 목적의식이 있다. 인도불교가 부파와 대승의 길을 통해 붓다의 일대기를 역사 속에서 재구성한 것처럼, 우리의 논의 역시 이미 재구성된 붓다의 일대기를 다시 재해석하여 그 의미를 되살리는 방향으로 흘러가야 한다. 이미 발견된 것이 모순을 일으킨다고 해서 다 버려야 하는 것은 아니다. 오히려 그 본래의 의미를 재발견하여 그 시대에 맞는 모습으로 끊임없이 다시 재구성해야 하는 것이다. 그러한 의미에서 번쇄해지고 있는 현대불교학의 모순 속에서 대승불교의 보편적 행복 추구에 대한 의미를 다시 살펴보는 것은 풀어진 옷매무새를 다시 가다듬는 것과 같다고 할 수 있다.

석양을 향해 걷는 나그네의 그림자는 노을을 등지고 길어진다. 이내 어둠이 오고, 잠시 길 떠났던 그림자는 떠오르는 달 아래 선명한 제 모습을 찾는다. 존재에 대한 의문으로 나그네가 되어 황량한 사막을 헤매던 선구자는 자신의 마음을 다 바쳐 진리의 말씀을 듣고자 하는 간절한 기도를 드렸다. 기도의 응답은 당신의 아들인 나그네의 본성을 일깨웠고, 나그네는 사랑과 자비로 중생을 위해 집착의 몸을 버린 위대한 선지자先知者가 되었다. 선지자의 고독한 외침은 잔잔한 파문이 되어 많은 사람을 진리의 안식으로 인도하였다. 그리고 선지자는 돌아갔다. 선지자를 따랐던 많은 이들은 선지자의 간절한 기도와 충만했던 안식에 대한 그리움을 모아 하나의 형식을 만들었다. 가능한 모든 장엄莊嚴을 갖추고 선지자의 가르침을 담았다. 그러나 가끔은 형식에 너무 집착하여 선지자의 본뜻을 잃어버린 경우도 있다. 선지자가 돌아가고도 많은 시간이 흐른 지금 오, 너무나 그립고 닮고 싶은 나의 영웅 선지자여.[14]

부파불교의 현학적 접근이 대승을 적대적으로 생각하여 비불설에 신경을 곤두세운 것처럼, 현대의 문헌학적 불교도 문헌적 근거의 타당성만을 문제 삼다 보니 저절로 신행과 수행의 문제를 가볍게 취급하는 경향을 낳게 되었다. 나아가 신행과 수행은 재가의 개인적인 일로 치부되어 신비적인 체험에만 의존하는 것인 양 이해됨으로써 신앙적 차원에서 보면 대승불교가 출현했던 반야지혜의 본래적 의미마저 퇴색하게 한다.

대승불교는 무엇 때문에 우리를 행복하게 하였는가? 교학적 탐구든 신앙적 만족이든 혹은 실질적 수행을 통한 성취든, 대승불교는 분명 우리의 역사 안에서 우리를 보편적 행복의 길로 인도해 온 것이 사실이다. 그런 의미에서 인도불교의 큰 흐름을 보여 주는 대승경전의 성립과 전개, 인도의 불교인식논리학의 발달과 함께 티벳불교로 전해진 대승불교의 전개와 그 속에 담긴 행복론은 오늘의 우리가 살아가야 할 대승적 삶의 목표를 재발견하도록 도와준다.

3. 인도의 대승경론에 나타난 행복론

1) 초기 대승경전에 나타난 행복론

붓다에 대한 신심과 깨달음에 대한 열망으로 가득한 초기의 대승불교를 대표하는 경전[15]은 『반야경』, 『화엄경』, 『법화경』, 『정토경전』 등이 있는데, 이와 같은 초기의 대승경전은 대승불교의 교리를 처음으로 체계화한 용수의 학설에 영향을 끼친 경전류를 말한다. 용수는 이와 같은 경전들을 기반으로 대승적 공사상에 입각하여 아비달마나 니야야 Nyāya 학설과 같은 불교 안팎의 실유론적인 경향을 비판하였다.[16]

(1) 반야경

『반야경(般若經, prajñā-sūtra)』[17]은 붓다의 지혜(佛智)에 이르기 위한 반야(prajñā, 慧)의 핵심적인 의미를 담고 있는 일련의 경전 군群을 말한다. 반야는 모든 붓다가 정각에 도달했던 수승한 지혜를 의미한다. 그래서 반야는 모든 붓다를 잉태하고 출산하는 어머니로서 여성형[18]의 의미를 갖는다.

반야사상은 당시 주류를 이루고 있던 아비달마적인 부파불교를 배경으로 불탑신앙이 성행하던 시기에 잉태된 것이다. 민중들의 신앙적인 열망을 외면하고 번쇄해져 버린 부파불교 시대의 모순적인 상황을 직시한 반야사상은 붓다의 진정한 가르침인 대자비의 정신으로 돌아가야 함을 강조한다.[19]

반야부 경전의 공사상은 연기론을 대승적으로 확대 재해석하기 위해 나온 것이다. 붓다가 연기에 대한 바른 이해와 적용을 통해 번뇌를 여의고 열반의 행복을 얻을 수 있었던 것처럼, 반야의 공사상은 욕락의 세속에도 집착하지 않고 깨달음이라는 상相에도 얽매이지 않는 완전한 자유와 행복의 의미를 밝히고 있다. 나와 현상이 모두 공(我法皆空)하기 때문에 우리는 변할 수 있다. 마치 물병 속의 물이 빈 공간이 있어야 흔들릴 수 있는 것처럼, 공하기 때문에 변화할 수 있고, 변화할 수 있기 때문에 중생이 곧 부처가 되고 번뇌가 곧 열반이 되는 것이다. 공성에 대한 바른 깨달음을 통해 번뇌든 열반이든 중생이든 부처든, 그 어느 곳에도 머물지 않고 소유하지 않으며 한 곳에 머물러 속박되지도 않는 '무소유無所得와 무주처無住處'의 자유를 얻을 수 있다. 그래서 대승보살은 중생의 어리석은 번뇌의 속박에도 갇히지 않고 열반의 안락에도 머물지 않으며 이타적인 무집착無執着의 삶을 살아가려고 한다.

붓다가 대비심으로 걸었던 그 길처럼, 대승보살은 중생의 행복이 자신의 행복인 줄 너무나 잘 알고 있기 때문에 생사윤회의 피곤함을 무릅쓰고서 끝없는 바라밀행을 해 나간다. 삶의 의미 자체가 이미 방편의 길이라는 것을 잘 알고 있기 때문에 어떠한 형태의 자기 상相도 드러내지 않는다. 만나는 중생의 근기에 따라 배고픈 자에게는 빵을 주고 목마른 자에게는 물을 주며, 그들이 현재의 상황에서 한 걸음 더 나아가 연기의 실상인 공의 의미를 바로 깨달아 완전한 자유의 행복을 얻을 수 있도록 방편을 실천한다. 자타의 완전한 깨달음을 위해 보리심을 일으키는 것이 대승보살의 유일한 삶의 목적인 것이다.

이와 같은 대승 반야부 경전의 핵심을 요약하고 있는 『반야심경』의 핵심구절은 "아제 아제 바라아제 바라승아제 모지 사바하(gate gate pāragate pārasaṃgate bodhi svāhā)"이다. 해석하면 '갔으니, 갔으니, 넘어 갔으니, 다 함께 넘어 갔으니, 각覺이로다. 아!'[20] 정도가 될 것이다. 영원한 행복을 추구하든 순간적 쾌락을 추구하든, 그 모든 것은 세속적 차원의 양변일 뿐이기 때문에 옳고 그름, 좋고 나쁨의 가치 판단을 벗어나 매 찰나마다 밝고 명료하게 깨어 있는 각覺의 중도자리로 넘어가야 한다는 의미이다. 상대적 모순에 빠져 있는 차안此岸에서 각覺의 중도자리인 피안彼岸으로 감에 있어, 한 번만 그러하거나 혼자만 그러한 것이 아니라 매 순간 모두 다 함께 각覺의 중도자리에 이르도록 반야의 지혜로 넘어가야 하는 것이다. 따라서 반야의 행복을 맛본 보살이 할 일은 오직 하나 매 순간 깨어서 중생을 돌보는 중도 각覺의 실천뿐이다. 그래서 '사바하!'는 반야의 진실한 행복이 바로 거기에 있음을 찬탄하는 감탄사가 된다. 그러므로 붓다(覺者)의 연기를 대승적으로 확대 재해석한 반야의 행복은 자타가 모두 각覺의 중도, 피안의 중도에 이르도록 보리심을 일으키는 것이다.

문수보살이 병문안한 질문에 대해 유마거사는 "이 세상에 어리석음이 남아 있는 한, 그리고 존재에 대한 집착이 남아 있는 한 제 아픔은 계속될 것입니다. 모든 중생들에게 아픔이 남아 있는 한 제 아픔 역시 앞으로 계속될 것입니다. 혹시 모든 사람들이 병고에서 벗어나게 되면 그때 비로소 제 병도 씻은 듯이 낫겠지요"[21]라고 답한다. 대승 반야의 행복을 실천적으로 추구하는 대승보살의 의지를 그대로 엿볼 수 있는 말이다.

(2) 법화경

이 세상은 번뇌로 가득한 불타는 집과 같다는 '삼계화택三界火宅'의 비유 등 다양한 비유(法華七喩)로 구성된 『법화경(法華經, Saddharmapuṇḍarīka-sūtra)』[22]은 민중의 마음에 호소하는 일종의 포교문학이자 신앙의 경전이다.[23]

『법화경』의 사상은 '구원불久遠佛과 회삼귀일會三歸一'의 일승묘법一乘妙法으로 대변된다. 부파불교에서 소원해졌던 구원에 대한 민중의 열망을 『법화경』은 석가모니 붓다를 초월적인 구원불로 그려 냄으로써 그 소망을 들어주고 있다. 붓다는 언제 어느 때든 중생이 원하는 모습으로 나타나 그들을 구제(本地垂迹)한다. 하지만 붓다가 구원불로 나타나는 것은 중생들이 붓다의 지견(佛知見)을 얻게 하기 위한 방편이다. 번뇌가 무겁고 괴로움이 심한 중생들은 무명의 업이 두터워 붓다의 뜻을 제대로 이해하기 힘들기 때문에 부득이 방편을 쓰는 것이다. 그래서 성문·연각·보살의 삼승三乘이 다 방편이며, 그 목적은 오직 하나 진흙 속의 연꽃과 같은 붓다의 길(一佛乘)을 가기 위한 것이다. 이렇게 삼승이 어우러져 하나로 돌아간 자리(會三歸一)에서 붓다의 정법(一乘妙法)이 드러나고 그 속에서 붓다가 성취하였던 완전한 행복을 얻게 된다. 이와 같은 『법화경』의 기저에는 우리 모두의 본성이 붓다의 본성처럼 청정하다는 제법본성청정諸法本性淸淨의 사상이 깔려 있다.

한편, 회삼귀일의 일승묘법을 설하고 있는 『법화경』 제2 「방편품」에서는 "〔붓다는〕 모든 중생에게 불지견을 열게 하고, 보여 주고, 깨닫게 하고, 그 도(佛道)에 모든 중생이 들어가도록 하기(開示悟入) 위해 이 세상이 오셨다"고 설하는데, 이것은 앞에서 붓다가 제자 라타파알라에게 "너는 가서 아직 제도되지 않은 자는 제도하고, 아직 해탈하지 못한 자는 해탈을 얻게 하며, 아직 열반하지 못한 자는 열반을 얻게 하라"고 한 의미를 대승적으로 묘사한 것이라고 할 수 있다. 즉 붓다가 이 세상에 출현하신 이유는 소승적 자기 깨달음에 있었던 것이 아니라 모든 중생이 불지견을 얻어 완전한 행복을 얻게 하기 위한 것이라는 의미이다.

이러한 내용은 『법화경』 구성상 비교적 후대에 편집된 것으로 보이는 제25 「관세음보살보문품」에서 더욱 구체화되는데, 너무 절대화되어 가까이하기 힘든 지혜법신의 붓다를 대신해서 민중에게 친숙한 관세음보살이 갖가지 모습과 신통력으로 수많은 중생을 구제하는 것을 묘사하고 있다. 이렇게 해서 붓다는 민중의 가슴속으로 한 걸음 더 가까이 다가온 것이다. 『법화경』과 같은 대승경전에 나타나는 관세음보살과 같은 보신구제報身救濟보살들은 청정한 불국토를 실현하기 위한 붓다의 심부름꾼(如來使)이며 대승불자가 가야 할 길을 제시하는 전형(role-model)이다. 이것은 붓다의 일부분을 그리워하는 것만으로도 구원되는 민중불교의 표방[24]일 뿐만 아니라, 나아가 붓다의 심부름꾼으로서 모든 중생의 행복을 위해 방편행을 해야 하는 대승불자의 목표를 제시하는 것이다.

(3) 화엄경

시기적으로 『반야경』이나 『법화경』보다 나중에 성립한 것으로 알려져 있는 『화엄경(華嚴經, Mahāvaipulya Buddhāvataṃsaka-sūtra)』[25]은 대승불교의 교의와 보살사상을 가장 체계적으로 정리하고 있는 경전이다. 『화엄경』은 반야의 사상을 계승하면서 보살의 존재이유를 더욱 깊이 탐구하고 붓다의 본질과 보살수행의 과위[26]를 단계적으로 논하고 있다. 설법의 장소와 모임을 기준으로 총 34품에 7처處 8회會로 나누고 있는 『60화엄』을 기준으로 할 때, 『화엄경』은 광명의 비로자나(Vairocana, 大日如來)로 상징되는 보현보살이 불지佛智의 세계(法身佛)를 설하는 것을 시작으로 선재동자가 문수를 비롯한 53 선지식을 찾아 가르침을 듣고 청정법계에 입문하는 과정을 극적으로 묘사하고 있는 마지막 「입법계품」까지 체계적으로 구성되어 있다.

초기불교에서 붓다가 깨달음의 내용을 언설로 표현하지 않고 '침묵(無記)'을 통해 답한 것은 깨달음 이후에 붓다의 눈에 비친 세계는 유무有無를 떠난 묘유妙有의 세계였기 때문이다. 이렇게 붓다의 눈에 비친 세상(證知現量)은 말로 표현할 수 없는 것이었기 때문에 방편을 통해서만 그 세계로 들어갈 수 있다. 『화엄경』은 그러한 방편들을 체계화하여 다양한 근기의 중생에게 어울리는 보살의 지위를 조직하고 그 단계를 통해 붓다의 묘유세계로 이끌고 있다. 이와 같이 방대한 『화엄경』의 사상은 널리 중생을 이롭게 하는 보현행普賢行과 내 마음 그대로 원만한 붓다의 성품에서 일어나는 것이라는 여래성기如來性起 사상으로 요약된다.

『화엄경』에서는 붓다는 침묵하고 보살들이 설법의 주체로 나선다. 『화엄경』의 붓다는 희론의 세계를 벗어나 침묵한 채 묵묵히 무명의 세계를 밝히는 태양광명의 비로자나(大日如來)로 묘사되는데, 그 모습은 붓다의 연기실상의 지혜 그 자체인 법신法身을 나타낸다. 그래서 붓다의 광명을 부여받은 보현보살이 여래와 같은 삼매(如來定三昧)에 들어 법을 설하는 것이다. 또한 『화엄경』의 「입법계품」에 나타난 선재동자의 구도여행은 비로자나 법신으로 인도하는 보살들의 방편을 하나씩 순례하고 마침내 붓다의 묘유광명의 세계로 들어가는 환희와 행복의 길을 묘사하고 있다. 『화엄경』에는 또한 '일체유심조一切唯心造, 중중무진연기重重無盡緣起, 초발심시변정각初發心時便正覺' 등 우리가 익히 알고 있는 구절들이 많다. 붓다에 눈에 비친 세상은 그 자체로 마음이 만들어내는 것이며, 인드라 망을 구성하듯 한없이 얽히고설킨 연기의 세계이자, 붓다의 본래 뜻을 알고 처음 발심(發菩提心)한 그때야 비로소 바르게 펼쳐지는 깨달음의 세계이다. 그래서 선재동자는 천신과 비구, 비구니는 물론

상인과 창부에 이르기까지 다양한 형태로 나타나는 선지식들을 경험하고 나서야, 마침내 문수보살을 만나 모든 것이 연기적인 마음의 산물임을 깨달아 묘유세계(不思議解脫)를 보게 되며, 붓다의 행원 그대로 보현보살의 행원(普賢行願)을 따라 보살도에 들어가게 된다.

대승보살의 행복은 연기공성의 반야를 통해 자비방편을 가지고 중생제도의 원력을 실천하면서 모든 중생을 붓다의 세계로 인도하는 것이다. 그래서 문수보살의 지혜와 관세음보살의 자비, 그리고 보현보살의 행원이 모두 붓다의 묘유세계로 인도하는 대승보살의 방편이다. 『화엄경』은 그중에서도 붓다의 화엄묘유의 세계로 들어가기 위한 능동적인 반야행원의 보살도를 최고 행복의 길로 삼고 있다.

(4) 정토경淨土經

정토 계통의 경전[27]으로는 흔히 '정토삼부경淨土三部經'이라고 부르는 『무량수경(大經)』, 『관무량수경』, 『아미타경(小經)』 등이 있다. 정토신앙을 주제로 한 이 경전들 역시 기저에는 반야의 공사상을 전제로 하고 있다. 특히 정토교 계통의 소의경전인 『무량수경』은 아미타불의 신앙을 대승 공사상에 기반 하여 구축함으로써 대승경전의 조건을 갖추고 민간의 열렬한 신앙을 받게 되었다. 『무량수경』에서는 타방정토인 극락세계의 보신불인 아미타불로 확장된다. 붓다의 법신지혜가 민중의 신앙적 염원에 호응하여 모든 근기의 중생이 아미타불의 원력에 의지하여 구원받을 수 있게 된 것이다. 이렇게 해서 직접적으로 반야의 지혜를 성취할 수 없는 근기의 중생들도 불보살의 원력(他力)에 의지하여 지혜법신을 성취할 수 있는 가교를 만나게 되었다.

아미타불은 무량한 수명(無量壽, Amitāyus)과 무량한 광명(無量光, Amitābha)의 두 가지 원력을 담고 있다. 과거세에 법장法藏비구로서 중생제도의 48가지 원력을 세웠던 아미타불은 천신, 국왕, 장자, 거사 등으로 중생제도에 힘쓰다 마침내 48원을 성취하고 서방의 극락정토[28]에 불국토를 장엄하여 본존인 아미타불이 되었다. 따라서 아미타불의 원력을 빌어 구원받기를 원하는 중생들을 위해 아미타불은 무량수불과 무량광불의 두 가지 모습으로 감응한다. 임종 시에 그 명호만 염불하여도 극락정토에 왕생할 수 있는 아미타불의 원력 때문에 누구나 쉽게 다가갈 수 있는 신앙으로 자리 잡아 민간에 특히 많이 유포되었다.

정토 계통의 대승경전은 아미타불의 48본원本願에 대한 신앙을 통해 극락왕생한다는 면에서 보면 무지한 민중도 절대적인 구원자에 의해 구원받을 수 있는 가장 신앙적이고 타력적인 형태의 불교지만, 그 이면에는 인간의식의 전환원리가 깊이 자리 잡고 있다. 형태는 타력적이지만 무지로 고통 받고 있는 자신의 의식을 아미타불의 원력으로 전환시킴으로써 정토에 이르게 되는 원리는 온전히 자신의 신심에 의지하는 것이기 때문에 결과적으로 자력自力의 길을 내포하고 있다. 원리적으로 보면, 정토세계는 아미타불의 청정한 원력으로 이루어진 청정한 만다라의 세계와 같기 때문에 완전한 신심을 가지고 자신의 의식을 아미타불과 둘이 아닌 상태로 전환해야 극락정토에 왕생할 수 있다.[29] 그래서 극락정토는 신자들이 상상할 수 있는 한 가장 화려하고 아름다운 금·은·칠보와 천상의 음악 등으로 장식되어 있으며, 자신이 쌓은 공덕과 근기에 따라 염원하는 정토세계가 구현되는 것이다. 그래서 아미타불의 명호를 지극 정성 염불한 하근기는 극락에 왕생하여 정토세계의 풍요로운 행복을 누릴 것이고, 보리심을 일으켜 보시와 지계의 공덕으로 회향하는 중근기는 때가 되면 극락에 왕생하여 아미타불의 정법을 들을 수 있으며, 출리심을 가지고 보리심을 일으켜 선근공덕을 쌓은 상근기는 극락에 왕생하여 연꽃 가운데서 화생化生할 수 있다.

이와 같이 『정토경』에서는 중생의 입장에서 보면 자신의 근기에 따른 신앙을 통해 보신불의 원력과 계합함으로써 성불의 길을 갈 수 있으며, 구원불의 입장에서 보면 원력의 정토를 통해 중생구제를 위한 다양한 방편을 펼치고 있다. 이는 곧 모든 근기의 중생이 붓다의 행복한 세계로 들어가기 위한 방편의 확장인 것이다.

2) 중기 대승불교철학에 나타난 행복론

4세기 이후에 제작된 중기[30] 경론들은 신앙적인 열정으로 가득했던 초기 대승경전의 특징과는 달리 보다 정교한 이론적 체계를 갖춘 모습으로 나타난다. 그래서 학자들은 이 시기를 대승의 이론이 보다 정교해지고 다소 현학적이기까지 하다는 의미에서 대승아비달마라고 부르기도 한다.[31] 초기 대승경전이 대부분 반야 공사상을 종합한 용수(Nāgārjuna)의 중관학설[32] 형성과 상보적 관계에 있었다면, 중기 대승불교의 경전들은 세친과 무착의 유식학설[33]과 상보적 관계에 있다. 이 시기에 형성된 경전들은 여래장如來藏 연기사상을 대표하는 『승만경』, 불성佛性사상을 대표하는 『열반경』, 유식과 알라야식(ālaya-vijñāna)사상의 『해심밀경』, 그리고 여래장사상과 유식사상을 종합하고 있는 『능가경』 등이 있다.[34] 이러한 경전들의 출현과 함께 다양한 학파적 논서들이 나타나게 되는데, 이 논서들은 다시 이후에 나타난 관련 경전들에 영향을 미치면서 서로 상보적인 관계를 맺게 된다.

　중기 대승경전들의 특징은 모든 중생이 불성이나 여래장을 가지고 있어서 본래부터 완전한 행복을 가진 참된 본성(常樂我淨)을 지니고 있기 때문에, 청정한 마음의 본성 그 자체에 머무는 것이 진정한 붓다의 자리라는 사상을 담고 있는 것이다. 깨달음의 법신은 영원하다는 자각과 함께 모든 중생이 여래가 될 수 있음을 밝힘으로써 초기 대승경전의 신앙적인 열망을 논리적으로 증명하고자 한다. 이것은 외부경계에 집착하여 발생하는 번뇌의 모순을 극복하고 본래청정한 마음의 본성을 드러내기 위해 마음이 취하는 주관과 객관의 모든 영역을 탐구하여 그 실체를 밝히는 유가행 유식철학으로 체계화되었다. 이러한 영향은 결과적으로 후기의 밀교적 대승경전의 출현을 자극하고 실제 밀교적 수행의 원리에 그대로 적용되기도 한다.

　이와 같이 대승의 불교철학[35]은 반야경전의 공사상을 중심으로 실재에 대한 부정적 접근방식을 통해 붓다의 연기적 실상을 드러내는 중관학파와 붓다와 붓다의 열반을 긍정적인 실재인 상락아정常樂我淨의 본성으로 해석하여 마음의 본성을 밝히는 데 중점을 둔 유식학파로 대변된다. 중기 인도대승불교의 흐름은 바로 이 두 학파의 발달사에 다름 아니다. 또한 이 두 학파의 전통이 교학적 상보관계로 발달한 것이 불교인식논리학이라면, 두 학파의 전통이 수행적인 상보관계로 형성된 것이 금강승(Vajrayāna)이라고 부르는 대승밀교의 성취법이라고 할 수 있다.

(1) 중관학파

중관학파中觀學派의 특징은 공성의 중도를 드러낸 용수의 반야 공사상에서 비롯된다.『중론中論』에서, "연기緣起인 그것을 우리는 공성空性이라고 말한다. 그것(空性)은 가명假名이며, 그것(空性)이 바로 중도中道이다"[24.18][36]라고 말하고 있는 것처럼, 용수의 사상은 붓다의 연기중도를 공성이라는 가명으로 재해석하고 있는 것이다. 더불어 용수의 저작으로 알려진『권계왕송』이나『보행왕정론』[37] 등은 공성의 지혜를 바탕으로 붓다의 연기중도를 이타적으로 실천하는 대승보살의 목적을 밝히고 있다.

일체의 모든 존재는 연기로 발생하는 것이기 때문에 원인과 조건 없이는 발생할 수 없는 것이며, 모든 존재의 성품은 공한 것이기 때문에 무상과 무아의 변화를 통해 생성과 소멸을 반복한다. 다만 연기의 원리만 그 자리에 있을 뿐 실재하는 것은 아무것도 없으니, 있다 없다의 관념을 벗어나서 실상을 바로 보게 되면 모든 존재의 성품이 공하기 때문에 생성되고, 공하기 때문에 소멸하는 진실만 남게 되는 것이다. 이렇게 발견된 진리는 직접적인 지식(證知現量)일 뿐, 말로 표현하거나 또 다른 관념으로 설명할 수 있는 것이 아니기 때문에 단지 공성이라고 이름 붙인 것일 뿐이다. 그래서 '가명'이라고 하는 것이다. 또한 그것은 모든 상대적인 가치판단을 벗어나 있는 그대로 바라보는 직접지각(證知現量)의 자리이기 때문에 '중도'라고 하는 것이다.

이렇게 용수에 의해 석가모니 붓다의 연기중도가 대승적 반야의 공사상으로 재해석되자, 다시 이 공사상을 논리적으로 증명하는 일이 후대의 사업으로 주어졌다. 귀류논증과 자립논증이라는 학파적 흐름으로 전개된 중관학파의 발달은 다르마끼르띠Dharmakīrti의 찰나멸刹那滅의 논증으로 정점에 이르게 되고, 그 결과 인도불교의 인식논리학적 체계가 완성된다. 이러한 경향은 후기 인도불교와 그것을 사상적으로 계승한 티벳불교의 역사적 전개에도 그대로 나타난다.

역사가 정체하지 않고 유기적으로 작동하는 것처럼, 인간의 사유나 이해방식 역시 시대 상황과 근기에 따라 달라지기 때문에 문제가 제기될 때마다 다양한 이견과 재해석이 요구되는 것은 당연하다. 그래서 이전의 모순 때문에 새로운 운동이 일어나게 되고, 그것이 고여서 정체되면 또 다시 새로운 움직임이 일어나게 되는데, 이것은 불교의 역사적 전개양상 자체도 연기적으로 수용되고 해체되는 존재의 원리에서 벗어날 수 없다는 것을 보여 준다. 따라서 영원한 실재의 원리가 배제된 상태를 연기와 공성의 중도자리로 표현하고 있는 중관학파[38]의 논리는 그것을 논증하는 과정의 총합이라고 할 수 있다.

중관학파에서는 디그나가의 형식논리학(新因明)적 추론식을 사용하여 공사상을 긍정의 추론식으로 논증하고자 하는 브하바비베까Bhavaviveka의 자립논증파(Svātantrika)와 가명된 공성을 긍정의 추론식으로는 증명할 수 없다는 이유로 부정의 방식 혹은 배제(apoha)의 방식을 사용하는 붓다빨리따Buddhapālita의 귀류논증파(Prasaṅgika)가 학파적으로 대립하면서 논증해 왔다. 초기 귀류논증 방식을 주도했던 붓다빨리따가 브하바비베까에게 논박 당하자 다시 귀류논증적 관점에서 그것을 재논박한 짠드라끼르띠Candrakīrti는 공사상을 표방하는 중관中觀의 진리는 논리를 초월한 것이기 때문에, 오직 상대방의 모순을 통해서만 본체를 드러내는 귀류논증만이 유효한 것이라고 주장한다. 이러한 중관학파 자체 내의 논쟁은 마치 부파불교의 모순을 보는 듯 현학적이기까지 하다. 물론 당시 인도에는 불교와 대립관계에 있었던 힌두 정통철학의 논리학파인 니야야(Nyāya, 正理)학파가 발달하고 있었기 때문에, 근원적인 실재를 인정하면서 논리를 전개하는 이 학파의 논리를 적극적으로 부정해야 하는 불교의 입장에서는 현학적인 논증을 할 수밖에 없었던 외적인 이유가 되기도 하였지만, 불교학파 자체 내에서도 논증의 방식으로 인한 견해의 차이를 피할 수는 없었다. 그래서 논증의 방식이 더욱 정교해질 수밖에 없었고, 결과적으로 현학적일 수밖에 없었다.

당시 인도에서는 니야야학파에서나 디그나가가 모두 정언적定言的 추리를 수단으로 하는 논증식을 주로 사용하고 있었기 때문에 이후의 불교 논사들도 자기방어 차원에서 정언적 논증식을 사용한 논증에 동참하지 않을 수 없었다. 하지만 문제는 어떠한 근원적 실재도 인정하지 않고 오직 가명의 공성을 통한 중도의 실천을 주장하는 중관사상의 본질을 어떻게 드러내는가에 있었다. 그것이 중관학파 내부에서는 정언적으로 설명하려는 자립논증파와 가언적假言的인 배제의 방식으로 진실을 드러내려는 귀류논증파의 대립양상으로 나타났다. 결과적으로 형식논리학을 차용하되 오히려 그 모순을 드러내는 찰나멸의 가언적 추리를 통해 왜곡된 추론의 인식을 배제하고, 있는 그대로의 실상인 직접지각(現量)의 인식이 드러나도록 논증한 다르마끼르띠에 의해 인도 불교인식논리학은 정점에 이른다. 모든 명사名辭는 그것을 설명하는 술어에 의해서만 설명되는 것이기 때문에 명사 자체를 정언적으로 규정하는 추론식은 그 자체로 모순이다. 따라서 실재에 대한 논증은 반드시 가언적假言的이어야 하기 때문에 자립논증을 주장하는 브하바비베까마저도 특수한 한정을 가하는 정언적 형식의 추론식을 구성하였지만 실제로는 가언적일 수밖에 없다는 것이다. 그래서 다르마끼르띠는 이것을 종합하여 정언적 추리의 모순을 극복하기 위해 가언적 추리를 통해 '찰나멸'의 연기공성을 논증한다.

티벳에 불교를 처음 전하고 승가 형성의 기반을 마련하였던 샨따락시따Śāntārakṣita와 그의 제자 까말라실라Kamalaśīla도 귀류논증의 가언적 추리를 인정한다. 비교철학의 관점에서, 중관학파의 견해를 중심으로 불교의 학파적 발달 단계를 비판적으로 정리하고 있는 샨따락시따[39]는 인도불교 인식논리학의 전개과정을 "유식에 근거하여 외계의 실재가 허구임을 알아야 한다. [나아가 연기론적 공성의 견해에 근거하여] 마음의 자성(svabhāva)마저 실재하지 않음을 알아야 한다"[40]고 요약한다. 이에 따라 인도불교의 학파적 발달단계를, (1)외계의 실재와 마음의 실재를 모두 인정하는 유부학파, (2)외계는 지각되지 않고 원인으로만 작용하며 마음의 대상만 인식된다고 인정하는 경량부, (3)외계의 대상이 마음의 인상으로 남은 그 형상이 유효한 지식으로 실재한다고 인정하는 유상有相유식학파, (4)마음의 인상으로 남은 그 형상을 유효한 지식으로 인정하지 않는 무상無相유식학파, (5)그 어떠한 지식도 실재적 자성을 갖지 않는다고 주장하는 중관학파로 구분한다.[41] 이와 같은 학파적 발달과정을 각각의 입장에 따라 논리적으로 학습함으로써 인식능력에 따른 다양한 근기의 수준을 이해하고 그에 따른 방편을 적용하여 붓다의 연기공성을 확연히 깨우치도록 하는 것이 불교승원에서 인식논리학을 교육하는 대승적 목적이다.

정반합의 변증법적 과정처럼, 다르마끼르띠를 정점으로 샨따락시따와 까말라실라 이후에도 가언적 추리의 귀류를 완성하기 위한 과정은 계속되었는데, 그러다 11세기에 이르게 되면 즈냐나슈미뜨라Jñāśrīmitra,

라뜨나끼르띠Ratnakīrti, 라뜨나까라샨띠Ratnakaraśānti 등에 의해 다시 한 번 귀류논증을 통한 가언적 추리의 틀이 완성되었다. 이러한 전통은 티벳불교의 후기전파(Phyi dar) 시기에 그대로 전해져 티벳불교의 승가 교육체계[42]로 흡수되었다.

이와 같은 중관학파의 인식논리학적 전통은 불교의 이론적인 요체를 드러내기 위한 논증의 문제이기도 하지만, 실제로는 인간이 옳다고 믿는 모든 인식의 작용이 상대적 가치판단에 따른 것이라서 연기적으로 보지 못하고 무언가 실재한다고 믿기 때문에 그러한 인식방법은 번뇌와 집착을 일으키는 원인이 되는 것이며, 결과적으로 윤회의 씨앗이 되고 마는 지극히 현실적인 문제이기도 하다. 불교는 이러한 방식으로 자신의 무지로 인한 인식방법 때문에 발생하는 윤회의 모순을 논증한다. 그러므로 자신의 왜곡된 인식방법을 버리고 붓다의 연기중도의 눈을 가지라고 하는 것이며, 용수의 공성(중관)에 담긴 연기론적 의미를 증명하기 위해 다르마끼르띠는 '찰나멸'이라는 용어로 연기실상을 논증한 것이다. 그것을 정리하면, 추리(比量)는 처음부터 자신의 왜곡된 세계관 혹은 인식방법에 의해 이루어지는 것이기 때문에 추리 자체로 무언가를 증명하는 것 자체가 모순이며, 오직 추리의 모순을 하나씩 배제(apoha)하여 결과적으로 더 이상 배제할 것이 없는 상태에서 연기중도의 실상이 바르게 드러난다는 것이다. 이때 사용한 배제의 방식이 귀류논증이며 그렇게 해서 드러난 연기실상이 바로 공성의 중도이자 찰나멸의 무상과 무아의 진리이다.[43]

(2) 유식학파

유식학파唯識學派[44]는 요가적 실천(yogācāra)과 마음(識, vijñāna)의 본성에 대한 깊은 탐구를 통해 학파적 전통을 확립한 대승불교의 양대 학파 중 하나이다. 『법구경』에서 "마음이야말로 만유의 근본이요 일체는 마음의 지은 바요 마음으로 이루어지나니, 마음 가운데 착한 생각 일으켜 선한 말을 하고 바르게 행동하면 행복과 기쁨이 뒤를 따르리라"[45]고 말한 것처럼, 이 학파는 마음을 모든 것의 근본에 두고 그 실체를 파악하여 요가적으로 길들임으로써 속박에서 벗어난 해탈과 열반의 행복을 추구한다.

유식학파가 마음을 근본적인 실재처럼 여기면서도 안팎의 다른 학설과는 달리 대승불교의 가장 중요한 전통 중에 하나가 된 것은 일원론적 유일신 개념이나 다원론적 실재관을 가지고 있는 힌두학파들, 혹은 외계의 근원적 실재를 믿는 부파불교의 학파들과 달리 실재론적 관점을 부정하고 있기 때문이다. 또한 대승불교의 양대 학파 중 하나인 중관학파와 차이를 보이는 것도 자아와 현상에 대한 실재론적인 관점을 부인하라지만, 그 모든 것은 마음의 산물이라고 주장하기 때문이다.

유식학파는 외계의 대상을 인정하지 않으며, 인식되는 모든 현상은 마음에 의한 연기론적 조작에 의해 발생하는 것이기 때문에 그 자체로 공한 것이며 실체가 없는 것이라고 믿는다.[46] 그래서 모든 것은 마음의 산물(一切唯心造)이라고 말한다. 이러한 탐구를 통해 유식학파는, 마음은 매 순간마다 생멸生滅 변화하면서 흘러가는 것(相續)이지만 그것을 지탱하는 근원적인 의식인 아뢰야식(阿賴耶識, ālaya-vijñāna)이 있어서 존재의 생멸을 드러낸다는 '아뢰야식설'이나, 무시이래 훈습薰習된 윤회

전생의 경험들이 종자와 같은 잠재적 인상(印)으로 남는다는 '종자種子설'과 같은 이론 등을 구체화하였다. 유식학파의 이러한 학설은 앞에서 인용한 『법구경』의 "마음이야말로 만유의 근본"이라는 구절을 긍정적으로 논증해 놓은 모습이다.

무착과 세친은 '오직 마음뿐(唯識)'이라는 가르침을 근본식인 아뢰야식의 표출(轉變)이라는 인식론적 근거를 적용하여 유식학파의 체계를 확립하였다. 그리고 디그나가는 논증식을 통해 이러한 관점을 논증하였다. 이들의 학설은 기본적으로 경량부가 외계 실재의 부정을 통해 내계의 표상으로 나타나는 인식대상에 대한 견해를 수용한 것이다. 하지만 경량부는 외계를 부정하면서도 추리를 통한 외계의 실재성을 인정하는 자기모순을 안고 있었다. 그래서 이들은 객관적으로 지각(現量)된 지식을 매 찰나 인식의 대상으로 삼음으로써 외계의 대상이 없이도 이전 찰나의 자기지식에 근거하여 대상을 인식하기 때문에 오직 지식을 표출하는 마음만이 실재한다고 주장하게 된 것이다. 따라서 이들이 주장하는 마음은 하나의 흐름(心相續)이며 마음의 무지한 작용을 이해하지 못하면 자기 마음을 인과로 하여 끝없는 업을 짓는 것이다. 이러한 마음의 속박된 작용을 요가적 실천을 통해 제어하고 정화하면 번뇌와 집착으로 가득한 왜곡된 마음의 인식작용을 벗어나 있는 그대로의 실상을 직관하는 해탈열반을 이루게 된다. 그리고 마음의 실상을 깨우친 대승보살은 저절로 모든 중생의 보편적 행복을 위해 살아가는 보살의 바라밀을 행하게 된다.

요약하면, 인간은 마음 쓰기에 따라 행복해지기도 하고 불행해지기도 한다. 마음을 잘 길들여 행복하고 좋은 쪽으로만 사용하게 되면 스스로 불행해질 일이 없는 것이다. 이와 같은 붓다의 행복론을, 마음이든 존재든 그 자체로 실체가 없다는 것에 초점을 맞춘 중관학파와는 달리, 유식학파는 마음 자체에 초점을 두고 있다. 중관학파가 실체가 없는 연기적 산물에 대한 공성의 확고한 진리를 터득함으로써 집착에서 벗어나 해탈열반을 얻고자 한다면, 유식학파는 마음의 속성과 작용원리를 탐구하여 요가적으로 길들이는 수행을 통해 해탈열반을 얻고자 한다. 결과적으로 자타의 분별이 사라지고 너의 행복이 곧 나의 행복임을 터득하게 됨으로써 중생을 위한 보리심을 가지고 보편적인 행복을 추구하기 때문에 이 두 학파를 대승학파로 분류하는 것이다.

대승경전의 출현과 함께 붓다의 이상에 보다 쉽게 접근하는 방식으로 기존의 불탑신앙과 함께 경전의 수지, 독송, 사경 등 새로운 형태의 신행 방법이 등장하기 시작하였는데, 이러한 형태의 신앙은 민중의 신앙적 열망을 충족시키기 위한 방편으로 출현한 것들이다. 이렇게 부파시대의 번쇄한 엘리트불교를 벗어나 민중의 신앙적 열망에 호응한 대승불교는 붓다의 연기사상을 『반야경』 등을 기반으로 재정립한 용수의 공사상과 『승만경』, 『열반경』, 『해심밀경』 등을 상보적으로 재정립한 무착과 세친의 유식사상을 기반으로 발전하였는데, 이러한 교리체계가 정교화되기 시작하면서 대승불교의 양대 학파도 결국은 부파불교의 아비달마적인 번쇄함을 답습하게 되었다. 대승불교가 체계적으로 조직되고 다시 출가자의 승원중심으로 그 사상적 체계가 전승되는 현학적인 틀이 갖춰지기 시작하면서 대승불교 역시 전문적인 학습을 통해서만 이해가 가능한 번쇄한 엘리트불교가 되고 만 것이다. 이전의 역사가 말해주듯, 민중은 언제나 신앙적 열망을 충족시킬 수 있는 쉽고 본질적인 가르침을 원한다. 그래서 7세기 힌두교의 강력한 신앙적 종합[47]과 맞물려 인도의 후기 대승불교는 밀교적 신앙과 수행을 중심으로 발전하게 된다.

3) 후기 대승밀교大乘密敎의 행복론

4~5세기경 인도는 굽따왕조가 중부 인도를 완전히 통일함으로써 역사상 문화적으로 가장 화려한 시기를 맞이하게 된다. 민중의 신앙적 열망을 등에 업고 출현하였던 대승불교는 이 시기에 학파적 이론체계를 더욱 정교하게 하면서 발전해 가지만, 그 내용이 점차 번쇄해지기 시작하면서 서서히 민중들과 유리되기 시작한다. 한편 힌두교는 불교의 영향으로 자신들의 이론체계를 더욱 확고히 하고 기존의 민간신앙에 힘을 불어 넣음으로써 교세를 점점 더 확장해 나가기 시작하였다. 이러한 흐름이 7세기에 이르게 되면 불교는 교리적 정교함에도 불구하고 힌두교의 강력한 신앙운동으로 인해 점점 교세가 약해져 간다. 결국 이 시기의 불교는 다시 한 번 민중의 신앙적 열망을 수용할 수 있는 밀교[48]적 가르침으로 전환하게 되는데, 한편으로는 농촌적 바라문교 신앙과의 융합을 시작함과 동시에 다른 한편으로는 상업자본과의 지지로부터 특정한 국가의 지지를 바라는 궁정종교의 성격을 띠게 된다. 이러한 경향은 인도에서 밀교가 멸망하는 13세기에 이르기까지 지속된다.[49]

인도 대승불교 천년의 산실이었던 날란다[50] 승원대학에서도 밀교를 가르치기 시작하였으며, 당시 가장 번성했던 빨라왕조(Pāla, 750~1199)의 보호 아래서 크게 발전하였다. 또 빨라왕조의 다르마빨라Dharmapāla 왕의 시기에는 중동부 지역에 설립된 비끄라마실라Vikramaśīla 등 거대한 규모의 승원대학이 활성화되면서 현교와 밀교의 수행체계가 꽃을 피웠다. 특히 비끄라마실라 승원대학의 학장이었던 아띠샤(Atiśā, 982~1054)는 티벳으로 들어가 새로운 시기(Phyi-dar)의 기틀을 세운 중흥조로 유명하다. 이후 빨라왕조의 보호 하에 성장했던 인도불교의 후기 대승밀교는 왕조의 쇠락과 함께 서서히 그 힘을 잃어 간다. 서벵갈(West Bengal) 지역을 중심으로 성장했던 빨라왕조가 쇠락하자 대승밀교의 영향력도 점차로 약해진다. 그리고 인도불교의 최후를 알리는 서막으로 1199년 이슬람의 침입과 함께 빨라왕조가 멸망하고, 이어서 얼마 지나지 않아 1203년에는 이슬람이 재침입하여 비끄라마실라 승원대학 등을 파괴시키고 불교문화를 말살하기 시작한다. 이슬람은 침략 초기부터 불교와 힌두교에 종교적 탄압과 승가의 말살을 감행하였는데, 승원대학들에서 승려들을 소거하고 도서관 등을 불태웠다. 이와 같은 이슬람의 박해로부터 생존한 승려들은 티벳, 네팔, 남인도 등지로 피신하게 되었으며, 따라서 인도에서 불교는 점차로 사라지게 되었다.[51]

대승불교의 특별한 형태인 대승밀교는 『화엄경』에 나타나는 비로자나(大日如來)의 사상처럼, 붓다의 지혜법신을 나타내는 광명을 통해 출현한 수많은 보신불보살의 원력과 방편을 통해 이 몸 그대로 붓다의 지혜광명으로 전환되는 새로운 수행방법을 제시한다. 이론적으로는 중관의 연기공성의 진리를 흡수하고 실천적으로는 유식의 마음의 전환 원리를 그대로 흡수하고 있지만, 내용적으로는 근기에 따라 누구나 법신의 광명세계로 인도하려는 원력을 가진 보신불보살로 가득한 만다라의 청정한 법의 세계를 구현한다. 손쉬운 진언이나 관상, 특별한 밀교적 기술 등을 사용하여 이 몸 그대로 붓다의 법신을 성취(卽身成佛)하게 한다. 이런 면에서 보면 기존의 대승불교는 석가모니 붓다가 화신化身

의 모습으로 가르친 법(顯敎)을 공부함으로써 붓다가 되기 위한 원인을 심는 단계(因位)였지만, 새로운 움직임으로 나타난 대승밀교는 우리의 신구의身口意 삼업三業[52] 그대로가 본래 지혜광명의 법신인 붓다의 신구의와 다르지 않다고 보기 때문에 이 몸 그대로 붓다의 결과적 상태(果位)와 다르지 않다고 주장한다. 그래서 기존의 대승불교를 인위의 현교라고 부르고 자신들의 새로운 사상을 과위의 밀교라고 부른다. 이것은 결과적으로 기존에 부파불교의 번쇄함에 맞서 붓다의 깨달음인 연기법에서 중생이 곧 붓다이고 번뇌가 곧 열반이라는 의미를 재발견한 대승불교의 출현 이유와 다르지 않다. 결국 대승불교의 번쇄함에 맞서 대승불교의 출현 이유를 재발견한 것이 대승밀교인 것이다.

초기 밀교의 형태는 4세기부터 6세기에 걸쳐 성립한 다라니를 중심으로 민중의 관심에 호응하여 일정한 체계 없이 비밀스러운 진언이나 의례(秘儀)와 같은 형태로 나타났다. 그러다 시간이 흐르면서 점차로 밀교적 가르침을 체계화한 『대일경大日經』이나 『금강정경金剛頂經』 같은 경전들이 나타난다. 시기적으로 보면, 석가모니나 약사여래와 같은 대승현교의 붓다들을 중심으로 재복이나 무병장수를 기원하던 『대일경』의 시대에서 점차로 법신불인 대일여래를 주존으로 세속적 이익과 즉신성불의 목적을 동시에 성취할 수 있는 『금강정경』의 시대로 넘어간다. 그리고 마지막으로 지혜와 방편의 합일로 총합되는 후기밀교의 무상요가[53] 형태가 나타난다. 또한 밀교에는 유난히 많은 종교적 치유법들이 들어 있다. 재앙을 막고(息災) 재복을 증식시키며(增益) 안 좋은 기운을 조복調伏 받는 등의 사업을 수행하기 위해 불을 피워 의식 재료를 태우는 호마법, 수행에 입문하기 위한 관정의식, 청정한 본존의 법계를 구현하는 만다라 제작 등의 행법이 있다. 이러한 행법을 보조하는 음악, 미술, 공예, 천문(점성)학, 역법, 의학 등의 학문적 발달과 수행적 경험의 축적은 밀교의 종합적 성격을 규정하는 특징이 되기도 한다.

　이와 같은 밀교적 형태의 신앙은 고대 인도에서부터 비롯되는 인도인들의 민간신앙을 간과할 수가 없다. 힌두교의 수많은 신들이 원래는 지역의 토착신앙에서 출발하여 자연스럽게 힌두교라는 거대한 종교문화 시스템 안에 녹아 들어간 것처럼, 불교에서 신앙되는 밀교적 형태의 본존들도 민간의 신앙적 열망에서 비롯된 것이다. 붓다의 깨달음을 사색적으로 이해할 수 없는 민중에게는 어떠한 형태로는 자신의 안락과 행복을 지켜줄 수 있는 보호자에 의지할 수밖에 없다. 그 보호자의 의미가 일원론적인 유일신이든, 다원론적인 실재든, 연기적인 공성이든, 그들에게 중요한 것은 그들의 안위를 책임져 줄 보호자이다.[54] 굳이 거기서 한걸음 더 나아가 그 보호자의 본래 의미를 알고자 할 때도 가능한 좀 더 쉬운 방법으로 그 의미를 깨닫기를 바란다. 밀교적 형태의 신앙은 이와 같은 민중의 열망에 부응하고 그들의 근기에 맞추기 위해 한층 더 복잡하고 다양해지게 된다. 밀교가 대승적인 차원의 의미를 갖는 것도 민중들의 안녕과 행복을 돌보며 붓다의 본래지혜를 일깨우는 방편을 강구하고 있기 때문이다. 단순한 세속적 이익을 위한 구원이나 보호차원의 방편이 아니라 수행의 마지막 단계에서는 결과적으로 붓다의 깨달음(法身)을 그대로 성취할 수 있는 방편을 담고 있기 때문에 대승적인 수행의 목적과 결과에도 부합한다. 그런 의미에서 학자들은 밀교가 중관, 유식, 여래장 등의 대승불교의 이론을 기반으로 시대상황에 맞게 민중의 열망에 호응한 것이라고 말한다.[55] 그래서 대승밀교를 대승불교의 특별한 방편(金剛乘)이라고 하는 것이다.

대승밀교의 전통을 끝으로 인도불교는 그 기나긴 여정을 마감하게 되는데, 비록 인도에서는 그 자취를 찾기가 어렵게 되었지만 초기와 중후기의 대승불교는 한편으로는 중국, 한국, 일본 등으로 이식되었고, 또 한편으로는 날란다 전통이라고 부르는 대승불교의 현교와 밀교적 체계가 티벳으로 고스란히 이식되었다.

4. 날란다 전통 티벳불교의 행복론

1) 티벳불교의 대승적 승가구현

인도의 날란다 승원대학에서는 일찍부터 세속적 학문을 도외시하지 않고 함께 공부하며 발전시켜 왔다. 이것은 고대에서부터 현재에 이르기까지 불교의 승원은 현대의 초등교육부터 고등교육, 때로는 대학이나 대학원 수준의 전문교육에 이르는 세속적 교육은 물론 중생의 이익을 위한 깨달음과 회향의 전당으로 기능해 온 것과 마찬가지이다. 인도불교의 날란다 승원대학 전통을 그대로 흡수한 티벳불교 역시 승원을 중심으로 민중의 눈높이에 맞춘 신앙과 붓다의 지혜를 깨닫고자 하는 출가 승려가 함께 어우러지는 불교적 공동체를 구현하기 위해 노력해 왔다.

이와 같은 티벳불교의 승원과 지역 사회의 관계성으로 인해, 한 가정에 세 아이가 태어날 경우에는 그 중 한 명은 승려가 되게 하는 관습이 생기기도 하였다. 그와 함께 재가자들은 승가의 재정적 후원자로서 기능하고 출가 승려들은 재가자의 현실적 삶의 조건에 맞게 불교의 수행이나 교육, 의료 등을 제공하는 사회활동의 중심 기능을 담당해 왔다. 그런 의미에서 전통적인 티벳불교의 승원은 티벳인의 생활 전반에 걸친 중심적인 기반이다. 티벳불교[56]의 승원은 인도불교의 전통을 그대로 수용하여 불교학 교과과정이나 수행체계를 세웠고, 날란다와 비끄라마실라 같은 인도의 대승원을 모델로 하여 승원 건축의 양식을 티벳화하였다. 예를 들면 7세기경 티벳에 최초로 세워진 불교사원인 삼예bsam yas사원은 티 쏭데짼(Khri srong lde btsan, r. 755/56~97?)[57] 왕이 샨따락시따와 빠드마삼바바[58]를 인도에서 초청하여 설립한 것이다. 삼예사원은 인도의 비하르Vihar 주에 있었던 오단따뿌리Odantapuri 대승원을 직접적인 모델로 건축한 것으로 알려져 있다. 그리고 근본설일체유부의 비구 20명을 인도에서 초청하여 779년에 7명의 티벳인 승려가 구족계를 받고 티벳인 비구가 탄생하였으며, 수많은 인도의 학자와 선지식들이 초빙되어 티벳인 역경사들과 함께 다양한 경론들을 번역하였다. 이렇게 해서 승가와 지역사회가 조화를 이루는 불교문화가 티벳에 자리 잡게 되었고, 이후 각지에 설립된 불교승원들은 지역 문화의 중추적인 역할을 하였다.

　티벳의 불교승원에서는 부파불교와 대승불교의 현교와 밀교를 모두 공부한다. 설일체유부 계열의 소승적 계행戒行을 바탕으로 대소승을 망라한 현교적인 교학을 배우고, 그 후에 밀교적 수행과 공부를 병행한다. 종파에 따라 교학과 수행의 방식이 조금씩 차이를 보이기는 하지만, 큰 틀에서 보면 주로 1)불교인식논리학, 2)반야학, 3)중관학, 4)아비달마구사론, 5)율학 등을 공부한다. 특히 14세기 이후에는 이와 같은 교과과정이 승원 교육의 중심체계로 자리 잡게 되었다. 이 다섯 가지 주제 안에는 불교의 현교적 가르침이 거의 다 망라되어 있다. 승원에서 이상의 다섯 가지 주제를 수학하는 데는 보통 15~20년 이상의 기간을 필요로 하는데, 먼저 인도 논사의 논서를 주 교재나 주석서로 공부하고 그에 대한 티벳 학자의 주석서나 각급 승원의 독자적인 해설 교재를 통해 공부한다. 더불어 밀교의 이론과 수행도 병행하여 공부하게 된다. 승원 교육의 주요한 방식은 '문답법'이다. 문답을 행하기 전에 먼전 경론의 내용을 암송한 다음 논리적 문답을 통한 논파술을 행하는데, 이때 논증을 하기 위해 논파의 근거로 경론을 인용하거나 논증 가능한 범위에서 합리적인 논리전개를 통해 논지를 증명하는 훈련을 한다. 이때도 인도의 근본 경론을 근거로 티벳 학자의 주석을 먼저 인용하고 마지막에 승원의 독자적인 교재의 근거에 따라 논쟁한다.

승원에서 공부하는 학문은 이상에 열거한 다섯 가지 주제만이 아니다. 불교 수행에 필요한 의례 의식의 습득과 밀교적 수행 의식을 담당하기 위한 불교미술이나 불교무용을 공부하고 필요에 따라 의학, 약학, 점성학을 공부하며 최근에는 현대과학이나 외국어 등을 공부하기도 한다. 승원에 입문하여 공부하게 되는 학문의 내용을 간단하게 정리하면 다음과 같다.

보통 6세 전후로 승원에 들어가게 되는데, 대략 15세까지는 티벳어를 읽고 쓰는 문법을 공부하거나 아침저녁 정진 시간에 승원의 교재를 암송하며 근본 불전과 그에 대한 주석서의 내용을 주로 암송한다. 15세가 넘어가면 본격적으로 불교 논리 논파술을 익히기 시작하는데, 이후 약 10~20여 년에 걸친 긴 논증의 훈련과 실제 수행을 통해 최종적인 게셰(dge bshes, 傳法學位)의 단계에 도달할 수 있다. 이렇게 긴 시간 동안의 학습과 수행을 통해 불교의 논리적 이해와 실천적 행법을 익혀 나간다. 엄격하고 힘든 길이지만 티벳불교는 바른 법을 전승하기 위해 이와 같은 전통을 지금도 그대로 유지하고 있다. 이렇게 게셰의 지위에 도달한 사람들은 다양한 상급의 공부와 회향의 길을 갈 수 있는데, 한편으로는 규메rGyud smad와 규뙤rGyud stod라고 부르는 상급 밀교 승원에 들어가 공부하기도 하고, 다른 한편으로는 홀로 적정처에 머물며 은둔수행에 들어가기도 한다. 또 일부는 승원에 남아 승원 운영의 주체가 되기도 하고, 더 깊은 공부를 위해 연구를 업으로 삼는 이들도 있다. 원한다면 출신지로 돌아가 지역 승원의 불교지도자로 회향하기도 하고, 요즘은 세계 각국에 퍼져 있는 다르마 센터의 지도자로 가는 경우도 있으며, 승원의 범패 의식을 지도하는 전계사로 활동하기도 한다.

불교를 수학하고자 승원에 들어가기 위해서는 자기 스스로 업과 번뇌에 의한 윤회의 속박에 갇혀 있다는 인식이 필요하며, 그래서 석가모니 붓다가 가르친 사성제四聖諦와 이제二諦에 근거하여 윤회와 열반의 인과 관계를 체득하고 자타의 해탈을 위해 살겠다는 동기가 필요하다. 업과 번뇌로 인한 윤회의 모순을 알고 출리심과 염리심을 내어 완전한 자유와 행복의 길을 가려는 강력한 의지가 필요한 것이다. 다시 말해 자기 자신의 속박된 삶을 살펴보고 출리심을 내어 출가 행자의 길을 지향하며 대승적인 자비심과 보리심을 길러 모든 중생을 위해 일하려는 강렬한 열망을 일으켜야 한다. 그것도 아니라면 이생보다는 다음 생의 안락과 발전을 위해 살아가려는 의지가 필요하다.

앞에서도 말한 것처럼, 티벳불교는 대승불교의 전통을 따르고 있다. 특히 대승밀교를 포함하고 있기 때문에 대부분의 승려들은 네 가지 딴뜨라Tantra[59]인 소작, 행, 요가, 무상요가의 입문관정을 받을 수 있다. 그 중에서 무상요가 딴뜨라[60]의 입문관정을 받게 되면, 반드시 보살계와 삼마야계(密敎戒)를 수지하게 된다. 밀법을 수행하는 경우는 이 삼마야계를 실천하는 것이 그 무엇보다 중요하다. 티벳의 승려는 소승, 대승, 금강승의 세 가지 계율을 모두 수지하고 수행해 나가는데, 이와 관련한 다음과 같은 구절이 있다. "드러난 부분은 성문의 모습을 갖추어 소승별해탈계를 지키고, 내면의 세계는 자비와 보리심을 따라 대승보살계를 지키며, 감추어진 방식으로는 밀교적인 방편을 실천하여 금강삼매야계를 지킨다." 티벳불교에서는 이 세 가지 계를 수지하여 함께 수행하는 수행자를 가장 이상적으로 여긴다.

티벳불교가 이와 같이 승원과 지역사회가 유기적으로 돌아가는 대승적 불교공동체를 꿈꾸게 된 것은 인도불교의 역사 속에서 반복된 모순을 극복하기 위한 측면이 강하다. 처음부터 인도불교의 위대한 스승들로부터 가르침을 전수받은 티벳불교는 이러한 측면을 고려하지 않을 수 없었을 것이고 결과적으로 대승불교의 이상이 실현될 수 있는 최선의 불교적 공동체 구조를 만들기 위해 노력할 수밖에 없었던 것이다.

2) 티벳불교의 대승적 중심교설

티벳불교에서 인도불교를 구분할 때, 보통은 수행 방식에 따라서 소승, 대승 그리고 금강승으로 나누며, 사상적 견해에 따라서 유부(說一切有部), 경부經部, 유식唯識 그리고 중관中觀의 네 가지 주요 학파로 나눈다. 이것은 각기 특정한 가르침의 법맥과 경전, 교의와 수행에 따른 분류이다. 인도불교가 종학의 발달사에 따라 또는 개인의 근기에 따라 다양하게 발전한 것처럼, 티벳불교가 4대 종파[61]로 나누어져 온 것도 각각의 법맥과 중생의 근기 그리고 역사적 흐름에 따라 필요에 의해서 형성된 것이다.

티벳의 모든 종파들이 공감하는 보편적인 불법의 가르침은, 모든 중생들을 붓다의 길로 인도하기 위한 보리심을 일깨우고, 6바라밀의 수행을 통한 보살도를 발전시키며, 윤회를 벗어난 해탈열반을 추구하는 기본적인 원칙들이다. 또 티벳에서는 대승밀교가 모든 불교의 수행 중에 가장 수승한 길이라 믿고 있으며, 법맥과 근기에 따라 다양한 수행 전통들이 공존한다.

티벳불교의 모든 교설은 붓다의 사성제를 중심으로 전개된다. 사성제에 대한 붓다의 가르침은 종종 병을 치료하는 것에 비유된다. 병든 사람을 치료하기 위해서는 먼저 환자의 상태(條件)를 정확하게 알 수 있는 바른 진단이 필요하다. 두 번째, 의사는 병이 생겨난 원인과 조건을 주의 깊게 점검하고 관찰을 지속해야 한다. 이 과정이 바르게 진행되면, 의사는 환자의 고통을 극복할 수 있게 하는 위치에 서게 된다. 결국 의사는 환자를 위한 최선의 처방과 요법을 내릴 수 있으며, 환자는 자신들이 원하는 건강을 찾을 수 있다. 이와 같이 사성제는 붓다의 근본적인 가르침을 양약으로 삼아 모든 중생고를 진단하고 치료할 수 있는 요체를 드러내고 있는 것이다.

티벳불교의 4대 학파는 모두 공성空性에 대한 대승적 가르침을 철학적 바탕으로 삼고 있다. 모든 사건과 사물은 본래의 자성이 결여되어 있으며, 다중적인 원인과 조건에 의해 생겨나는 것이다. 단지 물리적인 존재만이 다른 요소들에 의존하는 것이 아니라, 존재의 정체성 역시 세속적 관념에 의해 형성된 언어나 사유 혹은 개념들로 이루어진 불확실한 것이다. 이렇게 자기정체성(自性)이 결여된 상태를 '공성'이라고 하는데, 존재의 실상에 대한 이러한 기본 진리는 사물의 의존성과 상호연관성을 나타내고 있는 붓다의 연기에서 비롯된 것이다. 이와 같은 공사상은 인도 대승불교의 큰 스승인 용수에 의해 체계적으로 발전한 것인데, 티벳불교의 4대 주요 종파들은 모두 자신들이 귀류논증의 방식을 사용하는 중관철학을 종의宗義로 삼고 있다고 생각한다.

공성에 대한 심오한 철학적 통찰(觀)을 기르는 것과 함께 이타적 동기를 발전시키는 것이 티벳불교의 핵심이다. 이것은 보살의 원력이자 모든 중생을 향한 무아無我적 대비심의 발로이다. 대비심은 고의 굴레에서 벗어나지 못하는 중생들을 고에서 벗어나 자유롭게 하려는 마음과 같다. 이러한 마음은 보편적이고 무차별적이며 열정적인 것으로, 자신의 모든 존재적 가치를 다른 중생들을 위해 헌신할 수 있는 것이다. 이러한 마음을 지닌 고귀하고 영웅적인 존재들을 보살이라고 한다. 그들이 바라는 것은 오직 다른 이들을 속박의 고에서 벗어나게 하는 것이다. 그래서 그들은 오직 중생들의 이익을 위해 무주보살의 원력으로 이 속박의 세계로 끊임없이 다시 오기를 반복한다.

이러한 보살사상은 티벳불교의 이론과 수행체계는 물론 티벳인의 기원신화[62]에 이르기까지 티벳문화 전반에 깊숙이 스며 있다. 예를 들면 티벳인들은 자신들이 자비의 화신인 관세음보살과 깊은 업연으로 맺어져 있다고 생각한다. 그래서 달라이 라마와 같은 법왕들은 티벳인들의 정신적 발전과 성숙을 위해 스스로 윤회하면서 중생을 위해 봉사하는 삶을 계속한다고 믿는다.

이와 같은 보살의 이타적 사상은 보시, 지계, 인욕, 정진, 선정, 지혜의 6바라밀 수행으로 대변되는데, 따라서 모든 중생의 이익을 위해 봉사하려는 보살들은 이들 6바라밀을 원만하게 수행하기 위해 최선을 다한다.

이와 관련한 인도불교의 많은 저작들 중에 용수보살의 『보행왕정론』이나 적천(寂天, Śāntideva)보살의 『입보리행론』 등은 티벳불교의 불자들이 이타적이고 보편적인 자비를 실천할 수 있는 가장 영향력 있는 수행의 교과서이다. 예를 들면 현 제14대 달라이 라마는 이타적 자비심을 계발하기 위한 최고의 내용을 담고 있는 다음과 같은 『입보리행론』의 게송을 법문 때마다 끊임없이 반복해서 언급한다. "허공계가 존재하는 한, 중생계가 존재하는 한, 저도 함께 따라 머물며 중생고를 멸하게 하소서.〔10.54〕"[63]

또한 티벳의 불교도들은 자신들을 대승불교도이자 대승밀교인 금강승을 따르는 사람들로 생각한다. 전통에 따르면 이것은 단순한 차원의 보리심을 기르기 위한 수준이 아닌 것이 분명하다. 보살은 다른 중생들이 고통 받는 모습을 단 한순간도 참을 수 없을 만큼 보리심을 길러야 한다. 그래서 금강승에서는 이러한 보리심을 하루속히 원만하게 구족할 수 있는 방법을 제시한다. 일반적인 철학적 견해를 심화시키는 차원이 아니라 심오하고 정교한 밀교수행을 통해 빠르게 보리심을 기르는 것이다. 불교의 다른 가르침과는 달리 금강승의 가르침[64]에서는 탐욕과 성냄과 어리석음과 적개심과 시기, 질투 등의 부정적인 감정을 자신을 변화시키는 강력한 방편으로 삼아 깨달음의 실질적인 요소로 전환시키는 다양한 기술과 방법들을 제시하고 있다.

금강승의 비밀스러운 수행법을 기반으로 한 티벳불교의 밀교적인 면에 대해서는 기존의 잘못된 정보로 인해 여러 가지 오해와 편견이 자리 잡고 있다. 예를 들면 금강승의 무상요가 행법[65]에 나타나는 남존과 여존의 합일상인 부모존(父母尊)이나 험악한 모습에 기괴한 장신구로 표현되는 분노존忿怒尊 등은 밀교를 잘 모르는 일반인들은 물론 조금 이해했다고 하는 불자들에게조차 낯설고 헤아리기 힘든 내용이다. 하지만 이러한 형태의 밀교 본존의 모습은 불교의 구체적인 내용을 상징하고 있기 때문에 깊은 차원의 이해가 요구된다. 예를 들면 부존父尊은 자비를 근본으로 하는 보리심으로 일체 중생을 구제하는 수단인 방편을 상징하고, 모존母尊은 공성을 터득하여 생긴 지혜를 상징한다. 분노존의 두 팔은 승의제와 세속제, 제3의 눈은 지혜의 눈, 치아를 드러낸 형상은 사마四魔[66]의 극복이며, 십자금강은 사섭사四攝事[67]를 나타내고, 나신裸身의 모습은 미망으로부터의 해방을 나타내는 등 밀교적 도상의 구체적인 상징 하나하나가 현교적인 내용에 상응한다.[68]

이렇게 밀교에서 본존을 생기生起하고 본존과 자신이 합일하는 모습을 관상하는 수행을 하는 이유는, 현현된 일상 세계를 4대나 5온, 12처 등으로 파악하고 불보살을 자신과 둘이 아닌 모습으로 생기生起하여 일상세계의 모순을 청정한 불보살의 모습으로 극복함으로써 범부의 아만과 집착을 벗어나기 위한 것이다. 하지만 이와 같은 명상수행을 위해서는 공성에 대한 바른 이해가 전제되어야 한다. 공성에 대한 바른 이해가 없이 본존을 생기하는 수행을 하게 되면 자칫 본존 자체에 집착하여 다중적인 의식의 혼란에 빠질 위험성이 있기 때문에 항상 자신의 의식을 능동적으로 조작할 수 있는 힘을 키운 다음에 수행해야 한다. 따라서 밀교의 모든 수행은 공성에 대한 바른 이해로부터 출발한다. 그러므로 공성에 대한 바른 이해를 키우기 위한 반야부의 불교논리학과 중관학에 대한 현교적 사유와 검증의 과정을 거치는 것은 중요한 일이다. 이와 같이 티벳불교에서는 현교와 밀교가 서로 괴리되지 않고 상호 보완적 관계에 있다. 즉 현교적인 공성의 훈련을 통해 밀교적인 광명의 공성을 체득함으로써 업과 번뇌의 영향으로부터 해방되는 것이다. 이렇게 윤회전생轉生을 벗어나 능동적인 해방의 상태에 머물며 모든 중생의 이익과 행복을 위해 일하는 것이 티벳불교에서 추구하는 대승불교의 본래 목적이다.

3) 달라이라마의 대승적 행복론

인도 다람살라에서 달라이 라마[69]의 한국인 제자로 20년 넘게 수행해 온 청전스님은 자신의 회고록[70]에서 스승의 법문하는 모습을 다음과 같이 묘사한다. "달라이 라마께서 부처님의 법을 설하시다가 석가모니 부처님의 6년 고행담을 말씀하실 때는 거의 설법이 중단되기 마련이다. 또 [티벳불교의 최고 요기인] 밀라레빠(1052~1135)의 고행담을 말씀하시다 울먹이기도 한다. [대승]불교의 근본인 보리심과 공성에 대해서는 아주 상세하게 설명하시는데, 유독 보리심을 말씀하실 때면 울음을 터뜨린다."

현대 티벳불교의 대표적인 인물로 추앙받고 있는 달라이 라마는 그 자체로 살아있는 전설이자 티벳불교의 대승적 교의를 그대로 드러내고 있는 실천적 삶의 양태이다. 1959년 중국의 티벳 점령과 함께 인도로 망명한 달라이 라마는 망명정부의 수장으로서 티벳의 불교문화를 재건한 것은 물론, 상대적 약자임에도 불구하고 중국을 포함한 전 세계인의 평화와 행복을 위해 50년 이상을 쉬지 않고 노력해 왔다. 그 결과 1989년에는 노벨평화상을 수상하기도 했다. 전 세계를 대상으로 지금도 계속되는 그의 여정은 이타적 삶을 통한 공존의 아름다움과 대승적 행복의 진정한 가치를 일깨워 주는 법문과 함께 수많은 사람들을 감동시킨다.

티벳불교에는 정신적인 가르침을 주거나 설법을 하기에 앞서 법회의 사전 의식을 거행하면서 경전을 암송하거나 진언을 염송하는 전통이 있는데, 달라이 라마의 법회에서는 주로『반야심경』을 먼저 염송하고 나서 법문을 시작한다. 그것은 자신이 법문하는 모든 내용이 대승불교의 핵심인 반야의 공사상과 대승적 보리심에 기반하고 있다는 것을 의미한다. 이어지는 설법에서는 대승보살의 길을 일깨워 주는 논서들을 주로 강론하는데, 달라이 라마가 대승보살도와 관련하여 가장 자주 사용하는 경론으로는 『입보리행론』,『삼종요도三種要道』[71],『수행차제(sGom rim)』[72] 등이 있다. 그 중에서도 대승보살도의 내용을 가장 핵심적으로 요약하고 있는 쫑카빠(Tsongkhpa, 1357~1419) 대사의『삼종요도』는 달라이 라마가 일반 대중들을 위한 법문을 할 때 주로 사용하는 아주 짧은 게송이다.

『삼종요도』에는 대승불교의 핵심적인 내용이 세 가지로 요약되어 있다. 그 세 가지는 출리심과 보리심, 그리고 공성空性에 대한 정견正見이다. 먼저 출리심은 윤회에 대한 모든 욕망으로부터 자신의 마음을 전환하여 속박에서 벗어나고자 하는 마음이다. 또 보리심은 모든 중생의 이익을 위해 깨달으려는 의지이며, 공성에 대한 정견은 존재의 실상을 바로 보는 것이다. 대승의 길에 들어선 사람은 이 세 가지를 수행함으로써 대승보살도에 들어갈 수 있다는 것을 의미한다. 출리심과 보리심을 기반으로 한 공성에 대한 정견은 해탈열반의 모든 장애를 제거하는 실질적인 방법이다. 또한 공성에 대한 바른 지혜를 통해 중생을 위해 일할 수 있는 출리심과 보리심은 더욱 강화된다.

달라이 라마는 말한다. "출리심은 두 가지 방향성을 가지고 있습니다.

한편으로는 윤회의 고통을 아래로 훑어보고 나서 윤회를 혐오하여 그곳에서 완전히 벗어나고 싶어 하는 것이며, 다른 한편으로는 자유로운 해탈의 경지를 위로 살펴보고 그것을 성취하기 바라는 것입니다." 이것은 욕망과 번뇌로 방황하는 자신의 모습을 직시하고 그로부터 벗어난 진정한 자유와 행복을 꿈꾸는 것이 출리심이라는 의미이다. 보리심도 이와 다르지 않다. 보리심은 자신의 자유와 행복을 위해 상구보리하고, 여전히 무지로 인한 욕망과 번뇌 때문에 윤회의 고해에서 방황하고 있는 내 어머니와 같은 이 세상을 위해 하화중생하겠다는 마음이다. 즉 우리 모두의 행복을 위해 깨달음을 얻고 회향하겠다는 대승적인 의지이다. 이와 같은 출리심과 보리심은 연기공성에 대한 바른 견해(正見)를 얻는 것으로 완성된다. 결과적으로 출리심과 보리심을 기반으로 한 공성에 대한 바른 이해는 우리를 완전한 붓다(一切智)의 경지로 이끌어 준다.

연기공성에 대한 정견은 대승보살도의 가장 중요한 기반이다. 그래서 달라이 라마는 정견에 대한 바른 지혜를 일깨우기 위한 법문에 시간을 많이 할애하는데, 특히 사성제의 내용을 진제와 속제의 이제二諦 원리로 설명하기를 좋아한다. 석가모니 붓다의 초전법륜이자 모든 불교의 가장 핵심적인 법문인 사성제를 두 부분으로 나누어 고제와 집제를 세속제의 차원에서 설명하고 멸제와 도제를 궁극적인 진제의 차원에서 설명하는 것이다.

상대적 진리인 속제의 차원에서 이것과 저것, 나와 남 등은 각각 따로 떨어져 독립적으로 존재합니다. 하지만 절대적 진리인 진제의 차원에서는 모든 대상과 존재는 오직 다른 것에 서로 의존하여야만 존재할 수 있습니다. 이러한 존재에 대한 이해는 궁극적 차원에서 오는 것으로 어떤 것도 독립적으로 따로 떨어져서 존재할 수 없다는 관찰의 결과입니다. 현상의 이러한 궁극적인 특성을 공성이라고 부르며, 이렇게 다른 두 가지 차원의 존재에 대한 이해를 속제와 진제라고 부릅니다.

 이 두 가지 진리인 이제에 대한 이해는 사성제에 대한 바른 이해의 바탕입니다. 서로 의지하여 발생하는 연기의 법칙에 대한 바른 이해를 통해 [세속적인 차원에서] 우리가 믿고 있는 방식으로 사물이 존재하는 것이 아니라는 것을 이해할 수 있습니다. 어떤 특정한 조건이 함께 모이면 현상이 생겨나고, 특정한 현상의 조건이 사라지면 그 현상도 소멸합니다. 이것이 현상이 발생하고 사라지는 연기의 과정입니다. 이와 같은 연기공성에 대한 바른 이해를 바탕으로 사성제를 개인적인 차원이 아니라 인류 전체와 이 세계 공동체 또는 인간 사회의 전체적 차원에서 설명해 보겠습니다.

 먼저 첫 번째 진리인 고제에 대한 설명입니다. 세상에는 수많은 고통이 있습니다. 하지만 그 중에서 가장 두렵고 심각한 것은 전쟁입니다. 세계의 상황은 이제 한 개인의 생명에 대한 위협이 아니라 전 인류 공동체인 이 지구 전체의 문제로 치닫고 있습니다. 한 개인의 전쟁이 아닌 것입니다.

 다음은 눈물 나는 고통의 원인을 찾는 것입니다. 바로 집제에 대한 설명입니다. 이것은 마음에서 찾을 수 있습니다. 고통의 원인은 특히 정신적인 요소인 집착과 분노, 시기와 질투 등에서 오는 번뇌 망상들입니다. 분노나 증오 등은 고통의 실질적인 원인들입니다.

물론 외부 세계의 무기도 있습니다. 그러나 이 외적인 무기들은 문제의 원인이 아닙니다. 이 무기들은 인간이 조작하지 않으면 스스로 작동하지 않습니다. 인간이 이 무기들을 작동하기 시작할 때는 그에 따른 동기가 있습니다. 이 동기들은 주로 집착과 증오입니다. 특히 증오입니다. 증오는 마음이 아주 격앙된 상태입니다. 만족과 행복, 평온함이 있다면 내적인 평화를 이룰 수 있습니다. 내적인 평화가 없이 어떻게 외적인 평화가 있겠습니까? 내적인 평화를 가지고 있다면, 사람들에게 원자폭탄을 투하하지 않을 것입니다. 그러므로 평화를 찾으려면 마음을 바꾸어야 합니다. 정신적인 장애를 제거하는 데 외적인 무기는 아무 쓸모가 없습니다. 따라서 길은 한 가지, 마음을 제어하기 위해 노력하는 것입니다.

다음은 멸제입니다. 분노나 시기 같은 번뇌 망상을 소멸해야 하는 것은 당연합니다. 미래를 위해 확실히 뿌리를 뽑아야 합니다. 우리가 우리의 미래를 위해 할 수 있는 일은 무엇이 있습니까? 다름 아닌 바로 번뇌 망상의 원인을 제거하는 것입니다. 먼저 분노 같은 번뇌 망상을 제거하기 위해서는 분노를 일으키는 조건들인 자존심이나 시기, 질투 같은 것들을 효과적으로 극복해야 합니다. 이것들을 버리기 위해 노력해야 합니다. 또 마음의 상태에 익숙해지면 자만이나 시기, 질투 등은 마음의 적절한 상태가 아닌 것을 금방 알아낼 수 있습니다. 이러한 방법을 통해 우리는 번뇌 망상을 확실히 줄여 나갈 수 있습니다.

고통을 멸하는 길인 도제는 자비심을 근본으로 합니다. 자비심은 마음에 자(慈: 사랑)와 비(悲: 연민)를 개발하는 것이며, 중생들의 이익을 위해 헌신하려는 마음입니다. 이것이 고통을 멸하는 길의 핵심입니다. 자비심을 개발하기 위해서는 인류의 인종, 문화, 정신적 전통 등을 편협하게 구분하는 이기적인 생각과 행위를 최소화해야 합니다. 인간은 그저 인간일 뿐 이러한 구분은 인류 발전에 아무런 도움이 안 됩니다.

우리가 서양인이든 동양인이든 신도信徒든 신도가 아니든 우리는 모두가 똑같은 인간입니다. 즉 같은 종류의 존재들인 것입니다. 이러한 인식에서 형제애와 서로에 대한 사랑이 자라고, 이기심은 줄어들며, 남들에 대한 관심이 자라납니다. 이것이 핵심입니다. 이러한 노력이 얼마나 힘든지 잘 알고 있습니다. 하지만 이것이 진정으로 가치 있는 삶입니다. 삶의 진정한 가치를 발견해야 합니다.[73]

이와 같은 달라이 라마의 사성제 법문에는 인도불교에서 대승불교가 출현할 수밖에 없었던 이유를 그대로 드러내고 있기도 하다. 석가모니 붓다의 연기 법문이 번쇄한 어의 해석으로 치닫고 소승적인 안목으로 자기성찰에 몰입하던 부파불교를 극복하고 자타 모두의 행복이 곧 나의 완전한 행복임을 자각한 대승보살들의 출현은 민중의 신앙적 열망을 충족시키기 위해 붓다가 몸소 보여 준 방편회향의 중요성을 상기시킨다. 세속의 무지를 벗어나 해탈의 경지를 일구기는 했지만 여전히 고통받고 있는 내 어머니와 같은 세상을 위해 차마 완전한 열반에 들지 못하고 중생을 위한 방편의 번뇌를 안고 살아가야 하는 무주無住보살의 가치를 더욱 소중히 여기는 것이다. 무주보살은 석가모니 붓다의 행적 그대로 중생을 위해 중생들의 근기에 맞는 반야의 방편으로 해탈열반의 세계로 중생들을 인도하는 삶을 기꺼이 살아간다. 이러한 무주보살의 삶을 독려하기 위해 달라이 라마는 다음과 같이 말한다.

평화로운 마음을 개발하기 위해서는 마음의 수행이 필요합니다. 구체적으로 자慈와 비悲를 개발하여 다른 이들을 돕는 것을 말합니다. 이렇게 수행해 나가면 자비의 억념이 갖춰질 것입니다. 이제 우리 자신의 정체성에 대한 잘못된 이해를 벗어날 수 있는 기본적인 방법을 강구해야 합니다. 이러한 방법을 방편이라고 합니다. 먼저 자신의 마음을 지혜와 방편의 해석에 초점을 맞추어야 합니다. 방편은 지혜를 파악하도록 도우며, 지혜는 방편을 파악하게 합니다. 서로를 보충해 주는 것이지요. 이 지혜와 방편을 하나로 합일하는 것이 대승바라밀의 길을 가는 핵심입니다. 이러한 형태의 지혜와 방편의 합일 수행을 일반적인 바라밀승이라고 합니다. 더불어 지혜와 방편을 동시에 개발하는 특별한 수행인 금강승의 길도 있습니다. 밀법(Tantra) 수행에서 사용하는 기술적인 요소인 미세신微細身, 풍기, 기맥, 명점 등도 결국 출리심과 강력한 보리심, 그리고 공성에 대한 바른 이해의 세 가지 길에 바탕을 두고 있습니다. 더불어 우리는 부처님의 미세한 마음과 의식을 성취할 수 있는 잠재력에 대한 자존감과 위엄을 갖추고 있습니다.

 이런 수행을 통해 우리는 부처님의 지혜법신과 색신의 고귀함을 성취할 수 있습니다. 실제 이러한 몸을 수행 중에 바로 가질 수는 없다고 하더라도, 모든 중생의 이익을 위해 깨달음을 이루려는 강력한 동기인 보리심을 바탕으로, 부처님의 지혜법신과 색신의 고귀함을 유지하는 수행을 통해 점차로 완전함을 성취해 나갈 수 있습니다.

따라서 이 세 가지의 중요한 길은 모든 현교와 밀교의 기본 바탕입니다. 어떤 경우에든 항상 지혜에 의지해야 하며, 남들을 돕고 공덕을 쌓는 방편이 지혜와 결합되도록 함께 수행해야 합니다.

대승불교의 특징은 이기적인 자기완성에 있는 것이 아니라 이타적인 보편성에 있다. 이와 같이 바른 지혜를 갖추고 나면 자신보다는 남들의 이익이 더 중요해질 수밖에 없다. 철학적으로든 종교적으로든 남들이 행복할 수 있는 순기능을 지지하고 남들의 행복을 저해하는 역기능을 견제함으로써 나의 건강과 행복을 담보해 주는 내 주변의 행복을 지킬 수 있는 것이다. 그런 의미에서 달라이 라마는 종교 간의 상호이해를 중요시한다. 대승불교의 목적은 자기사상의 우월적 가치를 드러내기 위한 것이 아니다. 그래서 대승불교의 목적 그대로 종교나 철학이 가지고 있는 본질적인 가치를 존중함으로써 인류의 행복이 더욱 증진되기를 바라는 것이다. 자신보다 다른 이들을 더 행복하게 한다는 것은 자신에 대한 관심을 다른 이들에게로 돌리는 것을 말한다. 다른 이들의 소중한 정신적 물리적 가치를 인정함으로써 화합과 상생의 틀을 마련할 수 있다. 이렇게 무조건적 이타심을 개발하는 것이 바로 대승보리심이다. 달라이 라마는 말한다.

수많은 철학과 철학적 체계가 그러한 것처럼 다양한 종교들은 생각에 대한 완전한 인식을 포함하여, 마음의 내적 발전을 이루는 법을 가르치고 있습니다. 모든 종교에는 내적 발전을 위한 다양한 방법이 있으며, 철학에는 그것을 이루기 위한 다양한 사상이 있습니다. 물론 여기에도 다양한 이론과 반론들이 공존합니다. 어떤 사람이 희다고 하는 것을 어떤 사람은 검다고 합니다. 한편으로 이것은 사실입니다. 모든 종교들은 이와 같은 문제를 안고 있습니다. 실제로 이것은 아주 전문적인 용어상의 문제인 경우가 많습니다. 하지만 일반적으로 모든 종교는 각각의 존재들이 자신의 가치를 발견하고 스스로 애정을 가질 수 있도록 도우려고 합니다. 따라서 영적인 발전을 이룬다는 것은 고통을 피하고 행복을 얻는 방법을 찾아 노력하는 것을 말합니다. 이러한 의미에서 모든 종교는 아주 유사합니다.

석가모니 붓다의 깨달음이 대승적 중생구제로 연결될 수밖에 없었듯이 모든 종교의 기본적인 가치는 이타적인 실천을 염두에 두고 있다는 의미이다. 달라이 라마가 이와 같은 법문을 주로 하는 것은 단지 '관용과 포용' 혹은 '용서와 자비'라는 자기 구호 때문만은 아니다. 너무나 다양한 근기의 중생들이 함께 공존하고 있는 이 세상을 자기 도그마dogma로만 바라본다면 절대로 이타적인 마음을 일으킬 수는 없을 것이다. 따라서 자신의 행복도 장담할 수 없다. 대승의 진정한 의미는 자신의 행복이 주변의 행복으로부터 비롯된다는 연기의 의미를 바로 알고 공존의 참다운 의미를 발현시키기 위해 함께 노력하는 것이다. 그래서 달라이 라마는 다음과 같은 말로 대승보살도의 법문을 마무리한다.

나는 수많은 나라를 다녔지만 항상 같은 내용을 가지고 법을 전합니다. 서양에서도 러시아에서도 친절한 마음으로 분열하지 말고 모두를 사랑하라고 말합니다. 어디를 가든지 거기에 있는 사람들을 관찰하고 생각합니다. 국적과 인종, 종교 등과 상관없이 우리는 모두 똑같은 사람들입니다. 우리에게 시간이 있어서 그들 하나하나를 분석하고 관찰한다면, 우리들 자신과 하나도 다르지 않다는 것을 발견할 수 있을 것입니다. 똑같이 존엄한 인간입니다. 누구나 행복을 원하며 고통을 바라지 않습니다. 그러므로 서로에게 친절하고 따뜻한 마음을 가지려고 노력해야 합니다. 이해하시겠습니까? 아니면 내가 한 말이 이해하기가 어렵습니까? 이해가 되신다면, 나와 함께 이 길을 갈 수 있겠습니까? 사람들에게 친절하십시오. 여러분들은 여기 보드가야에 달라이 라마가 전하는 법을 듣기 위해 왔습니다. 나의 본론은 바로 모든 사람들에게 친절하게 대하라는 것입니다. (2001년 보드가야에서의 '세계평화를 위한 신년대법회'에서.)

5. 보편적 행복을 향한 무주보살의 길

석가모니 붓다를 비롯한 이전의 모든 붓다의 한결같은 가르침은 "일체의 죄업을 짓지 말고, 온갖 선업을 두루 행하며, 스스로 자신의 마음을 잘 길들이고 맑히라"[74]는 것이다. 일체의 죄업을 짓지 않는 것(禁制)은 계행을 통해 자신의 삶을 잘 제어함으로써 자기 행복을 구현하는 길이다. 또한 온갖 선업을 두루 행하는 것(勸制)은 이타행을 통해 남들의 행복을 보장함으로써 결과적으로 자신의 행복을 담보하는 것이다. 그 모든 것은 자신의 마음을 길들이고 맑히는 것으로부터 비롯된다. 이러한 붓다의 가르침을 실천적으로 살아가는 자들을 대승불교에서는 보살이라고 한다. 이와 같은 대승보살도의 요체를 『법구경』에서는 다음과 같이 노래한다.

열반에 이른 이는 다른 존재의 맹신자가 아니다. 그는 윤회의 사슬을 몸소 끊었고 스스로 업보를 벗어나고 욕망의 뿌리를 뽑아 버렸으니, 진실로 출중한 장부라 하리. 농부가 물길을 내어 원하는 데로 물을 대고 활 만드는 사람이 능숙하게 화살을 바루며 목수가 솜씨 좋게 재목을 다루듯, 반야를 얻은 이는 자신의 마음을 마음대로 부리네.[75] 스스로 만유의 중심에 서서 저울에 달아 재듯이, 가치 있는 것과 덧없는 것을 명쾌히 가릴 줄 아는 그런 지혜로운 이가 진정한 성인. 그는 이 세상의 양 변을 저울로 잰다네. 생명을 해치는 자 성자라 할 수 없으니, 일체의 중생에게 대비심을 지닌 불살생의 인자를 성자라 한다네.[76]

보살은 '보살마하살(Bodhisattva Mahāsattva)'의 줄임말이다. 범어의 'Bodhisattva'는 '각覺을 가진 유정'이라는 뜻이고, 'Mahāsattva'는 '큰 유정'이라는 뜻이다. '유정(有情, sattva)'이라는 말은 문수보살이나 관세음보살과 같은 보신세계의 구제보살과 대승보살의 길을 수행하는 인간보살을 포괄하는 말이다. 그래서 보살마하살은 인간적인 면에서 본다면 '각覺을 가지고 모든 중생의 이익을 위해 살아가는 큰 사람'을 의미한다. 이렇게 '보살'이라는 말은 그 자체로 대승불교의 이상을 모두 함축하고 있다. 그래서 달라이 라마는 대승보살의 길에 대해 다음과 같이 말한다.

보살의 삶의 방식이란 무엇입니까? 그것은 당연히 보리심을 개발하고 수행하는 삶의 방식입니다. 일체지는 오직 마음 안에 있는 번뇌 망상을 모두 정화하는 과정을 거쳐야만 이룰 수 있는 것입니다. 단순한 소망과 기도만으로 이룰 수 있는 것이 아닙니다. 구체적인 번뇌 망상들은 그에 맞는 대응 방법을 적절하게 구체적으로 사용해야 하나씩 제거할 수 있습니다. 보살의 행위는 방편과 지혜의 두 가지 범주로 나눌 수 있습니다. 보시·지계 등의 방편수행을 완성하는 것은 지혜수행의 뒷받침과 영향이 있어야 합니다. 반야바라밀을 수행하지 않고서는 6바라밀 중에 앞의 다섯 가지 바라밀, 즉 보시·지계·인욕·정진·선정의 바라밀을 실제로 완성할 수 없습니다. 이러한 지혜를 개발하기 위해서는 먼저 중도中道나 중관中觀으로 알려진 고도의 철학적 견해를 바르게 이해해야만 합니다. (1999년 스위스 교당 강설에서.)

이와 같이 반야바라밀을 목표로 수행하고 반야바라밀을 기반으로 회향하는 것이 대승불교의 이상적인 인간상인 보살의 길이다. 대승보살의 실천덕목은 사홍서원과 6바라밀[77]로 정리된다. 모든 중생을 제도하기 위해 자신의 모든 번뇌를 여의고 붓다의 모든 가르침을 섭수하여 위없는 붓다의 대승적 이상을 완수하겠다는 대승보살의 의지를 담은 것이 사홍서원이다. 그리고 보시·지계·인욕·정진·선정을 기초로 반야의 중도지혜를 완성하고 다시 그 지혜를 바탕으로 중생계가 다할 때까지 무주無住의 대승 정신을 중도로 실천하는 것이 6바라밀이다. 이것은 곧바로 중생과의 원만한 관계형성(rapport)[78]을 위해 나눌 줄 알고(布施), 좋게 말하며(愛語), 이타적으로 행동하며(利行), 더불어 함께 할 줄 아는(同事) 대승 사섭법四攝法을 통한 삶의 행태로 이어진다. 이러한 방식으로 대승보살이 실천적인 삶을 사는 것을 회향이라고 하는데, 이것은 상구보리의 결과로 이어지는 하화중생의 중도 실천을 수행하는 것이다. 그래서 회향을 제7바라밀이라고 부르기도 한다.[79] 쫑카파의 『삼종요도』에 나타난 대승의 세 가지 요체처럼, 문수의 반야지혜를 기반으로 출리심을 키우고 이타행의 보리심을 완성하는 것이 회향이다. 이전에 완성한 견성해탈의 수행을 통해 중생의 번뇌에도 머물지 않고 반야의 모든 도리를 터득하여 피안彼岸의 열반적정에 머무를 수 있음에도 불구하고 남아 있는(此岸)의 중생을 구제하기 위해 기꺼이 다시 반야용선般若龍船을 타고 번뇌의 바다(苦海)로 향하는 무주보살의 삶이기도 하다. 그래서 달라이 라마는 말한다.

부처를 이루었든 아니든 목적은 다른 중생들을 돕는 것이라는 것을 알아야 합니다. 천상계에 있든 지옥 중생으로 있든 목적은 다른 중생을 돕는 것이라는 것을 알아야 합니다. 그것이 얼마나 걸리든 상관없습니다. 살아서나 죽어서나 오직 수행의 목적은 모든 중생의 이익을 위해 부처를 이루겠다는 이타적인 의도에서 나온 결심이어야 합니다. 이러한 마음을 이해하고 개발하기 위해 노력해야 합니다. 한번 이런 마음을 추론적인 경험을 통해 이해하고 나면, 그때는 보살계菩薩戒를 받아야 합니다. 즉 보살의 삶과 행동에 대한 강력한 염원이 일어나면 그때 보살계를 받는 것입니다. 또한 다른 중생들을 돕는 일이나 계획에 관련하여 시간을 생각할 필요는 없습니다. 끝까지 계속해 나가야 합니다. 이것이 마음을 수행하는 방법입니다.

며칠이나 몇 달 안에 보리심을 이루려고 하거나 깨달음을 단번에 이루기 위해 3년 3보름[80]의 정진에 들어가는 것은 잘못입니다. 그래서 혹자들은 '수행을 가장 빨리 이룰 수 있는 방법이 무엇입니까?'라고 묻습니다. 부처님의 일대기를 보십시오. 부처님은 세 번의 무수한 겁劫을 보낸 다음에야 부처를 이루었습니다. 따라서 3년 3보름 같은 짧은 시간 안에 부처를 이루려고 하는 것은 실제의 모든 과정을 다 거친 것이 아니라는 것이 분명합니다. 바르게 생각해야 합니다. 어리석은 사람들의 불완전한 지식에 현혹되지 마십시오.

대승의 반야공성은 자신만의 깨달음을 추구하고 거기에 현혹되는 것을 분명히 경계하고 있다. 그래서 『입보리행론』에서는 "중생은 [애초부터] 꿈과 같아서 통찰해 보면 [텅 빈(空)] 파초芭蕉와 같나니, 수고를 넘었거나(涅槃) 못 넘었거나(輪廻) 그 또한 실제로는 [아무런] 차이가 없다[9.150]"[81]라고 말한다. 윤회와 열반이 따로 있지 않고 중생과 부처가 따로 있지 않다는 것이다. 그렇게 공한 존재의 실상을 바로 보게 되면, 딱히 너와 나로 구분하거나 중생과 부처로 구분할 만한 것이 없는데, 바른 눈을 가지지 못한 중생들은 현혹된 인식 그대로를 마치 실재하는 양 믿고 윤회와 고통의 바다에서 빠져 나오지 못한다. 그래서 자타를 분별하지 않는 지혜와 방편의 합일을 통해 공성의 실상을 드러내고 자타 모두가 해탈열반에 이르게 하는 보리심인 '각(覺, Bodhi)의 마음(心, Citta)'을 키워야 한다는 것이다. 이것이 대승보살이 존재하는 이유이다. 즉 지혜의 눈으로 보면 실상(眞諦)은 너와 내가 다르지 않을 뿐만 아니라 현상(俗諦)의 차원에서도 너의 행복이 곧 나의 행복을 위한 인연이 되는 것이기 때문에 중생을 완전한 행복으로 인도할 수 있는 '보리심(覺

心)'을 길러야 한다는 것이다.

『반야심경』의 요체 그대로 세속보리심인 각覺을 통해서만 나와 우리 모두가 함께 해탈열반에 도달할 수 있고, 마침내 오롯한 중도의 절대보리심(眞諦)인 각覺에 도달하게 된다. 이와 같이 대승보살의 길은 보리심의 길이다. 대승보살이 할 일은 오직 하나 자신의 모든 것을 던져서 보리심의 불꽃을 활활 타오르게 하는 것뿐이다. 보살은 이타적인 대승의 길을 완성하는 것이다. 그래서 적천보살은 노래한다.

시방의 모든 [유정 중생들이] 몸과 마음의 병고病苦에서 벗어나, 이들 모두가 내 [작은] 복덕으로 인해 기쁨과 행복의 바다에 이르게 하소서.[10.2.] 칼 잎이 [무성한] 나무숲은 아름다운 낙원이 되게 하시고, 철자림鐵刺林의 나무들은 여의수如意樹가 되게 하소서.[10.6.] 불타는 돌덩이와 칼날의 비도 이제부터는 꽃들의 비가 되고, 서로의 무기로 부딪치던 이들도 이 순간부터는 꽃을 던지게 하소서.[10.9.] 허공계가 존재하는 한, 중생계가 존재하는 한, 저도 함께 따라 머물며 중생고를 멸하게 하소서.[10.55.] 중생의 고통이 무엇이든 모두 제 안에 익게 하시고, 보살 승가의 대중과 더불어 중생이 안락을 누리게 하소서.[10.56.][82]

6. 결어: 인도 대승불교의 정신과 한국 선불교의 방향성

붓다의 말씀에 집착하여 자가당착에 빠진 부파불교의 모순을 극복하기 위해 출현한 인도의 대승불교는 부파불교의 소승적 차원의 일불一佛

사상을 대승적 차원의 법보화法報化 삼신三身의 다불多佛사상으로 전환하여 민중의 신앙적 염원을 충족시키고 지혜법신의 완전한 해탈열반으로 이끌어 줄 방편의 보신불보살을 인도자로 삼게 되었다. 그리고 이와 같은 대승의 본래 목적을 인간세계에서 구현할 인간적인 대승보살의 길을 제시하였다. 이것은 단순히 부파불교의 모순에 대응한 또 다른 형식의 불교 출현이 아니라 석가모니 붓다가 설한 불교의 본래 목적이 자타불이自他不二의 대승적 실천에 있음을 보여 주는 변증법적 자기반성의 결과다. 그래서 『법구경』에서는 다음과 같이 노래한다.

> 삭발만으로 출가 수행자가 되는 것 아니라네. 계행이 없고 말이 진실되지 않으며, 탐욕과 시기심이 가득하다면 누가 그를 출가한 사문이라 하랴. 크고 작은 모든 허물 떨치었다면 그가 진정 출가한 사문이니라. 세상 모든 악을 잠재웠으니 그저 탁발로 살아간다고 비구라 이를 수 없나니, 법을 받은 사람을 비구라 하는 것. 뜻 없이 걸식으로 음식 따위를 비는 것이 아니다. 현상계의 선과 악을 초월하여 범행을 갖추고 지혜로써 세상을 지나는 나그네, 그를 진정 비구라 하네.[83]
> 지혜로운 이들은 정념으로 게으름을 정복하며 생사의 슬픔에서 멀리 멀리 벗어나 드높은 반야의 봉우리에 홀로 우뚝 서나니, 근심과 슬픔에 빠져 허덕이는 중생 굽어본다. 마치 높은 산 정상에 오른 사람이 산 아래 정처 없이 헤매는 뭇사람을 굽어보듯.[84]
> 듣고 읽은 경전이 비록 적어도 진실한 실천행으로 삼독심三毒心을 벗어나 반야와 해탈을 성취한 사람은 자신의 수행공덕을 두루두루

펼치리.⁸⁵

그러면, 오늘의 한국불교는 어떠한가? 사람들이 묻는다. 사부대중이 토로한다. 비탄조로 말한다. "한국불교가 벼랑 끝자락에 몰리고 있다. 수행자의 진면목이 변질 왜곡되고, 그로 인한 모순과 혼란의 끝이 보이지 않는다. 불교란 무엇이며, 출가 수행자란 어떤 존재인가?"라고. 그리고 또 묻는다. "불교는 무엇인가? 응병여약應病與藥이라고 했다. 병 있는 자에게 약이 되어야 한다. 출가 수행자는 누구인가? 약을 제조하는 약사이어야 한다. 한국불교가 그런가? 한국불교의 수행자가 그런가?"라고.⁸⁶ 『금강경』을 소의경전으로 삼고 참선을 기본수행으로 하고 있는 한국불교 대표종단인 조계종단의 이와 같은 위기감은 어디서 오는 것인가?

『금강경』이 출현한 사회적인 배경은 "초기불교의 정신을 통해 왜곡된 시대적 상황을 직시하고 불교도가 해야 할 일은 연기의 법칙대로 〔자신의〕 공덕을 뭇 삶의 의지처가 되도록 한 부처님의 진정한 대자비의 정신으로 돌아갈 것을 강조한 것이다."⁸⁷ 앞에서도 살펴본 것처럼, 『금강경』의 반야공성은 부파불교의 번쇄해진 연기법을 민중의 신앙적 열망과 눈높이에 맞춰 대승적으로 재해석한 것이다. 한국불교의 전통적인 재래선종在來禪宗을 통칭⁸⁸하던 '조계종'이라는 명칭을 사용한 조계종단이 한국불교를 대승불교의 본래적 목적에 맞게 재정립하기 위해 대승 정신을 시대적으로도 가장 잘 반영한 『금강경』을 소의경전으로 삼은 것도 같은 이유에서일 것이다. 그리고 선불교를 지향하는 조계종단은 간화선看話禪을 중심으로 한 참선수행을 기본방식으로 채택하였다. 『금강경』은 대승정신의 요체인 반야공성의 지혜를 담고 있는 초기 대승경전이고,

간화선은 일상생활을 일체의 경계에 매몰되거나 걸림 없이 지혜롭게 살아가기 위한 생활종교[89]를 표방하는 조사선의 전통에서 나온 것이다. "대승불교의 모든 경전과 모든 불교사상의 핵심을 체득한 조사(禪僧)들이 반야사상을 토대로 전개된 대승불교의 정신을 선의 실천으로 종합하여 구체적인 일상생활 속에서 실천하도록 압축하여 제시한 일행삼매一行三昧의 법문(語錄)"[90]에 담긴, "당대唐代 조사선의 선승들에 의해서 이루어진 선문답(대화)을 읽고 구체적인 일상생활 속에서 불법의 지혜로운 삶을 구체적으로 실천할 수 있는 정법의 안목을 체득하는 수행"[91]이다. 그리고 조계종단의 수행목적은 간화선의 수행을 통해 "불조佛祖의 혜명慧命을 계승하고, 또한 다양한 후득지와 방편지를 구족해야 자신도 인격과 지혜를 구족한 수행자가 될 수 있고 원력을 세운 보살도로서 다양한 중생을 제도할 수 있는 능력을 갖추는 것이다."[92] 이것은 곧 큰 틀에서 대승적 차원의 선불교를 표방해 온 한국불교가 지향하고 있는 내용이기도 하다.

돌이켜 보면, 1700년의 불교 역사를 가진 한국불교 역시 출현 당시부터 이와 같은 대승 정신을 이 땅에 발흥시키는 것을 목적으로 삼아 왔다. 한반도에 불교가 도래한 최초기인 삼국시대를 시작으로 민중불교의 의미를 처음으로 드러내 보인 원효스님의 일대기와 그 이후에 펼쳐진 선禪과 교敎의 다양한 불교형식들이 다 왕실과 민간을 포함한 신앙적 열망을 대승적으로 수용하고자 하는 것이었다. 그것을 대표하는 실천수행이 승가교육의 일환으로 담보된 교학을 포함하여 참선參禪과 염불念佛로 대변되는 수행법들이다. 교학은 물론, 선(禪, Dhyāna)을 수행하여 존재의 실상을 바로보고(見性) 중생구제의 보살행을 통해 성불의 길을 가는 참선수행이나, 아미타불과 같은 보신세계의 불보살을 염원하는 것으로 자타의 구제왕생을 실현하는 염불수행이 다 결국은 대승의 이타적 본래 목적을 충족시키기 위한 것이다.[93] 하지만 앞에서 질문한 것처럼, 오늘의 한국불교는 방황하고 있다.

인도에서는 불교가 현학적 자기해석에 파묻혀 민중과 유리될 때마다 언제나 대승적 자기반성을 담은 새로운 형식의 불교가 출현하였다. 인도불교는 고대 인도사상을 극복하고 출현한 붓다의 원음을 담은 초기불교에서 번쇄한 철학적 탐구로 자가당착에 빠진 부파불교로, 다시 이를 반성한 대승불교의 출현과 번쇄해진 대승철학으로의 변형, 그리고 그에 대응하여 민중의 신앙적 열망을 다시 수용한 대승밀교와 또 다시 번쇄해진 밀교철학으로 끊임없는 변증법적 순환을 반복해 왔다. 존재가 존재의 모순을 안고 윤회를 반복하듯, 인간 사회에서 구현된 이상적인 실천양식도 끊임없는 변천을 하는 것이다. 이것은 존재계의 모순을 그대로 보여 주는 너무나 당연한 모습이기 때문에, 불교의 연기공성의 의미 그대로 가장 최근의 모순으로부터 출발하여 그것을 새롭게 다시 재구성함으로써 끊임없이 중도를 실천해야 한다. 그래야 이 땅에 붓다가 출현한 이유와 대승의 이상적인 인간상인 보살도의 목적이 드러나기 때문이다.

한국불교도 마찬가지이다. 고이면 썩고 썩으면 새로운 정화의 요구가 생겨나는 것처럼, 한번 결정한 것이 영원히 그대로 갈 수는 없다. 무상하기 때문이다. 무상하기 때문에 이전의 것에 매달려 지키려고 애써야 할 이유도 없다. 찰나멸의 속성 그대로 새로운 것을 드러내려면 현재의 모순을 바로바로 소멸시켜야 한다. 바른 죽음이 없이는 바른 생성도 없다. 이미 고이고 썩어 모순이 다 드러난 지금 우리는 우리의 모순을 바른 죽음으로 이끌어야 한다. 새로운 것을 고민하지 않아도 현재의 모순이 찰나멸하게 되면 거기에 필요한 원인과 조건의 결합이 바른 생성의 현재로 드러날 것이기 때문이다. 이것이 붓다의 연기이고 대승의 반야공성이며 다르마끼르띠의 찰나멸이다.

"사람은 왜 사는가? 행복을 위해 살아간다. 스님들은 왜 출가했는가? 헐떡임과 흔들림의 장애를 벗어버리고 더 큰 자유와 행복을 얻기 위해서다. 수행승들은 왜 젊음을 안으로만 다스리며 고행의 끈을 놓지 않는가? 진리와 하나를 이루어 큰 자유와 큰 행복을 누리기 위해서다."[94] 인도의 대승불교는 이와 같은 자유와 행복을 향한 열망에 부응하는 변증법적 자기반성이었다. 인간은 누구나 행복을 원하고 불행을 원하지 않는다는 것을 너무나 잘 알고 있었기 때문에 개인적인 자유와 행복은 물론, 보편적인 큰 자유와 큰 행복을 추구한 것이다. 『반야심경』에서 스스로 넘어가고(바라아제) 모두 다 함께 넘어가서(바라승아제) 밝고 명료한 중도의 자리인 '각(覺, Bodhi)'에 머무는 것이야말로 비할 바 없는 최고(無上無等)의 진언이라고 말한 그대로이다. 한국의 선불교 역시 인도에서 대승불교가 발흥될 수밖에 없었던 이유처럼, 이와 같은 방식으로 대승불교의 본래 의미에 맞게 『금강경』의 종의를 밝히고 참선수행의 목적을 바르게 드러내는 방향으로 나아가야 할 것이다.

{선불교의 행복론}

선시, 절대적 행복을 노래하다

— 소식의 선시를 중심으로 —

박영환(동국대 중어중문학과)

불립문자不立文字, 교외별전敎外別傳, 직지인심直指人心, 견성성불見性成佛은 선종이 표방하는 종지宗旨이다. 마음이 공空하면 만물도 공하며, 자연과 하나가 되고 우주와 동원同源이 되는 것이다. 이러한 선심禪心을 시라는 문학형식으로 풀어낸 것이 선시禪詩이다. 시공을 초월한 깨우침의 경지를 옛날 선사들은 정련된 언어로 표현하여 이심전심을 추구하였다. 당대 이후 수많은 중국 문인들은 외유내불外儒內佛이라는 방식을 통해서 자기 인생에서의 모순과 번뇌를 해결하려 했고, 그 결과 그들도 선종사상의 운용을 통해서 직지인심의 경지를 표현하고자 했다.

송대 소식(蘇軾, 1036~1101)이 그 대표적인 문인 중의 한 사람이다. 그의 선시에는 송대 시가의 특징을 구현하고 있을 뿐만 아니라, 행복한 삶을 사는 방법을 알려주는 지침서 역할을 하고 있다고 해도 과언이 아니다. 다시 말해서 소식의 선시 속에는 소식의 인생관과 처세 태도에 대해 매우 상세히 나타나고 있다. 여기에는 우주를 관조하고 인생을 궁구窮究하는 불교 선종의 사상과 철학을 내포하고 있어 불교도들이 귀감을 삼아야 할 방향을 제시해 주고 있다고 할 수 있다. 그러기에 소식의 선종사상의 운용은 천년이라는 시공을 초월하여 오늘날 우리들에게도 많은 것을 생각하게 만든다. 같은 사상이라도 어떻게 운용하느냐에 따라서 우리의 운명이 달라질 수 있음을 소식의 선시를 통해서 유추해 볼 수 있다. 본 글을 통하여 각박한 물질문명 속에 생활하는 우리들이 지향해야 할 점에 대해서 다시금 생각해 보는 계기가 되었으면 한다.

1. 서론

중국의 대표적인 문학가이자 선학가, 사상가인 소식蘇軾의 자字은 자첨子瞻이고, 호는 동파東坡이며, 중국 스촨성(四川省) 메이산(眉山) 사람이다. 중국 역대 최고 문인 중의 한 사람으로 중국 문단과 시단 및 주변 국가에 끼친 영향력은 상당하다. 문장에 있어서 소식은 그의 아버지 소순, 동생 소철과 함께 당송팔대가의 한 사람으로 중국 산문의 전범을 확립하는 데 크게 공헌하였다. 시가에 있어서는 2,700여 수의 시를 남김으로써 송시의 기풍을 새롭게 열어서 황정견黃庭堅과 함께 송시를 대표하면서 소·황으로 칭해지고 있다. 400여 수의 사詞 작품 중에서 수많은 호방사와 철리사를 남김으로써 신기질辛棄疾과 함께 송대의 호방사의 기풍을 개척하였다는 평가를 받고 있다. 또 서법書法에서는 황정견·미불米芾·채양蔡襄과 함께 북송사대가로 알려졌고, 회화에서는 문동文同과 함께 송대 문인화文人畵의 창시자로 알려졌다. 한마디로 소식은 다재다능한 재능과 호방한 성정, 사상의 다양성을 토대로 자유로운 정신세계를 펼친 중국 최고의 문인이라고 평가할 수 있다. 그 무엇보다도 그의 이러한 뛰어난 성취는 동시대의 이학가들이 걸었던 길과는 다른 사상적인 길을 걸었기 때문이다. 즉 유불도의 경계를 넘나드는 다양한 사상적인 스펙트럼을 통해서 자유로운 정신세계를 펼쳤기에 가능한 것이었다. 특히 수차례의 폄적과 유배로 "치국평천하治國平天下"를 실행할 수 없는 회재불우懷才不遇의 상황에 있어서 불교 선종의 사유와 사상은 그의 일평생에 지대한 영향을 미치면서 그의 인생관에 핵심적인 역할을 한다. 특히 그와 직접 교유를 한 승려가 100여 명이 넘었으며, 선종어록과 불교문헌에 대해서도 매우 정통하였다. 그의 시문을 보면 '반야般若', '유마힐維摩詰', '능가楞伽', '원각圓覺' 등의 경전들을 능수능란하게 활용하였음을 알 수 있다.

특히 오대시안烏臺詩案이라는 필화사건으로 겨우 죽음의 문턱을 비켜난 소식은 황주로 유배된 이후 매일 아침 안국사安國寺에 와서 참선하고 저녁에 돌아가는 생활을 5년 동안 한결같이 수행하기도 했다. 만년에 혜주惠州와 작은 섬 담주(儋州, 지금의 하이난다오, 海南島)로 유배된 이후에 그는 더욱 선종사상에 침잠한다. 어떠한 상황이든지를 막론하고 불법의 인연으로 간주하거나, 일체개공의 사상으로 사물을 대했기에 모든 사물에 초연할 수 있었다. 더욱이 『오등회원五燈會元』에서는 소식을 송대 황룡파黃龍派 황룡혜남黃龍慧南의 제자인 동림상총東林常總의 법사法嗣로 등록하고 있다. 이것만 보아도 소식은 일생 동안 외유내불外儒內佛의 정신적인 구도자의 길을 걸어왔다고 해도 과언이 아니다. 즉 그는 선종의 섭리와 우주관을 매우 잘 활용한 뛰어난 구도자였던 것이다.

　소식에게 있어서 무엇보다도 중요한 것은 수많은 역경 속에서도 굴하지 않고, 오히려 그것을 뛰어넘거나 철저하게 비우는 자세로 일관해 소극적인 불교관의 운용이라는 인식을 뛰어넘는다는 점이다. 그는 오히려 불교사상을 적극적으로 운용함으로써 자신의 작품 속에서 광달함과 여유, 해학과 달관의 자세를 견지하고 있으며, 또한 인생의 고난을 창작으로 승화시켜 수많은 뛰어난 작품을 남기고 있다. 그러므로 소식의 일생을 관통하는 중요한 사상은 대승공관, 수연자적, 무집착, 원융무애 등 인연을 따르는 인생관을 견지하고 있음을 알 수 있다. 본문에서는 우선 가정적인 배경을 통해서 소식 불교의 연원淵源을 살펴보고, 동시에 그의 일생의 족적을 따라서 소식이 불법을 수용하는 과정에 대해 살펴본다. 마지막으로 동파거사의 인생에 불교 선종이 어떠한 등불의 역할을 했는지 고찰해 보고자 한다.

2. 소식 불교의 연원

소식의 고향 스촨성 메이산은 역사적으로 불교와 매우 밀접한 관련이 있는 곳이다. 중국 최초의 목판 대장경판이자 중국과 우리나라 대장경판의 효시인 소위 촉판蜀版대장경[1]이 바로 송나라 태조 때 메이산 바로 옆에 위치한 익주(益州, 오늘날 스촨성 청두시)에서 완성된 것이다. 또한 메이산 서남쪽에는 중국 불교 4대 명산 중의 하나이자 산세가 수려하기로 이름난 어메이산(峨眉山)이 있다. 예부터 보현보살의 도량으로 알려져 수많은 민중들의 발걸음이 끊이지 않던 곳이다. 어메이산 바로 옆에는 세계에서 가장 큰 좌불상인 유명한 러산(樂山)대불이 있다. 소식은 바로 이러한 불교성지에서 성장하였기에 당연히 불교적인 환경에 매우 익숙하고 자연스러웠을 것으로 추정할 수 있다.

 소식의 부친 소순蘇洵도 역시 다른 문인들과 마찬가지로 유가를 종주로 삼았다. 하지만 그는 불교와도 매우 밀접한 관계를 유지하였을 뿐만 아니라, 촉 지방 출신의 명승인 운문종雲門宗의 원통거눌圓通居訥과 보월대사 유간寶月大師惟簡과 교유가 깊었다. 『송고승전宋高僧傳』에는 소순을 거눌의 법사法嗣로 기록하고 있다. 소식의 나이 22세에 진사에 급제하였으나 모친상으로 3년간 거상居喪하고, 가우 4년(1059) 24세에 온 가족이 경사京師로 이사할 당시, 소순은 부인과 친인척들의 부고에 가슴 아파하면서 부인을 추념하기 위해서 육보살을 조성하였다.

아! 삼십 년 사이에 가족들이 세상을 하직하고 몇 명이 남지 않았구나. 장차 남으로 떠나 형초를 지나고 대량을 거쳐서 이후에 다시 오월을 지나고 연조에 이르러 사방을 유람하면서 늙음을 소일할 생각이다. 장차 떠나려 함에 묘를 보니 감개무량하여 망자를 추념한다. 그 상쾌한 영혼이 쓸쓸한 유명 사이에 머물러 다시는 고향을 이리저리 소요하지 못할까 두려워하여 육보살과 감좌 두 곳을 건조하였다. 불교에서 말하는 관음보살, 세지보살, 천장왕보살, 지장왕보살, 해원결解冤結보살과 인로왕보살을 극락전의 아미타여래 당에 안치하였다. 그대의 영혼이 감지한다면 어떤 때에는 하늘로, 어떤 때에는 사방으로, 아래위 어느 곳이든지 마음대로 다니기를 바라오. 마치 내가 사방을 마음대로 유람하는 것처럼.[2]

부인의 영혼이 마음대로 소요하고 유람하기를 바라는 마음에서 여섯 보살과 두 곳의 감좌를 조성한 소순의 지극한 정성으로 보아 소순과 불교가 단편적인 일회성의 교류관계가 아니라, 매우 돈돈한 불심을 가지고 있었음을 알 수 있다. 소식의 모친 정씨 부인과 불교와의 관계에 대해서는 소식의 「십팔대아라한송十八大阿羅漢頌」 문장을 통해서 간접적으로 알 수 있다.

소식의 외조부 정공이 어릴 때 경사를 유람하였다. 돌아오는 길에 촉에서 난을 만나, 양식이 떨어져 돌아올 수가 없어 여관에 갇히었다. 승려 16인이 그를 찾아와서 이르기를 "공과 같은 고향사람입니다"라고 하며 각각 돈 200전을 빌려 주었다. 외조부는 이로써 무사히 돌아왔는데 나중에 승려들의 소재지를 결국 찾지 못했다. 외조부께서 이르시기를 "이것은 바로 아라한들이다"라며 이 해에 4차례 제사를 모셨고, 외조부가 90세에 이르기까지 모두 200여 차례 제사를 지냈다.[3]

이 문장을 통해서 소식 모친 정씨 부인 집안의 불교적인 분위기를 알 수 있다. 고대에는 부모가 정성스럽게 불교를 믿는다면 대부분의 자녀들도 자연적으로 부모를 따를 수밖에 없는 환경이었다. 후에 소식도 「진상원석가사리탑명眞相院釋迦舍利塔銘」 서문에서 부모들의 불교에 대한 믿음에 대해 다음과 같이 말하고 있다.

옛날 문안 주부를 지내신 돌아가신 아버지와 무창태군인 어머니 정씨는 두 분 다 본성이 어질고 행동이 청렴하셨다. 불법승 삼보를 높이 받드셨는데, 돌아가신 후에 남기신 뜻을 이어받아 귀중한 물건을 바쳐서 불공을 드려 왔다. 비록 힘이 다하여 그치긴 했으나 마음은 끝이 없다.[4]

이뿐만이 아니다. "소식의 집에는 십육나한 상을 모셔 놓고 매 번 차로써 공양을 올리면 흰 우유가 되었다(軾家藏十六羅漢像, 每設茶供, 則化爲白乳)"[5]는 기록을 통해서도 소식의 부모는 매우 신심이 돈독한 불교도였음을 알 수 있다. 그러므로 부친이 세상을 떠난 지 6년이 되던 해, 소식의 나이 37세 때 모친이 일평생 아끼면서 가지고 있던 패물들을 불사에 기부하여 아미타불 상을 그린 뒤, 「아미타불송阿彌陀佛頌」을 지어서 다음과 같이 말하고 있다.

미산의 소식이 망모 촉군 태군 정씨의 비녀와 패물 등 유물을 희사하여 호석胡錫으로 하여금 아미타불 상을 그리게 하고 명복을 빌면서 게송을 지었다. 이르기를 "부처님의 큰 깨우침은 시방세계에 충만한데, 내가 거꾸로 된 망상으로 생사 겁에 출몰하였네. 묻노니 어떠한 생각이면 왕생정토를 얻을 수 있겠는가. 내가 지은 무시無始 업업은 본래 일념에서 생겨난 것이다. 일념에서 생겨난 것이라면 오히려 일념에서 멸하여지는 것이니, 생과 멸이 모두 다 사라진 곳에서는 나와 부처가 같다네. 바다 가운데에 물을 던지는 듯하고, 바람으로 북을 치는 듯하여, 비록 큰 지혜가 있다고 하더라도 분별할 수가 없다네. 원하옵건대 돌아가신 부모님과 모든 중생들이 서방세계에 이르러 극락세계를 만나 모두가 무량수無量壽가 되어 가는 것도 없고

오는 것도 없기를 바랍니다."⁶

부모가 서방정토에 극락왕생하기를 간절히 기원하는 내용이다. 소식의 일생을 돌아보면 선종사상을 적극적으로 운용하면서 정토사상에 대해서는 비판적인 입장을 견지하고 있는 것이 주류이다. 그럼에도 불구하고 그의 기록을 살펴보면 상황에 따라서 가끔씩 정토사상을 수용하고 있음을 알 수 있다. 이것은 아마도 어려서부터 부모와 가정의 불교적인 분위기에 영향을 받았기 때문이라고 할 수 있다. 이런 과정으로 보아 불교의 정토사상은 소식의 성장과정에 있어서 상당한 영향력을 끼쳤음을 알 수 있다. 그러기에 그의 나이 58세 때에 부인 왕씨가 세상을 떠나자 그도 그의 아버지 소순처럼 망처를 위해 석가모니불과 십대제자의 화상을 그려 왕생극락을 기원하였다.

> 단명전학사端明殿學士 겸 한림시독학사翰林侍讀學士 소식은 망처亡妻인 동안군군同安郡君 왕씨 윤지閏之를 위해서 봉의랑奉議郎 이공린李公麟을 청하여 석가문불 및 십대제자를 그려 달라고 청하였습니다. 원우 8년 11월 11일, 수륙법회를 열어서 영혼을 천도하는 공양을 부처님 전에 바쳤습니다. 소식이 두 손을 땅에 대고 공손히 절하면서 송頌을 지어 말하였습니다.⁷

소식의 후첩인 왕조운王朝雲도 독실한 불교신자였다. 그녀는 일찍이 사상泗上의 비구인 의충義沖에게서 불법에 대해 배운 적이 있었다. 후일 소식을 따라서 혜주 유배지로 함께 갔는데 자주 염불을 독송하였다고

전한다. 1096년, 그녀의 나이 34세에 전염병에 감염되어 세상을 떠나게 되었는데, 임종 전에 "일체의 유위법은 꿈같고, 허깨비 같고, 물거품 같고, 그림자 같고, 이슬 같고, 번갯불 같으니, 응당 이렇게 보아야 한다"라는 게송(『금강경』 '육여게六如偈')을 독송하였다고 한다. 나중에 소식이 그녀를 혜주의 고산에 묻고 그녀를 위해서 육여정六如亭이라는 정자를 지어 주었다. 또한 묘지명에서도 "부도를 바라보며 가람에 의지하네. 당신의 본심이 부처님께 귀의함과 같네"[8]라고 위로하였다.

동생 소철도 상당히 불법에 정통하였음을 소식이 쓴 「황벽선사를 대신하여 자유에게 대답하는 송(代黃檗答子由頌)」을 통해서 알 수 있다.

> 동생(자유)이 황벽장로에게 질병에 관하여 묻기를 "오온은 모두가 사대가 공인 것과 다르니, 몸과 마음의 산하가 모두 원융무애하다. 병의 근원이 어느 다른 곳에 용납하겠는가, 밤낮으로 여전히 약석藥石으로 공격한다." 이것을 황벽선사가 어떻게 답할지 모르겠다. 동파노승이 대신 이르기를 "병이 있으면 반드시 약藥으로 공격해야 하고, 추운 날에는 화촉으로 따뜻한 바람을 불러야 한다. 병의 뿌리를 이미 용납할 곳 없으니, 약석도 사대가 공인 것과 같은 것이다."[9]

마치 신수와 육조혜능 사이의 게송을 보는 듯하다. 두 형제 모두가 불교 사상에 상당한 조예와 연구가 있었음을 알 수 있다. 소철 스스로도 "형은 스스로 불교를 논함에 있어 동생에 미치지 못함을 자각하였다"[10]고 기록하고 있다. 또한 소식과 주고받은 시 중에서 "노쇠하여 집에 있으니 출가함과 같고, 『능가경』 4권이 바로 생애라네(老去在家同出家, 楞伽四卷

卽生涯)"라고 말하고 있다. 이렇게 소식은 어린 시절부터 불교적인 가정환경 속에서 성장해 왔음을 알 수 있다. 더욱이 부모뿐만 아니라, 동생 소철, 부인들의 불교적인 분위기 속에 소식은 선종사상뿐만 아니라, 정토사상도 상당 부분 수용하였음을 알 수 있다. 이러한 어린 시절의 불교적인 영향 아래 후일 소식은 100여 명의 고승들과 교유하면서 때로는 그들의 불교를 날카롭게 비판하기도 하고, 동시에 그들과 함께 선문답을 주고받으면서 선종사상을 자각적으로 운용하였다. 따라서 그의 창작품 속에는 수많은 선종의 사상을 내포하고 있을 뿐만 아니라, 다양한 선승들과 교유한 기록도 남기고 있다.

3. 불법의 수용 과정

소식이 생활한 북송은 표면적으로는 이학理學의 흥성으로 불교가 쇠락해 가는 추세였지만, 실질적으로는 유·불·도 삼교의 사상이 더욱 합류하는 시대였다. 당시의 통치자들도 삼교융합을 적극 지지하고 있었다. 즉 북송의 진종眞宗은 "석가모니의 계율을 담은 책과 주공, 공자, 순자, 맹자는 길은 다르지만 도는 같은 것이다(釋氏戒律之書與周孔荀孟, 跡異道同)"[11]라고 정의하고 있다. 소식의 정적이었던 개혁가 왕안석王安石도 역시 같은 견해를 가지고 있다. 왕안석과 신종과의 대화를 보자. "신이 불교의 서적을 보니 경전과 부합됨이 있으며, 이치 또한 그러합니다. 비록 서로 먼 것 같지만, 부합됨이 부절을 맞춘 것과 같습니다."[12] 소식도 역시 삼교융합을 적극적으로 주장하고 있다. "공자와 노자가 다른 문이며, 유가와 불교는 서로 다른 집이다. 또한 그 사이에 선과 율이 서로 공격한다. 내가 큰 바다를 보니 북과 남과 동이 있으며, 강과 하천이 비록 다르나 그 지향하는 바는 같은 곳이다"[13]라며 삼교융합의 종지를 설명하고 있다.

이로 보아 삼교융합이라는 당시의 사조가 당시 통치 계층과 사대부들 사이에 광범위한 영향을 주었음을 알 수 있다. 이러한 사조 아래 사대부들은 불교를 유교사상과 함께 매우 자연스럽게 받아들일 수 있었고, 고승대덕들과 광범위한 교유를 할 수 있었다. 그러므로 당시 사대부들은 벼슬길로 나아가서 경세제민經世濟民의 실천을 강조하는 동시에 선종사상의 수용과 선사들과의 교유를 통하여 담박한 유문의 단점을 보완하여 유자선화儒者禪化의 길을 걸어 풍부한 정신세계를 추구하였다고 할 수 있다. 마찬가지로 선사들도 사대부들과의 교유를 통하여 불교 선종의 깨우침을 설법하면서 선종의 지위를 제고하는 동시에 세속의 잘잘못에 직접 참여하여 비판하는 선자유화禪者儒化의 길을 걸어갔다. 여기에서는 소식이 어떠한 과정을 통해서 불법을 수용하게 되었는지 그 과정에 대해서 살펴보자.

소식의 나이 26세인 가우嘉祐 6년(1061)은 소식에게 있어서 여러 방면으로 의미가 있는 해이다. 우선, 동년 8월에 전시殿試에 참가하여 3등의 영광을 얻었고, 동생 소철은 4등을 차지하였다. 그리하여 동년 11월 대리평사大理評事, 첨서봉상부판관簽書鳳翔府判官으로 임명되어 동생과 정주鄭州 서문에서 이별하고 봉상鳳翔으로 부임하였다. 소식의 문헌 기록에 근거하면, 소식이 직접 불법에 대해서 배운 시기가 바로 이 무렵이다. 당시 봉상부첨판직 재임 시기에 왕팽王彭으로부터 불법을 배웠고, 동시에 불서를 좋아하게 되었다고 「왕대년애사王大年哀辭」에 기록되어 있다.

> 가우嘉祐말, 나는 기산 아래에서 종사하였는데, 태원왕군의 이름은 팽이고, 자字는 대년으로 감부제군이었다. …… 나는 처음에 불법을 알지 못했는데 그가 대략적인 것을 말해 주었다. 하나하나 세밀한 곳까지 보며 스스로 증명해 주어서 사람으로 하여금 의심나지 않게 했다. 내가 불서를 좋아하게 된 것은 대개 그에게서 비롯되었다.[14]

왕팽은 무관이었지만 "박학다식하며 정련된 핵심을 파악하였고, 통하지 않은 책이 없을 정도였으며 특히 문장을 좋아하였다"(「王大年哀辭」)고 기록한 것으로 보아 불교 교리뿐만 아니라, 문무를 겸비한 뛰어난 인재로 소식의 불법 수용에 상당한 역할을 하였음을 알 수 있다.

하지만 소식이 직접 불교를 접촉한 것은 이보다 이른 시기로 보인다. 소식의 나이 20세 때 이미 사천의 유도화상惟度和尙과 유간화상惟簡和尙과 깊이 교유하여, 소식은 "내가 모두 좋아하는 두 스님(二僧皆吾之所愛)"[15]이라고 평가할 정도였다. 게다가 소식의 시에 "그대 어렸을 때 나와 함께 유가 경전을 배우며, 그 외 노자와 석가모니의 문장도 읽었다네"[16]라는 구절이 있고, 소철도 그의 시에서 "(소식은) 어렸을 때 불서를 읽을 줄 알았고, 선정을 학습하였네"[17]라고 말하고 있음으로 보아서 소식은 왕대년을 만나기 이전부터 광범위하게 불교와 접촉하였음을 알 수 있다. 다만 본격적인 정치 생활을 시작하고 여러 가지 인생에 대한 성찰을 하면서 왕팽으로부터 불교철학에 대해서 문답을 나누면서 개략적으로 불교사상을 배웠을 것으로 추정할 수 있다.

그래서일까? 문헌 기록에 남아 있는 작품을 분석해 보면 시작詩作 중에서 최초로 불교를 소재로 지은 작품이 바로 이 시기에 지은 「봉상팔관鳳翔八觀」의 네 번째 작품인 「당나라의 양혜지가 만든 천주사의 유마힐상 (維摩像唐楊惠之塑在天柱寺)」이다.[18] 이 작품은 소식이 유마힐을 소재로 한 첫 번째 시작으로, 유마힐거사의 인품에 대한 시인의 흠모하는 마음을 절절히 표현하고 있다. 외모가 깡마르고 볼품은 없지만 생사를 초월한 동시에 어디에도 얽매이지 않는 수연자적의 지인至人의 행보를 높이 평가하고 있다. 또한 지금도 여전히 살아있을 때와 마찬가지로 불법을 널리 선양하고 있지만 사람들이 그 존재 가치를 알지 못하고 있음을 한탄하고 있다. 이후에 소식은 그의 시문에서 유마힐의 전고를 자주 등장시켜 자신과 비교하고 있는 것에서도 그의 불교에 대한 해박한 지식과 유마힐을 추종하는 마음을 이해할 수 있다.

어쨌든, 가우 6년(1061)은 막 벼슬길로 들어선 26세의 소식에게 있어서 인생의 새로운 시발점으로 경세제민의 포부를 실천하기 위해 출사하던 비교적 순탄한 시기라고 할 수 있다. 하지만 이 시기에 처음으로 불법에 대해서 배우고, 처음으로 불교를 소재로 시를 창작하였다. 게다가 같은 시기에 지은 작품인 「자유가 민지에서 회고한 것에 화답하다(和子由澠池懷舊)」를 보면 인생에 대해 깊이 있는 고민을 한 흔적이 드러나고 있다.

人生到處知何似	정처 없는 우리 인생 무엇과 같은지 아시는가?
應似飛鴻踏雪泥	날아가는 기러기가 남긴 눈 위의 발자국 같겠지.
泥上偶然留指爪	진흙 위에 우연히 발자국을 남기지만,
鴻飛那復計東西	날아가는 기러기의 행방을 어찌 알겠는가?

老僧已死成新塔	노스님은 세상 떠나 이미 새 탑 세워졌고,
壞壁無由見舊題	허물어진 벽에서는 옛 시를 볼 수 없네.
往日崎嶇還記否	지난날의 고달픈 길 아직도 기억하는가?
路長人困蹇驢嘶	길은 멀고, 사람은 지치고, 당나귀는 울어댔지.

소식이 봉상부 첨판으로 부임하였을 때 동생 소철의 시 「민지를 그리며 자첨 형에게 부치다(懷澠池寄子瞻兄)」를 받았는데, 이후 소철에게 화답시로 이 시를 쓴 것이다. 선종의 전적인 『전등록傳燈錄』을 인용하여 인생의 역정을 '눈 위에 남긴 기러기의 발자국'[19]에 비유하고 있다. 제5구부터는 구체적인 예를 들어서 인생의 실체에 대해서 부연 설명을 하고 있다. 5년 전 동생 소철과 과거 보러 갈 때 묵었던 민지를 이번에 다시 지났지만, 이제는 그곳의 노승도 이미 열반에 들었고, 당시에 자기가 시를 남겼던 벽도 무너져 없다는 것이다. 이것이 바로 '눈 위에 남긴 기러기의 발자국'과 같이 본래 실체가 없다는 것이다. 그러므로 사람의 일생이란 우연히 흔적을 남기지만, 이것은 실체가 아니라 인연에 의하여 잠시 드러난 것에 불과하며, 시간이 지남에 따라 결국은 사라지게 된다는 것이다. 마지막 두 구절에서도 또 다른 하나의 '눈 위의 기러기 발자국'을 설명하고 있다. 즉 '가야 할 길은 멀고, 사람은 지치고, 당나귀는 울어댔던 지난날의 고달픈 인생역정,' 이러한 발자국은 비록 우리들의 뇌리 속에 남아 있지만, 실질적으로는 시공간 속에 사라진 지가 오래되었음을 암시하고 있다. 이로 보아 소식은 동생과 같이 겪었던 인생역정과 자기가 겪은 사실로써 "눈 위에 남긴 기러기의 발자국" 같은 인생의 철리를 증명하는 동시에 한치 앞도 내다볼 수 없는 무상한 인생의 실체에 대해 설명하고

있다. 인생에 대해서 여러 가지 생각이 깊었던 시기로 보인다.

 1064년 2월, 소식의 나이 30세에 봉상에서의 임기를 마치고 조정으로 돌아온다. 하지만 그의 앞에 기다리는 것은 청천벽력 같은 슬픔의 연속이었다. 5월에 처 왕불이 세상을 떠나고, 이듬해 4월인 소식 나이 31세에는 부친 소순이 병으로 세상을 떠났던 것이다. 1069년에 삼년상을 마친 이후 조정으로 돌아왔지만 신법당과의 충돌로 결국 모함을 받게 되고, 소식은 결국 항주 통판으로 외임을 자청하였다. 항주에 도착한 그는 "인생에 있어서 진정한 행복이 무엇인가? 나의 방법이 참으로 잘못되었구나(人生安爲樂,吾策殊未良)"(「湖上夜歸」)라고 철저히 참회한다. 그리하여 그는 동남불국東南佛國이라고 칭하는 항주에서 여러 산사를 유람하면서 혜근惠勤, 참요參寥 등 당시 오월 지방의 수많은 고승들과 교유를 시작하였다. 「서호를 그리며 조미숙 동년에게 부치다(懷西湖寄晁美叔同年)」란 시를 보자.

三白六拾寺	삼백육십 개의 사찰을
幽尋邃窮年	유유히 찾다 보면 한 해도 모자라네.
所至得其妙	이르는 곳마다 그 오묘함을 얻지마는
心知口難傳	마음은 알아도 입으로는 전하기 어렵구나.
至今淸夜夢	지금에 이르도록 맑은 꿈을 꾸며
耳目餘芳鮮	눈과 귀에 향기로움 생생하게 넘치네.

 사찰에 이르는 곳마다 불법의 오묘함을 얻지만, 그것을 말로 전하기가 어렵다는 것이다. 너무 생생하기에 꿈에서도 향기롭게 눈과 귀에 아른거

리고 있다고 말한다. 앞서 언급하였던 소식의 나이 37세 때에 부모의 극락왕생을 위해서 지었다던 「아미타불송」을 바로 이 시기에 지은 것이다. "내가 거꾸로 된 망상으로 생사 겁에 출몰하였네. 묻노니 어떠한 생각이면 왕생정토를 얻을 수 있겠는가. 내가 지은 무시 업은 본래 일념에서 생겨난 것이다. 일념에서 생겨난 것이라면 오히려 일념에서 멸하여지는 것이니, 생과 멸이 모두 다 사라진 곳에서는 나와 부처가 같다네"라는 구절에서 볼 수 있듯이, 이 시기에는 정치적인 번뇌와 충돌을 선종의 사상과 불교의 철리로써 보완하고 있음을 알 수 있다. 생활 속에 불법과 선리를 운용하면서 담박하면서도 단조로운 유가의 단점을 보완하였다. 이런 상태에서 고승대덕들과 시를 논하고 그들의 설법을 들으면서 교유하는 즐거움을 "백 가지의 근심이 녹아 사라지고, 정신과 몸이 편안하게 되었네"[20]라고 이 시기의 심리 상태를 표현하고 있다.

소식의 나이 44세에 유명한 오대시안이 발생한다. 하마터면 인생을 영원히 하직할 뻔했던 소식으로서는 황주로 유배된 이후 더욱 불교에 침잠하였다. 역시 당나라 때 불교와 매우 가까웠던 시인 백거이白居易의 충주 동파를 모방하여 스스로를 동파거사東坡居士라고 칭하였다.[21] 황주 이전 시기가 정치적인 모순과 충돌을 피해서 불교를 배우면서 논하고 단순히 교류하는 단계였다면, 황주 이후에는 스스로의 고뇌로부터 벗어나기 위하여 본인 스스로가 더욱 불교의 선종사상에 더욱 침잠하였다. 즉 "황주에 처음 도착한 후에 태수를 한 번 만나고, 그로부터 두문불출하였다. 고요히 은거하면서 책을 볼 수밖에 없었는데 오직 불경으로써 세월을 보냈다."[22] 불경으로 소일하면서 느낀 바가 있었기에 그는 "향을 태우고 묵좌를 하면서 깊이 자아를 성찰하였는데, 즉 사물과 나를 서로 잊어버리고, 마음과 몸이 모두 공空함을 알았다"²³는 경지에까지 이르렀다. 황주 유배 시기는 그의 나이 50세까지 이어진다.

이후에 50세에 등주登州 지방의 지주知州를 거쳐서 잠시 조정으로 돌아갔다가 나이 54세에 다시 항주杭州, 영주潁州, 양주揚州로 부임하였다가, 그의 나이 59세에는 혜주惠州, 63세에는 담주儋州로 유배를 당하였다. 66세에 유배지에서 벗어나 북으로 돌아오는 도중에 상주常州에서 세상을 하직한다. 비록 잠시 조정에서 회재불우를 만회할 기회가 있었지만, 전반적으로 그의 만년은 선종사상에 의지하여 정치상의 실의와 정신적인 충격, 생활상의 곤궁함을 해결하려 하였다. 그러므로 육조혜능이 전법한 유명한 조계 남화사를 지나면서 "내가 본래 수행인이기에 삼세의 정련을 쌓고 있다네(我本修行人, 三世積精煉)"(「南華寺」)라고 감개하고 있다. 즉 인생의 허무함, 운명의 기구함은 결국에 자기 스스로가 수행인이기 때문이라는 것이다. 이러한 불교에 대한 관점이 영남 생활의 기조를 이루고 있다. 그러므로 이 시기가 황주 시기에 비하여 더욱 불교와 선종에 침잠하였음을 알 수 있다. 후일 그는 남화사 육조혜능의 탑 아래에서 예를 차리고 감사를 표하면서 다음과 같이 말하고 있다.

> 전생에 죄업이 있어 당연히 악한 길로 떨어진 까닭에 일생 동안 우환을 겪었습니다. …… 나의 인생이 얼마 남지 않을 것을 생각하시어, 이렇게 편안하고 한가로움을 하사하셨습니다. 소식이 감히 스스로 본심을 구하지는 못했으나 영원히 모든 업장을 벗어나 도과道果를 이루기를 바라오니, 이로써 부처님의 은혜에 보답합니다.²⁴

자신을 돌보아 준 부처님의 은혜에 대한 감사를 표하고 있다. 한편, 담주儋州에 유배되었다가 돌아오는 길에서 "7년간의 왕래를 어찌 참을 수 있었는가. 다시 조계사의 감로수를 맛보네. 마치 꿈속에서 바다를 건넌 것 같고, 취중에 생각 없이 강남에 이르렀네(七年來往我何堪, 又試曹溪勺甘. 夢裏似曾遷海外, 醉中不覺到江南)"(「過嶺二首」其二), "세상일이 한 바탕의 큰 꿈(世事一場大夢)"(「西江月·黃州中秋」), "세상일이 결국에는 모두가 꿈(世事到頭都是夢)"(「南鄕子」)이라고 하는 등 일생을 돌아본 소식의 결론은 인생무상이었던 것이다.

이러한 수연자적과 인생무상이라는 그의 인생관은 오히려 그로 하여금 더욱더 적극적이고 낙관적인 삶을 살게 하는 데 도움이 되었다. 고난으로 점철된 인생역정을 선종사상의 운용으로 더욱더 높은 경지의 정신적 가치를 추구하였다고 할 수 있다. 그러기에 공명과 부귀에 대한 욕망을 뛰어넘어 역경 속에서도 수많은 작품 창작을 통하여 즐거움을 노래하고 행복을 노래하였던 것이다. 또한 2,700여 수라는 방대한 시작을 남겼고, 당송팔대가의 한 사람이자 송사를 개척한 문인으로, 그리고 다양한 불교관과 선종관을 설파한 사상가로서 높이 평가받을 수 있는 것은 바로 그가 이러한 정신적 가치를 추구하였기 때문으로 보인다. 아래에서는 소식의 선시를 통해서 역경을 헤쳐 나가는 그의 행복한 마음을 찾아보기로 한다.

4. 소식 선시를 통해서 본 행복

1) 수연자적隨緣自適의 행복

불교 선종에서 가장 중시하는 것 중의 하나가 인연이다. 세상 모든 사람들은 태어나면서부터 운명적으로 인연을 벗어날 수 없다. 보통사람들은 인연을 찾고 인연을 놓치지 않으려고 집착한다. 하지만 선가의 사람들은 모든 것을 인연대로 받아들이길 원하고 인연에 따른다. 인연이 온다고 집착하지 않고, 떠난다고 붙잡지 않아야 한다. 마치 한 조각의 구름이 인연에 따라 이리저리 얽매임 없이 흘러가는 것처럼 구속됨이 없고 집착이 없어야 비로소 선심을 깨닫는다는 것이다.

젊어서부터 순탄하지 못한 출사의 길을 걸었던 소식은 인생의 불우함이 깊어질수록 오히려 거부하지 않고 담담하게 인연으로 포용하였다. 소식의 일생을 살펴보면, 마치 선가의 선승처럼 고요한 마음으로 자기의 운명을 받아들였던 것이다. 특히 오대시안 이후 황주, 혜주의 유배 시기나, 혹은 당시로서는 가장 황량했던 섬인 해남도 등지로 유배 온 소식은 이 모든 불행을 인연으로 간주한다. 그러기에 그는 "나의 일생의 공덕이 어디 있느냐고 묻는다면 바로 황주, 혜주, 담주에 있었네"라고 담담하게 말할 수 있었던 것이다. 세속의 모든 삶을 인연으로 간주하며 따랐기에 소식은 힘든 역경 속에서도 그렇게 담담하고 즐거운 삶을 영위할 수가 있었다. 아래의 선시를 통해서 수연자적隨緣自適하는 소식의 삶을 살펴보기로 한다.

왕안석의 개혁을 반대하던 소식은 신법당과의 충돌로 무고를 당하게 된다. 조정에서의 벼슬살이에 염증을 느낀 그는 외임을 자청하여 그의 나이 36세인 희녕 4년(1071)에 항주 통판으로 부임한다. 조정을 떠나기 전 구양수로부터 항주 고산에 있는 혜근스님이 문장과 시에 뛰어난 분이라고 소개받고는 부임한 지 3일 만에 혜근과 혜사 두 스님을 방문하고 수연자적하는 즐거움을 「납일에 고산을 유람하며 혜근과 혜사스님을 방문하다(臘日遊孤山訪惠勤惠思二僧)」란 시로 남기고 있다.

天欲雪, 雲滿湖	하늘에는 눈이 내릴 듯, 호수에는 안개가 가득,
樓臺明滅山有無	누대에는 산이 가물가물 보이다 말다 하네.
水淸石出魚可數	물이 맑아 돌이 보이고 고기도 헤아릴 만하고,
林深無人鳥相呼	숲이 깊어 사람은 없고 새만 서로 지저귄다.
臘日不歸對妻孥	납일인데 집에 가 처자와 함께 지내지 않고,
名尋道人實自娛	도인을 방문하는 핑계로 스스로 즐긴다네.
道人之居在何許	도인은 어느 곳에 거처하는가?
寶雲山前路盤紆	보운산 앞길이 굽어진 그곳이라네.
孤山孤絶誰肯廬	고산이 외로워서 누가 살려고 하겠냐만,
道人有道山不孤	도인은 도가 있어 외롭지가 않다네.
紙窓竹屋深自暖	종이창, 대나무집 아늑하여 따뜻하고,
擁褐坐睡依團蒲	돗자리에 앉아서 털옷을 안고 잔다네.
…(중략)…	
慈遊淡泊歡有餘	초연했던 이번 여행 기쁨이 넘치고,
到家恍如夢蘧蘧	집에 오니 아른아른 꿈을 꾸듯 아득하네.
作詩火急追亡逋	화급하게 시를 지어 놓치지 말아야지
淸景一失後難摹	좋은 경치 놓치면 다시 그리기 어렵다네.

솔직 담박하고 낙천적인 시인의 성격이 그대로 드러나는 시이다. 그믐인데 집으로 돌아가지 않고서 도인을 방문한다는 핑계로 산수를 유람하면서 즐기는 유유자적함과 수연자적의 기쁨이 가득하다. 아울러 외로운 고산孤山에서 생활하는 두 스님의 역량을 높이 평가하고 있다. 특히 종이창, 대나무집, 돗자리에 앉아서 자는 모습을 통하여 소박하면서도 임운자재任運自在하는 선사의 모습을 "도인은 도가 있어 외롭지가 않다"고 재밌게 표현하고 있다. 세속의 욕망을 비우고 수연자적하던 여행의 즐거움을 창작하기 위해 노력하는 모습을 마지막 시구에서 나타내고 있다. 같은 경계를 노래한 「쌍죽사 담사의 방에 쓰다(書雙竹湛師房)」 두 수(二首) 중 첫 번째 시를 보자.

我本江湖一釣舟　나는 본래 강호에 낚시하는 작은 배,
意嫌高屋冷颼颼　높은 집의 차갑고 쓸쓸한 바람 싫어하네.
羨師此室才方丈　스님의 작은 방장실을 흠모하니,
一柱淸香盡日留　한 자루의 맑은 향은 하루 종일 남아 있네.

시인 스스로가 자신을 인연 따라 흘러가는 강호의 작은 배라고 말하고 있다. 강호의 물길 따라 정처 없이 유랑하는 작은 배는 조정에 있는 높은 누각과 인연이 없는 것은 너무나 당연하다. 오히려 대자연 속에 있는, 맑은 향내음이 그윽한 스님의 작은 방장실과 인연이 깊다는 것이다. 「서호를 그리며 조미숙 동년에게 부치다(懷西湖寄晁美叔同年)」에서도 아름다운 항주의 모습과 그것을 즐기는 시인의 유유자적한 마음을 묘사하고 있다.

三百六十寺	삼백육십 개의 사찰을
幽尋遂窮年	유유히 다니면 한 해도 모자란다.
所至得其妙	이르는 곳마다 그 오묘함을 얻지만,
心知口難傳	마음은 알아도 입으로 전하기가 어렵네.
至今淸夜夢	지금까지 맑은 저녁의 꿈속에서
耳目余芳鮮	향기롭고 생생하게 귓가를 맴도네.
君持使者節	그대는 사자의 부절을 가지고,
風采爍云烟	풍채는 구름과 연기 속에서 빛난다.
淸流与碧巘	맑게 흐르는 물과 푸른 산봉우리인들
安肯爲君姸	왜 그대의 자태와 겨루려 하겠는가?
胡不屛騎從	어찌 말을 탄 시종을 물리치고,
暫借僧榻眠	잠시 스님의 의자를 빌려 잠을 청하지 않는가?
讀我壁間詩	내 방의 벽 사이에 있는 시를 읊조리면,
淸凉洗煩煎	청량함이 모든 번뇌를 씻어 낸다.
策杖无道路	대나무 지팡이 짚고 갈 길도 없으니,
直造意所使	다만 마음 편한 곳으로 갈 따름이다.

항주에 있는 모든 사찰을 유유자적하게 다닌다면, 일 년 동안에도 다 방문할 수 없다는 것이다. 사찰을 다니면서 오묘함을 얻지만 마음으로는 알아도 입으로 전하기가 힘들고, 그 오묘함이 꿈속에서 생생하게 나타난다. 여기에서도 시인의 수연자적하는 즐거움을 충분히 느낄 수 있다. 하지만 이뿐만이 아니다. 속세의 일을 물리치고 잠시 스님의 의자를 빌려 잠을 청하고, 유유자적하게 벽 사이에 있는 시를 읊조린다.

당연히 청량함에 모든 번뇌와 근심이 눈 녹듯이 사라진다. 그렇기 때문에 대나무 지팡이를 짚고 갈 길도 없지만 인연 따라 마음 편한 곳으로 임운자재할 것임을 강조하고 있다. 세속의 일을 벗어난 시인의 유유자적한 즐거움이 두드러지는 시이다.

시인의 나이 37세에 임안에 있는 정토사에 묵으면서 지은 「임안의 정토사에 묵다(宿臨安淨土寺)」에서도 동일한 수연의 즐거움을 나타내고 있다.

鷄鳴發余杭　　닭이 울 때 여항을 출발했는데,
到寺已亭午　　절에 도착하니 이미 정오라네.
參禪固未暇　　참선할 여가는 원래 없었고,
飽食良先務　　배불리 먹는 것이 급선무라네.
平生睡不足　　평소에 항상 잠이 부족했기에,
急掃淸風宇　　급히 청풍이 머무는 집을 청소하였네.
閉門群動息　　문을 닫은 채 모든 행동을 멈추었는데,
香篆起煙縷　　향에서 연기가 가늘게 피어오르네.
　　…(중략)…
相攜石橋上　　돌다리 위에서 서로 손을 잡고서
夜與故人語　　밤중에 친구와 서로 이야기하네.
明朝入山房　　내일 아침 산방에 들어갈 때면
石鏡炯當路　　돌 거울이 길을 막고 빛나겠지.
昔照熊虎姿　　옛날에는 곰과 범의 자태를 비추었는데,
今爲猿鳥顧　　지금에는 원숭이와 새가 돌아볼 뿐이네.

廢興何足弔　　망하고 흥함이야 무엇이 슬프겠는가?
萬世一仰俯　　만고의 세월도 잠시 잠깐인 것을.

정토사에 도착해서 임운자재하는 즐거움을 묘사하고 있다. 특히 배고프면 먹고, 졸리면 잠을 잔다. 행동을 멈추고 향이 피어오르는 모습을 고요히 주시하는 것에서 어디에도 속박되지 않고 수연자적하는 시인의 마음이 잘 묘사되어 있다. 하단에서 석경산에 서식하는 짐승의 종류가 세월의 흐름에 따라 다르다는 것에서 자연의 무궁무진함과 동시에 우리 인생의 무상함을 나타내고 있다. 하지만 "망하고 흥함이야 무엇이 슬프랴. 만고의 세월도 잠깐인 것을"에서는 속세의 흥망성쇠를 뛰어넘은 시인의 초연하고 초탈한 경계를 느낄 수 있다.

시인의 나이 39세인 희녕 7년(1074년)에 지은 「후기국부後杞菊賦」에서도 이러한 수연자적의 정서가 가득하다.

선생이 듣고 흔쾌히 웃으면서 대답하였다. "우리 인생의 한평생은 마치 팔을 굽혔다가 펴는 것처럼 짧은 것이니 무엇이 빈곤한 것이며, 무엇이 부유한 것이며, 무엇이 아름다운 것이며, 무엇이 누추한 것인가? …… 많고 적음을 따지는 것은 꿈속의 약속과 같으니, 결국 죽으면 다 썩는 것이다. 나는 구기자를 양식으로 삼고 감국을 밥으로 삼는다. 봄에는 싹을 먹고, 여름에는 잎을 먹고, 가을에는 열매를 먹고, 겨울에는 뿌리를 먹으니, 서하와 남양처럼 장수할 것이다."[25]

우리의 짧은 인생 속에서 이것저것 따질 필요가 없다는 것이다. 단지 인연에 따라서 살고 먹는다. 훗날 죽으면 모두 똑같이 흙으로 변한다. 그러므로 많고 적음도 따지지 말고 봄에는 봄대로, 여름에는 여름대로, 가을에는 가을대로, 겨울에는 겨울대로 인연에 따라 수연하면서 먹고 살아도 충분히 백년 장수한다는 것이다. 소식이 40세에 지은 「초연대기 超然臺記」란 문장에서도 같은 경계를 말한다.

> 무릇 만물은 모두 감상할 만한 가치가 있다. 만약 감상할 가치가 있는 것이라면 모두가 즐거울 만한 것이 있는 것이지, 굳이 괴이하고 빼어날 필요는 없다. 지게미를 먹거나 멀건 술을 먹어도 모두 취할 수 있다. 과일이나 채소, 화초, 초목을 먹어도 다 배부를 수 있다. 이것을 미루어 보아 내가 어디에 간들 즐겁지 않겠는가?[26]

수연자적과 낙관, 광달한 소식의 사상적인 특징을 잘 나타내고 있다. "무엇을 먹어도 배부를 수 있고, 어디를 간들 즐겁지 않겠는가?"에서 어떠한 상황 아래서도 초연하고 달관할 수 있는 소식의 넓은 경계를 느낄 수 있다.

오대시안 이후 죽을 고비를 넘긴 소식은 황주 단련부사로 좌천되어 갔다. 말이 단련부사이지 실지로는 아무런 공직에 참여할 수 없어 유배된 것과 다름이 없었다. 경제적인 어려움 때문에 그는 친구의 도움을 받아서 성에 있는 버려진 땅을 신청, 개간하여 식솔들의 의식주를 해결하였다. 소식은 이 땅에 동파라는 이름을 붙이고 이때부터 스스로도 동파거사라고 칭하였다. 당시 소식은 동파에서 농사짓는 즐거움을 「동파8수」에서 노래하고 있다. 비록 유배지에서 힘들게 농사지으면서 어렵게 지냈지만,

시인 스스로는 그것이 고생이 아니라 오히려 즐거움이었다. 「동파東坡」
라는 시에서 그는 이렇게 노래하고 있다.

雨洗東坡月色淸　비가 동쪽 언덕을 씻어 달빛은 맑은데,
市人行盡野人行　도시사람은 다 떠나고, 촌사람만 다니네.
莫嫌犖确坡頭路　산기슭에 있는 길이 험하다고 탓하지 마오,
自愛鏗然曳杖聲　나 스스로 지팡이 끌고 가는 소리를 좋아한다네.

어디에서도 유배지에서 고생하는 모습은 보이지 않는다. 오히려 생활의 여유로움이 넘친다. 비온 뒤의 청정하고 고요한 달빛, 그 빛 아래로 산길을 다니는 시골사람들. "산기슭의 길이 험하다고 탓하지 말라"고 하는 것에서 시인의 수연자적한 성격을 나타내고 있다. 그러기에 험한 산길을 가면서 들려오는 지팡이 끄는 소리조차도 사랑할 수 있는 여유가 있는 것이다. 이 시를 보면 그 누구도 유배지에서 먹을 것을 걱정하는 사람이 지은 것이라고 생각할 수 없을 것이다. 진정한 임운자재의 체현이기에 가능한 것이라고 할 수 있다. 그러므로 소식은 어느 곳에 가든지 간에 인연을 거스르지 않았기에 스스로 즐겁고 흥겨운 생활을 영위할 수 있었다.

　소성紹聖 4년(1097), 소식이 62세 되던 해에 혜주의 유배지에서 중국의 최남단인 황량한 담주의 섬으로 유배지를 옮기라는 명을 받는다. 어린 아들 소과蘇過가 같이 바다를 건너는 책임을 맡았다. 자손들 모두는 이번의 이별이 사별이 될 것이라고 생각하고, 이별에 앞서 모두 강변에서 통곡을 하였다. 게다가 당시 담주는 거의 소수민족들이 거주하는 곳이었

고, 소수의 한인들만이 섬의 북쪽에서 거주하고 있는 매우 척박하고 황량한 곳이었다. 소식 자신도 당연히 여러 가지 감회가 있었음을 추측할 수 있다. 하지만, 그는 이러한 고난에도 조금도 아랑곳하지 않는다. 「유월 이십 일 바다를 건너다(六月二十日夜渡海)」라는 시를 보자.

九死南荒吾不悔　황량한 남방에서 아홉 번 죽어도 후회 않고,
茲游奇絶冠平生　기이한 절경을 유람하니 내 인생의 최고라네.

인생의 아픔과 고통, 심지어 죽음조차도 초월한 광달하면서도 낙관적인 면을 나타내고 있다. 누구도 가기 싫어하는 황량한 유배지조차도 시인은 최고의 절경으로 평하고 있다. 이것은 그가 말년에 이를수록 더욱 적극적으로 불교 선종을 사상적인 의지처로 삼았기 때문이라고 할 수 있다. 그러기에 해남도에서의 소식의 행적을 살펴보면 수연자적의 인생관과 광달하면서도 해학적인 인생관이 더욱 두드러지고 있다. 아래의 시는 시인이 해남도 담주로 향하는 도중에 지은 작품이다.

平生學道眞實意　평생 도를 배우는 참된 뜻이
豈與窮達俱存亡　어찌 궁달에 따라 있고 없어지랴?
天其以我爲箕子　하늘이 나를 이 시대의 기자로 삼으니
要使此意留要荒　요컨대 이 뜻 먼 변방에 남기리.
他年誰作輿地志　훗날 누가 지리서를 쓸 것인가?
海南萬里眞吾鄕　만리 먼 이곳 해남도가 진정 나의 고향.[27]

도를 배우는 진정한 뜻은 주위환경의 곤궁함과 아무 상관이 없다. 해남도가 진정 시인의 고향이라는 것이다. 여기에는 무슨 원망도 없고 미움도 없다. 단지 하늘이 정해 준 인연 따라 편안히 수연자적하는 시인의 유유함과 초탈함을 느낄 수 있다.

이곳 음식에는 고기가 없고 병에 걸려도 약이 없으며, 거처함에 방이 없고 밖에 나가도 벗이 없으며, 겨울에는 석탄이 없고 여름에는 찬 샘물이 없습니다. …… 근래 아들 과過와 함께 띠풀과 서까래를 엮어 초가집을 지어 사는데, 단지 비바람만을 피할 수 있을 뿐입니다. 그러나 노력과 경비는 이미 헤아릴 수 없을 정도입니다. 십수 명 학생들의 도움에 근거하고, 몸소 흙탕물 속에서 일하니 부끄럽기가 말할 수 없을 정도입니다. 그래도 이 몸이 있어 조물주에게 부치어 자연적인 흐름에 따라 가다가 구덩이를 만나게 되면 멈추니, 안 될 것은 없습니다. 벗이 이것을 알아준다면 근심을 면할 수 있겠지요.[28]

당시 해남도의 어려운 환경을 알 수 있는 문장이다. "조물주에게 부치어 자연적인 흐름에 따라 가다가 구덩이를 만나게 되면 멈추니 안 될 것이 없다"에서 수연자적의 인생관을 엿볼 수 있다. 「9일 동안 한거하며 도연명에 화답하다(和陶九日閑居)」에서도 같은 경지를 노래하고 있다. "귀양 온 것은 진실로 하늘의 뜻, 여기서 인정의 따뜻함을 본다네(坎坷識天意, 淹留見人情)." 해남도를 떠나면서 지은 시 「해남의 여민들과 이별하면서(別海南黎民表)」에는 다음과 같이 기록하고 있다.

我本海南民	나는 본래 해남도 사람인데,
寄生西蜀州	서촉주에 부쳐 살았다네.
忽然跨海去	갑자기 바다를 건넜으니,
譬如事遠游	먼 여행 떠난 것에 비유할 수 있네.

편벽한 해남도를 떠나 중원으로 향하게 된 시인은 고생했던 날들에 대한 원망은커녕, 오히려 자신이 해남도 사람이었는데, 잠시 서촉에 부쳐 살았노라고 뒤집어서 말하고 있다. 그러면서 바다를 건너 중원으로 돌아가는 것을 먼 여행을 떠나는 것에 비유하고 있는 것이다. 해학적인 면과 더불어서 어떠한 역경에서도 수연자적하려는 시인의 마음을 엿볼 수 있다.

「장기를 보다(觀棋)」란 시에서도 같은 경지를 묘사하고 있다.

勝固欣然	이기면 진실로 기쁘고
敗亦可喜	져도 또한 즐겁다.
優哉遊哉	여유 있게 노닐 듯이
聊復爾耳	이럭저럭 다시 한 판 둔다.

이기고 지는 것에 연연하지 않는다고 강조하면서 이겨도 기쁘고 져도 즐겁다는 것이다. 철저한 수연자적의 경지에까지 이르렀음을 알 수 있다.

정국靖國 원년(1101) 7월 28일, 소식의 나이 66세 때 지은 「금산사에 있는 초상화에 스스로 적다(自題金山畵像)」라는 시는 불가의 게송과 비슷하다. 이 시를 지은 지 2개월 후에 세상을 떠났는데, 만년에 이른 시인의 심경을 잘 묘사하고 있다.

心似已灰之木　마음은 이미 재가 된 나무와 같고,
身如不繫之舟　몸은 마치 묶이지 않은 배와 같다네.
問汝平生功業　평생 동안 쌓은 공덕이 무엇이냐고 묻는다면
黃州惠州儋州　황주와 혜주, 담주에 있다고 말하겠네.

제목에서 알 수 있듯이 옛날 이용면李龍眠이 그린 소식의 초상화를 금산사에서 보관하였는데, 후일 소식이 금산사를 지나면서 자기의 초상화를 보고 이 시를 읊은 것이다. 선종에는 '고목枯木'이란 용어가 있는데 이것은 무심의 상태를 비유한 것으로, 즉 일체의 망념과 망상을 끊고 멸한 상태를 말한다.[29] 시인 스스로 자신을 돌아보니 몸은 마치 작은 배처럼 일생동안 수연자적하였으며, 스스로의 마음도 이미 모든 분별심을 초월한 무심의 경계에 이르렀다는 것이다. 그러기에 자신에게 평생 쌓은 공덕이 무엇이냐고 누가 묻는다면 바로 자기의 일생에서 제일 힘들게 생활한 황주와 혜주, 담주라고 말하는 것이다. 이 말의 의미는 비록 황주, 혜주, 담주가 시인이 가장 힘들게 생활한 유배지이지만, 시인은 수연자적하면서 세속의 일체 번뇌와 애증의 분별심에서 벗어나 생활해 왔기에 오히려 그곳에서의 생활이 시인에게 가장 많은 영향을 미쳤다는 것이다. 임운자재의 인생관과 무심의 경지를 통해서 마치 해탈의 경지에 이른 선사의 깨우침의 경지를 보는 듯하다.

2) 일체개공一切皆空의 행복

불교에는 '여래장如來藏' 사상이 있다. 일체중생의 번뇌 속에 숨겨진 본래의 청정한 여래법신如來法身을 가리키는 것이다. 즉 여래장은 비록 번뇌 속에 뒤덮여 있지만, 오히려 번뇌에 오염되지 않아서 본래 절대적인 청정함과 영원히 변하지 않는 본성을 갖추고 있다는 것이다. 북종선을 대표하는 신수神秀는 사람의 심성은 본래 맑은 것인데, 이후 환경에 의해서 본래의 청정한 자성심이 오염된다는 것이다. 그러기에 오염되지 않도록 자주 수행을 통하여 자성의 청정심을 유지해야 한다고 주장한다. 그러나 육조혜능은 사람의 본심이 본래 청정한 것이니, 오로지 본성 혹은 본심을 직접 깨우칠 수만 있다면 모든 것이 해결된다고 주장한다. 게다가 모든 사람들은 언제나 성불의 근기를 가지고 있기 때문에 언제 어디서나 성불을 이룰 수 있다고 주장한다. 남종선과 북종선을 불문하고 중국불교에서 모두 강조하는 것은 심성心性의 깨우침이다.

소식의 인생에 있어서 수연자적하는 인생관의 체현과 더불어서 가장 두드러진 특징 중의 하나는 초연하게 모든 것을 비우는 달관적인 태도를 나타내고 있다는 점이다. 이는 본인의 성정과도 깊은 관계가 있겠지만, 젊어서부터 유불도 등 다양한 사상을 수용하였기에 더욱 두드러졌던 것이라 할 수 있다. 그러기에 동파의 시문 속에는 자주 낙관적이면서도 모든 것을 비우고, 인생을 달관한 듯한 모습을 보이고 있다. 그는 시가 속에서 자주 청정심과 더불어서 고요한 정심靜心의 경계를 추구한다. 예를 들어 소식은 진사 급제 후 충주 지역을 지나면서 굴원의 탑을 보고 느낀 감개를 「굴원탑屈原塔」에서 다음과 같이 읊조리고 있다.

楚人悲屈原	초나라 사람들이 굴원을 슬퍼함이
千歲意未歇	천년을 지나도 변함이 없다네.
	…(중략)…
屈原古壯士	굴원은 옛날의 뛰어난 인물이니
就死意甚烈	죽음의 의미도 매우 장렬했었네.
世俗安得知	세속의 사람들은 어찌 알겠는가,
眷眷不忍決	안타깝고 아쉬워하는 그의 결심을.
南賓舊屬楚	남빈은 옛날 초나라에 속했는데,
山上有遺塔	산 위에는 탑이 남아 있었네.
應是奉佛人	이것은 응당 불법을 받드는 사람이
恐子就淪滅	그의 자취 사라질까 두려워 세웠으리.
此事雖無憑	이 일은 비록 고증할 수 없지만,
此意固已切	그 뜻이야말로 진실로 간절하다.
古人誰不死	옛사람 중에 죽지 않는 이가 없으니,
何必較考折	장수와 요절을 따질 필요가 있겠는가?
名聲實無窮	명성은 실로 무궁무진하고,
富貴亦暫熱	부귀는 일시적으로 뜨거울 뿐,
大夫知此理	대부는 이 뜻을 잘 알았기에
所以持死節	죽음으로 절개를 지켰다네.

초나라 지역에 사는 불교도들이 굴원의 망혼을 위해서 세운 굴원탑을 보고 느낀 감회를 적고 있다. 이 세상에서 죽지 않는 사람이 없기에 장수와 단명을 따질 필요가 없다. 모든 사람들이 추구하는 세속의 부귀영

화도 영원한 것이 아니고 순간적이고 일시적이라는 것이다. 이는 세속의 욕망을 버리고 내면의 청정심을 추구하는 불법과 일맥상통한다. 다시 말해서 장수와 부귀 같은 우리의 욕망을 버리고 오염되지 않은 담박한 마음을 추구하는 것이 불법에 부합되는 것이다. 비움으로써 낙관과 달관을 추구하는 젊은 시인의 형상을 잘 나타낸 시이다.

원풍元豐 원년(1078), 서주徐州에서 「왕정로가 퇴거하여 부친 것에 차운하다(次韻王廷老退居見寄)」란 시를 지어 직접적으로 인생몽환, 즉 사람의 인생은 본래 실체가 없는 꿈과 같음을 노래하고 있다.

浪蕊浮花不辨春	흔들리는 꽃 봉우리에 봄을 분별 못하고,
歸來方識歲寒人	돌아와서 비로소 굳은 사람 알았네.
回頭自笑風波地	생각하니 스스로 풍파 겪은 곳 우습고,
閉眼聊觀夢幻身	눈을 감고 잠시 보니 꿈, 환상의 인생이네.

이 시에서 소식 자신은 온갖 풍파를 겪은 후에야 비로소 인생이 꿈이요, 환상임을 깨달았다는 것이다. 그러므로 비록 그 당시에는 힘들었지만, 그러나 지금 깨달은 후에 달관된 마음으로 그 풍파를 생각하니 웃음이 나온다는 것이다. 여기서 시인은 세상 사람들이 자기의 어려운 환경에 집착하거나 혹은 부귀영화에 대한 환상과 명리를 추구하는 행위가 바로 뜬구름과 같은 것임을 드러내고 있다. 이는 세상의 모든 사물은 어떠한 흔적을 남기는 실상이 아니고 눈 깜짝할 사이에 사라지는 한바탕의 꿈, 환상, 거품이라는 선리와 일맥상통함을 알 수 있다. 이러한 그의 인생관은 오대시안(1079)을 겪은 후에도 계속 지속될 뿐만 아니라 더욱

심화되고 있는데, 이것은 앞서 언급한 바와 같이 정치적인 고뇌와 정신적인 충격에서 벗어나기 위해서 선종사상의 적극적인 수용과 운용 때문이라고 할 수 있다.

 소식은 선종의 공空사상을 시속에 주입시키고 있을 뿐만 아니라, 이러한 선종의 깨달음에 이르는 사유방식을 시의 창작론에도 운용하고 있다. 신종神宗 원풍元豊 원년(1078)인 43세에 지은 「참요스님께 보내다(送參寥師)」란 시는 첫 구절부터 불교의 공사상을 말하고 있다. 즉 "선사가 인생의 험난함 속에 일체가 공함을 배워 백 가지의 상념이 이미 차가운 재로 변하였네(上人學苦空, 百念已灰冷)"라고 하면서 참요선사의 뛰어난 인품과 그가 깨달음의 경지에 이르렀음을 칭찬하고 있다. 다음 부분에서는 당나라 한유의 주장을 인용하고 있다. 즉 한유의 생각으로는 고한高閑 스님의 마음이 너무 유연하고 담백하여 장욱張旭이 초서草書 속에 표현한 우수에 잠긴 불평의 기운과 호방하고 맹렬한 기운을 함축한 것처럼 나타낼 수 없다는 것이다. 소식은 한유의 이러한 주장을 반박하면서 시와 법이 서로 상통할 수 있음을 주장하고 있다.

細思乃不然 자세히 생각해 보면 그렇지 아니하고,
眞巧非幻影 진정으로 교묘하면 환영이 아니라네.
欲令詩語妙 좋은 시어를 오묘하게 하려면,
不厭空且靜 공과 정을 싫어하지 않아야 하네.
靜故了群動 고요하기에 온 세상의 움직임을 관찰하고,
空故納萬境 공하기에 온 우주를 용납할 수 있다네.

여기에서 한유의 주장이 잘못되었음을 먼저 설명하면서 '공과 정' 속의 그윽한 사유가 좋은 시를 쓸 수 있는 가장 좋은 처방이라는 것이다. 그러므로 시법과 불법이 상통하는 곳은 바로 '공과 정'에 있다고 말하고 있다. 불교에서는 사물에 집착하지 않고 모든 망념을 제거하여야 비로소 공허함과 고요함의 경계에 이를 수 있다는 것이다. 그러므로 시와 선이 서로 상통하기에 시인이 이러한 경계에 도달한다면 그 마음의 공허함으로 온 우주를 내포하여, 그윽한 마음으로 시의 경지를 깊이 사유하면 우주의 본질을 반영하여 의미가 무궁무진한 좋은 시를 창작할 수 있다는 것이다. 소식이 참요선사를 칭찬한 "도인의 흉중에는 고요한 물이 맑고, 만상이 생기고 사라져도 본체가 달아나지 않는다(道人胸中水鏡淸, 萬象起減無逃形)"(「次韻僧潛見贈」)라는 것이 바로 이러한 의미임을 알 수 있다. 그러므로 마지막 구절에 "시법과 불법이 서로 방해되지 않는다(詩法不相妨)"고 결론짓고 있다. 이와 같이 선종의 사유방식을 그의 시론에 운용하고 있음을 볼 때, 그가 불교의 선종에 대해 얼마나 해박한 지식을 가졌는가를 가늠해 볼 수 있다.

원풍元豐 5년(1082), 시인의 나이 47세에 황주黃州에서 지은 「촉승명조가 고향으로 돌아가고 싶어 하여 용구자벽에 쓰다(蜀僧明操思歸書龍丘子壁)」라는 시는 황주에서의 유배 생활 속에 나타나는 작가의 고통을 선종의 무심無心을 통하여 해결하려 했음을 알 수 있다.

久厭勞生能幾日　오랜 시간 괴롭고 힘든 인생 얼마나 남았는가?
莫將歸思擾衰年　고향 생각으로 노년의 인생 어지럽히지 말라.
片雲會得無心否　한 조각 구름은 무심을 깨닫지 않았겠는가?

南北東西只一天　　남북과 동서가 모두 한 하늘에 있다네.

첫 구에서는 소식이 황주에서의 힘든 생활로 인하여 나타나는 자기의 괴로운 심정을 직접적으로 서술하고 있다. 소식은 본래 촉 지방에 있는 자기의 고향을 매우 그리워하였지만, 그러나 지금은 죄인 된 몸으로서 돌아가고 싶어도 돌아갈 수 없는 몸인 것이다. 그러므로 2구에서 해학적으로 촉 지방의 스님 명조에게 다시는 자기 앞에서 고향으로 돌아가고 싶다는 말을 꺼내지 못하도록 하고 있다. 그러나 3,4구에서 선종의 '무심'[30] 사상을 인용하여 심적인 고통으로부터 벗어나고 있음을 알 수 있다. 『전등록』에 의하면, 당나라 숙종 때 "혜충국사가 마음의 인가를 받고, 숙종肅宗 상원上元 2年에 장안으로 돌아왔다. 황제가 묻기를 '스님은 조계사에서 어떤 법을 얻었습니까?' 이에 혜충국사는 '폐하께서는 공중에 한 조각의 구름이 보입니까?'라고 말하였다."[31] 선종의 화두에는 종종 구름으로 마음을 비유하고 있다. 즉 어느 곳에도 묶여 있지 않고 자유자재로 움직이는 구름과 같이 사람의 마음도 어디에도 얽매이지 않아야 함을 설명하고 있는 것이다. 그러므로 혜충국사는 숙종의 '어떤 법'이라는 물음에 직접적으로 대답하지 않고, 선사들의 선문답과 같이 '공중의 한 조각의 구름'으로 숙종을 깨우쳐 주려 한 것이다. 즉 '어떤 법'을 추구하고 알려고 한다는 자체가 바로 집착이요 얽매인 것이며, 오직 무념, 무심의 경지에 이르러야만 일체의 번뇌에서 벗어날 수 있다는 선리를 설명해 주고 있는 것이다. 소식은 선가의 기봉으로 촉 지방으로 돌아가려는 명조스님을 일깨워 주고 있다. 한 조각의 구름은 하나의 하늘 위에서 마음대로, 인연이 흐르는 대로 움직인다. 마찬가지로 사람도 모든 것을 비우고 무심의 경지에서 동서남북 어디에든지 인연에 따라갈 수 있어야 한다는 것이다.

시인의 나이 51세인 원우元祐 원년(1086), 구법당의 집권으로 잠시 조정으로 돌아온 소식은 왕진경과 조정에서 만나 시를 받고「왕진경에 화답하다(和王晉卿)」란 답시를 지었다.

吾生如寄耳　　나의 인생은 잠시 기탁한 것일 뿐,
何者爲禍福　　무엇이 화이고 또한 복이 되는가!
不如兩相忘　　둘 모두를 잊어버림만 못하니,
昨夢那可逐　　어젯밤 꿈을 어찌 좇아가겠는가?

우리 인생 자체가 잠시 기탁한 허상이기에 화와 복을 구분할 필요가 없다는 것이다. 인간 세상이라는 객관적인 현실 세계를 부정하고 있다. 우리 인생에서의 화와 복, 득과 실의 구별을 모두를 넘어서야 한다는 것이다. 그러기 위해서는 철저히 수연자적하면서 분별심을 초월해야 한다. 만약 이에 집착한다면 어젯밤 꿈을 좇는 허상과 같은 것이라고 설명하고 있다. 수연자적의 중요성을 짧은 화답시로 간결하게 표현하고 있다.

「조양군의 오자야가 세속을 떠나 출가한다는 것을 듣고(聞潮陽吳子野出家)」란 시를 지어서 자기의 일생 동안 겪은 과정과 오자야의 출가를 대비하며 달관한 인생관을 나타내고 있다.

妻孥眞敝屣　　처와 자식을 진정 낡은 신발처럼
脫棄何足惜　　벗어 던지며 애석해 할 필요가 없다네.

四大猶空幻	사대가 모두 공하며 헛된 것인데,
衣冠矧外物	의관은 하물며 외물에 불과하다네.
一朝發無上	하루아침에 불법의 길로 들어섰다면,
願老靈山宅	원하건대 오랫동안 영취산에 머물기를.
世事子如何	그대는 세상사를 어떻게 생각하는지?
禪心久空寂	선심은 오래도록 공적에 이르렀네.

여기에 기재하지 않은 시의 전 8구에서는 시인이 젊은 날의 포부를 실현하기 위해 노력하였으나, 수차례의 정치적인 좌절을 겪으면서 결국은 경세제민의 유가적인 이상이 물거품처럼 사라졌음을 말하고 있다. 유가사상 속에서 인생의 답안을 찾지 못한 시인은 결국 불교의 선종에 심취하게 되었고 마침내 사대四大로 이루어진 사람의 몸과 인생이 모두 환상이고 공허한 것임을 깨달았다고 말하고 있다.[32] 인생이 그러할진대 하물며 벼슬은 '신외지물身外之物'이기에 조금도 애석하지 않다는 것이다. 그러한 인생의 철리를 깨달아서 불법에 귀의한 오자야도 오랫동안 선원에 머물기를 바란다는 것이다. 여기에서 '무상無上'이란 바로 불법의 길을 가리키고, 영산이란 불교의 명산 영취산을 이른다. 마지막 구절에서 오자야에게 세상사에 대하여 어떠한 태도를 가지고 있느냐고 묻고는 오자야의 선심이 이미 오랫동안 공적空寂의 경계에 이르러 세상 만물에 대한 실체를 파악하고 있음을 말하고 있다. 이렇게 표면적으로는 오자야의 출가에 대한 감회를 노래하고 있지만, 실질적으로는 시인 스스로가 철저하게 비우는 달관한 인생의 즐거움을 노래하고 있다. 이러한 선종 공관空觀 사상의 운용은 시인의 번뇌를 해결해 주는 데 중요한 역할을

하고 있음을 알 수 있다. 「왕정국이 소장하고 있는 왕진경의 그림 착색산에 적다(書王定國所藏王晉卿畵著色山)」란 첫째 시에서도 선가의 청정심에 대해서 말하고 있다.

煩君紙上影	그대 종이 위 그림자가 산란하게
照我胸中山	내 마음속의 산을 비춘다네.
山中亦何有	산중에는 또한 무엇이 있는가?
木老土石頑	나무는 늙고 흙과 돌이 무디다네.
正賴天日光	마침 하늘에 의지한 태양 빛 비추니,
澗谷紛爛斑	계곡 사이에 여러 빛깔이 흩날리네.
我心空無物	나의 마음이 공하고 물이 없으니,
斯文何足關	이 무늬와 어떠한 관계가 있는가.
君看古井水	그대는 옛 우물을 보았는가?
萬象自往還	삼라만상이 스스로 왕래한다네.

이 시는 원우元祐 4년(1089), 시인이 54세에 항주로 부임하라는 명령을 받았을 때 지은 작품이다. 당시 왕진경이 그린 「저색산」이란 그림을 왕정국이 소장하고 있었는데, 시인이 이 그림을 보고 느낀 것을 시로써 나타낸 것이다. 이 시는 마치 그림과 소식의 마음이 물아일체가 된 듯한 경지를 묘사하고 있다. 그림 속 산의 형상이 작가의 마음을 비추고 마음속에는 흙과 돌, 늙은 나무, 태양 등 삼라만상이 들어 있음을 이야기하고 있다. 그러나 마지막 4구에서는 나의 마음이 옛 우물물같이 고요하고 공허하여 아무런 사물이 없다고 말하고 있다. 이것이 바로 위의

「참요스님에게 보내며(送參寥師)」란 시에서 말하고 있는 "고요하기에 온 세상의 움직임을 관찰하고, 공허하기에 온 우주를 용납할 수 있다네" 와 같은 경계를 말하고 있는 것이다. 그러므로 마지막 구절에서 "그대는 옛 우물을 보았는가? 삼라만상이 스스로 왕래한다네"라고 말하고 있다. 여기의 고정수古井水는 백거이의 "잔잔한 옛 우물물에, 마디 있는 가을 대나무가 범하네(無波古井水, 有節秋竹竿)"(「贈元稹」)라는 시에서 그 의미를 취하고 있다. '고정수古井水'는 바로 선가의 청정지심을 가리키고 있다. 깊은 옛 우물물은 오랫동안 사용하지 않아 세상 사람들이 그 존재조차도 잊어버려, 그 물이 맑고 고요하며 이미 오랫동안 파문이 일지 않았음을 말하고 있다. 즉 모든 것을 벗어난 청정한 마음을 조금의 움직임도 없는 고요한 옛 우물에 비유하고 있는 것이다. 그러므로 3년 뒤에 지은 "마음을 어찌하면 병을 없애 편안함을 얻는가, 근년 이래 옛 우물물은 물결 일지 않았네(心有何求遣病安, 年來古井不生瀾)"(「臂痛謁 告, 作三絶句詩四君子」 其二)라는 시도 같은 전고를 사용하여 같은 경지를 묘사하고 있음을 알 수 있다. 그러므로 '본심本心'을 깨달으면 온 세계가 공하다는 것을 알게 되며, 또한 물아物我가 합일合一이 되어 나의 마음이 바로 우주만물과 같다는 것이다. 그리하여 나의 마음속에는 산하대지가 있고, 해와 달과 별 등 온갖 만물이 있으며, 나의 본심이 바로 부처이고 부처가 바로 나의 마음이라는 진리를 시를 통하여 설명하고 있음을 알 수 있다.

한편, 「전도인이 지은 "직수인취주인옹直須認取主人翁" 구절에 대해 두 절구를 지어서 그를 놀려주다(錢道人有詩云 "直須認取主人翁" 作兩絶戱 之)」의 두 번째 시는 육조혜능의 오도송을 인용하여 선종의 공관을 나타내고 있다.

  有主還須更有賓　　주인이 있으면 반드시 손님이 있어야 하니,
  不如無鏡自無塵　　거울이 없으면 먼지가 없는 것보다 못하네.
  只從半夜安心后　　오로지 한밤중에 안심의 경지에 이른 후부터
  失却當前覺痛人　　바로 앞의 통증을 느끼는 이를 잊어버렸네.

이 시의 제목에서 알 수 있는바와 같이 첫 구절은 전錢도인이 지은 "바로 주인공을 취하여 인지해야 한다(直須認取主人翁)"는 구절을 겨누어서 지은 것이다. 여기에서의 주인공은 선종에서 말하는 불성을 이야기하고 있다. 소식은 전도인의 이 구절을 완전히 부정하면서 "주인이 있으면 반드시 손님이 있어야 한다"고 반박하고 있다. 즉 만약 주인의 존재를 인정하면 반드시 객의 존재를 인정하지 않을 수 없다는 논리이다. 그러나 부처는 본래 하나도 없는 것인데, 주와 객의 나눔이 마음속에 있다는 것은 바로 나와 사물을 구분 짓게 되는 분별심으로 인하여 깨우침에 이를 수 없다는 것이다. 그러므로 2구에서 육조혜능의 오도송을 인용하고 있다. "보리는 원래 나무가 아니며, 맑은 거울도 역시 대가 아니다. 본래 하나의 물건이 없는데, 어디에 털을 먼지가 있겠는가?(菩提本無樹, 明鏡亦非臺. 本來無一物, 何處惹塵埃?)" 마음속에는 본래 주인과 객, 거울과 먼지 등 모든 관념이 없어야 한다는 것이다. 그러므로 3,4구에서는 『능엄경楞嚴經』을 인용하며[33] 스스로 참선하여 깨달음에 이르렀음을 나타내고 있다. 즉 마음에 아무런 막힘이 없으니 안심(모든 번뇌를 벗어난 경지)의 경지에 이를 수 있었고, 이런 안심의 경지에 이르니 어떠한

바깥 사물도 나의 깨달음을 방해하지 못한다는 의미인 것이다.

시인의 나이 60세인 1095년, 유배지 혜주에서 지은 「사월 십일 처음 여지를 먹다(四月十日初食荔支)」란 시에서도 역시 역경 속에서 임운자재하며 살아가는 시인의 달관한 모습을 볼 수 있다.

我生涉世本爲口　　내 인생 벼슬길로 든 것은 원래 입 때문,
一官久已輕蓴鱸　　관직은 전부터 순채, 농어보다 가볍게 여겼네.
人間何者非夢幻　　인간사 어떤 것이 꿈과 환상이 아니던가?
南來萬里眞良圖　　남쪽 만리 온 것이 정말 좋은 방법이라네.

속세의 생활이 싫었지만, 어쩔 수 없이 벼슬길로 들어선 것은 생활고를 해결해야 했기 때문이라는 것이다. 그러므로 이미 오래 전부터 벼슬을 나물과 생선보다도 가볍게 여겼다고 말하고 있다. 이뿐만 아니다. 인간사 모든 것이 꿈과 환상이 아닌 것이 없다고 말하고 있다. 시인은 선종의 공관을 활용하여 인생의 모든 것을 꿈이라고 여기고, 벼슬길은 나물보다 가볍다고 여겨 철저히 버리고 비우고 있다. 이것이 바로 달관한 인생관을 유지하는 비결이다. 그러므로 마지막 구절에서 비록 자신이 황량한 남쪽으로 만리나 유배되어 왔지만, 이곳의 풍경이 너무 아름답고 좋아서 남쪽 만리로 유배 온 것이 오히려 전화위복이 되었다는 낙관적이고 광달한 면모를 나타내고 있다. 역경을 헤쳐 나가는 불교 사상의 진수를 보여 주는 듯하다.

이렇게 소식은 일상생활 속에서의 사소한 일을 즐거움으로 승화시켜 시를 통해 잘 표현하고 있다. 「종필縱筆」 또한 그 대표적인 예이다.

白髮蕭散滿霜風	흰머리 날림 속에 풍상이 가득하고,
小閣藤床寄病容	작은 누각 등나무 침대에 병든 몸을 기댔네.
報道先生春睡足	선생의 봄잠이 달콤하다는 말을 듣고,
道人輕打五更鐘	도인은 오경을 알리는 종을 조용히 친다네.

어디에서도 유배지에서의 쓸쓸함을 찾아볼 수 없다. 오히려 생활을 여유롭게 즐기는 시인의 초연하고 달관한 정서가 가득하다. 소식은 사소한 일상생활의 모습을 자주 즐거움으로 승화시켜 묘사하였는데, 이는 선종의 수연자적과 임운자재, 철저한 무소유의 정신을 가지고 있었기에 가능한 것이었다. 전하는 바에 의하면 이 시가 조정으로 전해지자 정적들은 소식의 유유자적한 모습에 분노하여 그를 해남도로 유배시키기로 결정하였다고 한다.

시인의 나이 62세에 혜주에서 해남도로 떠나며 동생 소철에게 보낸 「앞의 운에 차운하여 자유에게 보내다(次前韻寄子由)」란 시에서도 불교 선종의 공사상을 통하여 달관되고 낙관적인 시인의 모습을 보이고 있음을 알 수 있다.

我少即多難	나 젊었을 때 고난도 많았지.
邅回一生中	일생을 머뭇거리며 살아왔다네.
百年不易滿	백년의 세월 채우기가 쉽게 않고,
寸寸彎强弓	갈수록 강한 활을 당긴다네.
老矣復何言	늙었으니 다시 무슨 말을 하랴!
榮辱今兩空	지금 보니 영과 욕이 모두 공허하네.

泥洹尙一路　　열반의 한 길만을 바라보니,
所向餘皆窮　　가는 곳마다 여유가 무궁무진하네.

　　첫 두 구절에서는 젊은 시절의 험난한 길을 회고하며 많은 고난의 길을 걸어왔음을 설명하고 있다. 3,4구에서도 이러한 세월 속에서 자기 멋대로 마음 내키는 대로 행동하였음을 말하고 있으며, 5,6구에서는 지금 이 순간 자기의 인생을 되돌아보니 몸은 늙었으나 할 말이 없다는 것이다. 그것은 바로 여태까지 자기 인생의 모든 영화와 욕됨은 바로 하나의 실체도 없는 공허한 것임을 깨달았기 때문이다. 생사의 윤회를 초월하는 깨달음의 경계를 추구하고 있다. '니원泥洹'이란 바로 불교의 열반涅槃을 일컫는 말이다. 열반은 일반적으로 두 가지의 의미를 가지고 있다. 하나는 우리가 보편적으로 알고 있는 세상을 떠난다는 의미인 죽음을 말하고, 다른 하나는 생사윤회를 초월한 깨달음의 경계로 불교수행의 최고 이상 경지를 말한다. 그러므로 소식은 오로지 모든 생사와 번뇌를 초월하여 부처의 지혜를 얻어 깨우침에 이르는 길만을 바라보고 있으니, 자기가 가는 길이 아무리 험하고 힘들다고 할지라도 여유가 넘치고 있음을 묘사하고 있다. 즉 불교 선종의 공관의 운용을 통하여 이를 자기의 정신적인 의지처로 삼아 광달함을 추구하고 있음을 알 수 있다.

　　모든 것을 초월한 낙관 자득한 경지를 소식의 시문 곳곳에서 볼 수 있다. 시인의 나이 64세, 담주에서 유배 중일 때 「상원절 밤에 노는 것을 적다(書上元夜游)」에서 자기의 경험을 이렇게 기록하고 있다.

1099년 1월 15일 상원절上元節, 내가 담주에서 살고 있는데, 몇몇 늙은 서생들이 나를 찾아와서 이르기를 "밝은 달 좋은 밤에 선생께서 나와서 같이 놀러 가시지요?"라고 하여, 나는 기꺼이 그들을 따라나섰다. 서쪽 성문을 나와서 절로 들어갔다가 작은 골목을 지나니 여러 민족이 뒤섞여 있고, 술을 파는 곳도 여럿 있었다. 숙소로 돌아오니 이미 삼경이 지났고, 숙소에 같이 있는 사람은 이미 코를 골고 있었다. 내가 지팡이를 내려놓으며 누가 얻고 누가 잃었는지를 생각하며 큰 소리로 웃었다. (아들이) 왜 나에게 웃느냐고 물었다. 내가 "내 스스로 나를 웃고, 또한 한유가 고기를 잡지 못해서 더욱 먼 곳에 갔음을 웃은 것이지. 낚시하는 사람은 다른 곳으로 간다 해도 반드시 큰 고기를 잡을 수 없는 것을 모르는 것이지"라고 말했다.[34]

마치 모든 것을 달관한 선사의 모습처럼 보인다. 이 세상을 돌아보아도 얻은 사람도 없고 잃은 사람도 없다. 다른 곳으로 옮긴다고 해도 큰 고기를 잡을 수 없거늘, 한유가 고기를 잡기 위해 옮겨간 것과 아등바등 살아가는 사람들이 우습다.

시인의 나이 65세인 1100년, 휘종이 즉위한 후 담주에서 육지로 옮기라는 명을 받고 6월 20일에 바다를 건너면서 시를 지었다. 고난의 연속인 인생길에 있어서도 "구사일생한 황량한 남쪽 원망하지 않으며, 이러한 기이한 절경은 평생에 최고라네(九死南荒吾不悔, 玆游奇絶冠平生.)"(「六月二十日夜渡海」)라고 읊어, 모든 것을 포용하고 세속의 잣대를 뛰어넘는 낙관적이고 광달한 면을 나타내고 있다.

아래의 시는 마치 인생을 달관한 선사의 해학적인 면을 보는 듯하다.

선시, 절대적 행복을 노래하다 **219**

「기지器之가 선을 논하는 것을 좋아하나, 산을 유람하는 것을 좋아하지 않았다. 산중에 죽순이 나오니, 농담으로 기지에게 함께 옥판장로를 참배하러 가자고 하고 이 시를 지었다.(器之好談禪, 不喜遊山, 山中筍出, 戲語器之, 可同參玉版長老, 作此詩)」를 보자.

叢林眞百丈	총림叢林은 진정한 백장百丈이며,
法嗣有橫枝	법통의 계승은 뻗은 나뭇가지라네
不怕石頭路	석두石頭의 길을 두려워하지 않고
來參玉版師	옥판장로를 참배하러 왔노라
聊憑柏樹子	잠시 정원 앞의 잣나무에 의지하고
與問籜龍兒	죽순 껍질인 용아에게 질문한다.
瓦礫猶能說	기와와 벽돌도 설법을 하는데
此君那不知	죽순인들 어찌 모르겠는가?

제목에서도 알 수 있듯이 이 시에는 해학이 넘치는 흥미로운 전고가 있다. 해남도에서 인생의 고비를 넘기고 겨우 육지로 돌아온 소식은 사면을 받아 북으로 돌아간다. 당시에 벗 유기지와 만나서 유람을 하였는데, 유기지는 산을 좋아하지 않았다. 소식은 고의로 기지를 놀려 주기 위해서 옥판장로를 만나러 산에 가자고 한다. 어렵게 산길을 걸어서 절에 도착은 했는데, 옥판화상은 보이지 않고 소식이 주방에 가서 죽순 한 접시를 가지고 나왔다. 기지가 소식에게 옥판화상의 거처를 물으니, 소식이 바로 죽순을 가리키며 이분이 바로 옥판장로라고 말했다. 따라서 이 시 속에는 다양한 선종의 공안뿐만 아니라, 바로 인생을 달관한

시인의 여유로움과 행복을 느낄 수 있다. 백장은 백장회해百丈懷海 선사나 혹은 홍주의 백장산을 가리킨다. 석두는 석두희천石頭希遷 선사를 말하며, 시문의 '석두로石頭路'는 마조도일 선사가 말한 "석두의 길은 미끄럽다"에서 온 것이다.[35] 옥판장로는 바로 죽순을 가리키고, 잣나무는 조주화상의 선문답에서 나오는 '정전백수'를 말한다. "기와와 벽돌도 설법한다"는 조동종의 창시자인 동산 양개선사의 오도송인 "정말 기이하고, 기이하도다. 무정이 법을 말하니 불가사의하도다. 만약 귀로 들으면 끝내 이해하기 어렵고, 눈으로 들어야만 알 수가 있다네(也大奇, 也大奇! 無情說法不思議. 若將耳聽終難會, 眼處聞時方可知)"에서 나온 것이다. 잣나무와 기와, 그리고 벽돌도 설법을 하므로 죽순도 당연히 설법을 할 수 있다는 것이다. 다양한 선종의 공안들을 능수능란하게 운용하고 있는 것에서 소식의 선종에 대한 해박한 지식을 알 수 있다. 동시에 소식의 기지와 해학, 달관한 모습을 시구절에서 느낄 수 있다.

휘종徽宗 정국靖國 원년(1101) 7월, 소식이 임종하기 이틀 전에 그의 옛 친우이며, 옛날 항주에 있을 때 경산사徑山寺의 주지였던 유림승維琳僧이 불원천리하고 병문안 차 상주常州에 있는 소식을 방문하였다. 유림승은 소식에게 「동파의 병을 문안하다(與東坡問疾)」란 시를 지어 "나의 입에 문수보살을 삼키고, 천리를 와서 병문안하네(我口吞文殊, 千里來問疾)"라며 소식의 마지막을 위로해 주었고, 동시에 소식에게 주문을 외울 것을 요청하였다. 이에 소식은 아래의 「경산의 유림장로에게 답하다(答徑山琳長老)」란 시로 유림승에게 답하였다.

與君皆丙子　　그대와 나는 같은 병자생,

| 各已三萬日 | 각각 이미 삼만 일을 살았네.
| 一日一千偈 | 하루에 천 개의 게송 외워도,
| 霎往那容詰 | 찰나 속에 무엇을 말하겠는가.
| 大患緣有身 | 큰 우환은 몸이 있는 인연이고,
| 無身則無疾 | 몸 없으니 바로 병도 없노라.
| 平生笑羅什 | 평생 구마라집을 비웃은 건,
| 神呪眞浪出 | 신통한 주문으로 파도를 일으킨다기에.

첫 두 구절에서 소식과 유림승이 같은 나이이며, 매우 오랫동안 살았음을 3만 일로 표현하고 있다. 3구는 『진서晉書』에 의하면 구마라집九摩羅什은 스승에게 경을 배울 때 하루에 천 개의 게송을 외웠다고 전한다. 따라서 3,4구에서는 시인 자신도 구마라집과 같이 하루에 많은 게송을 외운다면 날이 갈수록 그 숫자가 많아질 것이나, 죽음을 눈앞에 둔 인생의 마지막 짧은 순간에 있어서 그 게송이 무슨 소용이 있겠느냐는 것이다. 그러므로 5,6구에서는 근심과 병이라는 것은 몸의 인연에 의하여 생기는 것이니, 자기 몸의 존재조차도 뛰어넘는다면 당연히 병도 근심도 존재하지 않는다는 것이다. 즉 "본래 하나의 사물도 없는데, 어디에 닦을 먼지가 있겠는가?(本來無一物, 何處惹塵埃?)"라는 혜능의 오도송悟道頌을 인용하여 유림승에게 자기를 위해 주문을 외울 필요가 없음을 말하고 있다. 그러므로 마지막 두 구절에서 진리를 깨닫지 못한 구마라집을 비판하고 있다. 즉 소식은 구마라집이 임종 전에 자기의 병을 낫게 하려고 외국 제자에게 신통한 주문을 외우라고 하였으나 결국은 효험을 보지 못하고 입적했다는 것을 예로 들어 비웃고 있는

것이다. 다시 말해서 생과 사는 필연적인 규율이며, 눈에 보이는 사물은 모두 인연에 의하여 명멸明滅하기 때문에 사람이 어떤 방법을 사용하더라도 아무 소용이 없다는 것이다. 이 시를 통해서도 소식은 생사에도 초연할 수 있는 선종의 큰 깨우침의 경지에 이른 것임을 알 수 있다.

5. 결론

세상을 살아가는 방법은 사람마다 다르다. 비슷한 환경 속에 성장해 왔다고 할지라도 개개인의 사상과 인생관에 따라서 가는 길이 달라질 수밖에 없다. 예를 들어서 우리들의 인생에 있어서 어떠한 하나의 난관에 부닥쳤다고 하자, 유사한 난관이라고 할지라도 어떤 사람은 그것을 잘 극복하고 여유롭게 이겨내는 사람이 있는가 하면, 어떤 사람은 그것에 얽매여 힘들게 고생하다가 심지어는 극단적인 선택에까지 이르는 경우도 있다. 가장 핵심적인 관건은 바로 어떠한 사상을 운용하느냐에 달려 있다.

어린 시절부터 불교적인 가정환경 속에서 성장해 온 소식은 부모뿐만 아니라, 부인과 동생인 소철까지 돈독한 불교적인 신앙심을 가지고 있었다. 이러한 가족들의 영향과 본인의 노력으로 불법에 대해 상당한 조예를 가지게 되었다. 평탄하지 못한 벼슬길과 회재불우懷才不遇로 인한 고뇌, 담박한 유가 사상의 부족한 부분을 불도를 통하여 흡수하면서 100여 명의 고승대덕들과 교유하면서 불법의 오묘함을 받아들였다. 특히 목숨을 잃을 뻔했던 오대시안의 발생은 44세의 중년 소식의 일생을 바꿔 놓는 계기가 된다. 소식은 이전의 정치상에 있어서의 포부를 거의 포기하고 "황주黃州에서 두문불출하면서 불경으로써 세월을 보냈으며"[36] 이렇게 참선과 독경으로 소일하면서 자신을 성찰하는 것을 5년 동안 수행한 결과, 몸과 마음이 모두 공해져서 안과 밖이 하나가 되는 물아일체의 경지에 이르게 된 것이다.[37] 황주 시기 이후로 그는 완전히 불교에 심취하여 선종사상을 사상적인 의지처로 삼아 인생의 고뇌를 해결하려고 하였음을 알 수 있다.

이로 보아 소식은 일생 동안 불교 선종의 섭리와 우주관을 매우 잘 활용하여 외유내불外儒內佛의 정신적인 구도자의 길을 걸어왔다고 해도 과언이 아니다. 어떠한 역경 속에서도 그는 분노하지 않고, 오히려 수연자적하면서 세속일체의 번뇌와 애증의 분별심에서 벗어나 생활하기를 추구해 왔다. 가장 힘들었던 황주, 혜주, 담주에서의 생활은 수연자적과 임운자재의 경지를 체현하여 마치 해탈의 경지에 이른 선사의 깨우침의 경지를 보는 듯하다. 소식의 인생에 있어서 수연자적하는 인생관의 체현과 더불어서 가장 두드러진 특징 중의 하나는 초연하게 모든 것을 비우는 달관적인 태도를 나타내고 있다는 점이다. 소식은 소극적인 불교라는 인식을 뛰어 넘어 오히려 이를 적극적으로 운용함으로써 광달함과 여유, 해학과 달관의 자세를 견지하여 고난을 창작으로 승화시켜 수많은 작품들을 남기고 있다.

소식의 일생을 관통하는 중요한 사상은 대승 공관, 수연자적, 무심과 무주, 무집착 등으로, 원융무애의 인생관을 견지하고 있다고 해도 과언이 아니다. 그러기에 동파의 시문 속에는 자주 낙관적이면서도 모든 것에 초연할 수 있는, 인생을 달관한 듯 행복하고 해학적인 선사의 모습이 투영되고 있는 것이다.

{서양철학의 행복론}

인간적 행복과 신적 지복

-운명을 어떻게 받아들일 것인가-

강상진(서울대 철학과)

1. 들어가는 말: 행복-다시 학문적 담론의 세계로

직장인 10명 중 2명만 행복: "스스로 행복하다고 느끼는 직장인은 10명 중 2명밖에 되지 않는 것으로 조사됐다. …… 이번 설문조사에서 행복한 삶을 만드는 데 필요한 조건으로 '경제적 여유'를 응답한 비율이 44.4퍼센트로 가장 많았다. 건강(39.7%), 화목한 가정생활(36.5%), 만족스러운 일(23.9%), 개인적인 여유 시간 및 취미활동(21.2%), 사회적 대인관계(12.4%) 등이 행복에 필요한 조건으로 꼽혔다."[1]

심심치 않게 읽을 수 있는 기사 중 하나이다. 이런 기사를 접할 때면 한편으로 내가 이런 설문을 받았으면 어떻게 대답했을까 생각하며 몰래 비교해 보기도 하지만, 다른 한편 타인이 행복에 대해 어떻게 생각하든

나의 행복에는 궁극적으로 별 영향을 줄 수 없을 것이라고 판단해서 보통의 경우 크게 마음을 두지 않고 넘어간다. 요새는 행복에 대해 물어보면 저런 것들을 행복의 구성요소로 생각하고 묻는구나 싶어 새로 배우고 또 대부분 공감이 가는 내용들이지만, 이런저런 이유들 때문에 설문 결과에 마음을 많이 쓰지는 않는 것 같다. 즉 한편으로는 설문을 통해서는 다 알아내기 어려운 행복의 고유한 특징이 있다고 생각하는 것 같고, 다른 한편으로는 내가 지금 행복을 얼마나 느끼고 있는가의 문제보다는 앞으로 어떻게 하면 행복해질까에 더 관심이 있는데, 내가 설문조사에서 나온 우선순위대로 나의 행복을 위한 전략을 세워야 할 까닭은 없다고 생각하는 것 같다. 행복에 대한 경험적 조사가 정책적으로 유용한 자료를 제공한다는 점은 부인하기 어렵지만,[2] 각자가 옳건 그르건 행복에 대해 가지고 있는 어떤 주관적이고 내밀한 생각들이[3] 통계로 나타났을 뿐, 생각의 분포를 보여 주는 통계가 내가 추구하는 행복의 전략을 결정할 권한은 없다고 생각하기 때문이다. 통계가 보여 줄 수 있는 거시적인 지표와 오늘 당장 눈앞에 닥친 내 일상 사이에는 일정 정도의 거리가 있는 것 같고, 그 중간을 엮어 줄 무언가가 필요해 보인다.

  지금부터 시도하는 것은 그 중간 어디쯤에 걸칠 것이라고 희망하는 행복에 관한 이야기다.[4] 행복에 관한 논의의 서양철학의 오랜 전통을 고중세 철학을 중심으로 돌아볼 작정이다. 이런 계획을 듣는 순간 '서양의 근현대 철학에서도 행복에 관해 무슨 얘기를 하지 않았나, 왜 하필 고중세 철학 중심인가?'라는 질문이 떠오른다면 당신은 상당한 수준의 독자이다. 하지만 아쉽게도 서양 근현대 철학에서는 고중세가 보여 준 것과 같은 강력한 논의 전통이 쉽게 관찰되지 않는다. 도대체 무슨 일이 있었기에 행복 개념이 근대 이후 철학적 논의의 장에서 사라지게 되었는지 살펴보는 것도 이 글의 과제 중 하나다. 행복에 대해 과학적으로 논의해 보자는 시도가 긍정심리학의 부상과 더불어 눈에 잡힐 듯 가까운 거리에서 관찰되는데, 철학적 윤리학에서는 20세기 중반 윤리학의 새로운 패러다임으로 등장한 덕 윤리(virtue ethics)의 부활[5]과 함께 행복 개념이 간접적으로 조명을 다시 받기 시작하는 정도인 것 같다. 그러나 본격적인 철학적 논의의 장으로 들어왔는지는 아직 불분명한 상황인 것 같다. 다시 철학에서 집중적으로 논의해야 한다고 생각하는 사람이 있는가 하면, 다시 철학이 따질 물음이 아니라고 생각하는 사람도 있는 것 같다.

　행복에 대한 철학적 접근에는 그 동안 무슨 일이 있었기에 고중세 윤리학의 핵심 개념이자 최대의 쟁점이던 행복이 이토록 오래 관심에서 멀어진 것일까? 행복은 무슨 연유로 서양의 철학적 담론의 세계를 떠나야 했던가? 서양 고중세 철학의 행복 논의를 중심으로 이런 문제들에 대한 답을 찾다 보면, 앞에서 지적했던 통계와 일상 사이의 거리도 다르게 보일 것이고 경험과학을 포함해서 학문적 담론의 세계에 다시 들어올 때 져야 하는 짐이 무엇인지도 처음보다는 조금 나은 방식으로 이해될 것이다.

2. 삶의 궁극 목적으로서의 행복

1) 행위와 선택의 목적

아리스토텔레스(기원전 384~322년) 이전 고전시대의 지혜를 총결산했을 뿐 아니라 이후 서양의 윤리적 사유에도 결정적인 영향을 끼친 작품으로 보통 아리스토텔레스의 『니코마코스 윤리학』을 꼽는다. 이 작품은 "모든 기예와 탐구…… 모든 행위와 선택이 어떤 좋음을 목표로 하는 것 같다"[6]는 매우 단순해 보이는 관찰로부터 출발한다. 내가 신경을 써서 하는 선택이나 행위는 말할 것도 없지만, 매번 그럴 필요 없게 미리 정해 둔 대로 따라가기만 하면 되게 만들어 놓은 기술이나 탐구 등은 그것을 통해 실현하고 싶은 어떤 좋은 것이 있다는 생각인데, 별 어려움 없이 이해할 수 있다. 제빵 기술은 좋은 빵을 만들려는 것이지, 맛없는 빵을 만들기 위해 그렇게 애를 쓸 것 같지는 않고, 별을 관측하는 학문은 정확한 자료를 통해 보다 좋은 결론을 이끌어 내려고 만전을 기하는 것이지, 나중에 틀려도 좋으니 대강 관측하라고 그런 엄밀한 학문을 만들었을 리는 없을 것 같기 때문이다. 내가 지금 조금 빨리 걷는 것은 그래야 제시간에 지하철을 타 약속시간을 지킬 수 있기 때문이고, 가끔 장애에 부딪혀 이루어지지 못할 수 있지만, 매주 등산을 하기로 선택한 것은 건강에 좋은 것이라는 생각 없이는 이해할 수 없는 일이다.

그런데 이렇게 상식적인 생각을 가지고 한 걸음 더 나아가기 시작하면 이런 질문을 더 할 수 있을 것이다. 그렇게 좋은 빵을 만들어서 무엇 하려구? 약속시간을 잘 지키면 또 무엇이 좋은데? 정확한 관측을 해서 얻는 것이 무엇이지? 건강해지면 또 무슨 일을 하려구? 모든 질문에 답이 다 쉬운 것은 아니겠지만, 쉽게 대답할 수 있는 질문도 있고, 질문에 답하기가 곤란한 것도 있을 것이다. 빵이야 잘 만들어서 팔 목적으로, 혹은 가족이 맛있게 먹을 요량으로 만든다고 대답할 수 있겠고, 약속시간을 잘 지키면 나도 마음이 편하고 상대방도 쓸데없이 기다리지 않아서 좋다고 대답할 수 있겠지만, 별을 정확히 관측하거나 건강을 추구하는 행위의 이유를 대는 것은 그보다 조금 어려워 보인다. 아마도 지금 이 책을 읽는 것은 어떤 좋음을 겨냥한 행위냐는 질문 역시 그런 종류의 어려움에 봉착할 것으로 보인다. 이 책을 읽는 경우나 건강을 위해 등산을 하는 경우처럼 특정 행위의 경우에는 그 행위를 통해 달성하고자 하는 좋은 목적을 얘기하고 또 그 목적의 목적을 얘기하는 것이 금방 끝나거나 더 이상 물어보는 것이 부적절해 보이지만, 목적의 목적을 묻는 식으로 가는 것이 처음에는 길어 보여도 결국에는 비슷한 어려움에 처할 것 같다. 즉 대답이 궁해지거나, 그런 행위의 목적 혹은 이유를 묻는 것 자체가 부적절해지는 상황에 처할 것 같다.

그런데 이런 물음의 계열에서 관찰되는 것 중의 하나는 목적의 목적을 거슬러 올라갈수록 포괄하는 행위가 많아진다는 것이리라. 약속을 지키는 것이 나의 정신건강을 위해서라고 대답했다면, '건강'이라는 좋음을 목적으로 한 답은 매주 등산을 가는 행위에 대한 답으로 주어질 뿐만 아니라 약속을 잘 지키는 이유에 대해서도 답으로 주어질 수 있는 것이고, 이 책을 읽는 것도 육체는 아니지만 건강한 정신을 위해서라고 답한다면 이 독서행위의 목적에 대한 답도 될 것이기 때문이다. 마찬가지로 만약 책을 읽는 것이 단순한 재미를 위해서라고 대답했다면, TV 시청을 하는 이유나 친구들과 바둑을 두는 행위의 목적에 대한 질문에 주어지는 대답이기도 할 것이다.

이렇게 상위로 올라가는 목적의 계열은 대답이 궁해지는 경험에서 알 수 있듯이 계속 답을 줄 수 있는 것은 아니고 어디에선가 끝난다는 것이 아리스토텔레스의 생각이다.[7] 사람에 따라 마지막에 내놓는 대답,

더 이상 상위의 목적이라고 내놓을 것이 없는 마지막 목적의 내용이 다를 수 있다. 어떤 사람은 자신의 재미나 즐거움과 같은 계열을 마지막 대답으로 줄 수 있을 것이고, 보다 종교적인 사람, 타인에 대한 봉사를 더욱 마음에 두는 사람은 그와는 다른 것을 마지막 대답으로 줄 것이다. 하지만 그 내용은 다르더라도 더 이상 대답을 줄 수 없는 마지막을 자신의 행위 전체의 목적으로 이해하고, 상위의 다른 대답을 줄 생각을 하지 않는다는 점에서는 일치할 것이다. 이렇게 마지막에 놓인 목적을 모든 행위의 궁극목적이라고 부르고, 모든 선택과 행위가 지향한다는 좋음의 마지막 단계에 있는 것이니 최고선이라고 불러도 좋을 것이다.

2) 궁극목적과 최고선

아리스토텔레스는 이렇게 이해된 최고선이자 궁극목적이 내용에 있어서는 상이할지라도 적어도 그 이름에 있어서는 일치한다고 주장하면서 당대 그리스어 '에우다이모니아eudaimonia'가 바로 그 이름이라고 한다.[8] 에우다이모니아는 한국어로 통상 '행복'으로 번역되고, 그렇게 번역된 이유 때문에 원래 아리스토텔레스가 의도했던 바와 어긋나게 받아들여지기도 한다. 우리말 '행복'에는 당대 그리스어 '에우다이모니아'가 가졌던 것과 같은 압도적인 동의의 힘이 결여되었기 때문이리라. 많은 사람들이 행복을 추구하는 것은 맞지만, 나는 그런 행복을 추구하지 않겠다고 결심하는 사람에게, 내용은 달라도 당신이 추구하는 것도 결국 '행복'이란 말이 먹히기 어려울 수도 있기 때문이다. 아마도 아리스토텔레스 정신에 보다 충실하자면, 내용적으로 고정되지 않았지만 모든 행위와 선택의 궁극에 있는 목적을 가리키는 말을 다 받아 주어야 할 것 같다.

보통은 건강도 행복을 위해서고, 공부도 혹은 돈을 많이 버는 것도 결국 행복을 위해서라고 대답한 후, 행복은 무엇을 위해서라는 대답에 더 이상 대답할 것이 없다고 한다면, 아리스토텔레스의 에우다이모니아를 행복으로 번역한 것이 좋은 번역일 것이다. 하지만 만약 당신이 개인의 안락보다 봉사활동에서 더 큰 의미를 찾고 당신의 행위를 이끄는 마지막 목적을 '보람 있는 삶'이라고 부르면서 이것은 통상의 '행복한 삶'과는 다른 것이라고 생각한다면 당신에게는 그것이 아리스토텔레스의 '에우다이모니아'에 해당하는 것이고, 혹시 당신이 보다 종교적인 사람이라 명상을 통해 종교적 체험을 깊이 하는 것, '종교적 삶'이 최후의 목적이며 이것은 통상의 '행복한 삶'과는 다른 것이라고 생각한다면 당신에게는 그것이 아리스토텔레스의 '에우다이모니아'인 셈이다.

  앞으로 번거로움을 피하기 위해서 아리스토텔레스의 에우다이모니아를 '행복'으로 번역해 쓰겠지만, 내용적으로는 열려 있고 각 개인의 행위, 혹은 그것들의 총체로서의 삶에서 궁극목적으로 작동하는 것, 최고선으로 이해되는 것, 더 이상 좋은 것은 없는 것이라는 의미를 담은 말로 이해하면 좋을 것이다. 행복에 대한 관심을 아리스토텔레스는 다음과 같이 정당화하는데, 아마 아리스토텔레스를 위시한 고전 윤리학 일반의 관심을 잘 대변해 주는 것 같다. 즉 이 궁극목적에 대한 앎이 우리의 삶을 위해 큰 무게를 가지며, "마치 과녁을 가지고 있는 궁수처럼 마땅히 그래야 할 바에 더 잘 적중시킬" 수 있기 때문[9]이라는 것이다. 궁수와 과녁의 비유는 적어도 두 가지 점에서 시사적이다. 하나는 과녁을 잘못 보면 아무리 적중하려고 노력해도 맞출 수가 없다는 점이다. 이정표를 잘못 읽은 사람이 목적지에 도달하려고 노력하면 할수록 멀어지는 것과 마찬가지로, 행복을 잘못 이해한 사람은 행복해지려고 열심히 노력할수록 오히려 행복에서 멀어질 수 있다. 다른 하나는 궁수가 과녁을 맞히려고 애를 쓰지만 항상 적중하는 것은 아니라는 점이다. 아리스토텔레스는 적어도 과녁이 어디에 있는지는 제대로 알아야 헛수고를 하지는 않을 것이라는 점을 얘기하고 있으니까. 행복에 대한 고전 윤리학의 관심을 일단 이렇게 정리해 두자. 제대로 알고 노력해도 행복해진다는 보장은 없지만 당신의 삶을 큰 방향에서 이끌고 있는 행복을 잘못 이해하면 당신의 무수한 수고에도 불구하고 당신은 행복해질 수 없다.

3) 행복: 사람 노릇

아리스토텔레스는 사람들이 생각하는 행복이 각양각색이며 동일한 사람이라도 처한 상황에 따라 다른 것을, 예를 들어 병들었을 때는 건강을, 가난할 때는 부를 행복으로 생각한다고 말하면서 몇 가지 당대 사람들에게 널리 인정되던 삶의 유형을 구분해서 검토한다. 그 내용들은 모두 당대의 보통 사람들이 행복으로 생각했을 법한 것들이며 동시에 우리 시대에도 발견될 수 있는 내용들이다. 아리스토텔레스는 검토를 통해 왜 이런 종류의 행복이 진정한 과녁이 될 수 없는지 설명하는데, 이 과정을 통해 우리가 추구해야 할 행복이 대체로 어떤 조건들을 충족해야 하는지도 드러나게 된다. 즐거움이 좋음이자 행복이라고 생각하는 통속적 사람들은 향락적 삶을 추구하지만, 아리스토텔레스는 이런 삶이 인간적인 삶보다는 짐승들의 삶 혹은 완전히 노예적 삶에 가까운 것이라는 이유로 간단히 거부한다. 교양 있는 사람 혹은 활동적인 사람들은 명예 혹은 사회적인 인정을 궁극목적으로 선택하지만, 이것 역시 명예를 수여하는 측에 너무 의존하고 있다는 이유에서 거절된다. 우리가 찾고 있는 행복이 인간에게 '고유한 어떤 것으로 쉽게 우리에게서 떼어 낼 수 없는 것'이어야 하는데, 쾌락이나 명예는 그런 것이 아니라는 것이다.[10] 그렇다면 아리스토텔레스가 내놓는 대안은 무엇인가? 그는 인간의 기능(ergon: function), 혹은 사람 노릇이 무엇인지를 살펴보면 그 답을 얻을 수 있다고 생각한다.

피리 연주자와 조각가, 그리고 모든 기술자에 대해서, 또 일반적으로 어떤 기능과 해야 할 행위가 있는 모든 사람에 대해서, 그것의 좋음과 잘함은 그 기능 안에 있는 것처럼 보인다. 그처럼 인간의 경우에도 인간의 기능이 있는 한, 좋음과 잘함은 인간의 기능 안에 있을 것 같아 보인다.[11]

만약 목수의 기능 중 하나가 튼튼하고 편안한 책상을 만드는 것이라면, 좋은 목수는 튼튼하고 편안한 책상을 잘 만드는 사람이겠고, 튼튼하지만 편안하지 않거나, 편안하지만 곧 망가지는 책상을 만드는 사람은 목수 일을 잘하는 목수는 아닐 것이다. 마찬가지로 피리를 잘 연주하는 사람의 기능이 피리가 가진 소리를 잘 살려서 내고, 끊김 없이 가락을 잘 연주하는 것이라면, 잘하는 피리 연주자, 좋은 연주자를 판단하는 기준은 그렇게 수행해야 할 기능으로부터 판단될 것이다. 아리스토텔레스는 목수나 제화공이 어떤 기능과 행위들을 가지고 있는데 인간은 아무런 기능도 없고 본래 아무 할 일도 없는 존재일 수가 없을 것이라는 생각을 들어 인간에게도 인간으로서 수행해야 할 일, 기능이 있음을 확인하고 그것이 무엇인지를 찾는다.[12]

좋은 목수를 판단하는 기능이 목수가 수행해야 할 기능에서 주어졌듯이, 좋은 인간 혹은 좋은 삶의 판단 기준 역시 사람이 사람으로서 수행해야 할 역할, 노릇에서 찾아야 한다는 것이다. 아리스토텔레스의 행복을 이해하기 위해서는 그가 대안으로 제시하는 것에서 탐구의 기준 역할을 하는 사람 노릇 혹은 사람의 기능을 이해하는 것이 중요하므로 여기서 잠깐 아리스토텔레스가 찾는 것이 무엇인지 한 번 음미해 보자.

보통은 여러 종류의 인간관계에서 기대되는 역할이 있는 것 같다. 누구의 아들로서 혹은 사위로서 자식 노릇도 잘해야 하고, 자식이 있다면 부모 노릇도 잘해야 하고, 친구 사이에서는 좋은 친구가 되어야 하고, 국민으로서 여러 종류의 의무를 잘 수행해야 하고, 직장에서는 요구되는 역할에 따라 팀장 노릇을 잘하거나, 과장 역할을 잘하거나 해야 할 것이다.

그럴 리가 별로 없겠지만 가끔 그 어느 역할도 요구받지 않는 때가 있다면 그때가 바로 그 어떤 기준에 의해서도 평가받지 않는 자유로운 때일까? 모든 의무로부터 해방되어 혼자 휴가를 즐기는 때가 그런 때인가? 아리스토텔레스가 찾는 '사람 노릇'은 오직 그럴 때만 요구되는 것일까? 물론 아니다. 아리스토텔레스는 그런 온갖 종류의 부분적인 역할들을 맡게 되기까지의 숙고와 선택을 잘하는 것이 좋은 사람이 해야 할 일이라고 생각할 테니까. 당신이 어디로 이사를 가서 그곳 주민이 되어야 할지, 특별히 어떤 직업을 통해 자신이 가지고 있는 능력을 잘 발휘할지, 자신에게 주어진 여가를 어떻게 이용하는 것이 최선일지 잘 궁리하는 것 일반을 잘하는 것이 사람 노릇을 잘하는 것으로 생각할 것이다.

간단하게 말하면 '행복'은 혹은 '행복하다'는 것은 자신이 생각하는 좋은 삶이 무엇인지 그 전체의 방향을 잘 잡아주면서 살아가고 있다는 것이다. 이를 두고 아리스토텔레스는 대부분의 사람들이 '행복하다'는 것을 '잘사는 것'과 '잘 행위 하는 것'과 같은 것으로 생각한다는 점을 지적했었다.[13] 특정한 기능, 특별한 노릇이 아니라 그런 것들을 잘 배치하면서 삶 전체를 잘 조정하는 능력을 통해 좋은 사람으로 살아가는 것, 혹은 삶을 삶답게 잘 사는 것이 지금 아리스토텔레스가 찾고 있는 사람 노릇, 사람의 기능이다.

3. 행복과 탁월성(덕)

아리스토텔레스는 좋은 사람과 좋은 삶을 판단할 준거가 될 사람의 기능을 찾으면서 식물 혹은 동물들의 삶과 공유하는 기능들은 제거해 나가는 방식으로 좁혀 나간다. 우리는 돌도 씹어 먹을 정도로 소화기능이 좋은 사람을 그런 이유로 사람 노릇을 잘하는 것으로 판단하지도 않고, 동물에게서 관찰되는 것과 같은 예리한 후각이나 청각을 가진 사람을 그런 이유로 좋은 사람이라고 부르지도 않는다.

이렇게 인간에게만 고유한 어떤 것을 찾은 결과 '이성을 가진 것의 실천적 삶'이라는 생각에 도달하게 된다.[14] 소화기능이나 감각기능의 훌륭함에서가 아니라 이성과 실천 혹은 활동에서 잘하고 못하는 것이 우리가 '잘 행위 하는' 사람 혹은 '잘사는 사람', '좋은 삶', '사람 노릇을 제대로 하는 사람'을 판단하는 기준이다. 그런데 이성적인 기능을 잘 발휘하는 것 혹은 이성을 가지고 인간에게 고유한 활동을 잘하는 것, 그것도 잠시가 아니라 온 삶에 걸쳐 지속적으로 발휘되는 활동이란 과연 어떤 활동을 말할까? 다시 좋은 기술의 예로 돌아가는 것이 이해에 도움이 될 것 같다. 좋은 목수란 옆에서 가르쳐 주는 사람이 시키는 대로 할 때는 튼튼하고 편안한 의자를 만들지만 가르쳐 주는 사람이 없으면 엉망으로 만드는 사람이 아니다. 옆에서 가르쳐 주는 사람이 없어도 어떻게 하면 그런 의자를 만들 수 있는지 알고 있는 사람, 그 앎에 따라 몸을 놀려 실제로 그런 의자를 만들어 내는 사람이다. 간단히 말하자면 그런 일을 잘 수행해 낼 수 있는 능력을 체화한 사람이다. 마찬가지로 좋은 실험물리학자는 어쩌다가 좋은 실험결과를 얻었을 뿐 실험을 반복해서 동일한 결과를 보여 주지 못하는 사람이 아니다. 무엇이 실험에서 중요한 요소인지 알고 있고, 어떻게 통제를 해야 정확도를 올릴 수 있는지 알 뿐 아니라 실제로 그런 통제에 성공해서 반복 실험을 통해 애초에 얻었던 실험결과가 우연이 아니었음을 증명하는 데 성공하는 사람이다. 실험에 관련된 앎을 가지고 있고 실험과정을 통해 오직 실험을 많이 해 본 사람만이 알 수 있는 앎을 가지게 되고 그 결과 누가 빼앗아갈 수 없는 방식으로 그 앎을 체화한 사람이 좋은 실험물리학자일 것이다.

그리고 바로 이렇게 체화된 능력이 좋은 목수 혹은 좋은 실험물리학자를 바로 그런 사람이게 만들어 주는 요소, 즉 지속적으로 좋은 결과를 산출해 낸다는 성격을 보증한다. 그렇다면 이성적인 기능을 잘 발휘한다는 것 혹은 이성을 써서 인간 고유의 활동을 잘 발휘한다는 것은 아마도 누가 빼앗아 갈 수 없는 방식으로 그렇게 체화된 능력으로부터 나오는 활동을 한다는 말이리라. 아리스토텔레스는 수행해야 할 기능을 지속적으로 잘 발휘할 수 있는 터전이 되는 이 체화된 능력을 탁월성 혹은 덕(arete)이라고 부른다.

인간의 행복이 인간에게 고유한 사람다움, 사람 노릇, 사람의 기능을 잘하는 것이라면, 그리고 그런 기능을 지속적으로 잘 수행하게 하는 터전이 인간의 탁월성 혹은 덕이라면 이런 결론이 나오게 될 것이다. 인간의 행복은 탁월성에 따른 활동에 달려 있다. 이것이 아리스토텔레스가 명예나 쾌락과 같은 통속적 이해를 물리치고 제시하는 행복의 정의이다. 즉 인간의 행복은 탁월성(덕)에 따른 영혼의 활동(energeia tes psyches kata areten)이다.[15]

서양의 고전 윤리학은 그런 탁월성을 대표하는 네 가지를 사주덕四主德이란 이름으로 묶어 부르는데, 잘 알려진 대로 용기, 절제, 정의, 지혜가 그것이다. 이런 전통에 따라 말하자면 인간의 행복은 용기라는 덕, 절제라는 덕, 정의라는 덕, 지혜라는 덕에 따라 활동하는 삶이 될 것이다. 물론 이때의 덕은 앞에서 설명했던 대로 수행해야 할 기능을 잘 혹은 탁월하게 그리고 지속적으로 수행하는 활동의 터전이 되는 일종의 체화된 능력이어야 할 것이다. 이제 아리스토텔레스가 행복을 구성하는 인간의 활동을 어떤 기준에서 구체적으로 몇 개나 되는 탁월성(덕)으로 묶는지, 이것들이 행복과 어떻게 연결되는지 살펴보자.

1) 습관화와 성격적 탁월성

지금까지의 설명을 잘 이해한 사람이라면 아리스토텔레스가 좋은 사람, 행복한 사람을 판단하는 기준이나 좋은 삶, 행복한 삶을 판단하는 기준이 사실 같은 것임을 눈치 챘을 것이다. 한국어에서는 마침 동일한 어원에서 나온 것 같은 '사람'과 '삶'이라 더욱 그럴 듯해 보이지만, 아리스토텔레스가 행복을 수행해야 할 기능을 온 삶에 걸쳐 잘 발휘하는 것으로, 곧 사람 노릇 제대로 하면서 잘 사는 것과 동일시하고 있으니 내용적으로 사람의 행복과 삶의 행복은 연결될 수밖에 없어 보인다. 아리스토텔레스는 인간 고유의 기능이 발휘되는 분야를 크게 둘로 나누고 각 분야에서 기능을 잘 발휘하는 터전으로서의 탁월성(덕)을 성격적 덕과 지적인 덕이라는 양대 산맥으로 나눈다. 한국어의 일상 용법에도 머리가 좋은 사람과 성격이 좋은 사람을 나누는 경향이 있는데, 아리스토텔레스는 무슨 이유로 이렇게 나누었는지는 다음 절에서 설명하기로 하고 일단 성격적 덕, 혹은 성품의 탁월성이 무엇인지 살펴보자.

앞에서 설명했던 체화된 능력으로서의 탁월성에 대한 설명이 가장 잘 적용되는 분야는 인간의 성격 혹은 품성이다. 간단하게 설명하자면, 인간은 어느 쪽으로 완성될지 모르는 열린 가능성 상태의 품성을 가지고 태어나고, 이런 품성을 자라면서 습관을 통해 좋은 성격 혹은 나쁜 성격으로 완성해 간다는 것이다. 용기의 예를 들자면 용기는 두려움이라는 감정에 대해 어떤 태도를 취할 것인가라는 문제가 지속적인 반복을 통해 좋은 쪽으로 형성된 성격이다. 두려움이라는 감정에 대해 지속적으로 지나치게 평가하는 성격은 우리가 비겁이라고 부르는 성격이며, 지속적으로 과소평가하는 성격은 우리가 무모라고 부르는 성격이니, 두려움과 관련해서 인간은 크게 세 가지 가능성을 가지고 태어난 셈이고, 그중 너무 지나치거나 모자란 방향으로 완성된 성격이 비겁이나 무모, 너무 지나치지도 않고 너무 모자라지도 않는 방향으로 완성된 성격이 용기라는 것이다. 그러니 용감한 성격의 사람은 비겁한 사람 혹은 무모한 사람과는 달리 인간 본성에 주어진 가능성을 최선의 방식으로 구현한 사람이고, 두려움이라는 감정이 들 때마다 동일한 감정에 대해 나쁜 방식으로 반응하는 두 개의 성격과는 달리 최선의 태도를 취한다. 그리고 바로 이점, 즉 두 개의 나쁜 성격, 곧 악덕과는 달리 인간의 가능성 중 최선을 실현하는 성격, 곧 덕이라는 점에서 이러한 덕을 따른 활동은 당연히 그 분야에서는 최고의 인간적 활동일 수밖에 없다. 행복과 덕을 연결시켰던 앞 절의 논리에 따르자면, 두려움이 들 때 비겁하게 활동하거나 무모하게 활동하지 않고 용감하게 활동하는 것이 말하자면 사람다움을 잘 실현하는 길, 혹은 이 상황에서 사람 노릇을 잘하는 것이다. 두려움이라는 감정에 대해 본능이 명령하는 대로만 움직인다면 동물과 다를 바 없겠지만, 잘하고 못함이 있는 그 가능성의 영역에서 최선의 활동을 하는 것, 그것도 습관화를 통해 성격이 된 나의 덕에 따라 그렇게 활동하는 것이 나의 행복을 만든다.

즐거움 혹은 쾌락과 관련해서도 마찬가지 논리가 적용된다. 우리는 즐거움에 지나치게 반응해서 탐닉하거나 과도하게 추구하는 성격으로, 곧 무절제라고 부르는 성격으로 갈 수도 있고, 이것보다는 훨씬 드문 일이지만 너무 모자란 방식으로 반응을 보여서 즐거운 일, 기뻐할 일에도 목석같은 무감각 혹은 무표정으로 나갈 수도 있지만, 그보다는 즐거워할 일을 즐거워하되 지나쳐서 즐거움의 노예가 되지는 않는 방식으로 즐거움에 관계하는 성격을 '절제'의 성격으로 칭찬하지 않는가? 이 칭찬은 즐거움 혹은 쾌락이라는 감정에 대해 무절제나 '목석같음'보다는 훨씬 더 인간적인 방식, 인간다움을 보여 주는 방식이라고 생각해서 때문이 아닐까? 성격적 덕은 너무 지나치거나 너무 모자람에서 성립하는 양 극단의 악덕 사이에서 성립하는 중용이며, 덕은 바로 중용을 통해 도달한 최선의 성격적 상태라는 이해는 이런 배경에서 성립한다. 아리스토텔레스는 덕 혹은 좋은 성격이 형성되는 구조를 설명함으로써 우리에게 이런 메시지를 간접적으로 전달하는 것 같다. 당신이 행복해지고 싶다면 당신이 훌륭한 성격을 갖는 수밖에, 덕스러운 품성을 갖는 수밖에 없다. 그리고 그런 성격을 갖고 싶다면 당신이 하는 행동 하나하나가 그런 성격을 만들고 있는 중이라는 점을 늘 염두에 두면서 행동하라!

> 한마디로 정리하자면, 품성 상태(hexis)들은 〔그 품성 상태와〕 유사한 활동들로부터 생긴다. 그런 까닭에 우리는 우리의 활동들이 어떤 성질의 것이 되도록 해야 한다. 이 활동들의 차이에 따라 품성 상태들의 차이가 귀결되기 때문이다. 따라서 어린 시절부터 죽 이렇게 습관을 들였는지 혹은 저렇게 습관을 들였는지는 결코 사소한 차이를 만드는 것이 아니다. 그것은 대단히 큰 차이, 아니 모든 차이를 만드는 것이다.[16]

아리스토텔레스는 『니코마코스 윤리학』의 상당히 많은 부분을 용기가 무엇인지, 절제가 무엇인지 설명하는데, 당대에 칭찬받던 덕들을 체계적으로 설명하는 데 할애하고 있다. 행복을 아는 것이 왜 중요한지, 왜 명예나 쾌락은 궁극목적으로 적당하지 않은지, 탁월성에 따른 활동으로 행복을 정의하는 데 든 품에 몇 갑절이 넘는 품을 들여 우리가 가꾸고 연마해야 할 뛰어난 성격, 곧 덕이 무엇인지 설명하는 것이다. 그래서 아리스토텔레스의 윤리학은 행복을 궁극목적으로 삼는 윤리학이라는 의미에서 행복의 윤리학으로 알려진 것 이상으로 행복에 이르는 유일한 길로서의 덕의 윤리학이기도 한다. 그가 제시한 덕의 목록들은 일종의 체계를 가지고 있는데, 한번 일별해 보는 것도 나쁘지 않아 보인다. 표로 정리하자면 다음과 같이 된다.

성격적 탁월성과 악덕의 도표17

	관련하는 대상	지나침	중용	모자람
감정 영역	두려움과 대담	무모	용기	비겁
	즐거움과 고통	무절제	절제	목석같음
	노여움	성마름	온화	화낼 줄 모름
외적인 좋음	재물 (보통 규모)	낭비	자유인다움	인색
	재물 (큰 규모)	품위 없음	통이 큼	좀스러움
	명예 (보통 수준)	명예욕	(이름 없음)	명예에 대한 무관심
	명예 (높은 수준)	허영심	포부의 큼	소심
사회적 삶	진실	허풍	진실성	자기비하
	즐거움 (놀이)	저급 익살	재치	촌스러움
	즐거움 (일상)	아첨; 속없이 친하기	친애	뿌루퉁함

인간 안에 있는 감정과 관련했을 때 우리의 성격이 어떤 가능성들 속에서 최선의 성격으로 발전하는지는 어느 정도 얘기한 것으로 보인다. 아리스토텔레스는 인간의 훌륭함이 발휘되는 분야로 인간 감정 외에도 명예나 재물과 같은 외적인 선, 혹은 '인간관계'라고 부를 만한 '사회적 삶'의 영역을 본다. 재물을 획득하거나 사용함에 있어서, 혹은 명예를 추구함에 있어서 너무 지나치거나 너무 모자란 방향으로 발휘될 수도

있지만, 최선의 방향으로 성격을 만들어 갈 수도 있으며 당신의 품성은 바로 그런 방향으로 만들어 나아가야 한다고 하는 것이다. 진실과 관련해서 보통 허풍을 치는 성격이 될 수도 있고, 실제로 그런 것보다 축소 내지 비하하는 방향의 성격이 될 수도 있지만, 최선은 진실된 성격이며, 사회적 교제의 한 방식인 놀이에 있어서도 지나침과 모자람이 있을 수 있고, 놀이나 진실과 같은 좁은 영역을 넘어 일상적인 친교에 있어서도 너무 곁을 안 줘서 접근하기 어려운 성격과 과도하게 친하려고 해서 (특별한 목적이 있어서 친해지고자 하는 성격은 아첨하는 성격, 특별한 목적도 없는데 과도하게 친해지고자 하는 성격은 속없이 친해지려는 성격이라고 한다) 오히려 부담이 되는 성격 사이의 중간이 있다는 것이다.

이렇게 보자면 우리가 나쁜 성격이 아니라 좋은 성격을 위해서 애써야 하는 영역은 우리의 삶 전체 부면에 걸치는 것처럼 보인다. 아침에 일어나서 저녁에 잠자리에 들기까지 여기서 언급된 덕과 악덕의 적용을 전혀 받지 않는 활동을 한 것이 무엇이었던가? 두려움이나 화를, 혹은 즐거움을 느끼는 것이 우리의 일상적인 감정 흐름의 가장 기본적인 구조가 아니던가? 선물을 해야 할 텐데 얼마짜리를 하는 것이 지금 내가 표현하고자 하는 마음과 내가 지출할 수 있는 능력 사이의 최선인지에 대해 생각해 보지 않았던가? 명예 혹은 사회적 인정과 관련해서 무슨 옷을 입을지, 함께 하는 일에 나서야 할지 말아야 할지 고민할 때 마음속으로 남들이 어떻게 볼까에 대해 생각하게 될 텐데, 그때 이거 내가 너무 지나치게 신경 쓰는 것 아닌가, 혹은 너무 무심한 것은 아닌지 생각해 보지 않는가? 즐겁게 노는 자리에서 너무 나서지도 않지만 너무 빼지도 않아서 그 사람만 있으면 다른 사람도 즐거워지는 그런 성격을 나도 갖고 싶다고 생각해 본 적은 없는가? 너무 곁을 안 주는 사람, 혹은 만나는 모든 사람이 첫 만남 뒤에 바로 친구가 되는 사람이라는 평을 통해 사회적 교제, 친교에 있어서의 성격에 대한 판단을 암암리에 내리고 있지 않았던가?

아리스토텔레스는 그 모든 감정 표현과 외적 사물에 대한 태도의 영역, 혹은 타인과의 인간관계에서 당신의 인간다움이 드러나고, 그 인간다움이 주어진 가능성 중 최선으로 발휘될 수 있는 성격, 즉 덕이 되었을 때 인간으로서의 기능을 잘 수행하는 것이며 그렇게 덕에 따른 활동을 하는 것이 행복이라고 정의하는 것이다. 따져보면 그럴 수밖에 없을 것 같다. 매일 자신이 부딪히는 모든 상황에서, 그것이 감정이든 외적인 선이든 인간관계이든 주어진 상황에서 최선을 발휘해 내는 사람, 그것도 어쩌다 한 번이 아니라 그런 성격이라 발휘가 필요한 모든 상황에서 지속적으로 인간답게 활동하는 사람이라면 행복하지 않을 수 없을 것이다. 두려움을 느끼는 상황에서 비겁하지도 않고 무모하지도 않는 성격의 사람, 즐거움을 못 느끼는 것도 아니고 즐거워하되 즐거움의 노예가 되지는 않는 사람, 돈을 쓰되 낭비하지도 않고 인색하지도 않은 사람, 명예를 지나치게 도외시하거나 과도하게 탐하지도 않는 사람, 너무 사귀기 어렵지도 않지만 그렇다고 아무하고나 친하려고 하지는 않는 사람, 그런 사람은 우리가 관찰하는 24시간 내내 인간에게 주어진 가능성 중에서 계속해서 최선만을 발휘하면서 사는 사람이 아닌가? 그런 사람이 사는 삶은 사람이 마땅히 해야 할 일들을 지속적으로 잘 수행하며 사는 삶일 것이며, 그런 한 사람다움이 가장 잘 드러나는 삶, 곧 행복한 삶이 될 수밖에 없을 것이다.

2) 배움과 지적인 탁월성

성격적 탁월성에서 이미 암시되었지만, 각각의 경우에 중용이 무엇인지 판단하는 것은 쉬운 일이 아니다. 각 경우의 활동들이 그러한 활동에 상응하는 성격을 만들어 낸다고 했으므로 훌륭한 성격은 아마도 지금 어떻게 하는 것이 너무 지나치지도 않고 너무 모자라지도 않는 것인지를 판단하는 지적인 능력에 달려 있다고 할 수 있을 것이다. 중용을 파악하는 일이 쉬운 일이 아니며, 일정 수준의 지적 능력과 처한 상황에 대한 섬세한 지각이 필요하다.

> 가령 원의 중심을 잡아내는 것은 누구든 할 수 있는 일이 아니라 아는 사람만 할 수 있는 일이듯이, 각각의 경우마다 중간을 잡아내기는 어려운 일이기 때문이다. 같은 방식으로 그렇게 화를 내는 일, 돈을 주거나 써 버리는 일은 누구든 할 수 있는 쉬운 일이지만, 마땅히 주어야 할 사람에게, 마땅한 만큼, 마땅한 때에, 마땅한 목적을 위해 그리고 마땅한 방식으로 그렇게 하는 것은 결코 누구나 할 수 있는 일도 아니며 쉬운 일도 아니다. 바로 그런 까닭에 이런 일을 잘하는 것은 드물고 칭찬받을 만한 일이며 고귀한 일이다.[18]

훌륭한 성품의 형성에서 중용에 대한 파악이 필요하고, 이것이 일정 수준의 지적 능력을 전제하는 것이라면, 사실 우리는 성격이 좋아서 사람 노릇을 잘하고 있는 사람이 이미 인간에게 고유한 하나의 기능을 잘 발휘하고 있다고 판단하는 셈이다. 즉 그는 이성적 능력을 잘 발휘해서 각 상황에서 최선이 무엇인지 파악하는, 사람의 기능을 잘 수행하는

셈이다.[19]

그런데 이것, 즉 훌륭한 상황 판단에 따른 활동, 또 이것으로부터 연유하는 훌륭한 성격의 형성에 기여하는 지성의 활동과는 다른 종류의 지성의 활동이 있다. 그것은 다른 목적 없이 공부가 좋아서 혼자서 공부할 때 발휘되는 지성이다. 자신에 맞부딪히는 감정이 있는 것도 아니고, 외적인 재물이나 명예가 문제가 되는 것도 아니고, 혼자서 공부하는 것이니 특별한 사회적인 맥락도 없어 보이기 때문이다. 물론 다른 목적 없이 무언가를 만들거나 예술 활동을 하는 경우도 여기에 해당할 것 같다. 이런 일은 물론 인간만이 할 수 있는 고유한 활동이라 여기에서도 잘하는 것이 인간다움을 잘 드러내는 일일 것이다. 당장 구체적인 삶의 문제를 해결하는 데 도움이 되는 것은 아니고 그럴 목적으로 그러는 것도 아니지만, 아름다운 그림을 그리는 일이나 불후의 명곡을 쓰는 일, 예를 들면 우주의 시작에 관한 수학적, 물리학적 사고를 하는 일 등에서도 역시 우리는 인간의 '잘함'을 볼 수 있고, 이 잘함 역시 하나의 탁월성으로 보아야 할 것이다.

그러니까 아리스토텔레스가 성격적 탁월성과 구별했던 지적 탁월성은 크게 두 가지로 나뉜다고 볼 수 있다. 하나는 성격적 탁월성의 형성에 직접적으로 관여하는 (실천적) 지혜(phronesis)이며, 다른 하나는 보다 이론적인 지성(nous)의 활동이다. 인간이 알고 싶어 하는 것은 단순히 지금 어떻게 하는 것이 이 사태와 관련된 중용인가와 같이 실천적인 성격의 것일 수도 있지만, 이것과는 다른 방향에서 우주와 만물의 시작과 같이 시간적으로나 공간적으로 지금 우리와는 멀리 떨어져 있지만 관심을 끄는 문제들에 대해서도 알고 싶어 하고, 자연이 어떤 원리에 의해 움직이는지, 그런 시원과 원리를 가지고 있는 우리는 또 어디서 왔는지와 같은 문제에 대해서도 알고 싶어 하니 말이다. 우리가 이런 종류의 알고자 하는 본성을 가졌다면, 그 본성을 잘 수행하는 것도 인간다움이 발현되는 하나의 통로일 터이니, 그것을 지속적으로 훌륭하게 발휘하는 상태를 지적인 탁월성(덕)이라고 부르는 것이 맞을 것이다.

그런데 인간의 이 알고자 하는 본성은 언제 어느 조건에서 가장 훌륭하게 발휘되는 것일까? 온갖 종류의 잡다한 호기심을 충족하는 데서, 말하자면 잡학박사가 되는 데서 성립할 것 같지는 않다. 만약 인간의 알고자 하는 본성이 소소하고 우연적인 것들을 많이 아는 데서 최고로 발휘되는 것은 아니라면, 아마도 그 본성은 보다 원리적이고 필연적인 것, 영원한 것을 아는 데서 충족될 것 같다. 생물학적으로 제한된 시간과 공간 안에서 영위하고 그 안에서 최선의 성격을 만들어 내는 삶이었지만, 이제 앎의 본성에서는 인간 삶의 우연성과 제한성을 넘어서는 측면을 만나게 되는 것이다. 아리스토텔레스가 인간의 행복을 얘기하는 마지막 대목에서 인간을 넘어서는 측면을 얘기할 수 있고, 바로 이 점에서 불사불멸의 가능성을 엿보는 것은 이런 관점에서 이해할 수 있다.[20]

"인간이니 인간적인 것을 생각하라" 혹은 "죽을 수밖에 없는 운명이니 죽을 수밖에 없는 것들을 생각하라"라고 권고하는 사람들을 따르지 말고, 오히려 우리가 할 수 있는 데까지 우리들이 불사불멸의 것이 되도록, 또 우리 안에 있는 것들 중 최고의 것에 따라 살도록 온갖 노력을 기울여야만 한다. 이 최고의 것이 크기에서는 작다 할지라도, 그 능력과 영예에 있어서는 다른 모든 것을 훨씬 능가하기 때문이다.[21]

아리스토텔레스에 따르면 인간 고유의 기능, 사람 노릇을 잘 한다는 얘기는 결국 자신의 감정을 잘 다스리는 성격, 외적인 선에 대해 적절한 태도를 취할 줄 아는 것, 인간관계에서 잘하는 것을 넘어, 앎을 추구하고자 하는 본성[22] 또한 잘 발휘되는 것을 의미한다. 궁극적으로는 인간이 어떤 본성을 가지고 있는지, 우주는 또 어떤 원리에 의해 움직이는지, 이런 본성을 가진 인간이 어쩌다가 이런 원리를 가진 우주에 태어나게 되었는지에 대한 앎, 말하자면 신적인 앎에까지 이어지는 일련의 과정 속에서 인간 본성은 가장 잘 발휘될 것이며 그런 활동들의 연속에서 행복이 성립한다.[23]

4. 운명: 인간적 노력의 한계

아리스토텔레스가 행복을 정의하는 방식, 그리고 인간적 행복을 위해 노력해야 하는 방식에 대해서 이야기하는 것을 듣노라면 크게 새로운 토론이라기보다는 잠시 잊고 있었던 것을 다시 상기시켜 주는 것 같은 느낌을 받는다. 인간에게 진정한 행복이 무엇인지에 대해 논의를 따라갈 만한 지성이 있는 한, 근본적으로 인간에게 주어진 소질, 본성으로부터 출발해서 수행해야 할 기능을 어떻게 하면 잘 수행할 수 있는지, 우리의 성격은 어떻게 만들어지며, 또 우리의 지성은 언제 자신의 기능을 잘 수행해서 행복에 기여하게 되는지에 대해 일련의 체계적인 대답을 듣고 있다는 인상을 받게 되는 것이다. 이 모든 이야기는 아리스토텔레스의 논의를 이해할 수 있는 지성이 있고, 그렇게 이해된 내용에 따라 자신의 성격을 만들어 갈 의지와 능력이 있는 한 특별히 다른 것에 의존하지 않는 것으로 보여서, 주로 인간의 노력을 중심에 두는 행복처럼 보인다. 당신 성격을 만드는 사람은 다른 누구도 아닌 바로 당신 자신이며, 없는 것으로부터 만들어 내라는 것이 아니라 당신에게 가능성으로 이미 주어져 있는 것을 잘 만들어 내라는 주문이니 말이다.

하지만 다른 한편, 이런 종류의 행복관이 지나치게 낙관적인 것은 아닌지라는 의심이 드는 것도 사실이다. 이런 생각은 아마도 알고자 하는 인간의 본성이 최대한으로 발휘되는 것이 앎의 최고의 대상인 신을 아는 것, 혹은 신적 경지에 이른 앎에 도달할 때라는 주장을 할 때 이미 부인할 수 없을 정도가 되었을지도 모르겠다. 보통의 사람들은 1년 뒤는 고사하고 하루 앞을 내다보기도 어렵게 살며, 세계는 고사하고 지적으로 자기 주위를 돌아볼 여유도 없는데 어떻게 이런 거창한 앎을 인간 본성의 최고실현으로 제시한단 말인가? 혹은 알고 싶은 마음은 굴뚝같지만 조금만 복잡해지면 따라가기 어려워져서 안타까운 마음으로 포기하는 경우도 많은데, 어떻게 이런 고차원의 앎을 인간 지성의 행복 조건으로 내세울 수 있단 말인가? 행복에 대한 우리의 일상적 이해와 일치하는 것, 혹은 알고는 있었지만 미처 표현하지 못했던 바를 잘 정리해 주는 측면도 있지만, 어느 대목에 가면 아리스토텔레스의 행복관은 우리의 일상으로부터 조금씩 벗어나는 것 같다.

신적인 앎에 관한 문제는 잠시 접어 두고라도, 이런 문제는 아리스토텔레스 자신도 피하기 어려운 것 같다. 즉 만약 어떤 사람이 가난한 집안에서 태어나서 겨우 끼니는 해결하지만 용돈이라고는 구경도 못한 채 청소년 시절을 보냈다고 하자. 그러면 이 사람에게는 '자유인다움'을 연마할 기회조차 주어지지 못한 것이 아닌가? 그 사람에게는 낭비할 수 있는 기회가 원천적으로 주어져 있지 않고, 그의 이성이 지금은 어느 정도를 지출하면 너무 많이 지출하는 것이고, 또 얼마를 지출한다면 너무 인색한 것이라는 판단을 내린다 하더라도, 그의 중용 파악을 뒷받침할 수 있는 여건이 되지 않는데, 그가 어떻게 '자유인다운' 성격을 만들 수 있을 것인가? 또 인간관계에 관한 그의 입장을 따르자면, 많은 친구보다는 소수의 깊이 있는 친구를 사귀는 것을 선호할 것 같은데 안타깝게도 그렇게 깊이 사귄 친구들이 불의의 사고로 세상을 등진다면, 인간관계에서 발휘될 나의 본성, 인간다움을 실현할 기회도 사라져 버리는 것이 아닐까?

이런 문제들은 한 개인이 노력해서 개선할 수 있는 것, 노력해서 만들어 낼 수 있는 것의 한계를 분명 벗어나는 것처럼 보인다. 그런데 이렇게 스스로의 노력을 통해서 만들 수 있는 것이 아니라 이미 실존의 조건으로 주어진 것들도 우리의 행복에 막대한 영향을 미치는 것 같다. 내가 마침 내전에 시달리는 아프리카의 어느 나라에 태어난 것이 아니라 바로 이 나라에 태어난 것은 운이 좋은 일이었다는 생각의 뒤편에는, 그가 스스로 결정할 수 없었던 태생적 조건이 행복의 큰 틀을 결정짓는다는 생각이 들어 있지 않은가? 적어도 우리의 통상적인 행복 이해에 따르면 그렇다. 아리스토텔레스 역시 이 문제를 인지하고 있었으며 바로 이런 생각이 사람들이 '행운'을 행복과 동일시하는 이유라고 분석한다.

> 그럼에도 불구하고 우리가 앞에서 말한 바와 같이 행복은 명백히 추가적으로 외적인 좋음 또한 필요로 한다. 일정한 뒷받침이 없으면 고귀한 일을 행한다는 것은 불가능하거나 쉽지 않기 때문이다. ……

또 이를 테면 좋은 태생, 훌륭한 자식, 준수한 용모와 같이 그것의 결여가 지극한 복에 흠집을 내는 것들이 있다. 용모가 아주 추하거나 좋지 않은 태생이거나, 자식 없이 혼자 사는 사람은 온전히 행복하다고 하기 어려우며, 더 어렵기는 아마도 아주 나쁜 친구와 나쁜 자식들만 있는 사람, 혹은 좋은 친구와 자식들이 있었지만 지금은 죽어서 없는 사람일 것이다. 그래서 행복은 우리가 말한 바와 같이 이런 종류의 순조로운 수급을 추가적으로 요구하는 것 같다. 바로 이런 까닭에 다른 사람들은 탁월성을 행복과 동일시하지만, 어떤 사람들은 행운을 행복과 동일시하는 것이다.[24]

나의 성격은 내가 만들어 갈 수 있겠지만, 내게 주어진 것은 내가 발휘할 수 있는 것의 한계를 결정짓는 것 같고 나의 통제 범위 바깥에 있는 가변적인 것은 내게 주어진 본성의 지속적 발휘에 적지 않은 장애가 되는 것 같다. 인간의 행복은 결국 한편으로는 인간의 노력에 의해 연마되고 최고로 발휘되기를 추구하지만, 다른 한편으로는 어쩔 수 없는 벽에 막혀 좌절되기 마련이라, 잠시의 행복이나마 누릴 수 있다면 행운이라고 말해야 하는 것인가? 불행한 환경 속에서 근본적으로 한계를 가질 수밖에 없는, 혹은 인생의 변천 앞에서 좌절될 수 있는 행복이라는 생각은 지금까지 애써 쌓아 왔던 행복에 대한 생각을 근본에서부터 흔드는 것으로 보인다.

아리스토텔레스는 여기서 자신이 행복을 정의했던 '탁월성에 따른 활동'이 갖는 근본적 성격으로부터 돌파구를 마련하는 것으로 보인다. 탁월성(덕)이 획득되는 기제에서 이미 함축된 것처럼, 탁월성은 인간의 가능성을 최고로 실현하는 활동의 습관화에서 연유한다. 이러한 습관화의 기제 혹은 성격의 형성구조는 인간적인 것 중에 탁월성에 따른 활동처럼 지속적이고 안정적인 것이 없다는 결론에 이르게 한다. 행복에 요구되는 지속성과 안정성을 보장해 주는 유일한 인간적인 것이 있다면, 그것은 부모를 잘 만났거나 마침 잘나가는 나라에 살고 있다는 우연적인 사건이 아니라 당신이 닦은 품성과 그로부터 나오는 인간다운 활동뿐이다. 간단하게 말하자면 당신이 정말 훌륭한 성격으로부터 우러나오는 인간다운 활동의 소유자라면, 당신의 인간다움, 당신의 훌륭함은 불행 속에서도 빛을 발한다.

우리가 말했던 것처럼 활동이 삶에서 결정적인 것이라고 한다면, 지극히 복된 사람들 중 누구도 비참하게 되지는 않을 것이다. 그는 결코 가증스러운 일이나 비열한 행위들을 하지 않을 테니까. 또 우리는 진정으로 좋고 분별 있는 사람은 모든 운을 품위 있게 견뎌 낼 것이라고, 현존하는 것으로부터 언제나 가장 훌륭한 것들을 행할 것이라고 생각하기 때문이다. 마치 훌륭한 장군이 현존하는 부대를 전략적으로 가장 적절하게 사용하고, 좋은 제화공은 주어진 가죽으로부터 가장 훌륭한 구두를 만들어 내며, 또 다른 모든 전문적인 기술자들도 같은 방식으로 행하는 것처럼. 만일 사정이 이렇다고 한다면 행복한 사람은, 물론 프리아모스가 당한 것과 같은 비운이 덮친다면야 지극히 복될 수도 없겠지만, 결코 비참하게 되지는 않을 것이다. 행복한 사람은 실로 다채롭게 변할 수 있는 사람도 아니며 쉽게 변할 수 있는 사람도 아니다.

여기에서 우리는 운명을 돌파하는 아리스토텔레스의 고유한 방식을 볼 수 있다. 그는 인간적 행복의 한계인 운명의 의미를 정확히 통찰하되,

이 문제의 해결을 위해 인간적인 것 이상으로 나아가지 않는다. 그는 훌륭한 사람은 아무리 엄청난 불행이 와도 행복할 것이라고 주장하지 않는다. 지극히 복될 수는 없겠지만, 결코 비참하게 되지는 않을 것이라고만 할 뿐이다. 그가 강조하는 것은 훌륭한 사람이 '현존하는 것으로부터 언제나 가장 훌륭한 것을 행할 것'이라는 점이다. 당신이 가진 지력知力이 허용하는 한에서 최선의 앎을 추구하고 발휘하는 것, 당신에게 주어진 조건과 환경 속에서 최선의 성품을 만들어 내고 발휘하는 것이 누구도 앗아갈 수 없는 당신의 행복이며, 그런 품성을 따라 최고의 인간적 활동을 하는 사람이라면 불행이 닥쳐도 절대로 비참하게 되지는 않을 것이라는 점이 아리스토텔레스가 불행한 운명에 대해 주는 답이다. 그는 우리는 할 수 있는 최선의 노력을 다하면서 운명이 우리의 노력을 좌절시키지 않게 해 달라고 운명을 주재하는 신에게 기도하는 길을 택하지 않는다.

우리는 이런 의미에서 그의 행복을 '인간적 행복'이라고 부를 수 있을 것이다. 인간의 유한성, 운명의 가변성 앞에서 그는 가장 인간적인 길인 '탁월성에 따른 인간다움'을 결코 포기하지 않는다. 그것만이 인간에게 허락된 유일한 행복에의 길이라는 것이다. 이것을 가로막는 것처럼 보이는 불행과 운명 앞에서도 인간이 조회할 수 있는 마지막 보루는 오랜 시절에 걸쳐 닦은 인간적 덕, 탁월성[25]뿐이다. 이 점이 이후 살펴보게 될 행복에 대한 다른 입장과 그를 분명하게 가르는 논점이다.

크나큰 불행에 처한 탁월한 인간 혹은 덕스러운 인간의 '행복'을 과연 어떻게 생각해야 할지와 관련해서는 서로 다른 평가가 가능하다. 그를 자신의 탁월성에 따른 활동을 유지하고 있으니 여전히 행복한 사람이라고 평가해야 할까, 아니면 아리스토텔레스가 말한 대로 '비참하지'만 않을 뿐, 진정 행복할 수 있는 외적인 선들을 결여하고 있으니 행복하지는 않다고 평가해야 할까? 간단히 말하자면 인간적 행복은 한계에 부딪힌 순간에도 여전히 행복인가, 아니면 '인간적'인 가변성 때문에 더 이상 진정한 행복은 아니라고 말해야 하는가? 인간인 한에서의 행복,[26] 인간적 행복은 결국 그 행복론이 출발했던 인간 본성의 한계를 벗어날 수 없는 행복이란 말인가? 우리가 이제부터 살펴보게 될 다른 행복론은 정확히 이 지점에서부터 아리스토텔레스와 다른 길을 가기 시작한다.

5. 운명에 대한 다른 태도: 신적 지복으로

우리가 이제부터 살펴볼 아우구스티누스(354~430)는 지금 문제가 되고 있는 인간적 본성이 부딪히고 있는 한계를 보다 적극적으로 받아들인다. "모든 인간들이 사멸하는 존재인 한, 필연적으로 비참할 수밖에 없다"[27]는 생각을 축으로 진정한 행복은 이 죽음의 한계를 넘어설 때 성립하며, 따라서 행복은 영원한 것이어야 하며, 그것이 참된 행복, 곧 지복(至福, beatitudo)이라고[28] 주장한다. 아리스토텔레스에게서 인간 본성의 인간다운 발휘는 인간의 노력 여하에 따라 얼마든지 가능했던 반면, 인간적 노력의 한계 바깥에서 그러한 발휘를 가로막는 조건으로서 운명이 문제였다.

이제 아우구스티누스는 한 걸음 더 나아가 인간 본성 자체의 한계인 죽음을 극복하지 않고서는 참된 행복을 이야기할 수 없다고 하는 것이다.[29] 자신의 노력에 따라 인간다움을 가장 잘 구현하는 성격을 연마하고,

마침 외부적 조건들도 사정에 맞게 잘 허락된, 행운을 타고 난 사람이라도 피할 수 없는 죽음이라는 한계를 정면으로 거론하는 행복, 혹은 그 이상에서 성립하는 '지복'은 어떤 성격의 것일까? 아우구스티누스는 과연 어떤 논리로 인간적 행복을 넘어 지복을 추구해야 한다고 주장하는 것일까?

1) 비참한 현실과 영원한 생명

행복은 자기 소원대로 사는 것이라고 누군가 얘기한다면 아리스토텔레스는 이렇게 응수할 것이다. 성취할 수 있으며 성취할 가치가 있는 소원과 그렇지 않는 소원을 분간하는 것 자체가 인간의 지성이, 특히 지혜가 수행해야 할 능력 중의 하나라고. 이것이 아마도 '세상을 바꿀 수 없으면 마음을 바꾸라'는 얘기를 아리스토텔레스식으로 해석하는 방식일 것이다. 세상의 질서를 제대로 통찰하고 그 안에서 당신이 실현할 수 있는 최고치를 찾을 수 있고 그래야 할 뿐, 인간으로서 어쩔 수 없는 것에서 불안과 고통을 느끼는 것에서는 인간다움을 잘 발현할 수 없다는 말이겠다. 실제로 아리스토텔레스 이후의 한 강력한 흐름은 운명 자체를 행복의 한계로 보기보다[30] 운명에 대한 태도에서 오히려 인간적 훌륭함, 참된 행복이 드러난다는 입장을 취하기 시작한다.

"이런 일이 나에게 일어나다니, 나야말로 불운하구나!" 천만에. 그렇게 말할 것이 아니라 이렇게 말하라. "나는 이런 일을 당했는데도 고통을 겪지 않았고, 현재의 불운에도 망가지지 않고 미래의 고통도 두렵지 않으니, 나야말로 행운아로구나!" 그런 일은 누구에게나 일어날 수 있지만, 그런 일을 당하고도 고통을 겪지 않는 것은 누구에게나 주어지는 것이 아니기 때문이다. 그렇다면 어째서 후자를 행운으로 여기지 않고 오히려 전자를 불운으로 여기는 것인가? …… 너에게 일어난 일이, 네가 공정하고, 고매하고, 신중하고, 현명하고, 서둘지 않고, 올곧고, 겸손하고, 자유롭게 되고, 그밖에 그것만 가지면 인간의 본성이 제 사명을 완수하게 되는 다른 자질들을 갖지 못하게 막던가? 앞으로는 너에게 고통을 가져다주는 일이 일어날 때마다 잊지 말고 다음의 원칙을 적용하라. "이것은 불운이 아니다. 오히려 이것을 용감하게 참고 견디는 것은 행운인 것이다."[31]

그런데 이런 방향, 즉 자신이 할 수 있는 것과 할 수 없는 것을 분간해서 할 수 있는 것에 인간적 노력을 집중하는 방식과는 반대로, 그것을 충족시키지 않고서는 도저히 행복하다고 말할 수 없는 소원을 강하게 견지하기 시작하면 어떻게 될까? 더구나 이러한 소원을 잘못된 판단에 근거한 것으로 파악하기보다 자연본성에 내재한 것으로 이해한다면?

아우구스티누스는 고전적 행복론이 부딪힌 우연과 운명의 가변성 문제를 넘어 운명 앞에 선 인간본성의 피할 수 없는 유한성 자체를 정면으로 응시한다. 이전의 철학자들이 설파했던 인간적 한계 안에서의 행복은 아우구스티누스에 따르면 사실은 비참한 현실 속에서의 행복이며, 이러한 사실을 애써 외면함으로써만 성립할 수 있는 것이다.[32] 견뎌내야 하는 현실 속에서의 행복, 유한성 속에서의 행복은 행복이 아니라는 생각, 진정한 행복은 영원성을 함축한다는 생각을 아우구스티누스는 다음과 같이 전달한다.

그럼 불행을 인종忍從하면 행복하다고 할 것인가? 행복한 삶을 사랑하지 않는다면 행복한 삶을 갖고 있지 못하다. 따라서 행복한 삶을 사랑하고 행복한 삶을 갖고 있다면, 이 삶을 다른 모든 사물들보다 훨씬 더 사랑할 필요가 있다. 우리가 사랑하는 다른 무엇이든지 바로 행복한 삶을 바라고서 사랑해야 하는 까닭이다. 그토록 사랑한다면, 그만큼 사랑할 가치가 있는 것이어야 한다. (행복한 삶을 그만큼 가치 있는 것으로 사랑하지 않는 사람은 행복한 사람이 아니다.) 그렇다면 자기가 그토록 사랑하는 삶이 영원하기를 바라지 않는다는 것은 있을 수 없다. 따라서 삶이 영원할 때에만 그 삶은 행복할 것이다.[33]

고전적 행복에서는 제대로 통찰하고 삶 안에 받아들였어야 할 인간적 유한성이, 말하자면 행복한 삶에 대한 무한한 사랑을 계기로 진정 행복한 삶이란 행복이 영원한 삶이라는 생각에까지 이르고 있는 셈이다. 아우구스티누스의 생각은 단순히 고전적인 의미의 지성이 부족해서 발생한 문제는 아닌 것으로 보인다. 영원성을 외면할 수 없는 행복의 중요한 계기로 삼아야 한다는 생각은 인간에게 영화에서나 볼 수 있을 것 같은 초능력이 있으면 정말 행복하겠다는 종류의 생각이 아니다. 아우구스티누스 자신이 진정한 행복에 기여하는 소망과 사랑을 이미 잘 구별하고 있기 때문이다.[34] 아우구스티누스는 영원한 행복에 대한 소망을 헛된 것으로 보기보다는 자연본성 안에 뿌리박힌 것으로 이해하는 것 같다. 정의로운 사람의 소원에 대한 그의 얘기를 들어보자.

아무리 곰곰이 헤아려 보더라도 행복한 사람만 자신의 소원대로 살고 있다. 또 사람이 의롭지 않으면 아무도 행복하다고 할 수 없다. 하지만 의로운 사람마저 자기가 죽고 그르치고 고통당하는 일이 결코 없고 앞으로도 결코 없으리라는 확실한 경지에 이르지 않는 이상, 자신의 원대로 사는 것이 아니다. 자연본성이 이것을 희구하는데, 그 희구하는 바가 달성되지 않는 한 충만하게 또 완전하게 행복할 수는 없다. 그런데 지금 과연 그 누가 원하는 대로 살 수 있는가?[35]

정의는 아리스토텔레스의 행복론에 따르자면 행복을 위해 반드시 갖추어야 할 필수조건 중의 하나이다. 아리스토텔레스적인 의미에서 '정의로운 사람'은 각 상황에 따라 중용을 파악하는 지적 능력을 갖춘 사람이라고 볼 수 있는데, 바로 그런 정의로운 사람 역시 피할 수 없는 운명이 있으며, 그것을 넘어서지 못하는 한 충만하고 완전하게 행복할 수는 없다는 것이 아우구스티누스의 생각이다. 아리스토텔레스였다면, 정의롭게 되는 것이 당신이 인간으로서 추구할 수 있는 노력의 극한치이며, 당신이 인간적인 오류를 범하거나 불의한 사회구조 속에서 모함을 당해 고통을 당하거나 죽음을 당하기까지 하더라도 당신은 결코 비참하게 되지는 않을 것이라고 얘기해 주었겠지만, 아우구스티누스에게는 이러한 상황은 정직하게 바라보면 결코 행복하다고 말할 수 없을 상황인 것이다. 당신이 내적으로 갖춘 정의로운 품성이 정당한 대접을 받지 못하는 사회구조 속에서 정의로운 사람으로 살아간다는 것, 또 당신이 일으킨 것은 아니지만 피할 수 없는 방식으로 불의한 전쟁 속에 휘말려 들어가서 용감한 군인으로 활동해야 한다는 것은 모두 당신이 애써 쌓은 훌륭한 덕과 인간다움이 그 빛을 심각하게 잃을 수 있음을 암시하지 않는가?[36] 만약 인간 사회가 상시적으로 그런 종류의 불의와 전쟁에 휘둘리고 있다면, 그런 사회를 자신의 실존 조건으로 살아가는 사람들에게는 그들의 인간다움과 덕이 이런 현실에서 그나마 버텨내는 데 도움을 주는 것 이상의 의미를 가질 수는 없다는 것이다. 전쟁의 비참함에도 불구하고 자기는 행복하다고 생각하는 사람이 있다면, 인간적 감각을 상실한 대가로 얻은 행복일 뿐이므로 더욱 비참한 인간이라는 것이 그의 진단이다.

저 사람들의 말에 의하면, 현자라면 의로운 전쟁을 수행할 것이라고 한다. 그러나 그 현자가 인간이라면, 아무리 의로운 전쟁이라 하더라도 인간에게 전쟁이라는 필요악이 존재한다는 사실에 대해 한층 더 애통해할 것이다. …… 현자로 하여금 의로운 전쟁이라는 전쟁을 수행하지 않을 수 없게 하는 것은 상대편의 불의일 것이다. 전쟁을 일으킬 만한 그런 불의라면 인간 누구나 통탄해야 마땅하다. 비록 거기서 반드시 전쟁이 일어나는 것은 아니더라도 어디까지나 인간들이 저지른 불의라는 점에서 통탄해야 한다. 그러므로 사람이라면 누구나 전쟁이라는 이토록 거창하고 이토록 가공스럽고 이토록 잔혹한 악에 대해 숙고할수록 고통스러워지며, 따라서 전쟁은 비참하다고 실토해야 마땅할 것이다. 인간치고 전쟁에 대해 전혀 고심하지 않은 채로 이런 악들을 견뎌 내거나 생각하는 사람이 있다면 그의 정신 상태는 더욱 비참하다고 해야 할 것이다. 인간적 감각을 상실한 대가로 자기가 행복하다고 생각할 것이기 때문에 더욱 비참한 인간이다.[37]

아리스토텔레스가 그토록 강조했던 인간 본성이라는 자연적 한계 안에서의 노력과 인간다움의 발휘는 아우구스티누스의 이러한 분석에 따라 의식되지 않았던 전제 하나를 노출하는 셈이다. 그것은 인간의 사회적 본성의 탁월한 발휘가 개인의 훌륭함을 실현시킬 탁월한 정치 공동체의 구성을 가능하게 한다는 점이었다. 바로 이 낙관적 인간 본성의 자리에 아우구스티누스는 원죄로 인해 상처받은 인간 본성[38]을 놓는다. 인간의 정치적 공동체인 국가는 한 번도 키케로가 정의했던 방식으로 존재했던 적이 없다. 키케로는 '국민은 법에 대한 동의와 이익의 공통성에 의해 결속된 대중의 집합'이라고 정의했지만, 참된 정의가 없는 곳에 법에 대한 동의가 있을 수 없으며, 법에 대한 동의가 없는 마당에 그것에 의해 결속된 대중의 집합도 있을 수 없고 따라서 진정한 의미의 국가는 존재하지 않았다는 것이다. 역사에 존재했던 국가의 국민들을 묶는 것이 있었다면 자신들이 사랑하는 사물에 대한 공통된 합의[39]였을 뿐이다. 아우구스티누스가 그의 자전적 고백을 통해 밝히듯, 자기 자신도 온전히 지배할 수 없는 사람들끼리 모인 사회에서 잘못된 지배욕과 명예에 대한 욕심들이 부딪혀 만들어진 사회, 로마의 제국주의적 팽창 속에서 표방되는 '정의'가 과연 제대로 된 인간의 사회적 본성이 발휘될 터전일 수 있단 말인가?

아우구스티누스의 비판은 결국 아리스토텔레스의 행복론이 전제했던 인간 본성에 대한 낙관론을 겨냥하는 것이라 할 수 있을 것이다. 현실의 인간은 잘못된 사랑으로 자신도 자신의 주인이 되지 못하는 인간이며, 그런 인간들이 만들어 낸 사회질서 역시 잘못된 지배욕에 의해 움직일 뿐 진정한 정의를 구현할 수 없는 사회이다. 정의는 각자에게 자기 몫을 나누어 주는 데서 성립하지만 아우구스티누스는 이것을 마땅히 사랑해야 할 것에 그 사랑에 합당한 몫을 배분하는가의 문제로 이해한다. 그에 따르면 결국 정의는 사랑의 올바른 질서에서 성립하므로 하느님을 사랑하되 하느님이 사랑받아야 할 만큼 사랑하고 이웃을 자기 몸처럼 사랑[40]하지 않는 곳에서는 진정한 정의가 성립할 수 없으며, 그런 한 인간의 사회적 본성이 제대로 발휘될 국가 또한 존재할 수 없다는 것이다. 현실 인간에 대한 이러한 비관적 평가에는 물론 원죄로 인해 상처받은 인간본성이라는 그리스도교 고유의 사유가 깔려 있으며, 원죄가 인류의 통찰 능력 혹은 선을 의지할 능력을 파편화하고 타락시킨다는 생각으로 행복에 관한 고전적 이상과 결정적으로 단절하고 있다.[41]

아우구스티누스는 결국 고전적 행복론의 핵심적 구조였던 삶의 목적과 그 목적에 도달하기 위한 수단 양쪽에서 모두 반론을 제기하고 있는 셈이다. 인간적 행복의 추구가 당연한 것으로 받아들이던 운명의 한계,[42] 특히 죽음이라는 한계를 넘지 못하는 한 진정한 행복이 아니기에 그 한계를 극복하는 영원한 행복을 목적으로 추구해야 하며, 상처받은 인간본성을 지닌 현실적 인간의 잘못된 사랑을 가지고서는 고전적 행복이 주장했던 것과 같은 인간다움의 발휘, 인간적 행복을 구성하는 인간 본성의 발휘를 기대할 수 없다는 것이다.

2) 고전적 덕론의 변형: 사랑의 질서

만약 아우구스티누스의 생각이 맞다면, 현실의 인간은 운명과 죽음의 불안을 피할 수 없는 현세에서는 행복을 얻을 수가 없다. 용기나 절제와 같은 고전적 덕은 원죄로 인해 상처받은 인간 본성이 만들어 낸 인간

사회라는 환경 속에서 더 나빠지지 않도록 도움을 줄 수 있을 뿐이며, 유한성을 극복할 방도도 제공할 수 없기 때문이다. 영원한 삶에 대한 아우구스티누스의 강조는 따라서 현실의 인간이 당면하는 지평을 넘어서는 계기를 함축한다. 현세를 넘어서고 개인의 노력을 넘어서는 무엇이 있어야 달성할 수 있는 지복이 최고선의 자리에 오게 되는 것이다. 어렵지 않게 예상할 수 있지만 아우구스티누스는 이 계기를 신앙에서 찾는다.

> 우리는 영원한 생명이야말로 최고선이요 영원한 죽음이야말로 최고악이라고 답변하리라. 전자를 획득하고 후자를 회피하려면 우리는 올바르게 살아야 한다. 그래서 "의로운 이는 믿음으로 살 것입니다"라고 기록되어 있다. 왜냐하면 우리의 선을 아직 눈으로 보지 못하므로 그것을 믿고서 찾는 길밖에 없기 때문이다. 더구나 우리는 우리 힘으로는 올바르게 살지 못한다. 우리가 믿고 또 기도할 때 믿음을 준 바로 그분이 도와주지 않으면 올바르게 살 수 없다. 또 우리가 그분에게서 도움을 받아야 한다는 사실을 믿기에, 이르는 것도 그분이 준 그 믿음에 입각해서다. 그렇지만 철학자들은 선과 악의 목적이 현세 생활에 있다고 생각한다. …… 기이한 허영심을 품고서 그들은 이승에서 행복해지고 싶어 하고 스스로의 힘으로 행복해지고 싶어 한다.[43]

신앙을 영원한 행복, 그리스도적 지복을 위한 길로 강조하는 이면에는 앞서 고전적 덕론을 비판할 때 잠깐 언급되었던 사랑의 질서에 대한 사유가 깔려 있다. 현실적 인간이 상처받은 본성 탓에 잘못된 방향으로 흘러가던 사랑[44]을 보여 주었다면, 이를 극복할 대안은 물론 사랑의 방향을 올바로 잡는 일, 진정 사랑할 만한 것을 사랑하는 일이 될 것이다.[45] 그런데 지금 문제 되는 사랑은 우리가 쉽게 통제할 수 있는 것이 아니다. 우리의 원초적 두려움과 기쁨의 감정은 이미 우리가 무엇을 사랑하고 있는지, 그 사랑의 방향을 알려 주는 것이다.[46] 아우구스티누스의 생각에 따르자면 우리의 감정적 반응은 이미 우리가 무엇을 사랑하고 있는지 알려 주는 의지의 행위이다.[47] 욕망과 기쁨은 우리가 원하는 것과 일치하는 의지의 행위이며, 두려움과 슬픔은 우리가 싫어하는 바에 저항하는 의지의 행위이다.[48] 우리의 이성이 아무리 우리의 원천적인 동물적 차원을 부정하는 덕목을 찬양하고 그것에 따라 살기로 결심해도, 오랜 진화의 역사를 가지고 있는 우리의 육체는 본능적 욕구의 충족에서 오는 기쁨이나 죽음에 대한 공포라는 진화론적 가치정향을 가지고 있어서 그렇게 쉽게 극복될 수가 없다는 것이다.

이 사랑의 방향을 넘어 아우구스티누스가 '하느님 사랑'이라고 부르는 쪽으로 온 마음을 돌리는 것은 당신이 결심한다고 쉽게 이루어지는 것이 아니다. 악덕과 죄는 우리가 달콤한 즐거움에 동의할 때 발생하며, 우리가 느끼는 기쁨은 중력처럼 우리를 이끌어 간다. 이전에는 반대되는 감정에도 불구하고 당신의 이성이 설정한 목표에 따라 만든 당신의 습관과 덕목이 당신이 누구인지를 알려주는 것이었다면, 이제는 당신이 무엇에서 기쁨을 느끼고 무엇에서 고통을 느끼는지가, 당신의 사랑이 당신을 어디로 끌고 가는지가 당신이 누구인지를 알려 주는 것이다.

이러한 입장에 서면 당신이 어떤 덕목을 얼마큼 완성했는지, 혹은 완덕에 얼마큼 이르렀는지의 차이가 오십보백보의 차이에 불과한 것으로 이해되고, 당신이 무엇을 사랑하고 그래서 어디로 이끌려 가는지가 결정적 차이를 보여 주는 것이 된다. 하느님을 사랑하는지, 자기를 사랑하는지, 불변의 것을 사랑하는지, 자기의 의지에 반해 상실할 수 있는 것을 사랑하는지, 사랑할 만한 것을 사랑하는지, 자기보다 열등한 것을 사랑하는지. 이 결정적 차이에서 인간다움이 성립한다면, 우리는 비로소 선과 악 중 어느 것을 사랑하는지, 즉 사랑의 방향에서 덕을 이해하는 것이다. 선한 사람 혹은 좋은 사람은 선한 것을 아는 사람이 아니라 선한 것을 사랑하는 사람이다.[49] 기쁨과 고통과 같은 원초적 감정에서부터 당신이 습관을 통해 강화해 온 사랑의 대상에 이르기까지, 당신 전체를 이끌어 가는 사랑이 당신 삶의 목적과 지향을 보여 주며, 당신이 어떤 사람인지를 보여 준다.

  이 사랑을 상처받은 인간 본성으로부터 설명하든, 아니면 앞에서 잠깐 언급한 것처럼 진화의 역사로부터 연유한 것으로 설명하든, 사랑의 이러한 전인적 성격상, 불완전한 인간이 지복을 위해 할 수 있는 일은 기도로 은총을 청해서 하느님을 사랑할 수 있게 해 달라고 비는 일일 것이다. 올바른 사랑의 질서가 잡혀야 인간의 덕성은 참다운 덕성이 되고, 마땅히 사랑해야 할 대상의 자리에 사랑할 만하지 않은 것이 들어오는 순간 사랑의 질서는 전도된다. 절제를 비롯한 고전적 덕은 당신의 명예를 위한 것이라 금전을 위한 사랑보다는 낫다고 하더라도, 잘못된 사랑의 질서 속에서 빛을 잃을 수밖에 없다. 고전적 덕은 이제 사랑의 질서로 정의된다.

이처럼 육체의 아름다움은 하느님에 의해 만들어진 선이지만 현세적이고 육적이고 아주 낮은 선이며, 이처럼 영원하고 내적이고 항속하는 선인 하느님을 뒷전에 두고 사랑하는 것은 잘못 사랑하는 것이다. 그것은 마치 욕심 많은 사람들이 정의를 저버린 채 황금을 사랑할 때, 그것이 황금의 죄가 아니고 사람의 죄인 것과 흡사하다. 모든 피조물이 그렇다. 피조물은 선한 것이기는 하지만 선하게 사랑할 수도 있고 악하게 사랑할 수도 있다. 질서가 준수되는 한, 선하게 사랑하는 것이고 질서가 무너지면 악하게 사랑하는 것이다. ……내가 보기에, 덕성에 관한 정확하고 간결한 정의가 있다면 그것은 사랑의 질서다.[50]

덕성을 사랑의 질서로 정의하는 이면에는 육체와 악덕에 대한 다스림이라는 전통적 덕 역시 올바른 사랑의 질서 속에 자리 잡을 때만 참된 덕으로 기능할 수 있다는 생각이 놓여 있다. 이성의 욕망 혹은 감정 지배를 습관을 통해 완성한다는 고전적 덕론의 구도는 결국 무엇을 사랑하면서 만들어진 습관인지, 궁극적으로 무엇을 위한 덕인가의 문제에서 고전적 지평을 떠나는 것으로 보인다. 로마의 전성기를 만들어 준 위인들의 덕은 찬탄할 만한 것이었지만, 결국 명예에 대한 사랑으로부터 연원한 것이었다는 점에서 부분적인 의미를 지닐 뿐, 하느님 사랑이라는 제대로 된 틀에 들어가지 않는 한 온전한 의미를 획득할 수 없는 덕이었던 것이다.[51]

아우구스티누스는 잘못된 사랑이 만들어 낸, 그래서 필연적으로 정의를 결여할 수밖에 없는 현실의 국가 자리에 이 현실 국가를 나그네처럼 지나 신국(神國, civitas Dei)으로 향하는 신자들의 공동체를 놓는다. 진정한 인간 본성의 완성은 제대로 된 사랑의 질서 속에서 탄생한 공동체인 신국에서 이루어질 것이며 거기에서 영원한 행복이 가능하다는 것이다. 현실의 비참함을 견디는 힘과 희망은 이 모든 노력의 궁극목적으로서의 신국과 그 안에서의 영원한 행복에 있다. 아우구스티누스는 현세가 신국으로 가는 나그네 길임을 잊지 말고, 잠시적인 것에는 잠시적인 것에 맞는 가치를 부여하며, 사랑할 것을 사랑하고 필요에 따라 이용할 것은 이용하며 여정을 가라고, 여정의 끝으로부터 부여받을 인생의 무게 앞에서 긴장을 늦추지 말 것을 요구하는 것처럼 보인다. 신국은 말하자면 육체의 습관에 발목을 잡힌 인간의 자기 초월의 지향점이며, 현세에서의 이 모든 수고가 정당화되는 최후의 심급인 셈이다.

현세가 보여 주는 어쩔 수 없는 것들과 필연은 최선을 다했지만 잘못된 판결을 내리는 현명한 재판관의 경우처럼 악의 없는 불행을 낳을 수밖에 없지만, 이 불행이 전부는 아닐 것이라는 신앙에서만 위로를 받고 의미를 새길 수 있는 상황이다. 현세의 어쩔 수 없음을 상쇄할 내세의 영원한 생명과 궁극적 선 없이는 이해되지 않는 상황이, 말하자면 내세를 믿을 이유 중 하나인 셈이다. 진정 사랑할 만한 것과의 관계에서 이 세상의 비참을 받아들이되, 그렇다고 거기에 당신의 시선을 잃지는 말라는 주문인 셈이다.

그리스도교는 믿음, 희망, 사랑과 같이 지금까지의 얘기에서 핵심적 역할을 했던 것들을 신학적 덕으로 부른다. 인간적 노력에 의해서 쌓을 수 있는 것이 아니라 신의 은총에 의해 주입되는 것으로 이해하면서. 사랑의 질서를 강조했으니 고전적 덕들은 그런 사랑의 이러저러한 변용 상태(affectus)로 제시된다. 하느님을 향한 최고의 사랑이 덕이 되는 것이다.

절제는 하느님을 위해 자신을 온전하고 부패하지 않게 지키는 사랑이며, 용기는 모든 것을 하느님을 위해 쉽게 인내하는 사랑이며, 정의는 오직 하느님만을 섬기며 이것 때문에 인간에게 복속된 다른 모든 것들을 잘 다스리는 사랑이며, 지혜는 하느님께 도움이 되는 것들과 방해가 될 수 있는 것들을 잘 분간하는 사랑이다.[52]

6. 중세: 철학적 윤리학과 윤리신학

생몰시기로 따지자면 아리스토텔레스와 아우구스티누스 사이에는 700년 정도의 간격이 있다. 한 편은 고대 민주주의의 꽃이었던 아테네를 배경으로 인간적 노력의 최고치에서 성립하는 행복을 설파한 반면, 다른 한 편은 몰락해 가는 로마를 배경으로 올바른 사랑의 질서에서 성립하는 신적 지복을 가르친 셈이다. 죽음을 포함한 운명 일반에 대해 어떤 태도를 취할 것인가에서 양자가 보여준 태도의 차이는 분명해 보인다. 운명의 한계를 받아들이면서 노력에 의해 완성으로 다가갈 수는 있지만 언제든 깨질 수 있는 인간적 행복을 목표로 삼을 것인가, 아니면 깨질 수 있다는 불안감으로부터 벗어나야 참다운 행복이며 이는 현세에서는 이룰 수 없으므로 그 이상의 가치와 영역을 믿으며 신적 지복을 목표로 삼을 것인가. 이런 태도의 함축 역시 어렵지 않게 읽어낼 수 있다. 인간적 지성과 노력의 한계 안에 머물 것인가, 아니면 신앙의 이름으로 그 한계를 벗어나 초자연적 지평, 신적 지평까지 나의 행복 추구에 포함시킬 것인가. 이때 놓치지 말아야 할 것은 극명하게 대비되는 것처럼 보이는 두 태도가 사실은 하나가 다른 하나를 포함하는 관계로 갈 수 있다는 점이다. 고전 윤리학이 표방하는 행복과 인간다움 혹은 탁월성을 부분으로 받아들이면서 최종 완성은 죽음 이후의 신적 지평과 그것을 나의 삶에 연결시키는 신앙 안에서 볼 수 있는 가능성도 얼마든지 있기 때문이다.

이러한 일반적인 연결의 가능성뿐만 아니라 아리스토텔레스 내부에서 관찰할 수 있었던 주제 하나도 둘 사이의 연결과 관련해서 특별히 주목할 만하다. 그것은 바로 아리스토텔레스가 신적인 것에 대한 앎으로 성취 가능한 것처럼 제시했던 불멸의 길에 관한 생각이다.[53] 아우구스티누스가 신에 대한 신앙과 사랑으로 확보하려 했던 불멸과 영원성을 아리스토텔레스는 알고자 하는 인간 본성의 최고 발현의 관점에서 찾았다. 어떤 대상을 알 때 우리의 본성은 가장 훌륭하게 발휘되는가? 나를 포함한 사회와 세계, 우주 전체의 질서 속에서 내가 지금 이 모든 질서를 통찰하고 있다는 것의 의미까지 포함하는 앎이지 않겠는가?

아리스토텔레스는 이런 앎이 결국 부동의 원동자로서 온 우주의 원리인 신에 대한 앎으로 귀착된다고 보았던 것 같다. 그리고 바로 이 점이, 즉 지성을 통한 인간 본성의 최대 발휘, 지성을 통한 인간의 완성이 아리스토텔레스를 처음 읽었던 중세 그리스도교 신학에서 인상 깊게 받아들였던 논점으로 보인다. 지성적으로는 신을 아는 데서 인간의 완성이 이루어진다는 얘기이니까. 불완전한 인간적 행복을 논하고 있기는 하지만 적어도 이런 측면에서는 그리스도교가 표방하는 진리를 선취

했다고 볼만하기 때문이다.

아우구스티누스는 시기적으로 중세에 속하지 않고 고대 후기에 속하는 사람이다.[54] 주지하다시피 아우구스티누스 사후 로마는 돌이킬 수 없는 몰락의 길을 갔고, 7~9세기에 이르는 암흑시기를 맞게 된다. 서양 중세가 사회 경제적으로 어느 정도 회복되고 지적으로도 다시 물려받은 전통을 최소한으로 보존하는 것을 넘어 적극적인 사유로 나아가기 시작하는 10~11세기 이후 다시 아리스토텔레스의 윤리학을 읽을 수 있었을 때 앞서 언급했던 문제, 즉 아리스토텔레스적 행복과 아우구스티누스적 지복 사이의 관계는 다시 주목받게 된다. 당대 신학자들은 이 문제를 철학적 윤리학과 윤리신학 사이의 관계라는 틀에서 바라보게 된다. 이 수용과정의 초기에 있었던 하나의 간명한 대답은 이런 것이다. '아리스토텔레스를 위시한 도덕철학자들은 좋은 삶의 본성과 그런 삶을 낳는 행위들이 무엇인지를 연구한다. 그들의 중심주제는 행복, 즉 삶을 잘 영위하고 잘 행위 하는 것이다. 철학적 윤리학은 인간적 삶에 대해서만 고려할 뿐, 죽음 이후 영혼의 운명과 같은 문제까지 나아가지는 않는다.

철학적 윤리학이 탐구하는 것과는 다른 인간 완성의 길, 즉 초자연적인 차원의 영원한 완성이 있는지의 문제는 신학자들의 문제다.'[55] 여기서 일군의 신학자들은 신에 대한 앎을 통해 지성이 완성된다는 생각으로부터 아리스토텔레스식 윤리학이 그리스도 신앙에 동화될 수 있는 핵심적 요소를 읽어 냈다.[56] 현세의 인간이 불완전한 지성을 통해 희미하게 바라보는 대상이나 영원한 지복 속에서 관조하는 대상이나 대상 차원에서는 차이가 없으며 오직 얼마나 선명하게 보는지, 얼마나 연속해서 보는 것인지의 차원에서만 차이를 가질 뿐이라는 것이다. 현세에서 불완전하게 실현될 수밖에 없는 인간의 알고자 하는 본성은 따라서 신의 은총으로 신에 대한 초자연적으로 완전한 앎을 갖는 죽음 이후에 신을 직접 직관하면서 최대한으로 가장 완전하게 충족되며, 여기에서 신적 지복이 성립한다. 신과의 지성적 합일이라는 말로 표현할 수 있는 신적 지복의 경지는 따라서 현세의 인간 본성에 내재한 앎에의 욕구와 무관한 것이 아니게 된다.

그런데 이런 종류의 기획, 즉 불완전한 행복과 완전한 행복으로 고전 윤리학 혹은 철학적 윤리학의 유산을 보다 큰 신학적 틀 속에서 용해시키려는 기획은 그리스도교 고유의 신적 지복에 대한 이해와 충돌한다는 사실을 지적하면서 신적 지복을 인간적 행복과는 전혀 다른 방식에서 이해하려는 움직임들이 있었다. 이들은 우리가 신과 하나가 되는 것이 신적 지복의 경지라는 점에서는 앞선 사상가들과 일치했지만, 지성적 합일보다 더 강력하며 더 그리스도교 고유의 이해에 부합하는 의지적 합일을 주장한다. 대상을 아는 사람이 자신이 아는 대상과 결합하는 것보다 더 완전하게 사랑하는 사람은 사랑받는 것에 결합한다는 것이다. 사랑은 그것이 신적인 것이든 천사적인 것이든, 지성적인 것이든 자연적인 것이든 합일과 결합의 덕이다. 신과의 결합에서 지복의 완성이 성립할진대, 사랑으로써 궁극목적인 신과 결합하는 것이 앎으로써 결합하는 것보다 더 완전하며 강력하다.[57] 지복은 신의 은총을 수용함으로써 발생하는 인간 본성의 극복에 따른 결과라는 것이다.[58]

아리스토텔레스식 윤리학이 인간의 완성에 관한 그리스도교의 교의와 충돌하는 여러 이유들이 인간과 신의 자유의 관점에서 제기되기도 하고 아예 본성의 발휘를 통해 충족해야 할 목적이 없다는 방식으로 제기되기도 하면서, 인간적 행복을 주창하는 철학적 윤리학과 신적 지복을 주창하는 윤리신학 사이를 지성적으로 연결하려는 시도들은 강력한 반대에 직면하게 된다.[59] 인간적 행복을 위한 노력의 최고치가 지성을 통한 신적인 경지의 획득이었다면, 그리고 이 경지가 그리스도교적으로 해석될 수 있음에도 불구하고, 신적 지복에 대한 다른 해석은 지성을 통한 신과의 합일 자리에 사랑을 통한 신적인 경지의 획득을 놓는 것이다. 신적 지복은 그것이 지성이 되었든 성격이 되었든 인간 본성의 충족과 발휘에서 성립하는 것이 아니라 인간의 본성을 초월하는 사랑, 궁극적으로는 신의 은총을 수용함으로부터 비롯되는 사랑의 초월성에서 성립한다는 것이다.

구체적으로 어떤 논리에 의해 아리스토텔레스식 철학적 윤리학과 그것이 주창하는 인간적 행복이 그리스도교 고유의 인간 이해와 충돌하고 신학적 지복에 의해 대체되는지를 밝히는 것은 이 글의 범위를 벗어난다. 우리에게 지금 중요한 것은 인간적 행복과 신학적 지복 사이의 이러한 격론들이 결국 행복에 대한 철학적 이해에 어떤 귀결을 남겼는가 하는 점일 것이다. 아주 압축적으로 말하자면 아마 이렇게 될 것이다. 아리스토텔레스가 표방했던 인간적 행복 개념을 그리스도교적 맥락 안에 수용하려 했던 초기의 시도들에 대한 이론적 반대는 최종적으로 철학적 윤리학과 윤리신학을 날카롭게 구별하는 것으로 귀결된다. 인간적 행복, 불완전한 행복을 다루는 철학적 윤리학은 모든 인간적 행위의 궁극 목표로서의 신 혹은 신과의 합일에 대해 제대로 말할 수는 없다. 철학적 윤리학이 다루는 분야는 인간이 사회 안에서 어떻게 서로 상호작용하는지 그 상호작용의 방식을 다룰 수 있을 뿐이다.[60] 궁극적 목적,

인간의 완성인 신과의 합일은 고유하게 윤리신학의 영역이다. 간단하게 말하자면 도덕은 철학의 소관이지만, 행복 혹은 지복은 그리스도교의 소관이다. 이로부터 근대 윤리학의 철학사적 전제의 한 단면이 드러난다. 근대 윤리학은 철학적 윤리학으로서 인간 사회 내에서 작동하는 시민적 도덕을 다루지만, 더 이상 궁극목적으로서의 행복 혹은 지복과의 관련 하에서 다룰 수는 없다. 근대적 윤리학은, 한 마디로 말하자면 고전적 윤리학에서 그토록 강력하게 견지되던 인간적 행복과 도덕, 인간다움의 연결 고리 없이 인간다움과 모둠살이의 규칙으로서의 윤리를 논할 수 있을 뿐이다. 아리스토텔레스에서 궁극목적이었던 인간적 행복이 시야에서 사라진 채로 인간다움과 도덕을 논하는 윤리학이 된 것이다.

왜 우리가 도덕적이어야 하는지에 대한 물음을 아리스토텔레스에게 던졌다면, 아리스토텔레스의 대답에는 인간 본성의 충만한 실현이나 인간의 완성에 대한 언급이 핵심적 역할을 할 것이다. 간단하게 말하자면 그것이 당신의 행복을 구현하는 가장 확실하고 인간적인 길이라는 대답을 주지 않고서는 우리가 도덕적이어야 할 이유를 설명할 수가 없을 것이다. 우리는 왜 절제 있는 사람이 되어야 하는지, 왜 용감한 사람이 되어야 하는지, 왜 정의로운 사람이 되어야 하는지 등등에 대한 최종적 대답은 결국 그러한 성격을 갖는 것이 당신의 진정한 행복에, 당신의 진정한 인간다움에 기여한다는 것이다. 하지만 이 질문을 근대 윤리학자에게 던진다면 어떤 대답을 듣게 될까? 우리가 근대 윤리학의 주요한 두 흐름으로 꼽고 있는 칸트나 공리주의자들이나 모두 아리스토텔레스적 행복 개념에 대한 조회 없이 설명하는 길을 택할 것이다. 칸트라면 도덕의 정당화에 행복을 목적으로 두는 것이 도덕을 수단화하는 일이라고, 도덕은 개인의 행복에 조회해서 정당화할 것이 아니라고 할 것이며, 공리주의자라면 '최대 다수의 최대 행복'에서처럼 보다 사회적인 맥락에서 최대의 이익을 중심으로 얘기하지, 개인의 완성이나 궁극목적에 조회해서 도덕을 정당화하지는 않을 것이다.

현대의 많은 연구자들은 최고선 혹은 궁극목적에 대해 침묵하는 근대 윤리학이 도덕 언어를 명료화하고 도덕적 논증 형식에 대해 보다 잘 이해하게 해 주었다는 공로에도 불구하고 윤리학을 다소 지루하고 빈한하게 만들었다는 점을 지적한다.[61] 한 걸음 더 나아가 중세 그리스도교의 배경하에서는 잘 이해되는 이런 종류의 '분업'이 더 이상 통용되지 않는 세속적 합리성의 세계 내에서 철학적 윤리학이 이렇게 궁극목적이나 인간적 행복과 분리되는 방향의 길을 간 것이 철학이 주변화되는 데 결정적인 역할을 했다고 보는 연구자도 있다.[62] 근대 세계에서 종교가 더 이상 제공할 수 없는 것을 철학이 제공하는 데 실패했기 때문에 전통적으로 철학이 중심적으로 수행하던 문화적 역할도 잃게 되었고, 이에 따라 철학은 주변적이고 대학 내에서만 협소하게 연구되는 분과가 되었다는 것이다.

7. 나가는 말: 행복, 무엇으로 채울 것인가?

들어가는 말에서 지적했던 행복 개념에 대한 근래의 학문적 관심을 지금까지 설명한 철학사의 배경을 염두에 두면서 이해하자면 아마 이렇게 될 것이다. 아리스토텔레스가 이해했던 인간적 행복이 역사적 우연에 따라 그리스도교 지평으로 들어가서 신적 지복에 자리를 내준 이후 철학 혹은 학문적 관심 일반에서 밀려났던 행복 개념을 다시 학문적 탐구의 대상으로 가져와야 한다. 행복이 여전히 종교의 소관이라고 여기면서 학문적 탐구에서 더 이상 도외시할 수 없는 이유는 행복이 인간 행위 일반에 대해 그토록 중요한 설명력을 갖기 때문이다. 윤리학 내부에서는 덕 윤리의 부활이라는 흐름을 통해, 철학 바깥에서는 심리학의 경험과학적 탐구를 통해 학문의 집을 나갔던 행복 개념은 다시 돌아오고 있는데, 과연 이렇게 돌아오면 가출할 때 품었던 문제들이 해결될 수 있는지는 여전히 유효해 보인다.

행복의 문제를 이렇게 서양철학사를 통해 조명해 보면, 가출의 중요한 원인은 운명 개념이 학문적인 고찰의 범위를 넘어선다는 데 있었던 것 같은데, 학문의 이름으로 운명에 대해 줄 수 있는 이성적 반성의 한계가 어디인가라는 물음을 피할 수 없을 것 같다. 이제 신적 지복은 포기하고 다시 아리스토텔레스식 인간적 행복으로 돌아오게 되면, 그 설명으로 만족할 수 없다면서 지적되던 운명 앞에 선 인간의 한계와 그것이 행복에 대해 갖는 함의는 어떻게 이해해야 한단 말인가? 그런 사람에게는 당신 지성이 잘못 이해하고 있는 문제는 아닌 것 같고 종교에서 답을 구하라고, 의사가 환자를 다른 의사에게 넘기듯이 넘겨야 하는 것인가? 근대 세계에서는 보험 개념에서 위험을 관리하려는 이성적 노력의 정점을 볼 수 있는 것 같다. 하지만 사회 전체적으로는 그런 불행이 일어날 특정한 확률로 잡히고 관리의 대상이 되지만, 그런 불행을 실제로 겪어 내야 하는 개인에게는 그러한 확률로 환원되기 어려운 실존적 충격을 갖는 것도 사실인 것으로 보이기 때문이다. 더구나 몇몇 사회학자들이 지적하듯이[63] 보험을 들 수 없을 정도의 위험은 사실 관리가 불가능한 위험일 텐데, 그런 위험과 인간적 한계를 인정하는 한 행복에 관한 학문적 탐구의 지평과 의미가 처음 기대했던 것처럼 열광적일지 아직 의문이다. 결국 철학은 행복에 대한 경험과학적 탐구와 종교적 헌신 사이의 좁은 폭에서 균형을 잡으려고 안간힘을 쓰고 있는 중이라고 해야 할 것이다.

가출했다 다시 학문의 집으로 돌아온 행복에 대한 인간적이고 학문적인 탐구가 앞으로 어떻게 진행될지, 얼마나 처음의 목표를 달성할지의 문제와는 별도로 학술연찬회 전체의 주제와 관련해서 이런 질문을 던져야 할 것 같다. 노력을 통해서 충만해질 수 있는 행복은 현재에도 여전히 유효한 개념인가? 행복에 대해 채움과 비움이라는 개념을 가지고 접근하는 학술연찬회에 초대받았으므로 무엇인가 대답해야 한다면 채움에서 성립한다고 보는 것이 서양철학 쪽의 답이라고 해야 할 것 같다. 무엇을 가지고 채울지, 신적인 것에 대한 앎으로 채울지, 신이 보여준 모범에 따른 사랑으로 채울지는 물론 열린 문제이지만, 채움으로써 행복에 이른다는 생각은 서양의 고중세가 공유하는 것 같다. 서양철학의 대답 방식이 이성적 담론 안에서 다 주어진다고 보아야 할지, 어쩔 수 없이 이성적 담론을 넘어서는 종교적 지평으로 가야 한다고 할지도 여전히 남는 문제이지만 말이다.

〔윤리학·사회학의 행복론〕

삶을 사랑하는 법, 혹은 두 번의 긍정

― 삶을 행복하게 만드는 기예를 위하여 ―

이진경(서울과학기술대 기초교육학부)

1. 한국인의 행복과 불행

1) 한국, 자살공화국!

십여 년 전이었던가? 한국 사회의 경제적 '성공'의 기적에 대한 예찬이 시작되면서 박정희가 '독재자'의 굴레에서 벗어나 경제적 기적을 이룬 '위대한 지도자'로 칭송되기 시작했던 것이. "내 무덤에 침을 뱉어라"라는 제목으로, 사람들의 그간의 비판마저 감수하며 민족의 운명을 걱정했던 고독한 영웅으로 되살려 내려 했던 '비장한' 책이[1] 그때쯤 출판되었던 것 같다. 물론 "네 무덤에 침을 뱉으마" 하고 달려들었던 좌파 논객으로 인해 그 비장한 얼굴은 침으로 범벅이 되었지만,[2] 적지 않은 사람들이 박정희에 대해 재평가해야 한다는 주장을 반복했던 것으로 기억한다. 그리고 2002년 대통령 선거에서는 박정희를 닮았음을 내세워 대통령이 되겠다고 하던 후보도 있었고, 박정희의 딸은 새로운 대권주자로 어느새 부상하여 지금도 차기 대권을 노리는 유력자로서의 위치를 확보하고 있다. 뿐만 아니라 2007년 대통령 선거에서는 박정희 시대를 떠올리게 하는 건설회사 사장이, CEO 출신임을 내세워 나라의 경제를 살리는 국가 CEO가 되겠다고 나서서, 숱한 의혹과 비리에도 불구하고 결국 대통령이 되는 어이없는 사태가 발생했다. 덕분에 지금도 전국의 산과 강을 건설회사의 공사장으로 만들어 경기를 살려 보겠다는 70년대식 전략으로 휘저어 놓고 있다.

이러한 사태 전반에 대한 평가를 달리한다고 해도, 한국이 60년대 이래 급속한 경제적 성장을 계속해 왔다는 것은 부정할 수 없는 사실이다. 어이없는 모라토리움으로 이어지긴 했지만, OECD에 가입도 했고, 지금은 경제규모 10 몇 위를 자랑하는 경제 강국이 되었다. 그리고 2008년 세계경제 위기를 계기로 확대된 G20에 들어갔고, 올해는 그 G20의 '의장국'이 되었다면서 이를 계기로 '국격'을 높이겠다며 이주노동자를 강력하게 단속·추방하고, 노숙자나 포장마차를 거리에서 '제거하고' 있으며, 국지적인 계엄령을 선포하곤 다연발탄에서 더 나아가 음향대포까지 사용하겠다며, 세계의 운동권과 국내의 비판세력을 향해 공공연히 선전포고를 하기도 하였다. 나라의 격이라는 걸, 거리에 포장마차나 노숙자가 보이지 않고 비판이나 불만의 소리가 '손님'들에게 들리지 않는 그런 것 이상으론 생각해 본 적이 없는, 그럴 듯한 외양의 정도 같은 것으로 생각하는 천한 사고방식을 여기서 길게 언급할 것은 없다. 그렇게 자랑스럽게 생각하고 뿌듯하게 생각하는 경제적 성장과 나란히 사람들의 삶이 행복해졌다면, 천한 사고방식 같은 것은 사소한 불행에 지나지 않을 것이기 때문이다.

 그러나 사실은 전혀 그렇지 못한 것 같다. 행복과는 정반대로 불행의 정도를 보여 주는 중요한 지표라고 할 수 있는 자살률을 보면, 한국은 경제협력개발기구(OECD) 국가 중 가장 높다. OECD 국가 중 가장 자살률이 높은 나라는 헝가리였다. 1990년대 중반 이후 일본은 그 다음으로 높았는데, 2003년 이후 일본은 물론 헝가리마저 제치고 한국이 가장 자살률이 높은 나라가 되었다. 한국에서 자살하는 사람의 수는 인구 10만 명당 20명이 넘어서, OECD 평균 11.2명의 두 배를 웃돈다.

[표 1] 한국 일본 및 헝가리의 자살률 추이

	1997	1998	1999	2001	2002	2003	2004	2005	2006	2007
한국	13.6	18.8	15.6	14.1	15.1	18.7	23.3	24.2	24.7	21.5
일본	15.2	20.4	20.0	19.1	18.5	18.7	20.3	19.1	19.5	19.1
헝가리	23.4	21.5	21.2	20.4	20.7	18.8	18.4	18.4	16.5	18.0

 OECD 국가를 대상으로 2006년 1인당 GDP와 자살률을 교차시킨 아래의 그래프[그림 1]는 한국(KOR)이 헝가리(HUN)와 더불어 왼쪽 상단의 단연 독보적인 위치를 차지하고 있음을 보여 준다. 그보다 약간 아래 오른쪽에 일본(JPN)이 있음을 알 수 있다.

 "죽도록 행복해"라는 말은 있지만, 그거야 행복감이 지나침을 표현하는 수사일 뿐, 실제로는 행복해서 자살하는 사람은 없을 것이다. 흔한 것은 아니겠지만, 극단적인 경우를 가정한다고 해도 행복해서 죽음에 연연하지 않을 수는 있겠지만, 그렇다고 굳이 자살할 이유는 없을 것이다. 자살은 삶의 고통이 죽는 것보다 크다는 느낌에서 연유하기에,

사람들이 느끼는 행복의 정도를 반대로 뒤집어 표현한다고 보아도 좋을 것이다. 따라서 자살률이 높다는 것은 인구의 많은 부분이 행복감과는 반대로 고통과 불행을 크게 느끼고 있는 상태를 표시한다고 해야 할 것이다.

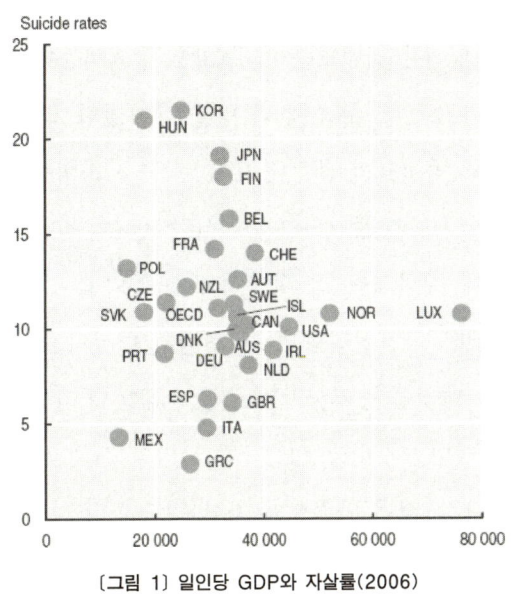

〔그림 1〕 일인당 GDP와 자살률(2006)

한국에서 일인당 GDP와 자살률의 관계를 보여 주는 위 그래프는 경제성장과 행복이 별로 관계가 없음을 보여 준다. 멕시코(MEX)나 그리스(GRC)는 한국보다 일인당 GDP가 높지 않거나 비슷한데 자살률은 10만 명당 5명도 채 되지 않는다. 반면 경제대국 일본의 높은 자살률은 대칭적인 방식으로 경제력과 행복의 상관성이 별로 없음을 보여 준다.

한국의 경우, 외환위기가 있었던 1997년 직후 자살률은 13.6명에서 18.8명으로 급증했다. 이는 분명 경제적 곤란이 자살률의 증가로 이어졌음을 보여 주는 것이긴 하다. 그러나 이는 잠시 뿐이고, 그 다음해부터는 다시 통상적인 경우로 변해 간다. 그러나 이후 계속 늘어나는 자살률은 2003년을 계기로 외환위기 시기 이상으로 증가하며, 그 이후로 더욱 큰 비율로 늘어난다. 죽음의 원인을 보면, 통계청의 2009년 사망원인 통계 결과에 따르면 자살 사망자가 전체의 6.2퍼센트로 사망원인 4위였다. 2009년 자살에 의한 사망자는 전년보다 19.9퍼센트 증가한 15,413명으로 집계됐다. 하루 평균 42.2명, 34분에 한 명꼴로 자살한 셈이다.

다음으로, 삶의 만족도와 자살률의 관계를 보자. 최근 사회과학에서는 경제성장과 대비하여 삶의 질이 중요하다는 인식이 높아지면서 삶의 질을 다룰 수 있는 방법에 대한 연구가 활발하게 진행되고 있으며, 심리학에서도 10년 전쯤부터 '긍정심리학' 등 사람들의 병이나 고통이 아니라 행복도를 측정하고 그것을 증가시키는 방법에 대해서 연구하는 시도가 빠르게 확대되고 있다. 역시 OECD 국가 국민을 상대로 하여 삶에 대해 자신이 느끼는 주관적인 만족도와 자살률을 교차하여 그린 다음 그래프(그림 2)를 보아도 한국은 하나의 극단적인 위치를 갖고 있음을 아주 쉽게 알 수 있다. 이 그래프에서 오른쪽 상단은 만족도가 높은데 자살률도 높은 경우고, 왼쪽 하단은 만족도도 낮고 자살률도 낮은 경우다. 이런 나라는 거의 없다. 포르투갈(PRT)이 이에 가까운 편이다. 반면 만족도가 높은 데도 자살률이 높은 나라는 핀란드(FIN)나 벨기에(BEL)가 있다. 그래프의 오른쪽 하단은 삶의 만족도가 높고 자살률은 낮은 경우를 뜻하는데, 많은 나라들이 이에 속한다. 반면 그래프의 왼쪽 상단은 삶의 만족도가 낮고 자살률 또한 높은 경우인데 삶이 만족스럽지 못해 자살하는 이들이 많음을, 혹은 자살하고 싶을 정도로 삶이 만족스럽지 못함을 뜻하는 것일 게다. 여기에서 단연 두드러진 나라는 한국과 일본이다. 그 중에서도 가장 낮은 만족도와 가장 높은 자살률을 보여 주는 나라가 한국이다!!

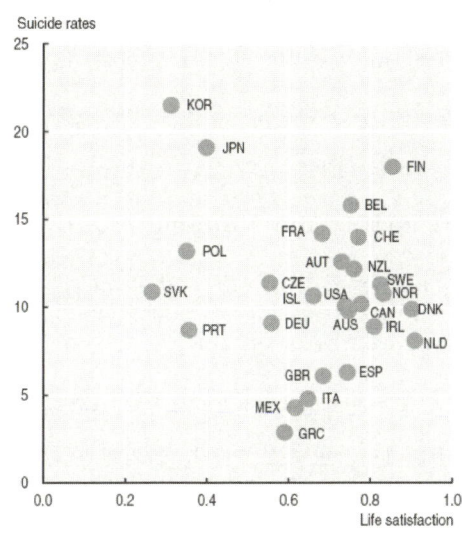

〔그림 2〕 삶의 주관적 만족도와 자살률
(자살률은 2006년, 만족도는 2008년의 것)

이는 국민들의 실질적인 삶의 질이 적어도 OECD 국가 가운데서는 최악이라는 것을 뜻한다. 많은 사람들이 이런저런 이유로, 힘든 생활과 비싼 비용에도 불구하고 외국으로 나가길 원하는 것은 이런 사정과 무관하지 않을 것이다. 이런 점에서 한국은 정말 나라의 '격'을 올려야 할 나라다. 그러나 그것은 통치자의 위세나 길거리의 청결도를 확보하거나, 국민들의 불만의 소리를 억눌러 소란스런 소리가 튀어나오지 않게 하는 게 아니라, 국민 대다수가 삶이 힘들어 죽음을 결심하게 만드는 이런 사태를 해결하는 것이어야 하지 않을까?

2) 불만스런 만족도

행복에 대해 말하기 전에, 한국인들의 삶의 만족도를 좀 더 구체적으로 살펴보는 것이 좋을 것 같다. 심리학자 에드 디너Ed Diener는 전 세계 국가 중 130개국의 주관적인 삶의 만족도('주관적 웰빙'이라는 말로 표시되어 있다)를 10점 척도로 조사한 바 있는데, 거기서 남한은 5.33으로서 전체 평균인 5.5보다도 작았다. 비슷한 수준의 나라는 파키스탄(5.22), 베트남(5.29), 카자흐스탄(5.48), 우즈베키스탄(5.23), 미얀마(5.32), 레바논(5.49), 이란(5.31) 등이다. 일본(6.52)이나 이탈리아(6.85), 싱가포르(6.46), 체코(6.44), 칠레(6.06), 콜롬비아(6.02), 말레이시아(6.01), 아르헨티나(6.31), 브라질(6.64), 멕시코(6.58), 독일(6.62), 쿠웨이트(6.08), 대만(6.19) 등은 6.0을 상회하는 나라들이고, 사우디아라비아(7.08), 핀란드(7.67), 스페인(7.15), 프랑스(7.09), 벨기에(7.26), 미국(7.18), 베네수엘라(7.17), 오스트레일리아(7.34), 스위스(7.47), 캐나다(7.42), 아일랜드(7.14) 등이 7.0을 상회하고, 덴마크는 8.02로 가장 높은 만족도를 기록했다.[3] 서구의 선진국이야 그렇다고 해도, 중남미의 대부분의 나라나 쿠웨이트나 사우디아라비아 등의 아랍국가, 태국(5.89), 말레이시아 등의 동남아 국가들보다 낮은 만족도를 갖고 있다는 사실은 아마도 뜻밖일 것이다.

그런데 주관적인 만족도와 다른 차원에서 긍정적 감정과 부정적 감정 간의 감정적 균형도 한국인은 매우 낮다고 한다. 다음의 표는 경제적 부국과 만족도가 높은 나라, 그리고 경제적으로도 가난하고 만족도도 낮은 나라 중 하나를 비교하여, 긍정적 감정과 부정적 감정을 조사한 것이다.

[표 2] 삶에 대한 만족도와 감정

주관적 '웰빙'(%)	한국	미국	덴마크	일본	짐바브웨
(A) 삶의 만족도	5.3	7.2	8.0	6.5	3.8
(B) 과거를 생각하면 즐거운 사람의 비율	64	86	92	71	68
(C) 과거를 생각하면 불만스런 사람의 비율	29	15	3	12	23
(D) 과거를 생각하면 화가 나는 사람의 비율	32	22	13	13	23
(E) 과거에 만족비율과 불만비율의 차(B-C)	35	71	89	59	45

(Ed Diener et. al. 앞의 논문에서 가져옴)

이 표에서 (B)는 과거에 대한 긍정적 감정을, (C)는 부정적 감정을 가진 사람들의 비율을 보여 준다. 표의 마지막 행에 있는 (B)에서 (C)를 뺀 값은 부정적 감정과 긍정적 감정의 차이를, 즉 전체적으로 긍정적 감정의 정도를 표시한다고 볼 수 있는데, 여기서 한국인들은 미국이나 덴마크의 절반 이하의 값을, 일본과 비교해도 거의 절반에 가까운 값을 갖고 있으며, 주관적 만족도도 경제적 부도 매우 떨어지는 짐바브웨에 비해서조차 낮은 값을 갖고 있다! 이는 삶의 만족도가 크게 낮은 아프리카 나라들보다도 낮은 점수로, 130개국 가운데 끝에서 15번째(115번째!)였다고 한다.[4] 짐바브웨에 비해 긍정적 감정의 정도는 낮고(68과 64), 부정적 감정의 정도는 높다(23과 35)는 점에서 절대적 수치조차 부정적이다. 더불어 과거를 생각하면 화가 나는 사람들의 비율이 덴마크나 일본의 두 배 이상이고, 짐바브웨에 비해서도 40퍼센트 가까이 높다(32와 23). 과거를 생각하면 좋은 일은 별로 없고, 생각하면 불만스럽거나 화가 나는 일이 세계에서 가장 많은 나라에 속하는 것이다!

다른 한편 [표 3]은 곤란한 일이 생겼을 때 의존할 수 있는 사람들이나 혼자서 일을 할 때에도 안정감을 느끼는 정도, 존중받고 있다고 느끼는 정도를 비교하여 보여 준다.(이를 저자들은 '심리적 부'라고 정의한다.)

〔표 3〕 국가의 심리적 부

사회적 자본(%)	한국	미국	덴마크	일본	짐바브웨
비상시에 의존할 수 있는 정도	78	96	97	93	82
혼자 일할 때에도 안정감을 느끼는 정도	67	77	82	62	44
존중받고 있다는 감정의 정도	56	88	94	66	72

(Ed Diener et. al. 앞의 논문에서 가져옴)

이 표는 상당히 놀라운 사실을 보여 준다. 흔히 한국은 공동체적 성격이 강한 편이라고 알려져 있지만, 어려운 일이 일어났을 때 의존할 수 있는 정도가 개인주의적이고 고립적인 미국이나 덴마크, 심지어 일본에 비해서도 현저하게 낮다. 짐바브웨에 비교해도 낮은 비율이라는 것은, 한국인들의 '사회적 자본'이 얼마나 빈약한지를 보여 준다. 혼자 있어도 누군가 도와주리라고 생각되는 사람이 많다면 안정감을 느낄 수 있을 것인데, 그 점에서는 일본보다 약간 높고 짐바브웨에 비해선 많이 높은 편이다. 그러나 다른 사람들로부터 존중받고 있다는 감정은 일본이나 짐바브웨보다 낮아서 최저치를 기록하고 있다. 이는 사람들이 느끼는 삶의 만족도가 낮은 것이 단지 주관적인 불만에 기인하는 것이 아니라 자신을 도와 주고 존중해 주는 사회적 관계의 빈약함에 기인한다는 것을 보여 준다.

요약하면, 위에서 본 것처럼 한국의 자살률이나 삶의 만족도 등에 대한 결과는 매우 부정적인 것이었다. OECD 최대의 자살률과 전 세계

평균 이하의 삶의 만족도, 그리고 불만과 화에 끄달리는 일에선 전 세계에서 가장 열악한 수준에 속한다는 사실이 그렇다. 이는 경제성장은 했지만, 사람들의 삶의 안정성을 보장하기 위한 장치에 대해선 거의 관심을 갖지 않고, 반대로 삶을 파괴하거나 불만세력을 진압하는 무기나 장비에 수많은 돈과 인력을 투여한 그간의 오랜 정부정책에 크게 기인하는 것일 터이다. 그리하여 개인들이 삶에서 곤란한 사태가 발생할 경우, 그것을 해결하기 위한 장치를 개인이나 가족에 떠넘기는 것이 한국이지만, 이제는 그나마 이전의 공동체적 연계도 약화되어 서구의 개인주의적 국가와 비교해도 비상시에 의존할 사회적 관계도 빈약하고 타인들에게 존중받는 정도도 밑바닥인 저급한 삶이 한국인의 삶의 조건이 된 것이다. 그러나 정작 더 심각한 문제는 이러한 문제나 사태를 한국의 통치자나 지배자들은 거의 인식하지 못하고 있으며, 그리 중요하게 여기지도 않는다는 사실일 것이다. 여전히 그들은 경제성장률이나 경기지표, 그것을 부양하기 위한 건설사업과 부동산 정책, 그리고 해외시장의 확대 등만을 생각하고 있을 뿐이다.

행복에 대한 여러 심리학적 연구들을 보면, 경제적인 조건이나 돈은 일정 정도 충족되면 행복감의 증진에 별다른 영향을 미치지 않는다. 그렇지만 일상적인 생활을 불안정하게 하고 생존을 위해 끊임없이 돈을 벌어야 하는 조건이라면, 돈은 매우 중요한 역할을 한다. 짐바브웨나 다른 아프리카, 동남아시아 등의 나라들이 삶에 관한 여러 긍정적 정서의 지표들이 한국보다 높은데도 삶의 만족도에서 한국보다 낮은 것은 아마도 이런 기본적인 생활과 생존의 문제에서 오는 곤란이 매우 크기 때문일 것이라고 추측할 수 있다.

행복에서 돈이 하는 역할이 별로 크지 않다고 했던 셀리그만은 구매력과 삶의 만족도가 별 상관성을 보여 주지 않음을 지적하면서도 이렇게 말한다. "가난이 생존 자체를 위협하는 극빈국가에서는 부가 더 큰 행복을 예측하는 잣대임이 분명하다. 그러나 기본적인 사회안전망이 탄탄한 선진국에서는 부의 증가가 행복에 미치는 영향은 무시할 정도로 하찮다."[5] 가령 미국에서 100대 갑부에 들어가는 사람들조차 보통시민보다 약간 더 행복할 뿐으로, 실질적인 차이가 별로 없으며, 반대로 미국의 극빈자의 경우에는 생활만족도가 낮지만 이런 사람이 부가 늘어난다고 해서 행복도가 높아지는 것은 아니라는 것이다.[6] 이런 점에서 보자면, 한국의 일인당 GDP가 상당히 증가했음에도 불구하고 자살률 같은 극단적 지표가 매우 높고 삶의 만족도가 현저히 낮은 것은 경제적 성장이 삶의 질의 실질적 상승으로 이어진 정도가 매우 박약했으며, 특히 2000년대 들어와서는 더욱더 악화되고 있음에 기인한다고 해야 할 것이다.

여기서 특히 주목할 것은 97년 외환위기를 계기로 하여 본격적으로 진행된 비정규직 노동의 급속한 확대일 것이다. 비정규직 노동은 생존의 불안정성을 확대시킴으로써 사람들의 삶을 불안 속으로 밀고 가며, 파견업무가 그렇듯이 노동업무 자체를 불연속적인 것, 단속적인 것으로 만들어 노동의 장 자체에서 동료들과의 연대감을 현저히 저하시키며,[7] 정규직과 비정규직이라는 노동자 간의 위계를 만들어 노동하는 행위 자체에서 불만의 정도를 높인다.[8] 일본의 경우 자살률이 급속히 높아진 것이 1990년대 후반인데, 그 시기가 파견노동을 확대한 법이 통과되어 비정규직이 본격적으로 확산된 시기와[9] 대략 일치한다는 점을 주목할 필요가 있다. 한국의 경우에도 1997년에 파견노동을 필두로 비정규직이

늘어나기 시작하는데, 그것이 사람들의 실제 생활도 되돌아와 삶을 불안정하게 만드는 데 몇 년의 시간이 경과하리라는 것을 고려한다면, 2003년 자살률이 외환위기 직후의 수준으로 재상승하고 그 이듬해 23.3명으로 더욱 큰 속도로 늘어난 것은 이와 무관하지 않을 것이다.

3) 행복의 분포

지금까지 한국의 자살률이나 저조한 삶의 만족도 등을 통해 행복보다는 불행에 대해, 불행한 현실에 대해 간단하게 살펴보았다. 그러나 애초에 우리의 주제가 행복이었던 만큼, 이젠 한국에서 사람들이 행복하다고 느끼게 만드는 것은 무엇인가를 다시 물어야 한다. 한국인의 행복지수를 조사할 수 있는 지표를 개발하여 행복의 정도를 조사했던 최근의 한 연구를 보면, 성별, 연령, 동거인 수, 결혼여부, 종교유무, 학력, 소득수준 등의 변수들을 투입했을 때, 통계적으로 유의미한 영향을 미치는 것은 소득수준이었고, 통계적 의미가 있는 것과 없는 것의 경계치 정도에서 결혼여부가 영향을 미치는 것으로 보고한다. 그러나 이 변수 전체가 설명하는 행복지수는 3.2퍼센트에 지나지 않는다. 여기에 성격(외향적인지 '신경증적'인지)을 변수로 넣었을 때, 설명력은 12.0퍼센트 증가했다고 한다. 그런데 이 경우 결혼여부는 통계적 영향력이 사라졌으며, 소득수준의 설명력 역시 크게 감소했다고 한다. 여기에 행복관에 대한 변수를 투입하면 설명 정도는 8.7퍼센트 증가하는데, 이 경우 소득수준의 설명력은 더욱더 감소했다고 한다.[10]

이는 행복지수에 영향을 강하게 미치는 것은 성별, 연령, 동거인 수, 결혼여부, 종교유무 등의 인구학적 요인보다는 외향적이고 적극적인 성격인가의 여부, 그리고 자기존중감이나 낙관주의, 행복에 대한 긍정적 생각 등의 요인이라는 것을 뜻한다. 소득수준의 경우에는 성격이나 삶의 태도 등을 고려하지 않은 수준에서는 유의미한 영향을 미치지만, 다른 변수들이 고려되기 시작하면 그 영향력은 급격히 줄어든다는 점에서, 행복을 결정하는 변수라기보다는 네가티브한 방식으로 불행과 관련된 변수로 보인다. 즉 그것이 행복을 만드는 직접적 요인은 아니지만, 그것이 없으면 행복해지는 데 장애가 발생한다는 점에서 행복의 변수들이 작동하는 조건을 제공하는, 다시 말해 생활과 관련된 고통이나 불행을 줄여 주는 변수라고 해야 할 것 같다.

이 연구에서 인상적인 결과가 두 가지 있었는데, 첫째는 40대 한국의 남성과 여성이 느끼는 행복의 정도가 아주 상반된다는 사실이다.[11] 〔그림 3〕은 행복지수의 연령별 평균을 그래프로 그린 것이다. 이 그래프를 보면 여성과 남성이 20대와 30대에는 비슷한 양상을 보여 준다. 그러나 40대에 이르면 여성의 행복지수는 가장 높은 값으로 크게 상승하는 데 반해 남성의 경우에는 반 이하로 뚝 떨어진다. 즉 여성은 40대에 행복지수가 가장 높은 데 반해 남성은 40대에 가장 낮은 것이다. 50대에 이르면 남성은 다시 이전 수준을 회복하지만 여성에 비해선 여전히 상당히 낮다. 이는 개인적인 성취나 건강, 성격 등의 '개인적' 변수로 조사를 하거나, 가족, 친구, 동료들과의 관계 등 '인간관계적' 변수로 조사를 하거나, 학교, 직장 등의 '소속 집단적' 변수로 조사를 하거나 동일하게 나타난다.〔그림 4〕

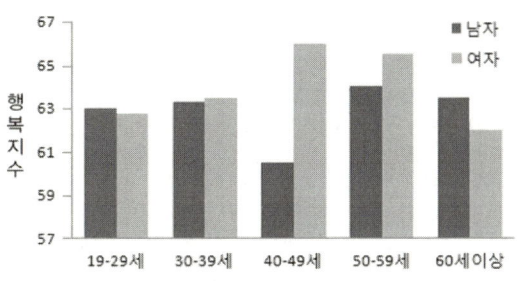

[그림 3] 행복지수의 연령별 평균의 분포

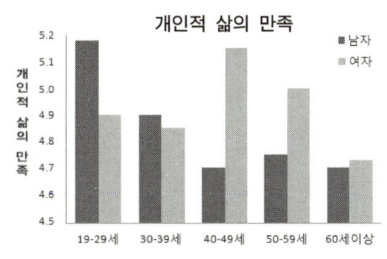

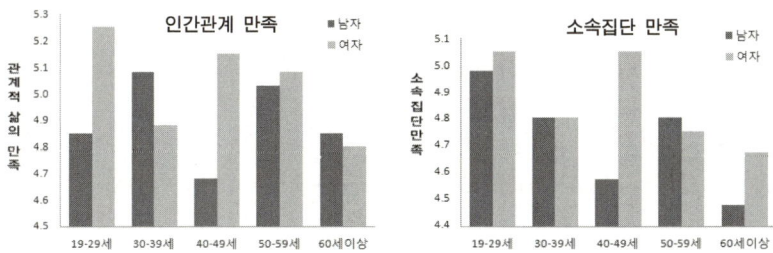

[그림 4] 변수의 차이에 따른 연령별 행복지수의 분포

 매우 대조적인 이 결과는 대체 무엇에 기인하는 것일까? 이러한 결과를 제출한 보고서는 그에 대해 여성들이 40대가 되면 자녀양육 등에 의해 받아야 했던 제약으로부터 벗어난 것을 들고 있지만, 그것이 여성들의 행복지수 상승에 긍정적으로 작용할 수 있다고 해도, 남성들의

행복지수가 현저히 저하하는 것은 전혀 설명하지 못한다. 나아가 행복지수에 영향을 미치는 변수에서 결정적인 것이 성격이나 행복관이라고 한 것을 고려하면, 이 시기 여성의 행복지수 증가를 설명하는 방식은 성격의 변화나 행복관의 변화와 무관하다는 점에서 설득력이 떨어진다.

실제적인 조사를 기반으로 한 것은 아니지만, 행복지수의 결정요인에 대한 연구결과를 토대로 생각해 보면, 남성의 경우 학교를 다니거나 사회생활에 진입한 초기에 갖고 있던 미래에 대한 희망이나 가능성이 40대 정도가 되면 '현실적인' 상황에 의해 많은 것이 깨어지고 포기하게 된다는, 즉 꿈을 깨고 현실적인 생활인이 되어야 한다는 점과 관련된 게 아닐까? 사람들의 행복감이나 자존감 등은 그것의 절대적 크기가 아니라 한계량, 즉 증가/감소에 의해 결정된다는 점을 고려한다면,[12] 기대치와 실제의 격차를 어찌할 수 없는 현실로 받아들여야 한다는 사실이 무엇보다 행복지수의 급감을 야기한 게 아닐까?

반면 여성들의 경우 대개, 적어도 한국에서는 행복한 삶의 중요한 부분을 가정생활의 범위 안에서 찾는다는 것으로 인해, 자식들의 성장 등 가족적 행복을 구성하는 긍정적 요인이 증가하기 때문이라고 할 수 있지 않을까? [그림 4]의 세 그래프를 보면, 여성들의 경우에도 개인적 성취에 관한 행복지수는 30대에 들어서도 크게 줄지 않는데 비해서 인간관계적 행복지수나 소속 집단적 행복지수는 가정과 출산으로 많은 것을 포기해야 하는 30대에 크게 줄어드는 것 역시 남성들이 꿈을 깨야 하는 40대의 그것과 마찬가지 방식으로 설명할 수 있을 것 같다.

또 하나 인상적인 것은 일상생활 속의 행복감을 규정하는 요인에 대한 것이다. 이는 행복을 규정하는 요인이 무엇인가를 생각하는 데 있어서, 앞서 말했던 어떤 것보다 훨씬 더 중요한 것인데, 간단히 요약하면, 하루 생활에서 행복감의 변화를 추적한 결과 그때마다의 일상생활에서 느끼는 행복감에서 인구학적 변수들은 물론 성격이나 행복에 대한 태도 등은 통계적으로 유의미한 영향을 거의 미치지 못한 반면, '하고 있는 일을 하고 싶은 정도'와 '그 일에서 느끼는 의미감'이 비교할 수 없을 만큼 매우 지대한 영향을 미친다는 것이다.[13] 이는 '긍정적 관념'이라는 '주관적 관념'이나 '낙관적 성격'이라는 '타고난 요인'과는 다른 차원에서 긍정적 삶, 행복한 삶을 실질적으로 구성하는 매우 결정적인 성분임을 나중에 자세히 언급하게 될 것이다.

행복을 규정하는 실질적 요인들 가운데 결정적인 것이 무엇인지를 포착하는 데 또 다른 중요한 요소를 보게 해 주는 최근의 연구를 하나 더 참조해 보자. 그것은 정신건강지수를 단지 정신적 질환의 부재로 정의하는 게 아니라, "정신장애로부터 자유로운 동시에 정신적 웰빙을 경험하고 있는 것"으로 정의하고, 정신적 웰빙과 정신적 장애의 차이를 통해 한국인의 정신건강에 대해 연구한 논문이다.[14] 이 연구에서는 한국인의 정신적 웰빙이 교육수준에 따라 증가하며, 소득수준이 증가함에 따라 증가한다고 보고한다. 또한 자녀수가 3명 이상인 경우 정신적 웰빙이 증가하는데, 이는 특히 여성의 경우에, 그리고 60세 이상의 노인의 경우에 더욱 두드러진다. 하지만 자녀수가 3명 이상인 것이 정신적 웰빙의 증가에 크게 기여하는 것은 소득수준이 월 300만 원 이상인 경우로 제한되어 있음을 또한 지적한다.[15] 이러한 결과는 통념적인 예상에 대체로 부합하는 것이라고 하겠다.

우리의 예상을 벗어나는 인상적인 결과를 보여 주는 것은 거주지역에 따른 정신적 웰빙(만족도)의 차이다. 그 논문에 따르면 정신적 웰빙에는 거주지역도 영향을 미쳐서, 서울에 비해서는 광역시가, 광역시에 비해서는 지방이 정신적 웰빙지수가 높았다. 이는 서울 거주자의 상대적 박탈감과는 무관한 것임을 덧붙이고 있다. 지방을 떠나 서울로 서울로 가려는 사람들의 통상적인 욕망이나 실질적인 이동을 생각해 보면, 이는 통념적인 예측에서 크게 벗어나는 것이다. 무엇이 이러한 결과를 만들어 내는 것일까? 이에 대해 이 연구는 '친밀감'과 '탄력성'이라는 두 개의 변수를 새로이 정의하여 조사했다. 친밀감이란 "친구나 가족 혹은 지인들로부터 얼마나 많은 정신적 지지를 받고 있는지에 대한 자신의 평가"를 뜻하며, 탄력성이란 "스트레스 상황에서 고난이 주는 의미를 인식하고 그 상황을 잘 극복하여 한 단계 성숙한 모습으로 발전할 수 있는 능력"을 뜻한다고 한다. 전자는 사회적 관계의 긍정성에 대한 자신의 평가일 것이고, 후자는 스트레스적 상황에 대한 면역능력, 혹은 방어기제의 탄력성 내지 성숙도를 뜻하는 것일 게다.(이 두 가지 변수의 중요성에 대해서는 다음에 다시 반복하여 말하게 될 것이다.)

이 두 변수를 추가해서 조사한 결과 서울시민은 지방에 비해서 친밀성이나 탄력성의 수준이 현저히 낮았다고 한다. 친밀도에 따른 정신적 웰빙지수는 서울이 4.83인데 반해 지방은 5.35였고, 탄력성에 따른 정신적 웰빙지수는 서울이 5.15, 지방이 5.58이었다고 한다.[16] 결국 서울에 비해 지방에서의 삶이 정신적 웰빙지수가 크게 높았던 것은 친밀감과 탄력성 때문이었다는 것이다. 그런데 더욱더 인상적인 것은 친밀도와 탄력성이란 변수를 통제했을 때, 다시 말해 친밀도와 탄력성의 수준이 동일하도록 참가자를 재구성했을 때, 서울 시민과 지방 거주자 사이에 나타났던 정신적 웰빙의 차이가 사라져 버린다는 것이다.[17] 즉 정신적 웰빙지수의 차이를 만드는 데 이 두 변수가 결정적인 영향을 미쳤다는 것이다. 소득이나 다른 변수들이 아니라 진정한 변수는 친밀감과 탄력성이었다는 것이다.

친밀감이란 변수가 사회성과 관련된 것이고, 탄력성이 자아의 탄력성을, 즉 자아의 개방성 내지 '성숙성'을 뜻하는 것임을 안다면, 이러한 결과는 다음에 언급하려고 하는 미국인 심리학자의 연구에서 우리가 주목하려는 것과 상동적인 것임을 이해할 수 있을 것이다. 이는 행복을 규정하는 것이 무엇인지에 대한 우리의 입론을 구성하는 데 중요한 실증적 근거를 제공하는 것이다.

2. 삶을 행복하게 만드는 것들

1) 행복의 방정식

긍정심리학을 주창한 사람 가운데 한 명인 마틴 셀리그만은 이전의 심리학이 정신질환이라는 오직 하나의 주제에 매진해 왔음을 반추하면서, 삶의 불행을 완화시키는 방법에 몰두하다 보니 정작 삶의 긍정적인 가치를 찾고 행복을 향상시킬 수 있는 방법에 대해서는 외면하게 되었음을 지적한다.[18] 이런 점에서 행복을 누리는 방법에 대한 연구를 향해 방향을 선회하려는 시도로써 '긍정심리학(Positive Psychology)'의 가치를 강조한다. 확실히 니체가 어디선가 지적했던 것처럼, 나쁘지 않은 것이 좋은 것은 아니며, 불행을 피한다고 해서 행복한 것은 아니라는 점을 상기하게 한다. 논리학의 규칙과 달리 부정의 부정은 긍정이 아닌 것이다.

이는 약점과 강점에 대해서도 마찬가지로 말할 수 있을 것이다. 자신의 약점을 보완하고 고치는 것은 중요하지만 그것이 어떤 강점을, 미덕을 갖는 것은 아니며, 강점을 발전시키는 것과는 아주 다른 것이다. 셀리그만은 긍정에 대한 니체적인 사유와 무관하게 심리학적 연구의 경험 속에서 이렇게 말하고 있다. "내 생각에 자신의 약점을 고치려고 시간과 노력을 투자하는 것은 바람직하지 않다. 나는 인생 최대의 성공과 더 없는 만족은 개인의 대표적인 강점을 연마하고 활용하는 데서 비롯된다고 믿는다. …… 행복한 삶이란 참된 행복과 큰 만족을 얻기 위해 날마다 자신의 대표적인 강점을 활용하는 것이다."[19] 잘할 수 있는 것을 할 때, 혹은 좋아하는 일을 할 때 어떤 일을 잘하게 되리라는 것은 보나마나 분명하다. 못하는 일을 제대로 하기 위해 애를 쓰기보다는 잘하는 일을 찾아서, 혹은 좋아하는 일을 찾아서 그걸 열심히 하는 게 일을 즐겁고 행복하게 하는 길이고, 결과에서도 성공적일 것이 분명하다.

긍정적인 행동은 즐겁고 기쁜 감정을 수반하며, 결과 이전에 일을 하는 과정 자체를 긍정할 수 있게 한다. 삶이라는 것이 종국의 결과에 의해 평가하는 어떤 목적론적 과정이 아니라, 살아가는 과정 자체가 목적이란 점에서 내재적 과정임이 분명하다면, 행복한 삶이란 살아가는 과정, 일을 하는 과정 자체가 최대한 기쁘고 즐거운 것이 되게 하는 것이라고 할 수 있을 것이다. 이런 점에서 행복이란 삶의 과정 속에서 우리가 경험하는 긍정적인 감정과 정서, 혹은 긍정적 사고와 행위에 의해 규정되는 것이라고 말할 수도 있을 것이다.

이러한 사실은 행복에 대한 심리학적 조사연구에서 쉽게 확인할 수 있다. 가령 셀리그만은 사람들이 느끼는 심리적 행복의 정도를 지표화하기 위해 세 가지 상이한 분석적 범주로 구별하여 다음과 같은 공식으로 요약한다.

H=S+C+V

여기서 H는 지속적인 행복의 정도, S는 '이미 설정된 행복의 범위', C는 삶의 상황, V는 개인이 스스로 통제할 수 있는 자율성이라고 한다.[20] 그러나 이 각각의 개념들은 지칭하는 바가 모호하거나 부적절한 어감이어서, 자신이 실제로 제시하고 있는 사례나 내용을 담는 데도 그다지 적절하지 않은 것 같다. 우리는 이를 행복을 규정하는 요소로 간주하여 다음과 같이 세 가지 요인으로 재규정해야 할 것 같다.

첫째 요인은 성격적인 것이다. 적극적이고 활달한 성격이라면 소극적이고 소심하며 걱정이 많은('신경증적인') 성격에 비해 매사에 훨씬 더 긍정적일 것이고, 이는 상대적으로 삶에 대해 좀 더 만족하고 행복하게 한다. 심리학자들은 이는 많은 경우 '타고난' 것으로 간주하며, 종종 유전적인 것으로 이해하기도 한다. 물론 프로이트 같은 정신분석학자라면 어렸을 때의 경험, 특히 외상적인 경험으로 인해 신경증적인 스타일이 형성되리라고 말하겠지만, 지금의 심리학은 기질적인 성향이나 성격은 많은 경우 신경학적인 요인에 의해 결정된다고 믿으며, 그런 성향이 병적인 것이 되었을 때조차 정신분석학자처럼 외상적 사건을 찾으려 하기보다는 신경물질을 조절하는 약물을 써서 치료하려고 한다.

물론 적극성/소극성이나 긍정적/부정적 태도는 그때마다의 외부적인 사건이나 요인에 의해 크게 달라지겠지만, 기질적이고 성격적인 것에는 어떤 '항상성' 같은 것이 있다고 본다. 그래서 좋은 일이 있어서 즐겁고 기쁘게 지내던 사람도, 그 요인이 계속 존재한다고 해도 일정 정도 시간이 지나면 다시 원래의 상태로 되돌아온다고 한다. 그래서 잘 웃지 않고 우울하게 지내던 사람은, 크게 돈을 번다거나 얻고 싶은 것을 얻는다거나 하여 즐겁고 웃으며 살게 되었다고 해도 조금 지나면 다시 우울하고 웃지 않는 얼굴로 되돌아온다는 것이다. 이는 반대로 몸을 다치거나 가까운 이가 죽거나 하는 불행한 사건이 있어도 시간이 좀 지나면 거기서 벗어나 원래대로 되돌아오는 것을 뜻하기도 한다. 이런 점에서 셀리그만은 이를 '행복의 자동조절기'라고 부르며, 유전적으로 결정된 행복도를 의미한다고 본다.[21] 이는 물리적 내지 생물학적 항상성(homeostasis)과 동일한 기능을 하는 것을 뜻하는데, 이런 항상성이 있기에 우리는 그때그때의 일시적인 사건들이 주는 기쁨이나 슬픔에 삶 전체가 끌려가지 않고 상대적인 안정성을 유지할 수 있는 것이다.

두 번째 요인은 '환경적인 요인'이다. 소득수준이나 결혼여부, 연령(젊음), 학력, 성적인 차이, 인종적 차이, 종교적 차이, 사회적 관계 등이 그것이다. 이에 관해 셀리그만이 제시하는 다양한 심리학적 조사의 결과에 따르면, 소득수준은 생존을 좌우하는 한계 범위에서는 행복의 정도를 크게 좌우하지만, 일정 정도를 넘으면 행복도에 미치는 영향은 아주 미소한 것이 된다고 한다. 학력이나 지능, 날씨, 성별의 차이나 인종의 차이가 행복도에 미치는 정도 또한 통계적으로 유의미하지 않다고 한다. 겨울 날씨가 우울증을 악화시키긴 하지만, 혹심한 겨울 추위를 견뎌야 하는 네브라스카 주민이 날씨 좋은 캘리포니아 주민들보다 더 행복한 것은 아니며, 교육수준이 저소득층의 경우에는 (아마 소득수준을 규정하는 요인이기에) 영향을 미치지만, 대개의 경우 행복도와 상관이 없으며, 지능 또한 별다른 영향이 없다고 한다. 남성에 비해 여성이 행복해하는 정도도, 우울하거나 불행한 정도도 모두 훨씬 크지만, 성별에 따른 평균 행복도는 남녀 모두 비슷하다고 한다. 심지어 인종적인 차이 또한 미국에서는 행복도에 별다른 차이를 보여 주지 않는다고 한다. 흑인이나 라틴계 아메리카인들은 소득도 낮고 인종적 차별로 시달리고 있으며 그래서 행복도에서는 백인보다 결코 높지는 않지만, 그렇게 삶의 환경이 열악함에도 불구하고 백인보다 우울증에 걸리는 정도는 훨씬 낮다고 한다.

종교의 경우는 비종교인에 비해서 종교인이 삶에 더 만족하고 행복해한다는 연구결과가 많다고 한다. 이에 대한 해석은 다양한데, 종교 자체의 힘이 행복을 주는 효과보다는 종교로 인해 약물중독, 범죄, 이혼, 자살 등에 빠질 가능성이 작아진다거나 종교를 가지면 사회적 활동이 많아지기에 그렇다고 하는 경우들이 그것이다. 그러나 셀리그만은 종교가 현재와 미래의 삶에 대해 의미를 부여하고, 그럼으로써 그것을 긍정하게 하는 힘이 있다는 점에서 행복에 직접적인 영향을 미친다고 주장한다.

세 번째 요인은 삶의 방향을 규정하는 '정서(affect, 감응)' 내지 '의지(will)'로서, 평가적인 것, 감정적인 것, 관념적인 것 등을 포괄하여 어떤 행위나 사건에 대한 긍정/부정의 지향성을 표현하는 것이다. 이는 시간적으로 과거에 속하는 것, 현재에 속하는 것, 미래에 속하는 것으로 나눌 수 있는데, 셀리그만은 과거에 대한 긍정적 정서 내지 의지로는 만족감, 감사의 정서, 안도감, 성취감, 자부심, 평정감 등이 있고, 현재에 대한 것으로는 기쁨, 평온함, 열의, 정열, 몰입 등이, 미래에 대한 것으로는 낙관성, 희망, 신념, 신뢰 등을 열거하고 있다. 한마디로 말하면 과거, 현재, 미래에 대한 만족도나 긍정적 정서를 뜻하는 것이라고 보면 좋을 것이다. 셀리그만에 따르면 앞서 두 번째 요인으로 언급했던 외적 환경의 요소들(소득, 교육, 인종, 성별······)은 바꾸려고 해도 바꾸기 힘든 것들이지만,(그러나 우리는 이걸 바꾸기 위해 평생을 건다!) 그 요소들을 모두 합쳐 좋은 것으로 바꾼다고 해도 행복도의 증가는 8~15퍼센트 정도 높아지는 데 그친다고 한다. 세 번째 요인들은 대개가 전적으로 자신의 영역에 속한 것이기에 바꾸려고만 하면 사실 모두 바꿀 수 있는 것인데,(물론 바꾸는 것은 많은 노력과 집중을 필요로 한다) 그것이 미치는 영향력은 앞서 한국인의 행복지수에서도 본 것처럼 매우 크고 결정적이다.

그런데 기쁨이나 만족감 등 행복감과 결부된 긍정적 정서가 단지 쾌감을 뜻하진 않으며, 좋아하는 것을 한다든가 자신이 기쁘고 즐거워할 일을 한다는 것이 단지 통상적인 의미에서의 '쾌락'을 추구하는 것을 뜻하지는 않는다고 셀리그만은 지적한다. "쾌락과 만족을 구분하지 않는다면, 너무나 쉽사리 손쉬운 방법들에 의존하게 되고 숱한 쾌락에 빠지게 된다."[22] 가령 시트콤을 보거나, 술을 먹거나 자위를 하는 것, 비싼 향수를 뿌리는 행동은 아무런 노력이나 기술 없이도 할 수 있으며 실패할 가능성도 없다. 그것은 순간적인 쾌락을 주지만 그런 쾌락이나 쾌감은 그 순간이 지나면 사라지고 만다. 육체적인 것이나 정신적인 것이나 쾌락 내지 쾌감 그 자체는 순간적이어서, 그것을 유발하는 자극이 없으면 곧바로 사라지기 때문이다.

따라서 쾌감을 얻으려고 할 때마다 애초의 상태에서 항상 다시 시작해야 한다. 즉 삶이 실질적으로 변하지 않으며, 행복감을 얻는 능력은 전혀 증가하지 않은 것이다. 아니 대개의 경우 그런 능력은 그런 자극을 반복함에 따라 감소하기 마련이다. 왜냐하면 어떤 쾌락도 익숙해지는 순간 무디어지기 때문에, 그리고 주어진 자극을 통해 얻을 수 있는 쾌락은 반복됨에 따라 체감하기 때문에, 처음의 쾌감과 같은 쾌감을 얻기 위해서는 더욱더 증가된 자극을 필요로 하며, 그렇지 않을 경우 그런 자극을 통해 쾌감을 얻는 것은 점점 곤란해지기 때문이다. 약물중독에서 쉽게 발견되는 중독성은 행복은 물론 쾌락을 얻는 능력조차 지속적으로 감소시키는 것이다. 이것이 행복과는 정반대로 자극을 얻지 못할 때의 배가된 고통으로, 결국은 죽음을 향한 방향으로 이끈다는 것은 약물중독으로 죽은 미국의 수많은 뮤지션들이 아주 잘 보여 준 바 있다.

반면 만족감은 가령 고통조차 수반하는 힘든 일을 해서 어떤 성과를 얻었을 때처럼, 쾌락과는 다른 방향에서 얻어지는 것이며 종종 반대방향에서 얻어지기도 한다. 이렇게 얻어진 만족감은, 가령 힘들여 배운 외국어 능력이 쓰지 않아도 사라지지 않듯이 순간적이지 않으며, 조각을 하기 위해 끌과 망치를 다루는 능력을 얻으면, 다시 망치질과 끌질을 연습할 필요가 없이 언제나 쓸 수 있게 되는 것처럼 증가된 어떤 상태를 지속한다. 즉 만족감을 주는 어떤 성과는 쉽게 사라지지 않기에, 할 때마다 애초의 상태에서 다시 시작해야 하는 일은 일어나지 않는다. 물론 이는 쾌락과 달리 얻기 위해선 많은 노력을 요하며, 수많은 실패와 고통을 수반한다.

요약하면, 긍정심리학에서 행복도를 규정하는 요인으로 들고 있는 것은 성격적이고 기질적인 것과 외부적 환경에 속하는 것, 그리고 삶에 대한 긍정적인 정서나 의지라고 할 수 있는 것이다. 그런데 이 세 가지 요소에 대한 얘기를 유심히 살펴보면, 어느 것이든 삶을 행복하게 만드는 것은 '긍정적인 것'이라는 공통점을 가짐을 알 수 있다. 성격이나 기질에서 '신경증적'인 기질이나 우울한 성향은, 해도 되는지 하면 안 되는지 눈치를 보는, 그래서 '나쁜 것을 하지 않는 것', 비난 받을 일을 피하는 것을 행동의 방향으로 삼는 부정적이고(부정의 부정!) 방어적인 것, 혹은 하고 싶은 것이 있어도 남의 눈치를 보느라 하지 못하는 수동적인 것임에 반해, 적극적이고 활달한 성격은 하고 싶은 것이 있으면 쉽게 나서서 하고, 그것을 통해 다른 사람들을 촉발하고 끌어들이는 긍정적이고 주동적인(능동적인) 것이다. 그것이 기질인 한 내 맘대로 안 된다고 해도, 행복을 주는 경우는 긍정적이고 능동적인 경우임엔 틀림없는 것이다.

정서나 의지에 속하는 것 역시 마찬가지다. 과거에 대한 감사와 만족, 현재에 대한 적극적 열의와 몰입, 미래에 대한 믿음과 희망, 낙관 같은 정서적이고 의지적인 요인 역시 마찬가지로 긍정적인 정서와 감정이다. 이에 반해 과거의 일로 인한 미움이나 원한, 분노와 원망, 현재의 일에 대한 불만이나 냉소적 거리감, 미래에 대한 비관이나 절망 같은 것은 무언가를 하고자 하는 의지를 꺾거나, 아니면 분노나 원한으로 무언가를 하지 못하게 하거나 방해하는 부정적이고 '반동적인(reactive)' 행위로 이어진다. 이는 '성공'할 경우에도 일시적인 쾌감을 주겠지만, 결코 지속적인 행복감을 주진 못한다. 끔찍한 복수에 성공했지만 거꾸로 공허해졌음을, 더 이상 할 게 없어져 버렸음을 알고 허탈해하는, 그리하여 결국 죽음으로 밀려가는 「올드 보이」의 결말은 복수와 원한의 힘이 얼마나 무력한지를 잘 보여 준다.

외적 환경의 요인들이 작용하는 양상을 보아도 비슷하다. 극빈자들에게 돈이 행복의 요인이 되는 것은, 돈을 벌기 위해 모든 시간과 노력을 바쳐야 하기에, 하고자 하는 것에도 행복을 주는 것에도 마음을 쓸 여유가 없게 만들기 때문일 것이다. 그것은 "없으면 안 돼"라는 부정적 방식으로 행복과 불행에 개입한다. 그렇기에 어느 정도 충족되면 아무리 많아져도 행복감의 증가에 그다지 영향을 미치지 못하는 것이다. 교육이나 지능, 성별이나 심지어 인종조차 행복감에 결정적이지 못한 것은, 열악한 상황 자체보다도 그 상황에서 삶을 긍정할 수 있는 요인들이 행복도를 결정하기 때문일 것이다. 종교가 사회적 행위를 통해서든, 아니면 직접적으로든 행복에 영향을 미치는 것은 약이나 술, 이런저런 '악행' 등 삶에 부정적인 요소들을 하지 말도록 저지하고, 반대로 사회적 활동을 확대하고 대인관계를 원만하게 하는 등 긍정적인 요인을 촉구하고 촉발하기 때문일 것이다. 따라서 이 세 가지 종류의 요인들을 횡단하여 다시 생각해 본다면, 행복감을 결정하는 가장 중요한 요소는 긍정적인 정서와 의지라고 해도 좋을 것이다.

2) 사회적 관계와 자아의 방어기제

이런 긍정적 정서와 의지는 그 자체로 자신의 행복감에 직접 작용할 뿐 아니라, 자기 이외의 사람들과의 관계를 활성화하는 경로를 통해 행복감의 증진으로 되돌아오기도 한다. 긍정심리학에서 많은 사람들이 행복을 야기하는 아주 중요한 요인 가운데 하나로 지적하는 것이 사회적 관계에 적극적이고 대인관계가 좋다는 사실이다. "가장 '행복한' 사람들이 보통 사람들이나 불행한 사람들과 현저하게 다른 점이 한 가지 있었다. 그건 바로 폭넓은 대인관계와 보람 있는 사회생활이었다. 가장 행복한 사람은 혼자 있는 시간이 가장 적고 사회활동을 하는 시간이 가장 많았으며, 자타가 공인할 만큼 대인관계가 좋았다."[23] 행복한 노화를 연구했던 조지 베일런트는 이를 "인간관계의 힘"이라고 말한다. "행복하고 건강하게 나이 들어 갈지를 결정짓는 것은 지적인 뛰어남이나 계급이 아니라 사회적 인간관계다."[24]

다른 사람들과의 관계가 활성화되고, 여기서 행복을 느끼는 사람이 다른 사람들에 대해 애정을 느끼고 그들을 위해 무언가를 하려는 마음을 먹게 되는 것은 아주 지극히 자연스런 일일 것이다. 셀리그만은 에드 디너와 공동으로 222명의 대학생들을 무작위로 선정하여 행복을 느끼는 정도를 조사·연구하면서 이런 사회적 활동이 '이타주의'로 이어지는 것을 확인했다고 말한다.

나는 이 자료를 보기 전까지만 해도, 동병상련이라는 말도 있듯이 고통을 많이 겪은 사람들이 훨씬 더 이타적일 것이라고 생각했다. 그래서 행복한 사람이 이타심을 발휘할 가능성이 훨씬 더 높다는 한결같은 연구결과를 알았을 때 무척 놀랐다. …… 사람들은 행복할수록 자기중심적인 사고에서 벗어나며, 다른 사람들을 더 많이 좋아하고 낯선 사람들과 자신의 행운을 나누고 싶어 한다. 그러나 자신이 불행하면 불신감이 깊어지고 오직 자기만을 생각하며 자기 자신만의

욕구에만 몰두하게 된다.[25]

　여기서 특히 행복감은 자신이 친하게 지내는 사람뿐만 아니라 낯선 사람들에 대해서까지 마음을 열게 한다는 것은 새삼 강조해 둘 필요가 있다.[26] 그래서 그는 긍정적 정서가 중요한 이유에 대해서조차 "그 자체로 즐겁기 때문이라기보다는 세상 사람들과의 상호작용을 더욱 성공적으로 이끌어주기 때문"이라고 이해한다.[27] 이렇게 다른 사람들과의 관계가 활성화되고 원만하게 된다는 말은 그들과의 관계에서 느끼는 친밀감의 정도가 높다는 것을 뜻할 것이다. 타인과의 관계를 의무로써, '업무'로써 억지로 하는 것이 아니라면, 관계의 활성화 정도와 친밀감이 비례하리라고 가정하는 것은 극히 자연스런 것이기 때문이다. 앞서 한국인의 정신적 웰빙에 대한 연구에서 친밀감을 통제했을 때 서울과 지방의 차이가 사라져 버렸던 것은, 다시 말해 친밀감이 서울이나 지방 모두에서 행복도를 결정하는 핵심적인 요인이었다는 사실은 이를 보여 주는 것이라고 할 것이다.

　이와 반대로 베일런트는 노화에 대한 연구를 통해서 행복한 노화를 망치는 가장 중요한 요인 중 하나가 알코올중독임을 발견하는데, 그것이 건강에 미치는 직접적 효과 이상으로 사회적 관계를 망치고, 그 결과 "장차 얻을 수 있는 사회적 지원을 가로막는 요인"이 되기 때문임을 지적한다.[28] 셀리그만은 이런 부정적 정서를 외부의 위협에 대한 방어나 경쟁 등으로 인해 만들어지는, "여기에 적이 있다"는 '경고신호'에 기인한다고 해석한다. 실제로 생물학적으로 보자면 가령 공포의 감정은 나의 생명을 위협하는 적에 대한 반응이고, 불안 또한 정체를 알 수 없는 적에 대한 경계반응이다. 베르그손은 인간의 지성 또한 이런 동물적 상황의 산물이라고 말한다. "지성의 본질적 기능은 임의의 상황에서 곤경으로부터 벗어나는 수단을 분별하는 것이다."[29] 분노는 자신에게 위해나 손해를 끼친 상대에 대한 반응이고, 슬픔은 그로써 발생한 어떤 '손실' 내지 '상실'로 인해 야기된 정서적 반응이다.[30]

자아라는 방어메커니즘은 일차적으로 외부로부터 오는 자극에 대한 이러한 방어의 정서와 결부되어 형성된 것이다. 그것은 자신의 외부에 속하는 다른 사람들이나 다른 존재자들과의 관계에 대한 방어적이고 반작용적인 대응이 야기하는 감응이고, 그런 점에서 낯선 대상이나 외부적 관계를 적극적으로 받아들이기보다는 그로부터 야기될 수 있는 손실과 상처로부터 자신을 보호하기 위해 소극적으로 피하거나 반동적으로 공격하는, 그런 점에서 반사회적인 정서다. 이런 위협적인 상황에 대응하는 정서로부터 행복감이 나올 수는 없다. 반대로 행복감은 그런 정서를 완화시킬 것이 분명하다. 이러한 정서에서 타인에 대해 친밀감을 느끼기는 어려울 것이며, 반대로 소원한 거리감과 불편한 긴장감을 크게 가질 것이다.

이러한 방어메커니즘의 개념은 프로이트에게서 연원하는데, 프로이트에게 그것은 자신의 삶의 일관성과 안정성, 혹은 정체성을 유지하는 것이란 점에서 병리적인 것이 아니며, 외부세계에 적응하기 위한 것이다. 즉 그것은 외부로부터 오는 '자극'에 대응하면서, 그 자극에 의한 삶의 동요를 줄이고 "정신과정을 일관성 있게 조직하려는" 어떤 것이 있는데, "이것을 그 사람의 '자아'라고 부른다. 바로 이 자아에 의식이 부착되는 것이다."[31] 자극에는 외부적 현실에서 직접 연원하는 자극과 내부에서 생성되는 흥분이 있는데, 전자가 심리적 영향을 주는 대상이나 사건이라면, 후자는 쾌/불쾌와 결부된 충동 같은 것이다. 자아의 방어기제란 비닐과 책받침을 겹쳐, 비닐에 글씨를 썼다가 비닐을 들어 올리면 지워지는 글쓰기 판의 비닐처럼, 자극을 완화된 형태로 기록되게 하는 일종의 보호막이고 '자극에 대한 방어적 방패'다.[32]

이러한 방어적 방패를 뚫고 들어올 정도로 강력한 자극을 프로이트는 '외상(Trauma)'이라고 부르는데, 이는 자극에 대한 효과적 대처방식이 무너졌음을 뜻한다. 이런 경우 내부로 뚫고 들어온 자극에 대해 또 다른 방어기제가 작동하게 되는데, 이를 위해선 대규모의 리비도의 대항투여가 필요하고, 그로 인해 다른 정신조직들은 빈곤하게 되어 마비되거나 축소되고 만다.[33] 승화나 유머, 이타주의, 억제 같은 기제가 외상적이지 않은 성공적인 방어기제라면, 투사, 수동적 공격성, 분열, 행동화, 환상 등의 기제는 내부로 뚫고 들어온 강한 자극에 대한 방어기제라고 할 수 있을 것이다. 심리학자 베일런트는 전자를 '성숙한 방어기제', 후자를 '미성숙한 방어기제'라고 보는데,[34] 양자 모두 본질적으로는 생존의 환경에 적응하려는 무의식적 메커니즘이지만, 후자의 경우 정신병이나 신경증 같은 병리적 성격을 갖는다고 본다.[35]

베일런트는 하버드 대학 남자 졸업생 집단, 소년원에 수감된 소년을 포함하는 이너시티 청소년들 집단, 캘리포니아 도시에 거주하는 IQ 140 이상인 여성들의 집단이라는, 애초에는 서로 다른 연구자들에 의해 시작된 것을 이어받아 그들을 대략 65년간 정기적으로 추적 조사함으로써 성공적인 노화, 행복한 노화를 규정하는 요인이 무엇인지를 찾고자 했다. 이러한 연구를 통해서 그는 행복한 노화로 이끄는 몇 가지 변수를 찾아낸다. 흡연량이나 알코올중독 여부, 안정적인 결혼생활, 규칙적인 운동, 알맞은 체중, 그리고 성숙한 방어기제가 그것인데, "세 집단 모두에게 행복하고 건강한 노년을 약속하는 가장 강력한 요소는 바로 적응적(성숙한) 방어기제"였음을 발견한다.[36] 하버드 집단이나 이너시티 집단 모두 성숙한 방어기제의 경우 행복하고 건강한 삶을 산 사람의 비율과 불행한 삶을 산 사람의 비율은 다른 것과 비교할 수 없을 정도로 현저한 격차를 보여 준다. 이는 성숙한 방어기제를 갖고 있는 경우 불행해진 사람이 매우 적고 행복해진 사람은 매우 많다는 점에서, 두 가지 삶을 구별하는 결정적인 변수임을 의미한다.

여기서 성숙한 방어기제와 대비되는 미숙한 방어기제란 받아들이기 힘든 감정을 다른 이에게 투사하거나, 자기 자신을 향한 공격으로, 자책으로 표현하는 것, 혹은 상반되는 태도의 분열된 방식으로 표현하는 것, 충동적으로 반응하는 것, 현실과 상상을 섞어 탈현실화하거나 탈인격화하는 환상 같은 것이다. 그것은 주어진 상황이나 그것이 주는 불편한 자극을 공격적인 방식으로 쳐 내거나 그것에 잠식당하는 것이다. 반대로 성숙한 방어기제란 강한 자극을 완화시키거나 변형시키는 방식으로 유연하게 대응함으로써, 고통스런 상황을 가볍게 만들거나 유의미한 어떤 것으로 바꾸면서 상황을 극복하는 것이다. 이런 점에서 이는 앞서 한국인의 정신적 웰빙에 대한 연구에서 찾아냈던, 도시와 지방간의 차이를 만드는 결정적 요인이었던 '탄력성'이란 개념과 아주 비슷한 내용을 갖는다. 다시 한 번 상기하자면 "스트레스 상황에서 고난이 주는 의미를 인식하고 그 상황을 잘 극복하여 한 단계 성숙한 모습으로 발전할 수 있는 능력"이 그것이었다. 상황에 대한 유연한 대처, 그것은 상황이나 사건, 현실에 대한 방어기제의 탄력성을 뜻하는 것이다. 이는 고통스런 상황조차 긍정적으로 변형시킬 수 있는 능력인 셈이다.

이와 더불어 베일런트는 성공적인 노화에서 사회적 유대관계의 중요성을 역설한다. "사회적 유대관계는 건강한 노화에서 가장 중요한 요소다."[37] 여기에서 그의 발언은 종종 모순적이기는 하다. 가령 하버드 졸업생을 대상으로 한 조사에서 건강한 삶과 직접적 연관성이 없는 변수가 여섯 가지 있었다고 할 때에는 조상의 수명, 콜레스테롤, 스트레스, 부모의 특성, 유년기의 성격, 사회적 유대관계를 그것으로 들고 있기 때문이다.[38] 습관과 알코올중독에 대한 서술을 하면서 과거의 습관과 사회적 유대관계를 비교하면서도 습관이 더 중요한 역할을 했다고 말한다. 그러면서도 "사회적 유대관계보다는 알코올중독이 건강한 노화에 훨씬 더 영향을 미친다는 나의 입장을 반쯤 에누리해서 들어주면 좋겠다"고 덧붙인다.[39] 뿐만 아니라 그 책의 곳곳에서 사회적 유대관계의 중요성을, 조사대상 집단 속의 수많은 사례들을 열거하면서 반복해서 역설하고 있으며, 조슈아 쉥크와의 인터뷰에서는 "'47세 즈음까지 형성된 인간관계'는 방어기제를 제외한 어떤 다른 변수보다 훨씬 더 이후의 인생을 예견하는 데 중요한 지표가 된다. …… 인생에서 가장 중요한 것은 바로 다른 사람들과의 관계라는 사실이다"라고 강조하고 있다.[40]

이는 그가 사회적 유대관계와 알코올의 영향력에 대한 직접적인 조사결과와, 자신이 관찰하고 연구한 대상들의 삶을 볼 때 사회적 유대관계가 실제로 매우 중요했다는 직관적 판단 사이에서 동요하고 있는 것으로 보인다. 그런데 사회적 유대관계의 무용성이란 결과는 하버드 졸업생 집단을 대상으로 한 연구에서 알코올중독이나 다른 변수와 비교하며 도출된 것임을 유념할 필요가 있다. 편차가 없긴 않겠지만, 하버드 졸업생들의 경우 대부분 사회적 관계가 좋든 싫든 넓을 수밖에 없는 조건을 공유하고 있을 가능성이 크고, 이 경우 사회적 유대관계에 따른 집단 내부적 편차가 적었을 가능성이 크다. 즉 이들의 경우 사회적 유대관계라는 변수를 통제한 것과 유사한 효과가 이미 조사대상 집단의 성격 자체에 포함되어 있기 때문일 것이다.

요약하자면, 다른 사람들과의 사회적 유대관계와 자아의 방어기제의 탄력성 내지 유연성이 행복한 삶을 규정하는 핵심적인 요인이라고 할 수 있다. 그런데 자아의 방어기제가 대상으로 하는 것이 자아의 외부로부터 주어지는 상황이나 사건, '자극'이란 점에서 그러한 방어기제가 유연하다는 것은 외부적인 사건이나 상황에 대한 수용능력이 크고 탄력적임을 뜻한다. 그것은 외부에 대해, 타인이나 낯선 것, 뜻밖의 사건에 대해 개방성을 규정하는 것일 터이다. 따라서 그것이 사회적 유대관계의 확대와 친화성에 있으리라는 것은 쉽게 이해할 수 있을 것이다.

3. 행복의 기예

지금까지 심리학적인 연구들을 통해서 행복을 규정하는 요인들에 대해 살펴보았다. 사실 심리학자들이 언급하는 행복의 요인은 매우 많고 다양하다. 그래서 그것은 이런저런 행복의 요소들을 나열하는 것이 되기 쉽고, 자칫하면 이때는 이것을, 저때는 저것을 자의적으로 거론하는 것이 되기 쉽다. 앞서 심리학적 연구를 언급하면서, 가능하면 이런 '잡다함'을 넘어서 개념적으로 사유할 수 있는 자원을 찾고자 했으며,

운 좋게도 그렇게 하기에 적절한 것들의 중요성을 '실증적'으로 확인할 수 있었다. 그것은 전체적으로 말하자면, 행복의 방정식을 구성하는 요인들이 대개 삶을 긍정하는 방향을 향하고 있을 때 삶은 행복한 것이 된다고 할 수 있었다. 긍정적 정서, 혹은 삶을 '즐기는' 것이 그것이었다.

다른 한편, 사람들이 행복하게 산 사람과 그렇지 못한 사람들을 비교한 연구를 통해 행복한 삶에 이르게 하는 핵심적인 두 가지 요소를 추출할 수 있었다. 사회적 유대관계와 자아의 성숙한 방어기제, 달리 말하면 사회적 관계의 친밀성과 자아의 탄력성이 그것이다. 이제 이러한 방향에서 행복한 삶을 이론적인 요소들을 통해서 개념적으로 구성해 보고자 한다.

1) 행복의 윤리학

긍정적인 정서, 그것은 삶을 긍정하고 있음을 표현하는 직접적 증표다. 삶을 긍정한다는 것은 지금 여기의 삶을 기쁘게 사는 것이다. 행복한 삶이란 긍정적인 삶이고 긍정적인 정서로 충만한 삶이다. 그러나 그것은 일종의 순환론적 정의를 맴도는 느낌을 피하기 어렵다. 긍정적 삶을 행복한 삶으로 정의하고 행복을 긍정으로 다시 정의하는 것은 아닌가 하는 것이다. 행복한 삶에 실질적인 내용을 부여하려면, 그것을 정의해 주는 삶의 긍정이 대체 무엇인가를 구체적으로 정의해야 한다. 행복이란 결국 '좋은 삶'에 대한 구체적인 정의를 통해 비로소 그 내용을 얻게 될 것이기 때문이다.

여기서 자신의 "삶을 사랑하라!"고 설파했던 니체의 개념을 빌어 삶의 양상을 구체적으로 규정하고 분석할 수 있는 출발점을 명확히 할 수 있다고 나는 믿는다. "삶을 사랑하라(Amor fafi)!" '운명애'라고도 종종 번역되는 이 말은 현세적 삶을, '지금 여기'에서의 삶을 긍정할 것을 가르친다. 잘 알다시피 니체는 현세적 삶의 초라함과 비참함, 불완전함과 덧없음을 강조하면서 피안의 삶, 초월적인 세계의 삶을 설파하는 것을, 현세적 삶을 부정하도록 가르친다는 점에서 그것을 '니힐리즘'이라고 불렀다. 그가 플라톤주의나 기독교에서 발견했던 것은 무엇보다 이런 니힐리즘이었다. 삼각형 하나 완전하게 그릴 수 없는, 시뮬라크르simulacre들로 가득 찬 세계, 그것이 플라톤이 보는 이 차안의 세계였고, 태어날 때부터 지고 나오는 죄로 인해 죄로 가득 찬 세계, 그것이 기독교가 보는 이 차안의 세계였다. 구원이란 이 불완전하고 죄 많은 세계를 벗어나 이데아의 세계, 천국으로 가는 것이었다. 이런 관념이 삶의 현세적 기쁨을 즐기고 차안의 삶을 긍정하게 할 리는 없었다. 금욕주의, 그것은 욕망을 불완전함과 오류, 죄악의 원천으로 간주하는 이런 니힐리즘의 일반적인 형태다.[41] 삶을 사랑한다는 것은 이러한 금욕주의적 이상과, 플라톤주의나 기독교사상과는 반대로 지금 여기의 삶을 긍정하는 것이다.

우리의 행동, 우리의 삶을 분석하기 위해선 먼저 삶을 구성하고 그것의 양상을 규정하는 미시적인 성분을 분명히 할 필요가 있다. 니체는 어떤 사고나 행동을, 혹은 모든 삶을 구성하는 기본적인 요소를 '힘'과 '의지'라고 말한다. 힘이란 할 수 있는 것(can)이고, 의지란 하고자 하는 것(will)이다.[42] 축구를 하든지 조각을 하든지 힘이 있어야 한다. 힘이 없다면 할 수 없다. 그러나 남을 두들겨 팰 힘이 있다고 해서 싸움을 하거나 남을 두들겨 패는 것은 아니다. 어떤 행동을 한다는 것은 무엇보다 그걸 하고자 하는 의지가 있어야 한다. 조각을 하고자 하는 것도, 프랑스어를 배우려는 것도 모두 직접적으로 의지의 작용이다. 의지를 통해 힘은 '능력'이 된다. 힘을 어디다 어떻게 쓰는가는 의지가 결정한다. 이런 점에서 의지는 힘에, 그것이 투여될 양상과 방향을 규정하는 성분이다.

약간 다른 말로 표현하면, 의지란 무엇을 하고자 하는 우리의 '마음'이다. 혹은 들뢰즈/가타리 식으로 말하면[43] 그것을 하고 싶어 하는 우리의 '욕망'이다. 마음을 어떻게 먹는가에 따라 우리의 힘은 싸움질하는 데 쓸 수도 있고 공부를 하는 데 쓸 수도 있으며 남을 돕는 데 쓸 수도 있는 것이다. "모든 것은 마음이 만드는 바(一切唯心造)"라는 말은 이런 의미일 것이다. 다만 의지도, 마음도 의식에 크게 좌우되지만 단지 의식적인 것은 아니어서 "내 뜻대로" 되지 않는 경우가 많다. 그것은 많은 경우 부지중에, 무의식중에 작동한다. 데카르트가 "나는 생각한다, 고로 존재한다"고 생각했던 것은 주어 없이는 동사를 쓸 수 없는 언어의 문법 때문에 그렇게 한 것이고,[44] 데카르트 아닌 다른 이들 또한 그렇게 생각하기 십상인 것이다. 따라서 그가 그렇게 생각했던 것은 데카르트 자신의 의지보다는 차라리 문법의 의지에 속한다고 해야 한다. 바퀴를 보면 굴리고 싶어지고, 침대에 누우면 잠이 오는 것 역시 '나'보다는 바퀴나 침대에, 좀 더 정확히는 나와 바퀴, 나와 침대를 잇는 배치에 속하는 것이다. 마음 역시 그러하다. 미운 사람에게 좋은 마음을 내기 어려운 것은 그 마음이 두 사람의 관계에 물려 작동하기 때문이다.

그런데 힘과 의지는 다르지만 그저 따로 노는 것은 아니다. 가령 할 수 없는 것을 하고자 하는 일은 흔하지 않다. 힘이 없으면서 힘센 사람과 싸우고 싶다는 마음을 갖기는 어렵고, 감기로 드러누운 상태에서 축구를 하고자 하는 마음이 일어나지는 않는다. 돈이 있으면 탐심이 일어나고 지위가 올라가면 교만한 마음이 일어나는 것도, 힘이 생기는 데 따라 의지 내지 마음이 생기거나 변하는 것을 보여 준다. 물론 아직은 힘이 없지만 하고자 하는 의지가 있는 경우, 그 의지는 그걸 하는 데 필요한 힘을 만드는 데 투여된다. 프랑스철학에 매료되어 그것을 공부하고자 하는 마음이 생겼다면, 그러나 프랑스어를 읽을 수 없다면, 그 의지는 프랑스철학 책을 겨냥하기 이전에 프랑스어를 공부하는 데 투여될 것이다. 조각을 하고 싶은데 끌질을 하는 능력이 없다면, 하려는 의지는 끌질 할 능력을 향해 투여될 것이다. 이런 점에서 의지란 무엇보다 먼저 '힘에의 의지(will to power)'이고 '능력을 향한 의지'다. 이런 식으로 의지는 힘과 나란히 간다.

물리학에서는 힘의 크기와 방향을 규정하는 성분을 모두 양적인 것으로 다루지만, 니체는 힘과 의지 모두 단지 양적인 것만이 아니라 질적인 것이기도 하다고 본다. 힘과 의지의 작용양상을 규정하는 것이 힘과 의지의 '질'인 것이다. 힘에는 두 가지가 있다. 능동적인(active) 것과 반동적인(reactive) 것이 그것이다. 관성이 끌려가는 힘이란 점에서 반동적이라면, 관성에서 벗어나는 힘은 능동적이다. 따라서 능동적인 힘이란 작용의 원인이 자신에게 있는 것이고, 반동적인 힘이란 자기에게 가해진 어떤 힘에 반응하여(반작용하여) 작동하는 것이라고 해도 좋을 것이다. 가령 화를 내는 것은, 스스로 화를 내고 싶어 화를 내는 사람이 없다는 것을 안다면 아무리 '주체적으로' 행동하는 것처럼 보여도 반동적인 것이다. 원한이나 미움 같은 것도 마찬가지다.

의지에도 두 가지가 있다. 긍정적인 것과 부정적인 것. 긍정적인 의지는 하고자 하는 것을 (긍정)하는 것, 혹은 잘할 수 있는 것을 (긍정)하는 것이다. 부정적인 의지는 하고자 하는 것을 부정하는 것, 즉 하고 싶지만 하지 않는 것이고, 잘할 수 있는 것을 하지 '못하는' 것이다. 하고자 하는 것이 아니라 하지 말아야 한다고들 하는 걸 안 하는 것이고, 해야 한다고들 하는 것을 하는 것이다. 그것은 부정의 부정이지 긍정이 아니다. 논리학의 주장과 달리 부정의 부정은 긍정이 아니다. 나쁜 것을 안 하는 것과 좋은 것을 하는 것은 전혀 다른 것이기 때문이다. 또한 '하지 말아야 한다'고 하는 것의 주어는 내가 아니라 항상―이미 타인들, 사회적 관습이나 상식, 규범이나 통념이다. '해야 한다'고 하는 것 역시 마찬가지다. 내가 하고자 하는 것이라면 '하고자 하는 것'이지 '해야 할' 의무일 이유는 없기 때문이다. 의무가 된 것을 하고자 한다면, 그것은 부정을 긍정으로 착각한 것은 아닌가 하고 의심해 보아야 한다.

따라서 긍정적 삶이란 하고자 하는 것을 하는 삶이고, 잘할 수 있는 것을 하는 삶이다. 삶을 사랑한다(amor fati)는 것은 긍정적 의지가 작동하여 만들어 내는 삶을 사는 것이고, 그로 인해 능동적 힘이 작동하게 되는 삶을 사는 것이지, 흔히 생각하듯이 주어진 것을 그저 '좋아'라고, '운명'이라고 받아들이는 게 아니다. 그것은 패배하고도 이겼다고 생각하면 이긴 것이라는 '아Q'식의 '정신승리법'이고, 싫은 것이나 의무를 받아들여야 하기에 '좋아서 하는 거야'라고 '긍정'하는 마조히즘적 욕망이다.

좋은 것, 하고 싶은 것을 할 때 우리는 그것을 기쁘고 즐겁게 할 수 있고, 거기에 미쳐서 몰두할 수 있다. 그것이 어떤 일을 잘하는 법임은 물론이다. 좋아서 하는 것은 하는 과정 자체가 좋은 것이기에 아무리 힘든 상황에서도 계속할 수 있고, 평생을 계속할 수 있으며 또한 결과에 연연하지 않을 수 있다. 무엇을 얻기 위한 것이 아니라 하는 과정 자체가 좋아서 하는 것이기 때문이다. 따라서 거꾸로 목적이나 성과에 집착하지 않을 수 있다. 그림이 좋아서 그리는 사람은 그림을 그린다는 사실 자체를 좋아하는 것이기에, 화가로서 성공해서 명성을 얻는 것에 크게 연연하지 않을 수 있는 것이다. 반면 그림을 좋아하지만 돈을 벌기 힘들거나 안정된 생활을 하기 힘들 거라는 생각에서 포기하는 것, 음악을 좋아하지만 고시를 보는 게 남들에게 더 인정받는 길이라고 생각해서 고시를 택하는 것, 이는 하이데거의 개념을 빌어 말하면, 모두 '그들(das Man, 세인)'이[45] 말하는 것을 선택하는 삶이다. 그것은 하지 말라는 걸 안 하는 것이고, 해야 한다고들 하는 것을 하는 것이란 점에서 부정적인 삶의 길이지 긍정적인 삶의 길이 아니다.

그러나 정말 삶을 사랑하기 위해선 한 번의 긍정으로는 부족하다. 두 번의 긍정이 필요하다. 첫 번째 긍정이 좋아서 하는 것, 하고자 하는 것을 하는 것이었다면, 두 번째 긍정은 그로 인해 다가올 모든 결과마저 긍정하는 것이다. 좋아하는 공부에 몰두함으로 인해 돈을 별로 벌기 어렵다든가 출세하기 어렵다든가 명예를 얻지 못한다든가 해도 좋다고 할 때 정말 공부를 좋아하는 것이라고 말할 수 있다. 그림을 열심히 그렸는데 그림이 안 팔린다든지 남들이 알아주지 않는다고 해서 좌절한다면, 그것은 그림을 파는 것, 그림으로 유명해지는 것을 좋아했던 것이지 그림을 그리는 걸 좋아했던 것은 아님이 분명하다. 두 번째 긍정, 그것은 자신이 좋아한 것을 긍정한 결과 모두를 긍정하는 것이다.

두 번의 긍정을 하는 사람을 불행하게 만들 방법은 없는 것 같다. 왜냐하면 무언가를 좋아하여 그로 인해 야기될 어떤 결과마저도 긍정할 수 있을 때, 그를 불행하게 할 방법은 없기 때문이다. 물론 다른 종류의 불행들, 사랑하는 사람과 헤어지고 경제적 가난에 시달리고 하는 등의 불행이야 닥치겠지만, 두 번의 긍정을 한 사람에게 그런 불행은 스쳐 지나가는 작은 불행에 지나지 않을 것이다. 아니, 그것은 긍정을 하든 말든 누구에게나 마찬가지로 닥치는 것 아닌가? 무언가 삶을 온통 던질 수 있는 게 있다면, 그렇게 몰두할 수 있는 게 있다면 그런 불행조차 남들보다 훨씬 가볍게 넘어갈 수 있을 것이다.

그러나 첫 번째 긍정도 어렵지만 두 번째 긍정은 더욱 어려운 게 사실이다. 가령 빈센트 반 고흐는 두 번째 긍정에 이르지 못해서 불행했던 것 같다. 그는 30대 중반에 이르러 자신이 미치도록 좋아할 수 있는 것을 발견했다. 그리고 그것을 위해 자신의 삶을 온통 걸었다. 그러나 그가 그린 그림이란 그 당시 사람들이 좋아하거나 이해할 수 있는 그림이 아니었다. 덕분에 그는 생전에 유화만 8백여 점을 그렸지만, 게다가 자신을 사랑했고 돌봐 주었던 동생이 파리에서 화상을 했음에도, 돈을 받고 팔 수 있었던 것은 딱 한 장뿐이었다. 그것도 동네 아줌마에게. 가난이 문제는 아니었을 것이다. 아무도 인정해 주는 이 없고, 아무도 이해해 주지 않는 고독, 그것을 긍정하지 못했다고 고흐를 비난할 수는 없는 것이다. 그 고독이란 단지 일상적 삶의 외로움이라기보다는 자신이 하고 있는 것이 정말 잘하고 있는 것인지, 자신이 제대로 그림을 그리고 있는 것인지에 대해 끊임없이 의심하고 동요하게 했던 그런 것이었다. 그런 불안 내지 의구심이 닥칠 때마다 그는 크게 번민했고 종종 자해했으며, 결국 그로 인해 자살했다.

그나마 동생이 그를 이해해 주고 응원해 주었기에, 그는 그 시간을 살 수 있었을 것이고 계속 그림을 그릴 수 있었을 것이다. 만약 그의 그림을 이해해 주고 그를 응원해 주는 친구가 몇 명 있었다면 어땠을까? 자신의 거문고 소리를 제대로 들을 줄 아는 친구가 죽자 더는 탈 일이 없다며 줄을 끊어 버렸다는 백아(伯牙)의 고사는, 제대로 듣고 알아주는 친구가 없다면 아무리 잘하는 것도, 아무리 좋아하는 것도 계속 하기 힘들다는 것을 알려 준다. 그런 친구가 있었다면, 걸핏하면 찾아오는 광기에 몸을 망가뜨리거나 그로 인해 죽음을 선택하지는 않았을 수도 있을 것이다. 이런 점에서 앙토냉 아르토가 고흐에 대한 시적인 전기를 쓰면서 그 제목을 『반 고흐, 사회에 의해 자살당한 자』[46]라고 붙였던 것은 충분히 이유가 있다고 하겠다. 고흐가 고갱을 초대하여 함께 살고자 시도했던 것도 이런 이유에서였을 것이다. 며칠 만에 실패로 끝나고 말았지만.

따라서 두 번의 긍정이 현실적으로 가능하기 위해선, 진정한 삶의 긍정이 가능하기 위해선 친구가, 동료가, 함께 하고 함께 나눌 이웃이 필요하다. 이웃과의 긍정적인 관계가 필요하다. 행복의 윤리학이 심리학이나 철학에서 끝날 수 없는 것은 이 때문이다.

2) 행복의 사회학

인간은 누구나 '사회'라고 불리는 이런저런 집단에 속하여 산다. 좋든 싫든 타인들과 사회적 관계를 이루고 산다. 심지어 은거하고자 하는 경우에조차, 모든 소속을 거부하는 경우에조차 어딘가에 속하여 산다. 좀 더 근본적으로 생각해 본다면, 다른 사람들뿐만 아니라 동물과 식물, 미생물들, 그리고 땅과 대기, 수많은 사물들에 기대어 살고 있으며,

이런 점에서 그것들과 하나의 집단, 하나의 공동체를 이루며 살고 있다. 나의 가장 기본적인 생존이나 생명조차, 내가 먹고 마시고 숨 쉬는 물이나 음식, 대기에 기대어 있고, 그것들을 만들어 내는 것들에 기대어 있다. 나의 생존을 가능하게 해 주는 이 조건을 '연기적緣起的 조건'이라고 한다. 내가 연하고 있는 모든 것이 나의 생존을 가능하게 해 주는 삶의 동료들인 것이다. 나는 항상-이미 이 동료들과 하나의 공동체를 이루어 살고 있다. 나의 존재를 가능하게 해 주는 것, 그것은 바로 이 공동체 전체인 것이다. 뒤집어 말하면, 나는 항상-이미 나 아닌 어떤 타인, 아니 꼭 인간으로 제한되지 않는다는 점에서 어떤 타자의 생존을 떠받치고 있는 존재기도 하다. 나의 활동으로 인해 나 아닌 많은 것들이 살아가고 있는 것이다.[47]

따라서 사회적 관계는 피할래야 피할 수 없는 하나의 존재조건이다. 그 사회적 관계 속에서 내가 어떻게 행동하고 살아가는가가 나 아닌 타인들의 삶에, 삶의 기쁨과 슬픔, 행복과 불행에 커다란 영향을 미치게 마련이다. 역으로 나 역시 타인들, 타자들의 행동과 작용에 의해 크게 영향을 받는다. 사실 기쁨과 슬픔, 즐거움과 고통 등은 대개 나를 둘러싼 이 타자들의 촉발에 의해 나에게 만들어지는 감응(affect)이고 그에 따른 감정이다.

스피노자는 수많은 감정들을 촉발이 야기한 양상에 기인한다고 보며, 이를 상반되는 두 개의 감응으로 분류한다. 기쁨과 슬픔이 그것인데, 기쁨이란 어떤 존재자(스피노자 용어로는 '양태'라고 한다)가 다른 존재자와 만남으로써 능력이 증가할 때 발생하는 감응이라고 하고, 슬픔이란 반대로 만남에 의해 능력이 감소할 때 발생하는 감응이라고 한다.[48]

따라서 행복한 삶이란 단순하게 말하자면, 기쁨의 감응을 극대화하고 슬픔의 감응을 극소화하는 것이라고 말할 수 있을 것이다. 긍정적 삶의 윤리학이란 타자들과의 관계를 기쁨이라는 긍정적 감응을 최대한으로 이끄는 방향으로 살아가는 기예를 가르치는 것이다. 그것은 '윤리학'이라는 이름으로 명명되었지만, 타자와의 관계 속에서, 즉 사회적 관계 속에서 긍정적 삶의 방법을 찾아야 함을 요구한다는 점에서 긍정적 삶의 사회학을 처음부터 요구하는 그런 윤리학이다.

행복의 사회학, 그것은 이처럼 타자들과 함께 사는 삶을 긍정적으로, 기쁨의 감응을 극대화하는 방향에서 삶을 구성하는 방법이다. 삶의 긍정이란 단지 내가 좋아하는 것을 행하는 것만으로는 정의되지 못한다. 내가 어떻게 하는가가 타인들을 특정한 양상으로 촉발하고, 기쁨이나 슬픔의 감응을 촉발하며, 그러한 감응 속에서 타인의 감정과 행동을 유발한다. 그리고 그것은 필경 나에게 되돌아온다. 나를 이런저런 방식으로 촉발하여 때론 기쁨의 감응을, 때론 슬픔의 감응을 산출한다. 내가 좋아서 하는 것이 남들에게 해를 미치거나 슬픔의 감응을 유발하는 경우, 그것은 필경 나에게도 고통이나 슬픔의 감응으로 되돌아온다. 분노는 분노를 부르듯이, 타인에게 고통을 가하거나 슬픔을 야기한 것은 나의 고통이나 슬픔을 유발하는 것으로 되돌아오게 마련이다. 심지어 좋은 의도를 갖고 행한 것조차, 의도와 무관하게 타인에게는 슬픔이나 고통을 유발할 수 있다. 그것은 결국 나에게 고통과 슬픔으로 되돌아온다.

삶이 이처럼 타인과 함께 하는 것인 한, 삶의 긍정은 나의 삶의 '긍정'만을 고려하는 것으로는 결코 충분하지 못하다. 나와 함께 사는 존재자,

나의 행동으로 촉발 받는 타인들의 삶을 존중하고 긍정하는 배려 없이는 나의 삶이 기쁨을 주는 긍정적인 것이 되기 어렵다. '나'에게 필요한 것, 나에게 이익이 되는 것을 계산하여 행하는 것은 그 순간에는 이익을 줄 수 있을지 모르지만, 그것이 타인의 손해나 '슬픔'을 야기하는 한 반드시 나에게 손해나 고통을 야기하는 것으로 되돌아온다. 반대로 종종 자신의 손해나 노고를 감수해야 하는 타인들에 대한 배려는 나에 대한 타인들의 배려로 되돌아온다. 이런 이유에서 푸코는 고대의 윤리학적 실천에 대한 연구를 통해 진정한 '자신에 대한 배려'란 '타인에 대한 배려'임을 명확히 한 바 있다.[49]

이는 타인과 함께 사는 관계 속에서 긍정적 삶의 방법을 찾는 기본 방향을 보여 준다고 할 수 있을 것 같다. 그것은 타인에 대한 배려를 통해서 자신을 배려하는, 다시 말해 타인의 삶을 기쁨과 즐거움으로 촉발하는 삶을 산다면, 그것으로 인해 타인과 함께 하는 나의 삶 또한 행복하리라는 것을 알려준다.

그러나 여기에는 또 다른 주의가 필요한 것 같다. 왜냐하면 그것은 자칫하면 남을 위해 사는 삶을, 자신의 고통을 감수하며 남을 위해 사는 삶을, 자신의 희생을 요구하는 것으로 이해될 수 있기 때문이다. 혹은 모두가 분란 없이 살기 위해 정해 놓은 법이나 규범 같은 보편적 규칙(이른바 '정언명령')을 준수하는 그런 삶으로 이해될 수 있기 때문이다. 그러나 이유가 무엇이든 의무로서의 삶은 자신의 삶을 긍정하는 것이 될 수 없으며, 또한 남의 삶을 긍정하고 기쁘게 하는 것이 될 수 없다. 그것은 앞서 말했듯이 남을 불편하지 않게 하는 삶, 남에게 나쁜 짓을 하지 않는 삶이란 점에서 부정적 삶에 지나지 않는다. 남을 위해 자신의 고통이나 손해를 감수하는 것 역시, 자신이 하고 싶은 것을 위해 힘든 수련이나 고통을 감수하는 것처럼 자신이 기꺼이 즐겁고 기쁘게 행할 수 있는 것이 아니라면, 더구나 남을 위해, 대의를 위해 무언가를 '희생'한다는 감정을 갖고 하는 것이라면 그것은 결코 삶을 긍정하는 것이 될 수 없다. 그리고 그것은 필경 그 '희생'으로 신세를 진 다른 사람들에게 부담스러운 일종의 '빚'으로 남을 것이다. 채무감, 그것은 그들의 삶에 무거운 그림자를 드리우는 부정적 감정이다.(감사의 마음과 채무감은 전혀 다른 것이다!) 따라서 그것은 나의 삶뿐만 아니라 타인의 삶조차 긍정하는 것이 되지 못한다. 어떤 '희생'의 감정도, 어떤 채무감도 남기지 않는, 진정 기쁨으로 충만하여 선택한 것이 아니라면, '남을 위해 한다'는 것은 나와 남의 삶을 기쁨의 긍정적 감응으로 물들일 수 없다.

따라서 타인과 함께 하는 삶이라는 사회적 관점에서 삶의 긍정이란 이런 점에서, 앞에서와는 약간 다른 방식으로지만 두 번의 긍정을 요구하는 것이라고 할 수 있을 것이다. 첫 번째 긍정은 어떤 행위도 무엇보다 자신이 기쁘고 즐거운 마음으로, 긍정의 정신으로 하는 것이어야 한다는 점이다. 자신이 좋아하는 것, 잘할 수 있는 것을 하는 것이어야 한다. 거기에 추가되어야 할 또 하나의 긍정은 그것이 타인들의 삶을 긍정하는 것, 타인들에게 기쁨의 감응을 야기하고, 타인들이 좋아하는 것을 하도록 하고 잘할 수 있는 것을 더 잘하게 하는 그런 것이어야 한다는 것이다. 두 번째 긍정을 통해 타인에 대한 배려는 자기에 대한 배려로, 고려하지 않은 기쁨으로 되돌아간다.

이처럼 두 번의 긍정을 동반하는 행동은 타인들과의 관계를 '유대'

내지 '연대'를 즐기고 긍정하는 것이 될 것이다. 왜냐하면 앞서 말했듯이 첫 번째 긍정이 자신이 좋아서 하는 것이라면, 그러한 행동을 통해 얻게 될 결과나 이르고자 하는 목적에 비해 행한다는 사실 자체가, 행하는 과정 자체가 기쁨과 즐거움을 주는 것일 터이기 때문이다. 두 번째 긍정 또한 마찬가지 이유에서 어떤 행동으로 얻어 낸 구체적 결과보다는 행동 자체가 타인들을 기쁘게 한다는 점이 더 중요하다고 말할 수 있을 것이다. 가령 오 헨리의 유명한 소설 『크리스마스 선물』은 남편이나 아내나 자신의 가장 소중한 것을 팔아서 결과적으로는 전혀 쓸모없는 것이 되고 만 선물을 했지만, 그것이 쓸모없게 되었다는 사실은 선물이 주는 기쁨이나 감동을 무효화하기는커녕 더욱 배가해 준다는 것을 잘 보여 준다.

따라서 이중의 긍정을 통해 정의되는 사회적 관계의 행복에서 중요한 것은 행동의 결과가 서로에게 주는 이득의 공리주의적 계산과는 별로 관계가 없다. 그런 계산은 사실상 서로의 행동 자체가 주는 기쁨을, 내가 치려야 할 비용과 타인의 행동의 결과 얻을 수 있는 이득의 계산으로 바꿔버림으로써 기쁨과 행복을 상인적인 공리적 계산으로 지워 버린다. 정말로 중요한 것은 결과의 손익과 무관하게 기쁨을 줄 수 있는 그런 관계일 것이고, 서로간의 유대감 내지 연대감을 확인하게 되는 관계일 것이다. 그것은 서로를 향한 마음을, 연대의 의지를 확인할 수 있는 행동 자체를 통해 나누게 되는 것이다.

일본의 전후 사상가인 타니가와 간(谷川雁)은 연대 자체가 주는 이러한 즐거움을 표현하기 위해 '연대의 쾌락'이라는 말을 사용한 적이 있다.[50] 탄광에서 노동자들과 함께 만들었던 문학서클은 성공한 문인을 배출하는가의 여부가 아니라 책 읽고 사는 것도 생각하지 못했던 삶 속에서 다른 사람들과 '문학'이나 '창작'을 계기로 다른 종류의 삶을 꿈꿀 수 있게 되었다는 사실 자체가 중요했던 것이다. 또한 70년대 한국의 노동운동사에서 자주 보게 되는 것인데, 당시 노동조합을 한다는 것은 폭력적인 탄압과 해고의 위협 등 결과적으로 보면 커다란 손해가 예상되는 것이었음에도 적지 않은 사람들이 그러한 일을 했던 것은 함께 할 수 있는 동료들과의 연대 그 자체가 좋아서, 그런 연대가 주는 기쁨에 이끌렸기 때문이었다. 연대의 기쁨, 연대한다는 사실이 주는 행복감, 그것은 그에 수반되는 고통과 손해조차 기꺼이 감수하게 하는 긍정적 감응이었던 것이다.

고흐에게 필요했던 것, 고흐가 그토록 갈구했던 것이 바로 이것이었을 것이다. 생존이나 '호구'에 전혀 도움이 되지 않지만 자신이 생각하는 그림에 대해, 자신이 하고자 하는 예술에 대해 말할 수 있는 친구, 혹은 그런 것에 관해 얘기를 해 주는 친구, 그래서 예술에 대해, 그림에 대해, 삶에 대해 함께 얘기하고 함께 나눌 수 있는 그런 관계. 이는 그가 동생 테오 반 고흐에게 보낸 수많은 편지들을 통해 쉽게 확인할 수 있다. 문제는 그것을 들어줄 사람이 동생 하나뿐이었다는 것이다. 그래도 고흐로 하여금 그나마 계속해서 그림을 그리고 살아갈 수 있도록 해 준 것은, 그런 얘기를 들어줄 사람이 하나 있었다는 사실이었을 것이다. '연대의 기쁨'을 누릴 수 있는 관계, 삶을 함께 할 수 있는 그런 공동의 관계, 공동체라고 부를 수도 있을 그런 관계, 바로 그것이 고흐 같은 사람이 두 번째의 긍정을 할 수 있도록 해 줄 결정적인 조건이었던 것이다.

4. 행복의 외부성과 무아

앞서 심리학적 연구결과에서 끄집어낸 "삶을 즐기라"는 권고나 '긍정적 정서'의 중요성이, '두 번의 긍정'으로 요약되는 삶에 대한 긍정적 의지와 상관적이라는 것은 이해하기 어렵지 않을 것이다. 그러나 삶의 긍정이 단지 그때그때의 긍정적이고 즐거운 정서만을 뜻한다고는 할 수 없다. "삶을 즐기라"는 것이 단지 순간적인 쾌락을 추구하는 것은 아니란 점은 이미 앞에서 충분히 말했던 것이지만, 그것에 충분한 의미를 부여하고자 한다면 그것은 잘할 수 있는 것을 한다는 '첫 번째 긍정'을 뜻하는 것으로 이해되어야 한다. 그렇지만 우리는 여기에 또 한 번의 긍정을 추가해야 함을 지적했다. 하고자 하는 것을 하면서, 그로 인해 초래되는 결과 모두를 긍정하는 것.

다음으로 긍정심리학과 성공적 노화에 관한 연구에서 끄집어낸 또 하나의 요인, 즉 사회적 유대관계를 만드는 것, 혹은 사회적 관계에서의 친밀성을 높이는 것을 우리는 또 다시 '두 번의 긍정'에 연결할 수 있을 것이다. 타인에 대한 배려를 통해서 자기를 배려하는 것, 즉 한편으로는 자기가 하고자 하는 바를 긍정하고, 다른 한편으로는 타인들의 삶을 긍정적으로 촉발하는 '두 번의 긍정'을 통해 행복의 사회학이 가능하리라는 것이다. 그것은 어떤 목적을 위해 연대적인 행동을 하고 그 결과 얻은 것에 따라 기뻐하거나 슬퍼하는 것보다는 연대적인 행동 그 자체에서 기쁨을 발견하는 것에 가깝다. 이를 '연대의 쾌감'이라는 말로 요약할 수 있을 것이다. 이러한 쾌감은 그런 관계를 확대하고 활성화하는 데서 더욱 큰 기쁨을 얻을 것이 분명하기에, 사회적 관계를 확장하고 활성화하는 방향으로 삶을 인도할 것이다. 그런데 이 두 가지 모두가 제대로 작동하기 위해선 외부성을 긍정하는 것을 필요로 한다.

첫째, 행복의 윤리학에서 외부성의 문제. "삶을 즐긴다"는 것은 그때마다 자신의 삶에 다가오는 것을, 다가오는 사람이나 존재자들의 타자성을 긍정하는 것('즐기는 것')이고, 그때마다 주어지는 상황이나 사건을 '즐기는' 것이다. 이 경우 다가오는 존재자들이나 사건, 상황은 내 뜻대로 되지 않으며, 그런 점에서 내 의지나 욕망에 대해 '외부적'인 것들이다. 나의 의지에 외부적인 이러한 것들을 즐길 수 없다면, 그리하여 "왜 내게 이런 일이 닥치는 거야?"라고 한탄한다면 삶은 즐길 수 있는 것이 될 수 없다. 니체적인 의미에서 삶을 긍정하는 것 역시 그렇다. 하고자 하는 바를 하는 것은 자신이 생각하고 욕망하는 것만을 선택하는 것을 뜻하지 않는다. 그 경우라면 하고자 하는 것을 저지하거나 방해하는 수많은 사건이나 상황들은, 하고자 하는 바가 크면 클수록 고통스런 것이 될 것이고, 삶은 고통스런 것이 될 것이다.

삶의 긍정이란 닥쳐오는 상황이나 사건이 어떠하든 그 속에서 하고자 하는 바를 관철시키는 것, 뜻하지 않은 것, 관계가 없고 거리가 멀어 보이는 것 속에서도 하고자 하는 바를 찾아내는 것이고, 다가오는 어떤 것을 하고자 하는 것을 할 긍정적 기회로 만드는 능력과 결부된 것이다. 왜냐하면 닥쳐오는 사건이나 상황은 결코 내가 뜻대로 할 수 있는 것이 아닐 것이기 때문이다. 두 번째의 긍정은 더욱 그렇다. 자신이 하고자 하는 바를 하는 것과, 그것으로 얻을 수 있는 결과는 다른 것이다. 그 결과는 정말 흔히 말하듯 '운'에 속하는 것이고, 의지나 욕망의 외부에 속하는 것이다. 두 번째의 긍정이란 바로 그런 결과의 외부성을 '운'이라는 이름으로 긍정하는 것이다.

둘째, 행복의 사회학에서 외부성의 문제. 연대 자체가 기쁨을 주는 관계, 그것은 그렇게 기쁘고 즐겁게 만나고 무언가를 함께 할 수 있는 사람들을 강하게 결속시킨다. 타인에 대한 배려를 통한 자기의 배려, 간단히 말해 '자리이타'의 실천은 '리체'라는 말로 연결되는 사람들을 하나로 묶어 주며 그것을 통해 기쁘고 즐거운 관계를 만들어 낸다. 이러한 관계 역시 관계 속의 사람들을 강하게 결속시킨다. 그런데 그런 만큼 그것은 그 관계 외부의 사람이나 그 관계 외부의 사건, 상황 등에 대해서는 소원하게 만들기 쉽다. 관계의 내부에 있는 요소들에 대한 결속감과 친밀감, 애정은 그 관계 외부에 있는 것들에 대한 배타적 태도로 이어지기 쉽다. 내부자들에게는 '천국'을 보장하고 외부자들에게는 '지옥'을 떠안기는 것이 단지 기독교 공동체에 해당되는 것만은 아닐 것이다. 친밀하고 친숙한 고향에 대한 애착은 그 고향에 들어오는 외부자들에 대한 경계심과 적대감을 갖고 배척하기 십상이고, '나의 조국'에 대한 민족주의적 애정은 외국인들이나 이주민들, 특히 못사는 나라의 이주민들에게 배타적이기 십상이다. 심지어 공동체 내부에서 발생한 문제조차 외부에서 스며든 악의 무리 탓으로 돌리는 경우가 많다. 미국의 공동체주의(communitarianism)가 흑인이나 유색인종들의 철저한 배제를 의미한다는 것은 아주 잘 알려진 사실이다.

연대의 기쁨을 나누는 경계를 이처럼 내부자들로 닫아 버릴 경우, 공동체적 연대에서의 이중의 긍정은 삶의 긍정이 주는 행복 이상으로 뜻하지 않은 자들의 출현에 불안해하고 경계하며 적대하는 부정적 의지를 피할 수 없다. 뜻하지 않은 상황, 외부적인 사건들에 한탄하고 경계하며 불안해하는 것과 마찬가지로. 이것은 공동체적인 사회적 관계에서 삶의 긍정이 중단되고, 부정적인 의지가 작동하며 불안과 경계심, 적대감이라는 부정적 감응, 스피노자가 말하는 '슬픔의 감응'이 출현하게 됨을 뜻한다. 따라서 관계의 긍정이 계속 긍정적인 것으로 지속될 수 있기 위해서도 지금 존재하는 친숙하고 익숙한 관계의 외부를 긍정할 수 있어야 하고, 그런 외부자들에 대해 열려 있어야 한다. 외부성에 열린 정도가 크면 클수록 낯선 존재자, 뜻밖의 사건들에 대해 긍정할 수 있게 될 것이다. 그것이 절대적 극한으로까지 확장된다면, 어떤 낯선 존재자나 외부적 사건에도 동요함 없이 행복하게 받아들일 수 있게 된다.

따라서 외부성은 행복의 윤리학과 행복의 사회학이 제대로 작동하기 위한 조건이고, 그것이 충분히 멀리까지 나아가기 위한 조건이다. 아니, 좀 더 엄밀하게 말한다면 외부성은 앞서 말한 두 가지 '두 번의 긍정'에 어느 정도 이미 함축되어 있는 것이기도 하다. 윤리학적인 두 번째의 긍정이 모든 결과의 외부성을 긍정하는 것이었듯이, 사회학적인 두 번째의 긍정이 '나' 아닌 타인, 타자들의 외부성에 대해 배려하고 긍정하는 것이었듯이. 따라서 외부성은 삶의 긍정을 통해 추구되는 행복의 충분조건이라고 해야 할 것이다.

이러한 외부성의 개념은 본질적으로는 '나'라는 자아와 그 외부와의 관계를 뜻하는 것이다. 이때 자아가 단지 신체적인 것만이 아니고, 단지 개인적인 것만이 아니란 것은 굳이 길게 설명할 필요가 없을 것이다. 나의 의지의 외부, 나의 신체의 외부, 나와 공동의 신체를 이루는 집합체의 외부, 그것이 문제가 되고 있는 외부인 것이다. 따라서 외부성의 문제란 이 복합적 층위를 갖는 그때마다의 '자아'가 자신의 외부와 얼마나 개방적이고 유연한 관계를 갖는가의 문제다. 이러한 문제가 앞서 심리학적 사례를 빌어 말했던 '자아의 탄력성' 내지 '방어기제의 성숙성'이란 개념과 결부되어 있음은 쉽게 이해할 수 있을 것이다. 외부성의 문제에서 중요한 것은 이러한 탄력성 내지 성숙성을 최대한으로 확대하는 것이다. 그것은 자아의 경계, 내부와 외부의 경계를 유연하게 하고 불가피한 상황에서 방어기제를 작동시킨다고 해도 그것을 여유 있고 유연하게 가동시킨다는 것을 뜻한다.

이러한 유연성 내지 탄력성의 가능한 최대치는, 외부적인 것에 대한 경계와 적대를 무한히 0에 가깝게 줄이고 외부성의 정도를 무한히 확대하는 것을 뜻하는 것일 게다. 그것은 아마도 '자아'가 소멸하고 사라지는 지점일 것이다. 무아無我란 이처럼 모든 외부에 열림을 뜻하는 외부성의 절대적 극한이고, 따라서 모든 차이와 이질성을 기쁘게 긍정할 수 있는 능력이다.[51] 거기는 두려움이나 불안 같은 부정의 정서가 소멸하는 지점(無畏)일 것이고, 어떤 어려움이나 '고통'도 삶의 '친구'가 되는 지점일 것이다. 따라서 거기에서는 어떤 불행이나 부정적 정서도 소멸하게 될 것이다. '지복' 혹은 절대적 행복이란 것이 있을 수 있다면, 바로 거기에 있을 것이다. 따라서 거기는 행복이 이런저런 값을 갖는 상대적 행복에서 절대적 행복으로 비약하게 되는 지점이라고 말해도 좋을 것이다.

[심리학의 행복론]

긍정심리학, 개인과 사회의 상생적 행복을 꿈꾸다

― 행복에 관한 과학적 연구 ―

권석만(서울대 심리학과)

1. 행복에 대한 과학적 탐구: 긍정심리학

행복은 요즘 우리 사회에서 가장 주목받고 있는 키워드 중 하나이다. 행복 도시, 행복 기업, 웰빙 상품, 참살이 마을과 같은 용어들이 광고 문안을 채우고 있다. 행복에 관한 많은 책들이 베스트셀러 대열에 오르고 행복을 주된 가치로 표방하는 지방자치단체나 기업이 무수하다. 심지어 프랑스 대통령 사르코지는 국가의 발전 수준을 개인소득이나 총생산량과 같은 물질적 가치로 환산하기보다 국민의 행복지수로 평가해야 한다고 주장하기도 한다.

행복은 모든 사람들이 추구하는 궁극적인 가치를 표현하는 가장 일상적인 용어이다. 그러나 행복의 의미와 그 실현 방법은 모호하다. 과연 행복이란 무엇인가? 어떻게 사는 것이 행복한 삶인가? 행복해지려면 어떻게 살아야 하는가? 이러한 물음은 우리의 삶에 있어서 가장 기본적이고 중요한 물음이라고 할 수 있다. 그 대답에 따라 우리 인생의 방향이 달라지기 때문이다. 동서고금을 통해서 많은 철학자나 종교인들이 나름대로의 행복론을 제시한 바 있다. 그들의 행복론들이 인생에 대한 지혜와 통찰을 담고 있긴 하지만, 달리 주관적인 체험과 사유에 근거한 개인적인 주장이라고 할 수도 있을 것이다.

최근에 행복이라는 주제에 대해서 과학적인 연구방법론을 적용하여 탐구하는 학문분야가 태동되었다. 바로 긍정심리학이다. 긍정심리학은 과거의 심리학이 인간의 부정적 측면, 즉 심리적 결함과 장애에만 편향적인 관심을 기울여 왔다는 반성 속에서 인간의 긍정적인 측면을 과학적으로 탐구하고자 하는 심리학의 새로운 분야이다.

심리학은 19세기 후반에 철학으로부터 독립하여 인간의 정신세계를 과학적으로 탐구하는 학문으로 탄생하였다. 제2차 세계대전 이전의 초기 심리학은 인간에 대한 과학적 연구를 통해서 구현하고자 하는 세 가지의 실천적 사명을 지니고 있었다.[1] 그 첫째는 정신장애를 치료하는 일이었고, 둘째는 탁월한 재능과 천재성을 발견하여 육성하는 일이었으며, 셋째는 모든 사람들이 좀 더 행복한 삶을 살도록 돕는 일이었다.

그러나 세계를 혼란의 소용돌이로 몰아넣은 제2차 세계대전을 겪으면서 심리학은 두 번째와 세 번째의 사명을 망각하게 되었다. 미국의 경우, 전쟁에서 돌아온 수많은 퇴역군인들이 참전 후유증으로 다양한 심리적 장애를 나타내게 되었다. 이들을 돕기 위한 퇴역군인 지원법이 1946년에 제정되었고, 그 결과 많은 심리학자들이 심리적 장애를 치료하는 일에 종사하게 되었다. 1947년에 창립된 국립정신보건원(NIMH:

National Institute of Mental Health)은 질병모델에 근거하여 정신장애의 연구와 치료에 집중적인 투자를 하였다. 많은 학자들 역시 연구비를 받기 위해서 정신장애에 관한 연구에 학술적 관심을 집중하게 되었다. 그 결과 심리학의 첫 번째 사명과 관련된 많은 성과를 거두었다. 다양한 정신장애의 원인에 대한 이해가 증대되었으며, 1950년대 초까지 적절한 치료방법이 없었던 주요한 정신장애를 효과적으로 치료할 수 있는 방법들이 개발되었다. 이렇게 정신장애의 연구와 치료에 관심을 집중하는 과정에서 심리학은 초기의 다른 두 가지 사명을 망각한 채 길을 잃게 되었다.

그 결과 심리학은 인간의 어두운 측면만을 다루는 학문분야로 전락하게 되었다. 심리학자들은 정신장애, 심리적 결함, 부적응 행동, 이상심리와 같이 인간의 부정적 측면에만 관심을 지니는 사람들로 여겨지게 되었다. Myers와 Diener(1995)에 따르면, 1990년대까지 이루어진 심리학 연구 중에서 인간의 부정적 측면을 연구한 논문이 긍정적 측면을 다룬 논문보다 17배나 많았다. 물론 이러한 학술적 노력은 소중한 것이며 그동안 눈부신 성과를 거둔 것도 사실이다. 그러나 심리학은 인간의 긍정적 측면을 탐구하고 육성하는 두 가지 중요한 사명을 망각한 채 반쪽짜리 심리학으로 전락하게 되었다.

최근에야 비로소 심리학계에는 인간의 행복과 긍정적 성품을 탐구하는 학술적 관심이 되살아나고 있다. 1998년에 미국심리학회 회장으로 취임한 Martin Seligman은 그동안 심리학자들이 망각하고 있던 사명을 상기시키면서 심리학의 새로운 방향과 입장을 제시하였다. "심리학은 인간의 약점과 장애에 대한 학문만이 아니라 인간의 강점과 미덕에 대한 학문이기도 해야 한다. 진정한 치료는 손상된 것을 고치는 것만이 아니라 우리 안에 있는 최선의 가능성을 이끌어 내는 것이어야 한다"라고 제안하면서, 이러한 심리학의 새로운 방향을 '긍정심리학(Positive Psychology)'이라고 명명하였다.[2] 긍정심리학은 인간의 강점과 재능을 함양하고 행복을 증진시키는 심리학의 중요한 사명을 재확인하고 구현하려는 노력이라고 할 수 있다. Seligman의 제안을 계기로 인간의 행복과 긍정적 성품에 대한 연구가 급격하게 증가하였다. 이러한 연유로 긍정심리학은 1998년에 Martin Seligman에 의해 창시된 것으로 여겨지게 되었다. 그러나 긍정심리학이 태동하는 데에는 몰입의 연구자인 Mihaly Csikszentmihalyi, 주관적 안녕 연구의 선구자인 Ed Diener, 성격강점과 덕성의 연구자인 Christopher Peterson과 같은 많은 심리학자들이 기여하였다.

긍정심리학은 크게 세 가지의 주제, 즉 인간의 긍정 상태, 긍정 특질, 긍정 조직에 대해서 탐구한다. 긍정 상태(positive states)는 인간이 주관적으로 경험하는 다양한 긍정적인 심리 상태를 의미하며 행복감, 안락감, 만족감, 사랑, 친밀감 등과 같은 긍정적 정서를 비롯하여 자신과 미래에 대한 낙관적 생각과 희망, 열정, 활기, 확신 등을 포함한다. 긍정심리학자들은 이러한 긍정 상태의 구성요소, 유발 요인, 삶에 미치는 효과, 증진 방법 등을 밝히고자 한다. 긍정 특질(positive traits)은 개인이 지속적으로 나타내는 긍정적인 행동 양식, 성격 특성, 미덕과 덕성을 의미하며 행복한 삶의 구현에 기여하는 개인적 특질이라고 할 수 있다. 긍정심리학자들이 관심을 가지는 긍정 특질은 창의성, 지혜, 사랑, 자비심, 진실성, 겸손, 용기, 열정, 끈기, 리더십, 낙관성, 유머, 영성 등과 같이 매우 다양하다. 또한 긍정심리학자들은 개인의 행복과 자기실현을 지원하는 긍정 조직(positive organizations)에 대해서도 관심을 지닌다. 사회적 존재인 개인은 그가 속한 조직의 영향을 받을 수밖에 없기 때문이다. 긍정심리학자들은 구성원의 행복과 더불어 집단의 번영을 함께 이루는 긍정 조직, 즉 긍정적인 가족, 학교, 직장, 사회의 특성과 그 실현 방법을 탐구한다.

긍정심리학은 행복을 탐구하는 철학적 또는 종교적 접근과 몇 가지 점에서 구별된다. 우선, 긍정심리학자들은 과학적 방법과 실증적 자료에 근거하여 행복을 탐구한다. 과학은 연구대상을 명료하게 정의하고 그에 따라 대상을 객관적으로 측정하여 그와 관련된 요인들과의 상관적 또는 인과적 관계를 밝히는 인식체계이다. 긍정심리학은 과학적 연구방법론에 근거하여 행복이라는 현상을 연구한다는 점에서 여타의 분야와 구별된다. 아울러 긍정심리학은 인간의 삶에 대한 당위적 주장을 제시하지 않는다. 긍정심리학은 인간과학의 한 분야로서 현상적 사실을 밝히고자 노력할 뿐 "모든 인간은 이러이러하게 살아야만 한다"는 절대주의적 명제를 제시하지 않는다. 물론 행복에 관한 실증적인 연구결과와 그러한 결과를 아우르는 이론, 그리고 다양한 행복 증진 방법을 제시하고 있다. 그러나 긍정심리학의 연구 내용과 행복 증진 방법을 받아들여 자신의 삶에 적용하는 것은 각자의 몫이다. 요컨대, 긍정심리학은 과학적 입장에서 행복이라는 현상과 관련된 심리학적 원리와 그 증진 방법을 탐구하는 학문분야라고 할 수 있다.

2. 행복에 대한 긍정심리학의 두 가지 관점

행복이란 무엇인가? 모든 사람이 동의할 수 있는 행복에 대한 절대적 정의는 존재하지 않는다. 그렇다면 긍정심리학자들은 행복을 어떻게 정의하고 연구하는가? 긍정심리학자들은 행복을 추상적인 개념으로 정의하기보다 실증적인 연구를 할 수 있도록 구체적인 방식으로 정의한다. 과학적인 연구를 위해서는 행복을 구체적으로 정의하고 측정하는 작업이 필수적이기 때문이다. 심리학자들은 연구대상인 특정한 심리적 현상을 양적으로 측정할 수 있도록 구체적인 정의를 내리는데, 이를 조작적 정의(operational definition)라고 한다. 조작적 정의는 학자들의 잠정적 합의에 의해 이루어지며, 그러한 정의에 따라 측정되어 연구된 결과는 그 정의에 해당하는 현상에 국한되어 이해되어야 한다.

행복에 대한 긍정심리학자의 조작적 정의는 크게 두 가지의 관점에서 이루어지고 있다.[3] 그 하나는 쾌락주의적 행복관에 근거한 것인데 행복은 개인의 주관적인 경험으로서 자신의 삶에 만족하며 안락감을 느끼는 긍정적인 심리 상태라고 정의된다. 긍정심리학자들은 이렇게 정의된 행복을 '주관적 안녕'이라는 용어로 지칭하고 있다. 다른 하나는 자기실현적 행복관에 기반하고 있으며, 행복은 개인의 긍정적 성품과 잠재능력을 충분히 발현함으로써 자신뿐만 아니라 타인 또는 사회의 상생적 번영을 이루는 삶의 상태라고 정의된다. 이러한 정의를 선호하는 긍정심리학자들은 인간의 긍정적 성품과 덕성을 탐구할 뿐만 아니라 이를 함양하고 발휘하도록 지원하는 활동에 깊은 관심을 지닌다.

1) 쾌락주의적 행복: 주관적 안녕

인간의 가장 기본적인 성향은 고통을 회피하고 쾌락을 추구하는 것이다. 따라서 고통을 최소화하고 쾌락을 최대화하는 것이 행복이라는 견해가 쾌락주의적 행복관의 골자이다. 쾌락주의적 행복관에 따르면, 고통으로부터 벗어나 편안하고 즐거운 삶을 사는 것이 인간이 추구해야 할 최선의 행복한 삶이다. 행복의 가장 일반적인 사전적 정의는 "욕구가 충족되어 충분한 만족과 기쁨을 느끼는 상태"[4] 또는 "욕구와 욕망이 충족되어 만족하거나 즐거움을 느끼는 상태, 불안감을 느끼지 않고 안심해하거나 희망을 그리는 상태에서의 좋은 감정"[5]으로, 쾌락주의적 행복관에 근거하고 있다.

쾌락주의적 행복관은 고대 그리스 철학자인 Aristippus와 Epicurus의 주장에 뿌리를 두고 있다.[6] Aristippus(기원전 435~366)는 즉각적인 감각의 만족을 중시하면서 고통을 최소화하고 쾌락을 최대화하는 것이 행복의 관건이라고 주장하였다. 이러한 주장을 발전시켜 Epicurus(기원전 342~270)는 쾌락주의(hedonism)를 제창하였다. 그에 따르면, 행복이란 권력투쟁의 정치적 세계로부터 벗어나서 친구들과 어울리면서 안락한 상태에 평온하게 머무름으로써 얻어지는 것이다. 쾌락주의 학파는 안락한 여가를 중시했으며 정원에서 토론을 즐겼기 때문에 '정원 철학자(Garden philosophers)'라고 불리기도 했다.

쾌락주의적 행복관에 근거하고 있는 긍정심리학자들은 행복을 개인이 자신의 삶에 만족하며 긍정적인 정서를 느끼는 주관적인 심리적 상태라고 정의한다. 이들은 행복의 핵심적 요소를 세 가지 측면에서 파악하고 있다. 첫째, 행복은 주관적인 경험이라는 점이다. "스스로 행복하다고 여기지 않는 행복한 자는 없다"라는 Publilious Syrus의 말이 있듯이, 행복은 개인이 자신의 삶에 대해서 느끼는 주관적인 체험을 의미한다. 따라서 개인의 행복 정도는 제3자가 아닌 그 사람 자신에 의해서 가장 잘 평가될 수 있다.

둘째, 행복은 자신의 삶에 대한 긍정적인 평가를 의미한다. 즉 개인이 자신의 삶에 대해서 내리는 인지적 평가가 행복의 핵심적 요소라고 할 수 있다. 행복의 인지적 요소는 개인이 설정한 기준과 비교하여 삶의 상태를 평가하는 의식적이고 인지적인 판단을 의미하며 '삶의 만족(life satisfaction)'이라고 지칭된다. 인간은 자신의 삶을 전체적으로 또는 영역별로 평가하고 그 결과가 긍정적일 때 삶에 대한 만족을 경험하게 된다.

셋째, 정서적 경험 역시 행복의 중요한 요소이다. 행복은 긍정 정서를 많이 느끼고 부정 정서를 적게 느끼는 상태라고 할 수 있다. 행복감, 즐거움, 환희감과 같은 긍정 정서를 자주 강하게 경험하는 반면 우울감, 슬픔, 분노와 같은 부정 정서를 덜 경험할수록 행복 수준이 높다고 할 수 있다. 긍정 정서와 부정 정서는 서로 연관되어 있으나 상당히 독립적인 것으로 알려져 있다. 또한 행복의 인지적 요소와 정서적 요소는 서로 밀접한 관계를 지니지만 독립적으로 변화하며 다른 요인과의 관계에서도 차이를 나타낸다. 일반적으로 정서적 반응은 단기적인 상황 변화에 대한 직접적인 반응으로서 지속 기간이 짧으며 무의식적 동기나 생리적 상태에 의해 영향을 받는 경향이 있다. 반면에 인지적 반응은 보다 장기적인 삶의 상태에 대한 의식적 평가로서 삶의 가치관이나 목표에 의해 영향을 받는다.

쾌락주의적 관점에서 행복을 연구하는 긍정심리학자들은 다양한 의미를 함축하고 있는 행복이라는 용어 대신 '주관적 안녕(subjective well-being)'이라는 용어를 사용하고 있다.[7] 주관적 안녕은 개인이 자신의 삶 전반에 대해 만족하며 긍정 정서를 많이 경험하고 부정 정서를 적게 경험하는 주관적인 심리적 상태로 정의된다. 조작적으로 정의하면, 주관적 안녕은 [(삶의 만족도) + (긍정 정서) - (부정 정서)]를 의미한다. 주관적 안녕의 구성요소를 좀 더 자세하게 제시하면 [표 1]과 같이 요약될 수 있다.[8]

[표 1] 주관적 안녕의 구성요소

정서적 구성요소		인지적 구성요소	
긍정 정서	부정 정서	만족도 평가 차원	평가 영역
즐거움	슬 픔	현재의 삶에 대한 만족도	자기
만족감	우울감	과거의 삶에 대한 만족도	가족
행복감	불안감	미래의 삶에 대한 낙관도	건강
자존감	분노감	삶의 변화에 대한 필요성	직업
애정감	질투감	자신의 삶에 대한	여가
고양감	부담감	중요한 타인의 견해	재정상태
환희감	죄책감	소속집단	

개인의 주관적 안녕 수준은 다양한 자기보고형 척도에 의해서 측정될 수 있다. 주관적 안녕의 인지적 요소를 측정하는 가장 대표적인 척도 중 하나는 삶의 만족도 척도이다.[9] 이 척도는 다섯 문항으로 구성된 매우 간단한 자기보고형 검사이지만 신뢰도와 타당도가 잘 입증되어 있어 널리 사용되고 있으며 문항내용은 [표 2]와 같다.

[표 2] 삶의 만족도 척도[10]

◆아래에는 귀하가 동의할 수도 있고 그렇지 않을 수도 있는 다섯 문항이 제시되어 있습니다. 각 문항에 동의 또는 반대하는 정도에 따라서 1~7 사이의 숫자에 O표 해 주시기 바랍니다. 자유롭고 솔직하게 응답해 주시기 바랍니다.

전혀 그렇지 않다	그렇지 않다	약간 그렇지 않다	중간 이다	약간 그렇다	그렇다	매우 그렇다
1	2	3	4	5	6	7

1. 전반적으로 나의 인생은 내가 이상적으로 여기는
   모습에 가깝다. 1 2 3 4 5 6 7
2. 내 인생의 여건은 아주 좋은 편이다. 1 2 3 4 5 6 7
3. 나는 나의 삶에 만족한다. 1 2 3 4 5 6 7
4. 지금까지 나는 내 인생에서 원하는 중요한 것들을
   이루어 냈다. 1 2 3 4 5 6 7
5. 다시 태어난다 해도, 나는 지금처럼 살아갈 것이다. 1 2 3 4 5 6 7

주관적 안녕의 정서적 요소를 측정하는 도구들 역시 매우 다양하게 개발되어 있다. 가장 널리 사용되는 척도로는 긍정 및 부정 정서성 척도,[11] 다중 정서형용사 체크리스트,[12] 기분 상태 프로파일[13] 등이 있다. 이러한 척도들은 다양한 정서를 지칭하는 형용사들을 나열하고 응답자에게 각각의 정서를 최근에 얼마나 자주 또는 강하게 경험했는지를 평정하도록 되어 있다.

긍정심리학자들은 주관적 안녕과 관련된 다양한 물음에 답하고자 노력한다. 주관적 안녕에 영향을 미치는 요인은 무엇인가? 주관적 안녕은 인구사회학적 요인(예: 성별, 나이, 계층, 교육수준, 직업, 결혼, 소득,

종교, 국가 등), 심리적 요인(내향성 또는 외향성, 낙관성, 지능, 창의성, 영성, 자기존중감, 환경 통제감 등), 그리고 생물학적 요인(유전, 뇌의 영역, 신경전달물질 등)과 어떤 상관적 또는 인과적 관계를 지니는가? 주관적 안녕 수준이 높은 사람들은 어떤 특성과 조건을 지니고 있는가? 주관적 안녕 수준이 높으면 어떤 신체적·심리적·사회적 효과가 나타나는가? 주관적 안녕은 어떤 심리적 과정에 의해서 영향을 받는가? 주관적 안녕을 증진하는 방법은 무엇인가? 이러한 물음에 답하기 위해서 긍정심리학자들은 그동안 많은 실증적 연구를 수행하여 상당한 성과를 거두었다.

2) 자기실현적 행복: 심리적 안녕과 정신건강

고통에서 벗어나 안락을 추구하는 것이 과연 인생의 궁극적인 목표인가? 자신의 삶에 만족하며 긍정 정서를 많이 느끼는 주관적 안녕 상태가 이상적인 삶의 모습인가? 어떤 방식의 삶을 영위하든 주관적으로 만족하면, 그것이 과연 진정으로 행복한 삶인가? 이러한 물음에 동의하지 않는 긍정심리학자들이 다수 존재한다. 이러한 긍정심리학자들은 Aristotle이 『니코마코스 윤리학』에서 제시한 'eudaimonia'라는 개념에 주목하고 있다.

　Aristotle은 『니코마코스 윤리학』의 서두에서 "인간의 행위를 통해서 성취할 수 있는 최고의 선善은 무엇인가?"라는 물음을 제기하고 있다.[14] 그에 따르면, 인간이 추구해야 할 궁극적인 선은 동물의 그것과 다르다. 인간은 동물과 달리 이성적인 능력을 지니고 있으며, 이러한 능력을 발휘할 때 인간으로서의 본성을 구현할 수 있다. 인간의 행복은 쾌락만으로 이루어질 수 없다. 쾌락은 동물이 추구하는 것이며 인간은 동물보다 더 고등한 능력을 지니고 있다. 인생에서는 순간적인 경험들보다 일관성 있는 삶의 전체적 흐름이 중요하다. 세상의 다양한 현상 속에 내재하는 질서를 의미하는 보편적 진리를 발견하기 위해서는 이성에 근거할 수밖에 없다. 최선의 삶은 일시적인 욕망 충족을 추구하기보다 "이성에 따른 덕행(德行: virtuous activity)의 삶"을 영위하는 것이며, 이러한 삶을 Aristotle은 eudaimonia라고 지칭했다.

Epicurus와 Aristotle은 모두 덕성(virtue)을 행복의 중요한 요건으로 여겼다. 그러나 Epicurus는 쾌락을 궁극적인 선善으로 간주했으며 그러한 쾌락을 추구하는 효과적 수단으로 덕행을 중시했다. 반면에, Aristotle은 덕성의 발현을 행복의 본질적 요소로 간주했다. 그는 eudaimonia로 인도하는 12가지 덕성(용기, 관용, 긍지, 친애, 재치, 정의, 절제, 희망, 온유, 정직, 양심, 고결)을 제시한 바 있는데, 이러한 덕성들은 양 극단의 사이에 위치하는 중용적인 것이다. 예컨대 용기는 무모함과 비겁함 사이의 중용을 의미하며, 관용은 방관적임과 가혹함 사이의 중용을 뜻한다. 이러한 덕성은 누구나 타고나는 것으로서, 잠재된 덕성을 발견하여 계발함으로써 행복에 이를 수 있다는 것이다. 이러한 주장을 행복의 덕성 이론(virtue theory of happiness)이라고 부른다.[15] 즉 덕성의 계발과 함양을 통해서 가장 행복하고 바람직한 삶을 살 수 있다는 생각이다.

사실 eudaimonia의 개념은 다소 모호하다. eudaimonia는 '선한(good)' 또는 '잘 삶(being well)'을 뜻하는 'eu'와 '영혼' 또는 '작은 신성神性'을 의미하는 'daimon'으로 이루어져 있으며 영어문화권에서는 "human flourishing" 또는 "doing well and living well"로 번역하고 있다.[16] eudaimonia라는 개념을 통해 Aristotle이 제시하는 행복관은 세 가지

측면의 함의를 지닌 것으로 이해될 수 있다. 첫째, 사회적 존재로서의 인간이 지향해야 할 행복한 삶의 모습을 제시하고 있다. 쾌락주의적 행복관은 개인의 주관적 만족을 중시하는 개인주의적 관점에 근거하고 있는 반면, Aristotle의 행복관은 개인과 집단의 상생적 번영을 중시하고 있다. 둘째, 행복은 주관적 체험을 넘어서 좀 더 객관적인 관점에서 인식되어야 한다. 개인 자신은 만족하지만 주변 사람을 고통스럽게 하는 사람의 삶을 행복이라고 하기 어렵다. 또한 어떤 사람의 의도적 행위로 인해서 많은 사람들이 긍정적 영향과 도움을 받고 있는 경우, 정작 당사자가 그 사실을 인식하지 못하여 만족감을 느끼지 못한다고 해서 그 사람의 삶을 불행하다고 할 수는 없을 것이다. 즉 행복한 삶은 개인이 인식하지 못하는 삶의 측면 역시 포함되어야 한다는 점을 시사한다. 마지막으로, eudaimonia는 덕성의 발현이 행복한 삶에 중요함을 함축하고 있다. 덕성(德性, virtue)은 개인의 행복뿐만 아니라 타인 또는 집단의 행복을 증진하는 데 기여하는 개인적 특성이나 행위를 의미한다.[17] eudaimonia는 사회적 존재인 개인이 자신의 역할을 인식하고 덕성과 강점을 발현함으로써 자신과 타인의 상생적 번영을 추구하며 성취해 나가는 삶이라고 이해될 수 있다.

긍정심리학자들의 자기실현적 행복관은 Aristotle의 eudaimonia 개념에 뿌리를 두고 있다. 이러한 관점에 따르면, 최선의 삶은 개인적 안락을 추구하기보다 자신의 덕성과 잠재능력을 충분히 발현하며 개인적으로나 사회적으로 가치 있는 삶을 구현하는 것이다. 자기실현적 행복관은 현대의 여러 심리학자들에게 많은 영향을 미치고 있다. 그 대표적인 학자 중 한 명인 Carol Ryff는 주관적 안녕에 대비되는 것으로서 심리적 안녕(psychological well-being)이라는 용어를 사용하고 있다.[18] Ryff는 인간의 행복과 성숙에 깊은 관심을 지녔던 여러 심리학자들(Maslow, Rogers, Jung, Allport, Erikson 등)의 주장을 통합하여 심리적 안녕의 6가지 요소로서 환경의 효율적 통제, 타인과의 긍정적인 인간관계, 자율성, 개인적 성장감, 인생의 목적의식, 자기수용을 제시하고 있다.[19] 그 구체적인 내용을 소개하면 〔표 3〕과 같다.

〔표 3〕 심리적 안녕의 6가지 구성요소

환경의 통제(environmental mastery): 주변 환경에서 발생하는 문제를 잘 처리하는 능력과 이에 대한 통제감을 지닌다. 자신의 환경적 조건을 효과적으로 잘 활용한다. 자신의 가치나 욕구에 적합한 환경을 선택하고 창출해낸다.

타인과의 긍정적 인간관계(positive relations with others): 타인과 따뜻하고 신뢰 있는 관계를 형성한다. 타인의 행복에 관심을 지닌다. 공감적이고 애정 어린 친밀한 관계를 형성하는 능력을 지닌다. 인간관계의 상호 교환적 속성을 잘 이해한다.

자율성(autonomy): 독립적이며 독자적인 결정 능력이 있다. 자신을 특정한 방향으로 생각하고 행동하도록 요구하는 사회적 압력에 저항하는 능력을 지니고 있다. 내면적 기준에 의해 행동을 결정한다. 외부적 기준보다 자신의 개인적 기준에 의해 자신을 평가한다.

개인적 성장(personal growth): 자신이 지속적으로 성장하고 있다는 느낌을 갖는다. 자신이 발전하고 확장되고 있으며 자신의 잠재력이 실현되고 있다고 느낌을 지닌다. 새로운 경험에 개방적이다. 자신의 발전과 성장을 위해 노력한다.

인생의 목적(purpose in life): 인생의 목적과 방향감을 지니고 있다. 현재와 과거의 삶에 의미가 있다고 느낀다. 인생에 의미를 부여하는 신념체계를 지니고 있다. 삶에 대한 일관성 있는 목적과 목표를 가지고 있다.

자기수용(self-acceptance): 자기 자신에 대해서 긍정적 태도를 지닌다. 긍정적 특성과 부정적 특성을 모두 포함한 자신의 다양한 특성을 인정하고 수용한다. 과거의 삶에 대해서 긍정적으로 느낀다.

Ryff는 각 구성요소들을 측정할 수 있는 심리적 안녕 척도[20]를 개발하여 많은 실증적 연구를 시행하였다. 심리적 안녕은 심리적 건강뿐만 아니라 육체적 건강과도 밀접한 연관성을 지니는 것으로 밝혀지고 있다.[21]

자기실현적 행복관은 건강 또는 정신건강에 대한 현대적 개념에도 영향을 미치고 있다. 세계보건기구(WHO)에 따르면 "건강(health)이란 육체적, 정신적, 그리고 사회적으로 온전한 웰빙 상태이며, 단순히 질병이나 허약함이 없는 상태가 아니다."[22] 최근에는 건강의 개념이 영적인 안녕, 직업적 만족, 환경적 안전 등을 포함할 뿐만 아니라 이처럼 다양한 구성요소들의 균형과 통합을 아우르는 개념으로 확장되고 있다.[23] 소극적 의미의 건강은 질병이나 장애가 없는 상태를 뜻하지만, 적극적 의미의 건강은 개인이 행복하고 자신의 능력과 환경을 활용하여 최선의 번성한 삶을 사는 것이다. 정신건강의 개념 역시 좀 더 적극적인 것으로 확장되고 있다. 최근에 세계보건기구는 정신건강(mental health)을 "개인이 자신의 잠재능력을 발휘하고, 삶의 일상적 스트레스에 대처하며, 생산적이고 효과적으로 일을 하고, 공동체에 기여하는 웰빙 상태"[24]라고 정의하고 있다. 현대적 의미의 정신건강은 부적응 증상의 부재 상태를 넘어서 일상생활을 효과적으로 영위할 뿐만 아니라 사회에 기여하는 자기실현적인 행복한 삶을 사는 것이라고 할 수 있다.[25]

자기실현적 행복관에 공감하는 긍정심리학자들은 행복한 삶으로 인도하는 인간의 긍정적 성품과 덕성에 깊은 관심을 지니고 있다. 그 대표적인 학자인 Christopher Peterson과 Martin Seligman[26]은 다년간의 연구를 통해서 최근에 인간의 성격강점과 덕성에 대한 분류체계를 제시하였다. 지혜, 자애, 용기, 절제, 정의, 초월의 핵심덕목을 중심으로

24개의 성격강점들을 체계적으로 분류하고 각 성격강점의 심리적 속성을 제시하였다. 이러한 긍정심리학자들은 개인이 지니고 있는 성격강점과 덕성을 인식하고 일상생활에 충분히 발휘하는 것이 행복한 삶을 구현하는 핵심적 조건이라고 여기고 있다.

3. 주관적 안녕의 심리학적 이해

주관적 안녕은 쾌락주의적 행복관에 근거하여 행복을 정의하고 있는 심리학적 개념이다. 긍정심리학자들은 실증적 연구를 통해서 주관적 안녕에 관한 많은 연구 성과를 거두었다. 이 절에서는 주관적 안녕에 관한 주요한 연구 성과를 소개하고자 한다.

1) 주관적 안녕에 영향을 미치는 요인들

어떤 사람들이 행복한가? 어떤 특성과 조건을 갖춘 사람들이 행복한가? 행복에 영향을 미치는 요인들은 무엇인가? 긍정심리학자들은 이러한 물음에 답하기 위해서 주관적 안녕이 다양한 요인들, 즉 인구사회학적 요인(예: 성별, 나이, 계층, 교육수준, 직업, 결혼, 소득, 종교, 국가 등), 심리적 요인(내향성-외향성, 낙관성, 지능, 창의성, 영성, 자기존중감, 환경통제감 등), 그리고 생물학적 요인(유전, 뇌의 영역, 신경전달물질 등)과 어떤 관계를 지니는지 조사하였다. 그동안 수행된 다양한 연구의 결과를 요약하여 제시하면, [표 4]와 같다.[27]

〔표 4〕 주관적 안녕과 여러 관련 요인의 상관관계

낮은 상관	중간 상관	높은 상관
나 이	결혼여부	낙관성
성 별	종교유무	자기존중감
교육수준	여가활동 빈도	인간관계 만족도
사회계층	친구의 수	직업 만족도
소득수준	신체적 건강도	감사경험 정도
자녀유무	성실성	긍정정서 빈도
지능수준	외향성	행복감의 안정성
신체매력도	정서 안정성	성생활 빈도
종 족	환경 통제감	쌍둥이 행복도

전반적으로, 주관적 안녕은 개인의 외부적 또는 환경적 요인보다 내면적 또는 성격적 요인과 더 밀접한 관계를 지니는 것으로 나타나고 있다. 주목할 만한 몇 가지 연구결과를 소개하면 다음과 같다.

자본주의 시장경제 체제에서 살아가는 대다수의 사람들은 경제적 소득이 높을수록 행복도 증가할 것이라고 생각을 지니고 있다. 긍정심리학자들은 경제적 소득과 행복의 관계에 대해서 많은 연구를 수행했다. 그동안 대체로 세 가지 주제에 초점을 맞추어 연구가 이루어졌다.

첫째는 경제적 발전에 따른 행복도의 시대적 변화이다. 경제가 발전하여 1인당 평균소득이 증가함에 따라 사람들의 행복도가 어떻게 변화하느냐는 점이다. 미국의 경우, 1960년대 1만 불 수준이던 평균소득이 점차로 증가하여 2000년대에는 4만 불 수준을 넘어섰지만 미국인의 전반적인 행복수준은 그다지 변화하지 않았다.[28]

둘째는 국가간 행복도의 비교이다. 국민의 소득수준이 높은 나라일수록 국민들의 행복도가 높은지를 살펴본 결과, 1인당 국민소득이 높을수록 국민의 행복도는 증가하는 경향이 있었다.[29] 의식주 문제가 어느 정도 해결되어 빈곤을 극복하는 소득수준까지는 행복도가 급격하게 증가했다. 그러나 그 수준을 넘어서면 소득수준이 증가해도 행복도의 증가량은 미미했다. 남미국가들은 소득수준에 비해 행복도가 높은 반면, 동유럽 국가들은 그 반대현상을 보였다.

셋째는 개인의 소득수준과 행복도의 관계이다. 한 국가 내에서 개인의 소득과 재산 수준이 그 사람의 행복도와 어떤 관계를 나타내는지 살펴본 결과, 개인의 연간 소득이 증가함에 따라 행복도가 증가했지만 의식주 문제가 해결되는 수준부터는 증가량이 미미했다.[30] 이러한 연구결과를 종합하면, 돈은 기본적인 의식주 문제를 해결할 수 있는 수준까지 행복에 기여하지만 그 이상의 수준에서는 행복에 미치는 영향이 미미한 것으로 나타났다.

주관적 안녕과 성격적 요인의 관계에 대한 연구에서 일관성 있게 나타나는 결과 중 하나는 낙관성이 높을수록 주관적 안녕 수준이 높다는 점이다.[31] 낙관성(optimism)은 미래에 대해서 긍정적인 기대와 전망을 하는 성격적 특성을 의미한다. 낙관적인 사람들은 미래에 대한 긍정적 전망을 지니기 때문에 긍정 정서를 경험할 뿐만 아니라 일과 인간관계에 적극적으로 임하여 긍정적인 결과를 성취하며 스트레스 상황에서도 효과적으로 대처하는 경향이 있다.

삶의 다양한 영역 중에서 주관적 안녕에 가장 강력한 영향을 미치는 것은 긍정적인 인간관계로 나타났다.[32] 긍정적인 인간관계는 자기존중감과 정신건강을 증진할 뿐만 아니라 육체적 건강에도 긍정적인 영향을 미치는 것으로 보고되고 있다. 다른 사람과의 연결감과 사회적 지지는 전반적인 육체적 기능을 향상시킬 뿐만 아니라 질병으로부터의 회복을 촉진하는 것으로 나타났다.[33]

2) 주관적 안녕의 심리적 과정

긍정심리학의 연구결과에 따르면, 주관적 안녕은 환경적 여건보다 심리적 과정에 의해서 더 강력한 영향을 받는다. 여기에서는 주관적 안녕의 심리적 과정을 설명하는 몇 가지 이론을 간략히 살펴보고자 한다.

(1) 욕망충족 이론

행복의 심리적 과정을 설명하는 가장 고전적인 설명 방식은 욕망충족 이론이다.[34] 욕망충족 이론(desire fulfillment theory)에 따르면, 욕망은 그 자체로 인간을 행복하거나 불행하게 만들지 않는다. 그보다는 욕망의 충족 여부에 의해서 행복과 불행이 결정된다. 욕망의 충족은 쾌락적 경험을 유발하는 반면, 그 좌절은 고통스런 경험을 초래한다. 다양한 욕망을 충분히 충족시킬수록 행복해진다는 것이 이 이론의 골자이다. 욕망충족 이론을 도식적으로 설명하면 〔그림 1〕과 같다.[35]

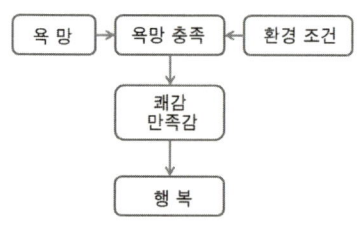

〔그림 1〕 행복의 욕망충족 이론

욕망충족 이론에 따르면, 인간의 행복 정도는 다양한 욕망(생리적 욕구, 재물욕, 명예욕, 지식욕 등)을 충족시킬 수 있는 환경적 또는 상황적 조건(예: 의식주, 재산, 계층, 사회적 지위, 교육수준 등)에 비례한다. 다양한 욕구를 충분히 충족시킬 수 있는 환경적 여건을 잘 갖춘 사람일수록 더 행복하다는 것이다. 그러나 주관적 안녕에 관한 실증적인 연구결과에 따르면, 욕망충족과 행복의 관계는 간단하지 않다. 욕망충족 이론이 시사하는 가정들은 긍정심리학의 연구결과들과 일치하지 않는다.

첫째, 기본적인 욕망을 충족시킬 수 있는 환경적 여건을 잘 갖추었다고 해서 그에 비례하여 주관적 안녕의 수준이 증가하지 않았다. 다양한 욕망을 충족시킬 수 있는 외부적 조건들(예: 재산과 소득, 교육수준, 사회적 지위, 직업, 결혼여부, 신체적 매력도 등)은 주관적 안녕과 상관 정도가 상당히 미미한 것으로 나타났다.[36]

둘째, 행복은 욕망충족의 여부보다 자신의 상태를 비교하는 기준의 속성에 의해서 결정되는 경향이 나타났다. 욕망충족으로 인한 행복은 일시적일 뿐만 아니라 상대적이다. 인간은 자신의 상태를 어떤 기준(다른 사람, 과거의 삶, 이상적 자기상, 지향하는 목표 등)과 비교하여 그 기준과의 긍정적인 차이를 인식할 때 행복감을 느낀다. 다른 사람과의 사회적 비교가 주관적 안녕에 중요한 영향을 미친다.

셋째, 인간은 욕망이 충족되면 곧 그러한 상태에 익숙해져 행복감을 느끼지 못하는 경향이 있다. 인간은 쾌락을 느끼는 자극을 반복적으로 접하게 되면 그에 대한 쾌락이 약화되는데, 이러한 현상을 적응(adaptation)이라고 한다. 쾌락은 유쾌한 보상적 경험이기 때문에 인간은 쾌락을 추구하는 동시에 반복적으로 경험하기를 원한다. 그러나 반복적인 쾌락 경험은 그 유쾌함의 강도가 감소하기 때문에 지속적인 욕망충족이 행복감을 증진하지 않는다. 행복은 항상 주어지는 자극보다 새롭게 발생한 긍정적인 변화에 대한 반응이라고 할 수 있다.

이처럼 욕망충족과 행복의 관계는 간단하지 않다. 욕망은 끊임없이 보채는 아이와 같아서 지속적으로 충족시키기가 어렵다. 하나의 욕망이 충족되면 다른 욕망이 부각되면서 그 충족을 요구한다. 또한 인간의 욕망은 다양하기 때문에 한 욕망의 충족은 다른 욕망의 좌절을 유발하여 내면적인 갈등을 초래한다. 뿐만 아니라 인간사회에서는 구성원들의 욕망이 충돌한다. 한 사람의 욕망충족은 다른 사람의 욕망좌절을 초래하여 사회적 갈등을 유발하게 된다. 인간의 행복은 욕망충족이라는 단순한 개념으로 설명하기에는 너무나 복잡한 현상인 것이다.

(2) 목표 이론

고도의 인지적 능력을 지니는 인간의 경우, 욕망과 행복의 관계는 인지적 요인이 관여함으로써 매우 복잡해진다. 욕망은 개인적 신념과 가치관의 영향을 받아 의식적으로 지향하는 목표로 변형된다. 이러한 목표를 성취했을 때 기쁨과 만족감을 경험하며 행복감을 느끼게 된다. 이처럼 욕망충족 과정을 좀 더 정교하게 발전시킨 이론이 행복의 목표 이론(goal theory)이다.[37] 목표는 개인이 행동을 통해 성취하고자 하는 구체적인 지향점을 의미한다. 인간은 자신이 추구하는 목표를 달성하거나 목표를 향해 진전되고 있다고 믿을 때 행복을 느낀다는 입장이다. 〔그림 2〕에 제시된 바와 같이, 목표 이론은 욕망충족 이론의 발전된 형태라고 할 수 있다.[38] 왜냐하면 욕망을 좀 더 구체적인 목표로 명료화하고 목표달성과 관련된 인지적 평가를 포함하고 있기 때문이다.

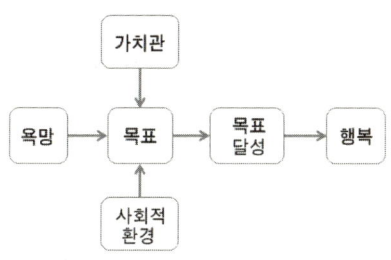

〔그림 2〕 행복에 대한 목표 이론

목표는 개인의 가치관과 사회적 고려가 가미된 욕망의 변형물이라고 할 수 있다. 인간은 성장과정을 통해 인지적 발달과 사회화 과정을 겪으면서 자신의 삶에서 추구해야 할 가치에 대한 신념을 발전시킨다. 욕망은 가치관이라는 개인적 신념의 영향을 받아 구체적인 목표로 전환된다. 또한 목표가 설정되는 과정에서 사회 환경적 여건에 대한 고려가 포함된다. 달리 말하면, 목표는 인지적 형태로 변형되어 명료화된 욕망이라고 할 수 있다.

목표 이론은 행복감이 체감되는 과정에도 인지적 요인이 중요함을 강조한다. 목표 이론에 따르면, 행복감은 목표를 향한 접근 정도에 대한 인지적 평가의 산물이다. 행복은 개인이 추구하는 목표의 실현가능성뿐만 아니라 목표에 다가가고 있다는 진전 속도에 대한 주관적 평가에 의해서 결정된다.[39] 특히 기대했던 것보다 더 빠른 속도로 목표를 향해 진전되고 있다고 평가하게 되면 행복감은 훨씬 더 증대된다.[40]

목표로의 진전과 목표 달성이 행복감을 유발한다는 것은 분명하지만, 목표와 행복의 관계 역시 간단하지 않다. 목표 이론은 목표의 유형(예:

구체적인 목표와 추상적인 목표, 단기적 목표와 장기적 목표, 자율적으로 선택한 목표와 타인에 의해 강요된 목표, 접근 목표와 회피 목표, 외현적 성취를 추구하는 목표와 내면적 만족을 추구하는 목표)과 구조(목표들 간의 일관성과 통합성), 목표의 성취 가능성과 목표를 향한 진전 속도에 대한 주관적 평가에 따라서 행복도가 달라진다.

(3) 비교 이론

행복에 영향을 미치는 중요한 심리적 과정은 비교 과정이다. 인간은 자신의 삶을 여러 기준과 비교하며 평가하기 때문이다. 이러한 인지적 과정을 강조하는 이론이 행복의 비교 이론 또는 괴리 이론(discrepancy theory)이다.[41] 비교 이론에 따르면, 인간은 자신의 상태를 어떤 기준과 비교하여 그 기준과의 긍정적 괴리를 인식할 때 행복감을 느낀다. 인간은 매우 다양한 기준에 의해서 자신을 평가하지만, 주요한 비교 기준은 다른 사람, 과거의 삶, 이상적 자기상, 지향하는 목표이다. 비교 이론에 따르면, 개인은 자신의 현재 상태를 이러한 기준들과 비교했을 때 우월한 방향으로의 괴리가 클수록 더 높은 행복감을 경험한다. 즉 개인이 처해 있는 현재의 상태 자체보다는 현재의 상태를 평가하기 위해 적용하는 기준의 속성이 행복에 중요하다는 것이다.

인간이 자신의 상태를 평가하는 가장 일반적인 방법은 사회적 비교 (social comparison)이다. 자신을 타인과 비교함으로써 자신의 상태를 평가하는 것이다. 비교 대상에 따라서 사회적 비교는 자신과 비슷한 수준의 사람들과 비교하는 수평적 비교(lateral comparison), 자신보다 더 나은 사람들과 비교하는 상향적 비교(upward comparison), 자신보다 못한 사람들과 비교하는 하향적 비교(downward comparison)로 구분할 수 있다. 어떤 비교 기준을 선택하느냐에 따라 행복도가 달라진다. 실증적 연구에 따르면, 상향적 비교를 하는 사람들보다 하향적 비교를 하는 사람들의 행복 수준이 더 높다.[42]

현재의 자신을 평가하는 또 다른 비교 기준은 과거의 자신이다. 현재의 상태를 과거와 비교하여 긍정적인 변화를 인식할 때 행복감을 느끼게 된다. 과거와 비교를 할 경우, 삶의 여건이 열악한 상태에 있었던 사람들은 비교 기준이 낮기 때문에 새로운 변화를 긍정적인 것으로 경험할 가능성이 높다. 반면에 탁월한 삶의 조건에서 생활해 온 사람은 비교 기준이 높기 때문에 긍정적 변화를 인식하기 어렵다. 행복에 있어서 중요한 것은 현재의 절대적 상태가 아니라 과거보다 나아졌다는 긍정적 변화의 인식이다.

(4) 적응 이론

행복의 비밀 중 하나는 아무리 긍정적인 환경과 행복감 속에 있더라도 그러한 상태가 지속되면 행복감이 저하된다는 점이다. 욕망이 충족되고 목표가 달성되어 행복감을 느끼게 되더라도 그러한 상태가 지속되면 행복감이 저하된다. 인간은 지속되는 긍정적 상태에 대해서 적응을 하기 때문이다.

쾌락을 주는 동일한 자극을 반복적으로 접하게 되면 그에 대한 쾌락을 점점 덜 느끼게 되는데, 이러한 현상을 적응(adaptation)이라고 한다. 적응은 지속적인 반복적 자극에 대해서 인식이 점진적으로 감소되는 지각적 경향을 의미하며, 둔감화(desensitization) 또는 습관화(habituation)

라고 불리기도 한다. 쾌락에 대해서도 적응과정이 일어난다. 쾌락은 유쾌한 보상적 경험이기 때문에 우리는 쾌락을 추구하며 반복적으로 경험하기를 원하게 된다. 그러나 쾌락은 반복적 경험을 통해서 그 유쾌함의 강도가 감소한다. 처음에는 매우 유쾌한 경험이었지만 그러한 경험을 반복하면서 쾌감이나 흥미가 저하되는 경우가 흔하다. 쾌락에 대한 적응 과정은 매우 보편적인 것으로서 행복을 이해하는 데 중요하다.

인간은 변화에 예민하며, 행복은 새로운 긍정적 변화에 대한 반응이다. 행복은 항상 주어지는 자극보다 최근에 발생한 새로운 긍정적 사건에 대한 반응이다. 그러나 인간은 그러한 긍정적 변화에 대해서 상당히 빠른 시간 내에 적응하게 된다. 연구결과에 따르면, 커다란 행운(예: 복권 당첨) 또는 불운(사고로 인한 척추손상)을 경험한 사람들이 우리가 생각하는 것보다 자신의 삶을 현저하게 더 행복하거나 불행하게 느끼지 않는다는 것이다.[43] 왜냐하면 현격한 삶의 변화를 겪더라도 그러한 삶에 적응하기 때문이다.

적응 과정은 어떤 특정한 감각을 유발하는 외부의 자극에 의해 우리가 압도되지 않도록 보호해 주는 기능을 지닌다. 또한 적응은 우리가 주변 환경에서 일어나는 변화에 민감해지도록 해 준다. 우리의 생존을 위해서는 특히 환경의 변화를 예민하게 포착하고 그에 대처해야 한다. 반복되는 자극에 지속적으로 주의를 빼앗기고 있다면 새로운 환경변화에 대응하기 어렵기 때문이다. 이처럼 인간은 새로운 변화 상황에 계속적으로 적응하면서 중립적인 상태로 돌아가는 경향이 있다. 이러한 적응 경향성은 주관적인 안녕으로서의 행복을 이해하는 데 중요하다.

3) 주관적 안녕의 심리적 과정에 대한 통합적 이해[44]

인간의 삶은 욕망을 충족시키며 행복을 지향하는 과정이라고 할 수 있다. 욕망은 무언가 결핍되어 있음을 느끼는 심리적 상태인 동시에 그러한 결핍감을 해소할 수 있는 대상에 대한 지향 상태로서 외부세계에 대한 행동을 유발하는 원동력이다. 적절한 행동을 통해서 결핍감이 해소되면, 즉 욕망이 잘 충족되면 기쁨과 만족감이라는 긍정 정서와 더불어 행복감을 경험하며 평정 상태(equilibrium)에 이르게 된다. 이처럼 욕망으로부터 출발하여 행복에 이르는 과정을 도식적으로 설명하면 〔그림 3〕과 같다.

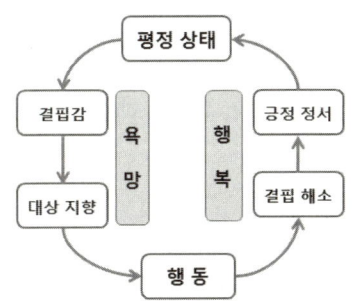

〔그림 3〕 욕망과 행복의 관계에 대한 단순모델[45]

〔그림 3〕의 설명 방식은 욕망충족 이론과 일맥상통하는 것이다. 아프리카의 사자는 많은 시간을 빈둥거리거나 잠자는 일로 보낸다. 그러다가 허기를 느끼면 들판을 지나는 야생 들소 중에서 어린 새끼를 목표로 삼아 공격하여 포획하고 허기를 채운다. 그리곤 포만감을 느끼며 다시 빈둥거림과 잠자는 일로 시간을 보낸다. 이러한 사자의 삶은 평정 상태(빈둥거림과 잠자기) → 결핍감(배고픔) → 대상 지향(들소 새끼) → 행동

(공격 및 포획) → 결핍감 해소(포식) → 긍정 정서(만족감) → 평정 상태(빈둥거림과 잠자기)의 순환과정으로 이해할 수 있다. 사자의 경우, 욕망과 행복의 관계는 욕망충족 이론에 의해서 비교적 쉽게 설명될 수 있다. 그러나 인간의 경우에는 욕망과 행복의 관계가 매우 복잡하다. 욕망충족이라는 단순한 개념으로는 행복의 복잡한 현상을 설명하기 어렵다.

유기체로서의 인간은 내적 또는 외적 요인들 간의 상호작용이 조화와 균형을 이루는 평정 상태(equilibrium)를 유지하려는 경향성을 지닌다. 이러한 평정 상태는 내부적인 생리적 변화나 외부적인 환경적 자극에 의해서 깨어진다. 욕망은 깨어진 평정 상태를 회복하려는 노력의 시발점이다. 평정 상태가 깨어지면 무언가 부족하거나 불편하다고 느끼는 결핍감, 즉 욕망을 느끼게 되며 그것을 해소할 수 있는 대상을 지향하게 된다.

커다란 뇌를 지니고 집단생활을 하는 인간의 경우는 이러한 욕망을 충족시키고 해소하는 과정이 매우 복잡하다. 목표이론이 시사하듯이, 인간은 개인적 경험에 근거한 가치관과 사회 환경적 여건을 고려하여 결핍감을 채울 수 있는 구체적인 목표를 설정하고 추구한다. 내면적 욕구들의 우선순위를 정하고 환경적 요인을 고려하여 현실적인 목표와 계획을 수립한다. 이러한 과정에서 자기조절이 매우 중요하다. 현실적인 고려 없이 욕망의 즉시적 충족을 추구하는 충동적 행동은 대부분의 경우 좌절과 불행을 초래하기 때문이다.

이처럼 욕망은 인지적 과정의 개입을 통해 구체적인 목표로 전환되어 목표지향 행동을 유발한다. 행동을 통해서 목표가 달성되면 결핍감이

해소되면서 쾌감과 만족감을 느끼게 된다. 이러한 과정에서 느끼는 만족감의 정도는 목표로의 진전 속도나 목표의 달성 수준에 대한 인지적 평가에 의해 영향을 받게 된다. 아울러 타인 또는 과거와의 비교를 통해서 자신의 현재 상태를 평가한다. 비교 기준과의 긍정적인 차이를 인식하게 되면 만족감과 긍정 정서는 증가하는 반면, 부정적인 차이의 인식은 긍정 정서를 저하시킨다. 주관적 안녕으로서의 행복은 결핍감이 해소되는 욕망충족 과정에서 경험하는 긍정적인 정서와 인지적 평가의 복합적 산물이라고 할 수 있다. 행복의 상태가 지속되면 긍정 정서와 행복감은 약화되어 평정 상태로 회귀한다. 평정 상태는 특별히 유쾌한 긍정 정서나 불쾌한 부정 정서를 느끼지 않는 중성적인 정서 상태로서 평안하고 이완된 심리적 상태를 의미한다. 깨어진 평정 상태를 회복하는 과정에서 일어나는 심리적 과정을 도식적으로 제시하면 〔그림 4〕와 같다.

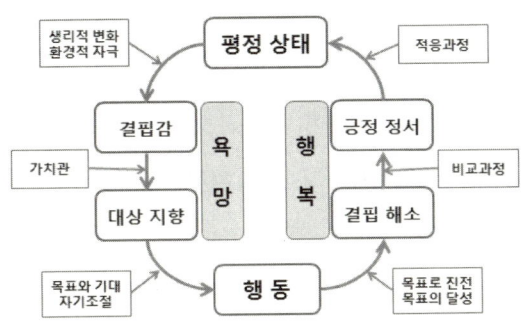

〔그림 4〕 욕망과 행복의 관계에 대한 통합적 설명모델

욕망은 평정 상태의 균열로 인해 생겨나는 결핍감에 대한 유기체의 반응으로서 평정 상태를 회복하려는 노력의 시발점이라고 볼 수 있다.

행복은 욕망의 충족을 통해서 결핍감을 해소하고 평정 상태로 회귀하는 과정에서 체험하는 긍정적인 심리 상태라고 할 수 있다. 커다란 뇌를 지니고 사회를 이루며 살아가는 인간은 욕망을 충족시키고 행복을 체감하는 과정이 매우 복잡하다. 더구나 현대사회처럼 외부적인 유혹과 압력이 많을 뿐만 아니라 급속하게 변화하는 환경 속에서 살아가는 현대인의 삶은 매우 불안정하여 평정 상태를 유지하기가 어렵다. 그래서 우리는 끊임없이 분주하게 움직이며 행복과 불행의 쌍곡선 속에서 살아가는 것인지 모른다.

4. 자기실현적 행복의 심리학적 이해

자기실현적 행복관에 근거하고 있는 긍정심리학자들은 행복을 심리적 안녕, 정신건강, 자기실현, 심리적 성숙 등과 같은 다양한 용어로 개념화하고 있다. 또한 이러한 입장을 지닌 긍정심리학자들은 행복한 삶에 기여하는 인간의 긍정적 성품과 덕성에 깊은 관심을 나타내고 있다. 이 글에서는 Martin Seligman이 제시하고 있는 행복 모델을 중심으로 긍정심리학의 행복관을 소개하고자 한다.

1) Seligman의 행복 모델

Seligman[46]은 자기실현적 행복관에 근거하여 행복한 삶의 세 가지 요소를 제시하고 있다. 행복의 첫 번째 요소는 긍정적인 정서를 느끼며 살아가는 즐거운 삶(pleasant life)이다. 즐거운 삶은 과거, 현재, 미래의 삶에 대한 긍정적 인식과 감정으로 구성된다. 과거의 삶에 대해서는 수용과 감사를 통해서 만족감과 흡족함을 느끼고, 현재의 삶 속에서는 '지금 이 순간'의 체험에 대한 적극적 관여와 몰입을 통해서 유쾌함과 즐거움을 경험하며, 미래의 삶에 대해서는 도전의식과 낙관적 기대를 통해서 희망감과 기대감을 느끼며 살아가는 삶이다. 쾌락주의적 행복을 반영하는 즐거운 삶은 행복의 중요한 한 요소라고 할 수 있다.

행복의 두 번째 요소는 관여적인 삶(engaged life)이다. 매일의 삶에 열성적으로 임할 뿐만 아니라 사회적인 관계에 적극적으로 참여하여 살아가는 삶을 의미한다. 자신에게 주어진 역할에 열정적으로 참여하고 몰입함으로써 자신의 잠재능력과 성격강점을 최대한 발현하는 삶이다. 한 톨의 씨앗이 아름다운 꽃과 알찬 열매로 자신의 가능성을 펼쳐 보이듯이, 인간 역시 일에서든 인간관계에서든 자신의 잠재능력을 발현하는 것이 행복의 중요한 요소라고 할 수 있다. 이를 위해서는 소중하게 여기는 활동에 최선을 다하는 열정과 노력이 필요하다.

행복의 세 번째 요소는 의미 있는 삶(meaningful life)이다. 의미는 그 자체로 존재하는 것이 아니라 다른 것과의 관계 속에서 발견될 수 있는 것이다. 생명의 불꽃은 그 자체로 의미가 있는 것이 아니라 세상을 밝히고 다른 존재에게 온기를 불어넣을 때 의미와 가치를 지니게 된다. 인생의 의미는 '자신보다 더 큰 어떤 것'과 연결되어 있다는 것을 깨닫고 그것을 위해 기여함으로써 발견될 수 있다. 가족, 직장, 지역사회, 국가, 때로는 자연세계나 신神과의 연결감 속에서 그것을 위해 헌신하고 있다는 믿음을 통해서 삶의 의미와 가치를 발견할 수 있다.

Seligman[47]에 따르면, 행복한 삶이란 긍정 정서를 느끼는 즐거운 삶 속에서 자신의 역할에 열성적으로 임하며 잠재능력을 충분히 발휘하고 자신보다 더 큰 어떤 것을 위해 공헌하고 있다는 의미감을 느끼며 살아가는 삶이라고 할 수 있다. 행복의 세 가지 요소, 즉 즐거운 삶, 관여적인 삶, 그리고 의미 있는 삶은 서로 밀접하게 연관되어 있으며 상호 촉진적인 관계를 지닌다. 즐거운 기분을 느끼게 되면 활력이 증가하여 자신의 역할에 열정적으로 몰두함으로써 잠재능력을 발휘하게 되고, 그 결과로 얻게 되는 생산적인 성취로 인해 타인과 사회를 위해 기여하고 있다는 의미감을 느낄 수 있다. 아울러 자신의 역할과 행위에 의미감을 느끼게 되면 열성적으로 노력하게 되고 성공적인 결과를 통해서 만족스럽고 즐거운 기분을 느낄 수 있다. 행복한 삶의 비결은 [그림 5]에 제시된 바와 같이 즐거운 삶, 관여적인 삶, 의미 있는 삶의 선순환 구조를 형성하는 것이라고 할 수 있다.

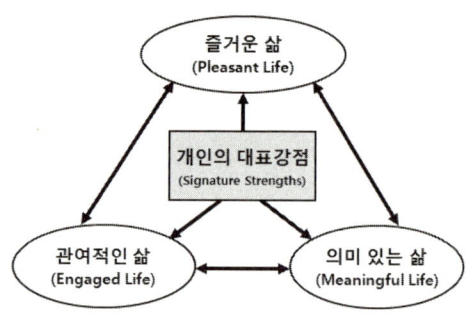

[그림 5] Seligman의 행복 모델

행복한 삶의 세 가지 요소를 증진하는 가장 효과적인 방법은 개인의 대표강점을 발견하여 발휘하는 것이다.[48] 인간은 누구나 나름대로의 강점과 재능을 지니고 있다. 대표강점(signature strengths)은 개인의 독특성을 반영하는 가장 탁월한 덕성과 역량을 의미한다. Seligman(2002)에 따르면, 진정한 행복(authentic happiness)은 대표강점을 발견하여 직업활동, 인간관계, 자녀양육, 여가활동과 같은 일상생활에서 발휘함으로써 실현될 수 있다고 주장한다. [그림 5]에 제시되어 있듯이, 대표강점을 발휘할 때는 '진정한 자기'가 표현되고 있다는 느낌을 갖게 되면서 즐거움과 활기를 얻게 될 뿐만 아니라 적극적이고 열정적으로 활동에 몰입함으로써 긍정적인 결과를 얻게 된다. 그 결과 자신이 타인과 공동체에 기여하고 있다는 인식과 함께 자기존재의 가치와 의미를 발견할 수 있게 된다. 대표강점을 반복적으로 활용하게 되면, 그러한 강점이 더욱 강화되어 자신만의 탁월한 강점으로 발전할 수 있다. 이처럼 자신의 대표강점을 발견하여 발휘함으로써 즐겁고 열정적이며 의미 있는 삶을 영위하는 것이 행복의 핵심적 요건이라고 Seligman은 제안하고 있다.

2) 인간의 긍정적 성품과 강점에 대한 이해

긍정심리학자들은 개인의 행복과 사회의 번영에 기여하는 인간의 긍정적 성품과 덕성에 깊은 관심을 지닌다. "인생의 목표가 행복이라면, 덕성은 행복의 바탕이다"라는 Thomas Jefferson의 말이 있듯이, 긍정적 성품과 덕성을 함양하고 발휘하는 것이 자기실현적 행복에 중요하기 때문이다. Peterson과 Seligman은 다년간의 연구를 통해서 최근에 인간의 성격강점과 덕성에 대한 분류체계를 제시하였다.[49] 이러한 분류체계를 개발하기 위해서 이들은 동서고금의 다양한 시대와 문화에서 소중하게 여겨졌던 200여 개의 덕목을 추출하고 각각을 다음과 같은 10개의 기준에 비추어 세밀하게 검토하였다.

①보편성: 이러한 덕목은 대다수 문화에서 긍정적 덕목으로 여겨지고 있는가?

②행복 공헌도: 이러한 덕목은 다양한 긍정적 행동과 성취를 촉진함으로써 그 소유자와 다른 사람의 행복에 기여하는가?

③도덕성: 이러한 덕목은 그 자체로 도덕적 가치를 지니는가?

④타인에의 영향: 이러한 덕목이 한 사람에 의해서 표현될 경우, 다른 사람에게 부정적인 영향을 미치지는 않는가?

⑤반대말의 부정성: 이러한 덕목의 반대말이 확실히 부정적인 것으로 간주되는가?

⑥측정가능성: 이러한 덕목은 측정될 수 있도록 개인의 행동(생각, 감정, 행위)으로 표출되는 것인가? 또한 상황과 시간의 변화에도 안정성을 나타내는가?

⑦특수성: 이러한 덕목은 다른 덕목들과 잘 구별되는 것인가? 다른 덕목들로 분해될 수 있는 것은 아닌가?

⑧모범의 존재: 이러한 덕목은 모범적 인물에 의해서 구체화될 수 있는가?

⑨결핍자의 존재: 이러한 덕목이 현저하게 부족한 사람들이 존재하는가?

⑩풍습과 제도: 사회는 이러한 덕목을 육성하기 위한 풍습이나 제도를 지니고 있는가?

Peterson과 Seligman은 이러한 기준을 충족시키는 6개의 핵심 덕목과 24개의 강점으로 구성된 분류체계를 구성하였다. 그것이 바로 성격적 강점과 덕성에 대한 VIA 분류체계(VIA Classification of Character Strengths and Virtues)이다. VIA 분류체계에 포함된 6개의 핵심 덕목은 지혜 (wisdom), 자애(humanity), 용기(courage), 절제(temperance), 정의 (justice), 초월(transcendence)이다. Peterson과 Seligman에 따르면, 핵심 덕목은 방대한 문헌을 조사한 결과 시대와 문화를 통틀어 놀라울 정도의 공통성을 보인 덕목들이다.[50] VIA 분류체계는 6개의 핵심 덕목을 구성하는 24개인 성격강점과 덕성을 〔표 5〕와 같이 제시하고 있다.

〔표 5〕 인간의 성격강점과 덕성에 대한 VIA 분류체계

1. **지혜 및 지식(wisdom & knowledge)과 관련된 강점**
더 나은 삶을 위해서 지식을 습득하고 활용하는 것과 관련된 인지적인 강점으로서 삶에서의 지혜로운 판단과 지적인 성취를 돕는다.
① 창의성(creativity): 어떤 일을 하면서 새롭고 생산적인 방식으로 생각하는 능력으로서 참신한 사고와 생산적인 행동방식을 포함한다.
② 호기심(curiosity): 일어나고 있는 모든 경험과 현상에 대해서 흥미를 느끼는 능력으로서 다양한 주제와 화제에서 매혹되어 조사하고 발견하는 것을 포함한다.
③ 개방성(open-mindedness): 사물이나 현상을 다양한 측면에서 철저하게 생각하고 검토하는 능력으로서 모든 증거를 동등하게 취급하고 새로운 증거에 따라 신념을 수정하는 태도를 포함한다.
④ 학구열(love of learning): 새로운 기술, 주제, 지식을 배우고 숙달하려는 동기와 능력을 의미한다.
⑤ 지혜(wisdom): 사물이나 현상을 전체적인 관점에서 생각하고 다른 사람에게 현명한 조언을 제공해 주는 능력을 뜻한다.

2. **자애(humanity)와 관련된 강점**
다른 사람을 보살피고 친밀해지는 것과 관련된 대인관계적 강점들을 의미한다.
① 사랑(love): 다른 사람과의 친밀한 관계를 소중하게 여기고 실천하는 능력을

뜻한다. 즉 다른 사람을 사랑할 수 있고 다른 사람으로부터 사랑을 받아들일 수 있는 능력을 의미한다.
② 친절성(kindness): 다른 사람을 위해서 호의를 보이고 선한 행동을 하려는 동기와 실천력으로서 다른 사람을 돕고 보살피는 행동을 포함한다.
③ 사회 지능(social intelligence): 자신과 다른 사람의 동기와 감정을 잘 파악할 뿐만 아니라 다양한 사회적 상황에서 어떻게 행동하는 것이 적절한지를 잘 아는 능력을 의미한다.

3. 용기(courage)와 관련된 강점

내면적·외부적 난관에 직면하더라도 추구하는 목표를 성취하려는 의지와 관련된 강점들이다.
① 용감성(bravery): 위협, 도전, 난관, 고통으로부터 위축되지 않고 이를 극복하는 능력을 의미하며 저항이 있더라도 무엇이 옳은지 이야기하고 인기가 없을지라도 신념에 따라 행동하는 것을 포함한다.
② 끈기(persistence): 시작한 일을 마무리하여 완성하는 능력을 말하며 장애에도 불구하고 일련의 계획된 행동을 지속하거나 과업을 성취하는 과정에서 기쁨을 느끼는 것을 포함한다.
③ 진실성(authenticity): 진실을 말하고 자신을 진실한 방식으로 제시하는 능력으로 자신을 거짓 없이 드러내고 행동이나 감정을 수용하고 책임지는 것을 포함한다.
④ 활력(vitality): 활기와 에너지를 가지고 삶과 일을 접근하는 태도를 의미하며, 생기와 생동감을 느끼며 삶을 모험적으로 사는 것을 포함한다.

4. 절제(temperance)와 관련된 강점

지나침으로부터 우리를 보호해 주는 긍정적 특질들로서 극단적인 독단에 빠지지 않는 중용적인 강점들이다.
① 용서(forgiveness): 나쁜 일을 한 사람들을 용서하는 능력으로서 잘못을 행한 자를 용서하고, 사람들에게 다시 기회를 주며, 앙심을 품지 않는 것을 포함한다.
② 겸손(modesty): 자신이 이루어낸 성취에 대해서 불필요하게 과장된 허세를 부리지 않는 태도로서 자신의 성취나 업적을 떠벌리지 않고, 세인의 주목을 구하지 않으며, 스스로를 특별한 존재로 생각하지 않는 것을 포함한다.
③ 신중성(prudence): 선택을 조심스럽게 함으로써 불필요한 위험을 다루지 않으며

나중에 후회할 일을 말하거나 행하지 않는 능력을 말한다.
④ 자기 조절(self-regulation): 자신의 다양한 감정, 욕구, 행동을 적절하게 잘 조절하는 능력을 의미한다.

5. 정의(justice)와 관련된 강점
건강한 공동체 생활과 관련된 사회적 강점으로서 개인과 집단 간의 상호작용을 건강하게 만드는 데 기여한다.
① 시민의식(citizenship): 자신이 속한 집단의 이익을 추구하고자 하는 책임의식으로서 사회나 조직 속에서 자신에게 주어진 임무와 역할을 인식하고 부응하려는 태도를 뜻한다.
② 공정성(fairness): 편향된 개인적 감정의 개입 없이 모든 사람을 동등하게 대하고 모두에게 공평한 기회를 주는 태도를 의미한다.
③ 리더십(leadership): 집단 활동을 조직화하고 그러한 활동이 진행되는 것을 파악하여 관리하는 능력으로서 구성원을 고무시켜 좋은 관계를 창출해 내고 사기를 진작시켜 각자의 일을 해내도록 지휘하는 것을 포함한다.

6. 초월(transcendence)과 관련된 강점
현상과 행위에 대해 의미를 부여하고 커다란 세계인 우주와의 연결성을 추구하는 초월적 또는 영적 강점을 의미한다.
① 심미안(appreciation of beauty and excellence): 다양한 삶의 영역에서 나타나는 아름다움, 수월성, 뛰어난 수행을 인식하고 평가하는 능력을 의미한다.
② 감사(gratitude): 좋은 일을 잘 알아차리고 그에 대해 감사하는 태도를 뜻한다.
③ 낙관성(optimism): 최선을 예상하고 그것을 성취하기 위해 노력하는 태도를 의미한다.
④ 유머감각(humor): 웃고 장난치는 일을 좋아하며 다른 사람에게 웃음을 선사하는 능력을 말한다.
⑤ 영성(spirituality): 인생의 궁극적 목적과 의미에 대한 일관성 있는 신념을 가지고 살아가는 태도를 말한다.

Peterson, Park와 Seligman은 24개의 성격강점을 측정하기 위해서

자기보고형 검사인 VIA 강점척도(Values in Action Inventory of Strengths)를 개발하였다.[51] 국내에서는 최근에 권석만, 유성진, 임영진 및 김지영이 24개의 성격강점을 측정하는 성격강점검사를 개발한 바 있다.[52]

3) 성격강점 및 덕성의 발휘와 자기실현적 행복

인간은 누구나 나름대로의 성격강점과 덕성을 지니고 있다. 이러한 성격강점 중에는 개인의 독특성을 잘 반영할 뿐만 아니라 상대적으로 탁월한 것들이 있다. Seligman은 이러한 강점을 대표강점이라고 지칭하면서 누구나 2~5가지의 대표강점을 지니고 있다고 주장한다.[53] Peterson과 Seligman에 따르면, 대표강점은 다음과 같은 특징을 지닌다.[54]

① 자신의 진정한 본연의 모습("이게 바로 나야")이라는 느낌을 준다.
② 그러한 강점을 발휘할 때 (특히 처음에 발휘할 때) 유쾌한 흥분감을 느끼게 된다.
③ 그러한 강점과 관련된 일을 배우거나 연습할 때 빠른 학습 속도가 나타난다.
④ 그러한 강점을 발휘할 수 있는 새로운 방법을 지속적으로 찾게 된다.
⑤ 그러한 강점과 일치되는 방향으로 행동하고 싶은 열망을 느낀다.
⑥ 그러한 강점을 사용할 수밖에 없다는 느낌, 즉 그러한 강점의 표현을 멈추거나 억제할 수 없는 듯한 느낌을 느낀다.
⑦ 그러한 강점은 숨겨져 있던 자신의 능력이 드디어 발현되어 나타나는 것처럼 여겨진다.

⑧ 그러한 강점을 활용할 때는 소진감보다 의욕과 활기가 넘치게 된다.
⑨ 그러한 강점과 관련된 중요한 일들을 만들어내고 추구하게 된다.
⑩ 그러한 강점을 사용하고자 하는 내재적 동기를 지닌다.

"삶의 진정한 비극은 우리가 충분한 강점을 갖지 못한 데에 있는 것이 아니라 이미 갖고 있는 강점을 충분히 활용하지 못하는 데에 있다"는 Benjamin Franklin의 말이 있듯이, 자신의 대표강점을 발견하여 일상생활에 활용하는 것이 자기실현적 행복을 위해 매우 중요하다. 강점 연구의 선구자인 Donald Clifton이 "탁월한 수준에 이르는 최고의 비결은 자신의 강점에 집중하는 것이다"라고 제시한 바 있듯이, 대표강점의 발휘는 탁월한 결과와 성취를 이루게 하는 동시에 발휘 과정에서 의욕과 활력을 느끼게 만든다. 한 가지 이상의 대표강점을 발견하여 적어도 일주일 이상 매일 일상생활에서 다양한 방식으로 활용하는 것은 효과적인 행복 증진 방법으로 확인된 바 있다.[55] 대표강점의 발휘를 통해서 즐거운 삶, 관여적인 삶, 의미 있는 삶을 구현할 뿐만 아니라 이러한 행복의 세 요소가 서로 촉진하는 선순환구조를 이루도록 하는 것이 자기실현적 행복의 관건이라고 할 수 있다.

5. 결어: 한국인의 불행과 행복

대한민국은 지난 반세기 동안 눈부신 국가적 성장을 이루었다. 1960년대에 1인당 GDP가 200불 수준이었던 대한민국은 20,000불 시대를 눈앞에 두고 있다. 대한민국의 경제규모는 세계 10위권에 육박하고 있으며 서구사회에서 수백 년에 걸쳐 이룬 민주화를 단기간에 이루어 냈다. 대한민국의 문화적 역량은 한류바람을 타고 아시아를 넘어 세계로 뻗어가고 있다. 스포츠 분야에서도 월드컵 4강 신화를 이루었을 뿐만 아니라 다양한 종목에서 탁월한 성취를 이루어 내고 있다. 세계 여러 지역의 사람들은 코리안 드림을 꿈꾸며 한국으로 몰려들고 있다.

그러나 대한민국은 기적적인 국가적 성장 못지않게 깊고 진한 그늘을 지니고 있다. 한국인의 자살률은 OECD 국가 중 1위이다. 경찰청[56]의 자료에 따르면, 2009년도에 자살로 사망한 사람은 14,579명이며, 이는 하루 평균 42명이 자살을 하고 있는 셈이다. 한국인의 13퍼센트가 자살을 시도한 바 있으며 30퍼센트 이상은 자살을 생각한 적이 있다고 보고되고 있다.[57] 가정의 파탄을 의미하는 이혼율 역시 OECD 국가 중 최상위권이다. 통계청[58]의 자료에 의하면, 2009년 한 해 동안 124,000쌍이 이혼을 한 것으로 집계되고 있다. 이밖에도 직장인의 스트레스 수준, 40대 남성의 돌연사율, 1인당 알코올 소비량, 저출산율 등은 OECD 국가 중 최상위권이다.

주관적 안녕의 측면에서 한국인의 전반적인 행복수준은 세계 10위권의 경제규모에 비하면 현저하게 낮은 편이다. 여러 나라 국민의 행복도를 조사한 연구[59]에 따르면, 한국은 OECD 40개국 중에서 25위였다. 다른 연구에서도 한국인의 행복도는 세계의 여러 나라 중 중하위권에 속하는 것으로 보고되고 있다. 청소년들은 입시지옥에서 시달리고 있고, 직장인들은 OECD 국가 중 최고의 노동시간에 허덕이고 많은 스트레스에 시달리고 있다.

경제적 수준에 비해 한국인의 행복도가 낮은 이유는 무엇인가? 최근에 한국을 방문한 바 있는 저명한 긍정심리학자 Ed Diener는 한국인의 행복 수준이 낮은 이유에 대해서 다음과 같이 진단하고 있다.[60]

첫째, 한국인은 물질주의적 성향이 다른 나라에 비해서 현저하게 높다. 5개국(한국, 미국, 일본, 덴마크, 짐바브웨)을 대상으로 한 실증적 연구에서 한국인은 물질적인 부를 가장 중시하는 것으로 나타났다. 여러 연구에서 입증된 바 있듯이, 경제적 소득은 빈곤을 벗어나는 수준까지는 행복 증진에 기여하지만 그 수준을 넘어서면 행복에 미치는 영향이 미미하다. 반면에 물질주의적 성향은 필연적으로 경쟁적 분위기를 초래할 뿐만 아니라 행복에 중요한 다른 가치(예: 인간관계, 인생의 의미, 여가활동)를 경시함으로써 행복을 저해하는 것으로 알려져 있다.

둘째, 한국인은 생활환경에 대한 만족도가 낮은 것으로 나타났다. 한국인은 미국, 일본, 덴마크의 국민에 비해서 국가에 대한 만족도가 낮을 뿐만 아니라 직업과 물리적 환경에 대한 만족도가 낮은 반면 사회적 부패 정도는 높은 것으로 인식했다.

셋째, 한국인은 사회적·심리적 부에 대한 평가가 낮은 것으로 나타났다. 사회적·심리적 부(social and psychological wealth)는 개인의 능력을 발휘할 수 있는 긍정적인 사회적 관계를 의미하며 지지적인 인간관계, 타인에 대한 신뢰, 타인에 대한 도움 제공 및 지원 의도 등을 포함한다. Diener 등의 연구에서 한국인은 자신이 존중받고 있다고 느끼는 정도, 응급상황에서 다른 사람의 도움을 기대하는 정도, 혼자 길을 걸으면서 안전하다고 느끼는 정도를 미국, 일본, 덴마크의 국민보다 낮게 평가했다.[61] Ed Diener의 진단을 요약하면, 한국인은 물질적인 가치를 지나치게 중시하며 경쟁적인 삶의 태도를 지니는 반면 국가, 직업, 환경에 대한 만족도가 낮을 뿐만 아니라 지지적인 인간관계와 타인에 대한 신뢰가 부족하다.

　행복은 21세기의 중요한 화두가 될 것으로 예상된다. 특히 한국인의 경우에는 행복한 삶에 대한 진지한 관심과 성찰이 더욱 필요한 상황이라고 할 수 있다. 그동안 경제발전을 통해 이룬 물질적 풍요를 행복하고 성숙한 삶으로 승화하는 것이 이 시대를 살아가는 우리 한국인 모두의 중요한 과제라고 할 수 있기 때문이다.

참고문헌

초기 및 상좌불교의 행복론 | 최상의 행복을 향하여

PTS Pāli Texts의 약어는 Critical Pāli Dictionary(CPD) Vol. I 의 약어(Abbreviation) 기준을 따랐다. 단, 『청정도론』은 아래의 HOS본을 사용했다. Visuddhimagga of Buddhaghosâcariya, Ed. Henry Clarke Warren, (Boston : Harvard Oriental Series, Vol. 41, 1950), 'Vism. III. 5' 『청정도론』 제3장 5번 단락을 의미함.

팔리 원전류

Aṅguttaranikāya, 5vols. ed. R. Morris and E. Hardy, London : Pali Text Society[PTS], 1985~1990.

Dīghanikāya, 3vols, T.W. Rhys Davids, J.E. Carpenter and W. Stede, London : PTS, 1890~1911.

Khuddakapāṭha with its Commentary, (Paramatthajotikā I.), *Maṅgalasutta Commentary*(pp.88~157), ed. Helmer Smith, London : PTS, 1978.

Majjhiamanikāya, 3vols. ed. V. Trenkner and R. Chalmers, London : PTS, 1948~1951.

Saṃyuttanikāya, 6vols. ed. M. Leon Feer, London : PTS, 1884~1904.

Sāratthappakāsinī(Saṃyuttanikāya commentary) I, ed. F.L. Woodward, PTS, London, 1929.

Suttanipāta, ed. Dines Andersen and Helmer Smith, London : PTS, 1913, reprinted in 1990.

Suttanipāta commentary (Paramatthajotikā II.), ed. Helmer Smith 3vols. London : PTS, 1989.

영역 및 영어문헌

Bodhi, Bhikkhu, *The Middle Length Discourses of the Buddha: A New Trans. of the Majjhima Nikāya*(Original translation by Bhikkhu Ñāṇamoli, 1960), Boston : Wisdom Publications, 1995.

_____, *In the Buddha's Words*, Boston : Wisdom Publications, 2005.

Ñāṇamoli, Bhikkhu, trans. *The Minor Readings(Khuddakapāṭha)*, Oxford : Pali Text Society, 1991.

_____, *The Path of Purification*, 5th edition, Kandy : BPS, 1991.

Soni, R.L, *Life's Highest Blessings: The Maha Mangala Sutta,* translation and Commentary, revised by Bhikkhu Khantipalo. Access to Insight, August 16, 2010 (http://www.accesstoinsight. wheel254.html#top)

한글역

각묵스님, 『디가니까야』 1~3권, 초기불전연구원, 2005.

_____, 『상윳따니까야』 1~6권, 초기불전연구원, 2009.

대림·각묵스님, 『아비담마 길라잡이』, 초기불전연구원, 2004.

대림스님, 『청정도론』 1~3권, 초기불전연구원, 2005.

_____, 『앙굿따라니까야』 1~6권, 초기불전연구원, 2007.

한역류

「中阿含經」, 『大正新脩大藏經』第一卷 阿含部 上, 東京 : 大正新脩大藏經 刊行委員會, 1924/1962

「雜阿含經」, 『大正新脩大藏經』第二卷 阿含部 下, 東京 : 大正新脩大藏經 刊行委員會, 1924/1962

「增一阿含經」『大正新脩大藏經』第二卷 阿含部 下, 東京 : 大正新脩大藏經 刊行委員會, 1924/1962

단행본 및 연구논문

김은희, 「개정판 집착척도 개발 및 타당화」, 가톨릭대학교 대학원 박사학위 논문, 2006.

김재성, 「초기불교의 깨달음과 사회 참여」, 『불교학 연구』 24호, 2009.
_____, 「초기불교의 번뇌」, 『인도철학』 제29집, 인도철학회, 2010.
론다 번, 『시크릿-수 세기 동안 단 1%만이 알았던 부와 성공의 비밀』, 김우열 옮김, 살림biz, 2007.
미산, 「대념처경을 중심으로 본 초기불교 수행법」, 『불교평론』, 14호, 2003.
_____, 「변화무쌍한 마음 어떻게 바로 잡아야 하는가?」, 『마음, 어떻게 움직이는가』, 운주사, 2009.
미하이 칙센트미하이 저·김우열 옮김, 『자기 진화를 위한 몰입의 재발견』, 한국경제신문, 2009.
박찬욱, 「불교상담 프로그램 개발과 효과성 연구 -초기불교를 중심으로」, 동국대학교 대학원 박사학위 논문, 2010.
비구 보디, 『팔정도』, 전병재 옮김, 고요한 소리, 2009.
송암지원 엮음, 『가정의 가치, 불교에 묻는다』, 도피안사, 2006.
정준영, 「욕망의 다양한 의미」, 『욕망, 삶의 동력인가 괴로움의 뿌리인가』, 운주사, 2008.
_____, 「나라고 할 만한 것이 있는가」, 『나, 버릴 것인가 찾을 것인가』, 운주사, 2008.
전현수, 『정신과 의사가 붓다에게 배운 마음 치료 이야기』, 불광출판사, 2010.
탈 벤 샤허르 저·노혜숙 옮김, 『해피어, 하바드대 행복학 강의』, 위즈덤하우스, 2007.
홍사성, 「'좋은 벗들의 모임'을 기다리며」, 『불교평론』 32호, 2007.

대승불교의 행복론 | 모두의 행복을 위한 보살의 길

Aṅguttara Nikāya, 145~146.
Dīghanikāya의 Mahāpadānasuttanta
대정장 1674(32~751).
대정장 1656(32~493).
『잡아함』 권15.
『장아함(長阿含, Dīghanikāya)』, 「대본경(大本經, Mahāpadānasttanta)」 하권.
『중아함』 권31-132, 「뇌타화라경」.

가나오까 슈우 편저·안중철 역, 『대승불교총설』, 불교시대사, 1992.
가마타 시게오·신현숙 역, 『한국불교사』, 민족사, 1988.
강성용, 「인도 불교전통에서 붇다 설화의 발전-빨리(Pāli)문헌에 나타난 사문유관四門
　　遊觀을 중심으로」, 『지중해연구』 제7권 제1호(2005. 4).
권오민, 「불설과 비불설」, 『문학/사학/철학』 17호, 2009.
정순일, 『인도불교사상사』, 운주사, 2005.
김성철, 「Systematic Buddhology와 『보리도차제론』」, 『불교학연구』 제3호, 2001.
김영태, 『韓國佛敎史槪說』, 경서원, 1986.
난다라타나, 「인도대승불교의 기원과 전개에 관한 연구」, 동국대학교 불교대학원
　　불교학과 석사학위논문, 1999.
마명 저·김달진 역주, 『붓다차리타』, 고려원, 1988.
박기련, 「정법불교를 모색하는 지리산 야단법석」, 『불광』, vol.419, 2009.
박용길 역, 『유마경』, 민족사, 2000.
불광교학부 엮음, 『經典의 세계』, 불출판사, 1990.
샨띠데바 저·쵸로덴 역주, 『입보리행론 譯註』, 하얀연꽃, 2006.
오강남, 『불교, 이웃종교로 읽다』, 현암사, 2006.
용수보살 저·김성철 역주, 『중론』, 경서원, 1993.
우제선, 『요가행자의 證知(Yogipratyakṣa)』, 무수, 2006.
윤성태, 『대승불교의 핵심』, 우리출판사, 1994.
이지수, 『인도에 대하여』, 통나무, 2002.
전재성 역주, 『금강경』, 한국빠알리성전협회, 2003.
정성본, 『간화선의 이론과 실제』, 동국대학교출판부, 2005.
早島鏡正 외·정호영 옮김, 『인도사상의 역사』, 민족사, 1988.
중암, 『수습차제연구』, 불교시대사, 2006.
中村元 著·金知見 譯, 『佛陀의 世界』, 김영사, 1984.
청전, 『달라이 라마와 함께 지낸 20년』, 지영사, 2006.
청전, 「흑방黑房수행」, 『청암』, 통권59호, 2008.
쵸로덴, 「가톨릭과 티베트 불교의 의례비교」, 『불교평론』 13호, 논단, 2003.
쵸로덴, 『티벳불교의 향기』, 대숲바람, 2005.
최연철, 「사문유관의 만달라적 의미」, 『인도철학』 제26집, 2009.
쵸로덴, 「한국불교세계화 모색을 위한 제5차 국제정책세미나, 아시아 지역(III)-티벳」,

대한불교조계종 총무원 사회부, 2009.
카지야마 유이치 저·권오민 역, 『인도불교사』, 경서원, 1985.
카지야마 유이치 저·권오민 역, 『인도불교철학』, 민족사, 1990.
카츠라 쇼류 저·권서용 외 옮김, 『인도인의 논리학』, 산지니, 2009.
토버스 레어드 지음·황정연 역, 『달라이 라마가 들려주는 티베트 이야기』, 웅진 지식하우스, 2008.
한자경, 『불교철학의 전개, 인도에서 한국까지』, 예문서원, 2003.
향봉, 「정법불교를 모색하는 지리산 야단법석」, 『불광』, vol.419. 2009.
혜원 역, 『과거현재인과경』, 민족사, 2003.
호사카 슌지 저·김호성 역, 『왜 인도에서 불교는 멸망했는가』, 한걸음 더, 2008.
홍사성, 「대승불교의 아킬레스건」, http://cafe.daum.net/hongsasung/4wfN/34. 2006.
히라카와 아키라 지음·이호근 옮김, 『인도불교의 역사』 상·하권, 민족사, 1989.

B. N. Miśra, *Nālandā*, vol. I., B. R. Pub, 1998.
Bu ston, Trans. Obermiller E.(1932; 1996b), *The History of Buddhism in India and Tibet*, Delhi: Sri Satiguru Publications, Bibliotheca Indo-Buddhica Series No. 48. 59) Padmasambhava(sLob dpon Padma 'byung gnas).
Dalai Lama XIV(1983, 1997), *My Land and My People: The Original Authobiography of His Holiness the Dalai Lama of Tibet*, Warner Books.
Geshe Sonam Gyaltsen Gonta(1997), 「チベットの僧院における學習課程と實踐」, 『세계 승가공동체의 교학체계와 수행체계』, 대한불교조계종교육원/사단법인 가산불교문화연구원.
Irma Schotsman(1995), *Aśvaghoṣa's Buddhacarita-The Life of Buddha*(Sanskrit text with word by word translation melodies for changing and verses in English grammatical explanation), Varanashi, Central Institute of Higher Tibetan Studies(CIHTS).
J. K. Nariman(1919초판, 1991), *Literary History of Sanskrit Buddhsim*, Delhi, Motilal Banarsidas.
K. H. M. Sumatipala(1968), *Buddhist Universities in ancient India*, Colombo: M. D. Gunasena & Co. Ltd.
N. A. Nikam and Richard Mckeon (ed, 1978), *Edicts of Aśoka*, University of Chicago

Press.

Sarla Khosla(1991), *Lalitavistara and The Evolution of Buddha Legend*, New Delhi, Galaxy Publications.

Tenzin Gyatso(1990), *Freedom in Exile: The Autobiography of the Dalai Lama of Tibet*, Hodder and Stoughton.

Tenzin Gyatso, A. A. Shiromany (ed.) (1995), *The Spirit of Tibet: Universal Heritage. Selected Speeches and Writings of His Holiness the Dalai Lama XIV*, Allied Publishers.

Tsongkhapa(2002), *Lam gyi gtso bo rnam gsum gyi rtsa ba*, Sherig Parkhang, 다람살라 (Dharamsala) 유통본.

선불교의 행복론 | 선시, 절대적 행복을 노래하다

李燾 著,『續資治通鑑長編』卷23, 臺灣: 世界書局, 1974.
(宋)蘇軾 著, 王文誥, 馮應榴輯注,『蘇軾詩集』, 臺灣: 學海出版社, 1985.
(宋)蘇軾 著, 孔凡禮點校,『蘇軾文集』, 北京: 中華書局, 1986.
楊家駱 主編,『宋史·蘇軾傳』, 臺灣: 鼎文書局, 1980.
孫昌武 著,『佛教與中國文學』, 臺灣: 東華書局, 1989.
朴永煥 著,『蘇軾禪詩硏究』, 北京: 中國社會科學出版社, 1995.
周裕鍇 著,『中國禪宗與詩歌』, 上海: 人民出版社, 1992.
『佛光大辭典』, 臺灣: 佛光出版社, 1989.
劉熙載 著,『藝槪』, 臺灣: 廣文書局, 1969.
(宋)普濟,『五燈會元』, 北京: 中華書局, 1990.
謝思煒 著,『禪宗與中國文學』, 北京: 中國社會科學出版社, 1995.
(宋)釋道原 編,『景德傳燈錄』, 臺灣: 彙文堂出版社, 1987.
스야후이 지음·장연 옮김,『소동파 선을 말하다』, 김영사, 2006.

서양철학의 행복론 | 인간적 행복과 신적 지복

Aristotelis Ethica Nicomachea, recognovit brevique adnotatione critica instruxit I. Bywater, Oxford: Clarendon Press, 1894.

아리스토텔레스 저, 이창우·김재홍·강상진 옮김, 『니코마코스 윤리학』, 이제이북스, 2006.

Broadie, S./Rowe, Ch., *Aristotle, Nicomachean Ethics*, translation, introduction, and commentary, Oxford, 2002.

아우구스티누스, 『고백록(Confessiones)』, 최민순 번역, 바오로, 1965 ; 선한용 번역, 대한기독교서회, 2003.

아우구스티누스 저·성염 역주, 『신국론(De civitate Dei)』, 분도, 2005.

아우구스티누스 저·성염 역주, 『그리스도교 교양(De docta christiana)』, 분도, 1989.

아우구스티누스 저·성염 역주, 『자유의지론(De libero arbitrio)』, 분도, 1998.

아우구스티누스 저·성염 역주, 『참된 종교(De vera religione)』, 분도, 1989.

Possidio, *Vita dii Agositno* (ed.) Bastiaensen, A.A.R., Milan. 1997; 포시디우스 저, 이연학·최원오 역주, 『아우구스티누스의 생애』, 분도, 2008.

마르쿠스 아우렐리우스 저·천병희 옮김, 『명상록』, 숲, 2005.

에픽테토스 저·김재홍 옮김, 『엥케이리디온 : 도덕에 관한 작은 책』, 까치, 2003.

강상진, 「아리스토텔레스의 덕론」, 『가톨릭철학』 9, 2007.

강상진, 「서양 고중세의 인문정신과 인문학」, 『지식의 지평2: 인문정신과 인문학』, 한국학술협의회 편, 아카넷, 2007.

강상진, 「명저탐방: 아우구스티누스, 『신국론』: 문명의 전환은 어떻게 철학적으로 소화되는가?」, 『철학과 현실』 75, 2007.

강상진, 「아우구스티누스와 고전적 덕론의 변형」, 『인간 환경 미래』 5(2010) 근간.

권석만, 『긍정 심리학 : 행복의 과학적 탐구』, 학지사, 2008.

서병창, 「도덕적 행위에서 이성과 욕구의 문제 -아리스토텔레스와 아우구스티누스, 토마스 아퀴나스 윤리 사상의 비교 고찰」, 『가톨릭철학』 4, 2002.

이정전, 『우리는 행복한가. 경제학자 이정전의 행복방정식』, 한길사, 2008.

이창우, 「인간의 행복 -아리스토텔레스의 『니코마코스 윤리학』 제1권」, 가톨릭대학교 인간학 연구소 편, 『인간연구』 3, 2002.

이창우, 「행복, 욕구 그리고 자아: 헬레니즘 철학의 이해」, 철학연구회 편, 『철학연구』 62, 2003.

이태수, 「석학과 함께 하는 인문강좌 07, "아리스토텔레스의 니코마코스 윤리학"」 강연록, 서울역사박물관(2009. 05. 30부터 2009. 7. 4까지 5회).

전헌상, 「소망과 품성: 이성적 욕구와 영혼의 비이성적 상태들」, 『서양고전학연구』 21, 2004.

카를로 크레모나 저·성염 옮김, 『성 아우구스티누스 전』, 바오로 딸, 1992.

황경식, 「왜 다시 덕윤리가 문제되는가? -의무(義務)윤리와 덕(德)의 윤리가 상보(相補)하는 제3윤리의 모색-」, 『철학』 95, 2008.

Annas, J., *"Ancient Ethics and Modern Morality"*, Philosophical Perspectives 6 (1992).

Celano, Anthony J., *"The Understanding of the Concept of Felicitas in the pre~1250. Commentaries on the Ethica Nicomachea"*, Medioevo 12 (1986).

Celano, Anthony J., *"The Concept of Worldly Beatitude in the Writings of Thomas Aquinas"*, Journal of the History of Philosophy 25 (1987).

Celano, A. J., *"Act of the intellect or act of the will. The critical reception of Aristotle's ideal of human perfection in the 13th and early 14th century"*, Archives d'Histoire Doctrinale et Litt?raire du Moyen Age 57 (1990).

Celano, Anthony J., *"The 'finis hominis' in the thirteenth century commentaries on Aristotle's Nicomachean Ethics"*, Archives d'Histoire Doctrinale et Litteraire du Moyen Age 53 (1986).

Fuhrer, Therese, *Augustinus*, Darmstadt, 2004.

Gilson, Etienne, *Introduction à l'étude de saint Augustin*, Paris, 1949. (한국어 번역: 질송 저·김태규 옮김, 『아우구스티누스 사상의 이해』, 성균관대학교출판부, 2010)

Harrison, Carol, *Augustine: Christian Truth and Fractured Humanity*, (Oxford, 2000).

Hök, Gösta, *"Augustinus und die antike Tugendlehre"*, Kerygma und Dogma 6 (1960).

Horn, Christoph, *"Augustinus über Tugend, Moralität und das höchste Gut"* Fuhrer, Th./Erler, M. (eds.) Zur Rezeption der hellenistischen Philosophie in der Spätantike (Stuttgart 1999).

Irwin, Terence H., *"Who Discovered the Will?"*, Philosophical Perspectives 6 (1992).

Kent, Bonnie, *Virtues of the will : the transformation of ethics in the late thirteenth century* (Washington 1995).

Kraut, R., *"Two Conceptions of Happiness"*, Philosophical Review 88 (1979).
Kreuzer, Johann, *Augustinus*, Frankfurt/Main, 1995.
MacIntyre, A., *After virtue: a study in moral theory*, London, 1985.
Matthews, Gareth B. (ed.) *The Augustinian tradition*, Berkeley, 1999.
Rist, J.M., *Augustine. Ancient Thought Baptized*, Cambridge, 1994.
Stump, E./Kretzmann, N. (eds.) *The Cambridge companion to Augustine*, Cambridge, 2001.
Wetzel, J., *Augustine and the Limits of Virtue*, Cambridge, 1992.

윤리학·사회학의 행복론 | 삶을 사랑하는 법, 혹은 두 번의 긍정

모리타 미노루(森田實), 아마미야 카린, 『國家の貧困』, 日本文藝社, 2009.
서은국·구재선·이동귀·정태연·최인철, 「한국인의 행복지수와 그 의미」, 『2010 한국 심리학회 연차학술대회 자료집』, 한국 심리학회, 2010.
아마미야 카린(雨宮處凜), 「プレカリアとの亂?」, 『脫 '貧困'への政治』, 岩波書店, 2009.
우츠노미야 켄지(宇都宮健兒)·유아사 마코토(湯淺誠) 編, 『派遣村』, 岩波書店, 2009.
이진경, 『노마디즘』 1~2, 휴머니스트, 2002.
이진경, 「코뮨주의에서 공동성과 특이성」, 『탈경계 인문학』, 2010년 여름호, 이화인문과학원, 2010.
임영진·고영건·신희천·조용래, 「한국인의 정신건강」, 『2010 한국 심리학회 연차학술대회 자료집』, 한국 심리학회, 2010.
조갑제, 『내 무덤에 침을 뱉어라』 1~8, 조선일보사, 1998~2001.
조원광, 「유연화 체제의 프롤레타리아트, 비정규직」, 『알』 2호, 2008.
진중권, 『네 무덤에 침을 뱉으마』 1~2, 개마고원, 1998.
타니가와 간(谷川雁), 「政治的 前衛とサークル」, 岩崎稔·米谷匡史 編, 『谷川雁セレクション』, I, 日本經濟評論社, 2009.
Artaud, Antonin, *Van Gogh, suicidé par la société*, 조동신 역, 『나는 반 고흐의 자연을 다시 본다』, 도서출판 숲, 2003.
Benedict de Spinoza, *Ethica*, 강영계 역, 『에티카』, 서광사, 1990.
Deleuze, Gille, *Nietzsche et la philosophie*, 신순범 외 역, 『니체, 철학의 주사위』,

인간사랑, 1993.

Deleuze, Gille/ Félix Guattari, *Anti-OEdipe*, Minuit, 1972.

Diener, Ed, et al., *"Unhapiness in South Korea: Why It Is High and What Might Be Done About It"*, 『2010 한국 심리학회 연차학술대회 자료집』, 한국심리학회, 2010.

Foucault, Michel, *Histoire de la séxualité 3*, 이영목 역, 『성의 역사 3: 자기에의 배려』, 나남출판, 2004.

Freud, Sigmund, 박찬부 역, 『쾌락원칙을 넘어서』, 열린책들, 1997.

Heidegger, Martin, *Sein und Zeit*, 이기상 역, 『존재와 시간』, 까치, 1998.

Henri Bergson, *L'Evolution créatrice*, 황수영 역, 『창조적 진화』, 아카넷, 2005.

Nietzsche, Fridrich, *Jenseit von Gut und Böse*, 김정현 역, 『선악의 저편/도덕의 계보』, 책세상, 2002.

Nietzsche, Friedrich, *Zur Geneologie der Moral*, 김정현 역, 『선악의 저편/도덕의 계보학』, 책세상, 2002.

Saligman, Martin, *Authentic Happiness*, 김인자 역, 『긍정심리학』, 도서출판 물푸레, 2006.

Shenk, Joshua, *"What Makes Us Happy?"*, Atlantic Monthly, 2009, June.

Vailant, George, *Aging Well*, 이덕남 역, 『행복의 조건』, 프런티어, 2010.

심리학의 행복론 | 긍정심리학, 개인과 사회의 상생적 행복을 꿈꾸다

경찰청, 「2009년 자살사망자 통계 결과」, 경찰청, 2010.

권석만, 『긍정심리학: 행복의 과학적 탐구』, 학지사, 2008.

권석만, 「심리학의 관점에서 본 욕망과 행복의 관계」, 『철학사상』 36, 2010.

권석만·유성진·임영진·김지영, 「성격강점검사: 대학생 및 청년용」, 학지사심리검사연구소, 2010.

민중서림 편집국, 『민중 엣센스 국어사전』, 민중서림, 2001.

조맹제, 「한국인의 자살 실태조사」, 연구보고서, 2010.

통계청, 「2009년 이혼 통계 결과」, 통계청, 2010.

Adams, T., Bezner, J., & Steinhart, M. (1997), *The conceptualization and measurement of perceived wellness: Integrating balance across and within dimensions*. American Journal of Health Promotion, 11.

Austin, J. T., & Vancouver, J. F. (1996), *Goal construction in psychology: Structure, process, and content*. Psychological Bulletin, 120.

Brickman, P., Coates, D., & Janoff-Bulman, R. (1978), *Lottery winners and accident victims: Is happiness relative?* Journal of Personality and Social Psychology, 36.

Cohen, S., & Herbert, T. B. (1996), *Health psychology: Psychological factors and physical disease from the perspective of human psychoneuroimmunology*. Annual Review of Psychology, 47.

Compton, W. C. (2005), *An introduction to positive psychology*. Belmont, CA: Thomson Wadsworth. (서은국·성민선·김진주 역, 『긍정 심리학 입문』, 박학사, 2007)

Deci, E. L., & Ryan, R. M. (2008), *Hedonia, eudaimonia, and well-being: An introduction*. Journal of Happiness Studies, 9.

Diener, E. (1984), *Subjective well-being*. Psychological Bulletin, 193.

Diener, E. & Biswas-Diener, R. (2002), *Will money increase subjective well-being? A literature review and guide to needed research*. Social Indicators Research, 57.

Diener, E., Emmons, R., Larsen, R., & Griffin, S. (1985), *The satisfaction with life scale*. Journal of Personality Assessment, 49(1).

Diener, E., Suh, E. M., Lucas, R. E., & Smith, H. L. (1999), *Subjective well-being: Three decades of progress*. Psychological Bulletin, 125.

Diener, E., Suh, E. M., Kim-Prieto, C., Biswas-Diener, R., & Tay, L. S. (2010), *Unhappiness in South Korea: Why it is high and what might be done about it*. 한국심리학회 대외국제심포지엄(Psychology Toward Happiness) 자료집.

Hsee, C. K., & Abelson, R. P. (1991), *Velocity relation: Satisfaction as a function of the first derivative of outcome over time*. Journal of Personality and Social Psychology, 60.

Kahneman, D., Diener, E., & Schwartz, N. (Eds.). (1999), *Well-being: The foundations of hedonic psychology*. New York: Russell Sage Foundation.

Lyubomirsky, S., & Ross, L. (1997), *Hedonic consequences of social comparison: A contrast of happy and unhappy people*. Journal of Personality and Social Psychology, 73.

McNair, D. M., Lorr, M., & Droppleman, L. F. (1971), *Manual for the Profile of Mood States*. San Diego, CA: Educational and Industrial Testing Service.

Micholas, A. C. (1985), *Multiple discrepancies theory(MDT)*. Social Indicators Research, 16.

Myers. D. G. (2007), *Psychology of happiness*. Scholarpedia, 2(8).

Myers, C. G., & Diener, E. (1995), *Who is happy?* Psychological Science, 6.

Peterson, C. (2006), *A primer in positive psychology*. New York: Oxford University Press.

Peterson, C., Park, N., & Seligman, M. E. P. (2005), *Assessment of character strengths*. In G. P. Koocher, J. C. Norcross & S. S. Hill (Eds), *Psychologists desk reference*. New York: Oxford University Press.

Peterson C., & Seligman, M. E. P. (2004), *Character strengths and virtues: A handbook and classification*. New York: Oxford University Press/Washington, DC: American Psychological Association. (문용린·김인자·원현주·백수현·안성영 역, 『긍정심리학의 입장에서 본 성격 강점과 덕목의 분류』, 한국심리상담연구소, 2009)

Ralph, R. O., & Corrigan, P. W. (Eds.). (2005), *Recovery in mental illness: Broadening our understanding of wellness*. Washington, DC: American Psychological Association.

Reis, H. T., & Gable, S. L. (2003), *Toward a positive psychology of relationship*. In C. L. M. Keyes, & J. Haidt (Eds), *Flourishing: Positive psychology and the life well-lived*. Washington, DC: American Psychological Association.

Ryff, C. D. (1989), *Happiness is everything, or is it? Explorations on the meaning of psychological well-being*. Journal of Personality and Social Psychology, 57(6).

Ryff, C. D. (1995), *Psychological well-being in adult life*. Current Direction in Psychological Science, 4(4).

Ryff, C. D., & Singer, B. (1996), *Psychological well-being: Meaning, measurement, and implications for psychotherapy research*. Psychotherapy and Psychosomatics, 65.

Ryff, C. D., & Singer, B. (2001), *Emotion, social relationships, and health*. New York: Oxford University Press.

Ryff, C. D., & Singer, B. (2008), *Know thyself and become what you are: A eudaimonic approach to psychological well-being*. Journal of Happiness Studies, 9.

Seligman, M. E. P. (1999), *The president's address*. American Psychologist. 54.

Seligman, M. E. P. (2000, October), *Positive psychology: A progress report*. Paper presented at the Positive Psychology Summit 2000. Washington, DC.

Seligman, M. E. P. (2002), *Authentic happiness*. New York: Free Press.(김인자 역, 『긍정 심리학』, 물푸레, 2006)

Seligman, M. E. P., Rashid, T., & Parks, A. C. (2006), *Positive psychotherapy*. American Psychologist, 11.

Seligman, M. E. P., Steen, T. A., Park, N., & Peterson, C. (2005), *Positive psychology progress: Empirical validation of interventions*. American Psychologist 60.

Singer, B. H., & Ryff, C. D. (2001), *New horizons in health: An integrative approach*. Washington, DC: National Academy Press.

Watson, D., Clark, L., & Tellegen, A. (1988), *Development and validation of brief measures of positive and negative affect: The PANAS scales*. Journal of Personality and Social Psychology, 54.

WHO (2001), *Strengthening mental health promotion*. Geneva, World Health Organization (Fact sheet no. 220).

WHO (2005), *Promoting mental health: Concepts, emerging evidence, and practice*. Geneva, Switzerland: Author.

Zuckerman, M., & Lubin, B. (1965), *Manual for the Multiple Affect Adjective Check List*. San Diego, CA: Educational and Industrial Testing Service.

주

초기 및 상좌불교의 행복론 | 최상의 행복을 향하여

1 론다 번 저·김우열 옮김, 『시크릿 - 수 세기 동안 단 1%만이 알았던 부와 성공의 비밀』(2007), 살림biz.
2 법상, 『삶을 창조하는 행복수업』, 도서출판 무한, 2010, pp.242~243.
3 김재성, 「초기불교의 번뇌」, 『인도철학』 제29집(인도철학회, 2010), pp.235~236.
4 S. IV. 207~208(S36:6).
5 비구 보디 저·전병재 옮김, 『팔정도』(고요한 소리, 2009), pp.77~79.
6 정준영, 「욕망의 다양한 의미」, 『욕망, 삶의 동력인가 괴로움의 뿌리인가』(운주사, 2008), pp.27~58.
7 비구 보디, 앞의 책(2009), p.83.
8 비구 보디, 앞의 책(2009), p.84.
9 박찬욱, 「불교상담 프로그램 개발과 효과성 연구 - 초기불교를 중심으로」, 동국대학교 대학원 박사학위논문(2010), p.64.
10 김은희, 「개정판 집착척도 개발 및 타당화」, 가톨릭대학교 대학원 박사학위 논문(2006), pp.91~93. 이 연구는 심리학적 관점에서 여러 가지 집착에 대한 기존의 정의를 검토한 후, 개정판 집착척도를 개발하기 위해서 집착이라는 현상을 더욱 직접적으로 드러내 줄 수 있는 좁은 의미로 집착의 정의를 새롭게 설정하고 있다. 개정판 집착척도의 연구 결과를 보면, 새로 개발된 척도는 정신과 환자집단, 일반집단, 수행자집단은 물론, 정신과 내에서도 정신증 환자와 신경증 환자, 군대집단 내에서도 부적응 병사와 적응 병사를 잘 변별해 주고 있는 것으로 나타났다. 따라서 불교상담의 주요 개념인 '집착이 인간의 심리적·정신적 고통의 핵심요소 중 하나이고, 인간의

적응 및 부적응 혹은 건강 및 불건강을 설명할 수 있는 상담심리학 영역에서의 중요한 개념이 될 수 있음을 보여준 연구라고 생각한다.

11 성열 엮음, 『부처님 말씀』, 현암사, 2002, p.203; 『중아함경』 3권(대정장 권1, 435); A. I. 173(A3:61) 참조.

12 M. II. 22; 『잡아함경』 14권 258경(대정장 권2, 100) 참조.

13 각묵 옮김, 『상윳따니까야』 1권(S1:10)(2009), pp.153~154.

14 탈 벤 샤하르 저·노혜숙 옮김, 『해피어-하바드대 행복학 강의』(위즈덤하우스, 2007), p.62.

15 Sn. pp.46~47(게송258~269)

16 D. III. 180~181.

17 Soni, *Life's Highest Blessings: The Maha Mangala Sutta*,(2010) translation and Commentary, revised by Bhikkhu Khantipalo. *Access to Insight*.(인터넷 버전).

18 Sn. 게송259~269.

19 『숫따니빠타』의 주석서(*Paramatthajotika* II. 300)에는 설명이 매우 간략하다. 왜냐하면 *Kuddakapatha*에 있는 「행복경」의 주석(*Paramatthajotika* I. 88~157)을 자세히 했기 때문이다. 이 주석에 의하면 행복에 관한 열띤 토론이 인도 전역에서 진행되고 있을 때 도리천의 제석천왕이 왕자를 보내 붓다에게 행복에 관한 법문을 청한 것으로 되어있다. (Prj I. 118~123)

20 Prj I. 123~124.

21 Prj I. 124-132.

22 『중아함경』 36권 148경(대정장 권1, 659~660); 홍사성, 「'좋은 벗들의 모임'을 기다리며」, 『불교평론』 32호(2007), 권두언 참조.

23 『잡아함경』 27권 726경(대정장 권2, 195); 홍사성, 권두언(2007) 참조.

24 Prj I. 132~134.

25 Prj I. 134~136.

26 Prj I. 136~140.

27 Prj I. 140~142.

28 Prj I. 142~144.

29 Prj I. 144~148.

30 Prj I. 148~151.

31 Prj I. 151~153.

32 Prj I. 153~154.

33 Prj I. 154.

34 Soni(2010), pp.11~12.

35 Prjk I. 155.

36 S. I. 214.

37 Spk. I. 329.

38 A. II. 5, 자애명상의 11가지 유익함에 이 명상에 의해 천상에 태어날 수 있음을 알 수 있다 ①잠을 편안하게 자고, ②편안하게 깨고, ③악몽을 꾸지 않고, ④인간에게 사랑받고, ⑤인간이 아닌 존재들에게서도 사랑받고, ⑥신들이 보호하고, ⑦불, 독약, 무기로 해침을 받지 않고, ⑧마음이 쉽게 집중되고, ⑨얼굴빛이 밝고, ⑩혼란 없이 죽고, ⑪아라한이 되지 않았다면 범천에 태어난다. A. V. 342; Ptis. II. 130 : mettāya bhikkhave cetovimuttiyā āsevitāya bhāvitāya bahulīkatāya yānīkatāya vatthukatāya anuṭṭhitāya paricitāya susamāraddhāya ekādasānisaṃsā pāṭikaṅkhā. katame ekādasa. sukhaṃ supati, sukhaṃ patibujjhati, na pāpakaṃ supinaṃ passati, manussānaṃ piyo hoti, amanussānaṃ piyo hoti, devatā rakkhanti, nāssa aggi vā visaṃ vā satthaṃ vā kamati, tuvataṃ cittaṃ samādhiyati, mukhavaṇṇo vippasīdati, asammūḷho kālaṃ karoti, uttariṃ appaṭivijjhanto brahmalokūpago hoti.

39 Bhikkhu Bodhi(2005), p.109; 김재성(2010), pp.71~72 참조.

40 D. III. 180~191.

41 D. III 180~181, 187-191. 각묵 스님 역, 『디가니까야』 3권, pp.311~330; 김재성(2010), pp.89~91 재인용.

42 미산, 「부처님은 가정과 부부를 어떻게 보는가」, 『가정의 가치, 불교에 묻는다』(송암지원 엮음, 도피안사, 2006) pp.154~173.

43 『중아함경』(『대정장 I, 482); 『장아함경』(대정장 I, 51; A. II. 32(A.4:32), 248(A.4:253); A. IV. 218~220(A.8:24), 363~365(A.9:5) 참조.

44 비구 보디(2009), pp.195~196.

45 미하이 칙센트미하이 저·김우열 옮김, 『자기 진화를 위한 몰입의 재발견』(한국경제 신문, 2009), pp.18~24.

46 Vism. III. 104: 명상자가 명상 작업을 하는 곳이라 하여 '업처(業處, kammaṭṭhāna)'라 불리는 것 40가지를 한 벌로 모으고 있다. 그 40가지를 나열하면 다음과 같다. 10가지 '까시나(dasa kasiṇa, 十遍處), 10가지 부정한 대상(dasa asubhā, 十不淨), 10가지 상기(dasa anussatiyo, 十隨念), 4가지 숭고한 상태(cattāro brahmavihārā, 四梵住處), 4가지 비물질적 상태(cattāro āruppā, 四無色界), 한 가지의 인식(ekāsaññā, 一想), 한 가지의 분석(ekā vavaṭṭhāna, 一析).

47 초기경전에는 일반적으로 선정 수행의 차원을 색계의 4선, 무색계 4선으로 나눈다. 행복에 관한 논의를 하는 지면이므로 희열과 행복의 심리현상들이 구체적으로 언급된 색계의 4선만을 다룬다.

48 D. III. 78; D. I. 252 참조.

49 Sn. 25~26; Khp. 8~9; Iti. 21 참조.

50 Vism. IX. 4 : Ārabhantena ca ādito va puggalabhedo jānitabbo, imesu puggalesu mettā pathamam [na] bhāvetabbā, imesu te va bhāvetabbā ti. Ayam hi mettā appiyapuggale atippiyasahāyake majjhate verīpuggale ti imesu catūsu pathamam na bhāvetabbā ; lingavisabhāge odhiso na bhāvetabbā, kālankate na bhāvetabbā va.

51 여기서 동성에게만 자애관을 닦고, 이성에게는 자애관을 닦지 말라는 의미는 아니다. 다만 좋아하는 이성을 맨 처음 자애의 대상으로 삼을 때 나타나는 허물과 위험이 있으므로, 먼저 선정에 도달한 다음 여성 전체나 남성 전체를 대상으로 삼으면 된다. 예를 들면, '모든 여성들이 (혹은 모든 남성들이) 다 행복하기를'이라고. 그리고 위에서 언급했던 네 부류의 사람들도 나중에 선정(자심해탈)에 도달하고 나서 닦으면 된다고 한다.

52 근접삼매(근행정)란 마음이 대상에 몰입되어 5개가 다 제거된 상태이나, 아직 선정(초선)에 도달하지는 못하고 가까이 근접해 있는 상태이다. 본삼매(몰입삼매, 안지정)는 이미 선정에 도달한 상태로서 보통 초선에서 4선을 말한다. 죽은 자는 이미 몸을 바꿨기 때문에 실제로는 수행 대상이 없는 상태이다. 수행 대상이 없으면 그에 따른 심상(nimitta)도 얻을 수 없기 때문에, 당연히 근접삼매와 본삼매는 얻을 수가 없다.

53 Vism. III. 4.

54 Vism. III. 8~40.
55 각묵 옮김, 『상윳따니까야』 1권(S3:8)(2009), p.346.
56 Vism. IX. 9; 마하시 사야도는 자애관에 사용하는 위의 네 가지 연구를 'mettā vacīkam(자애 언구)'라고 부른다. 이것은 자애의 느낌을 말로써 표현하는 것이다.
57 첫째, 원한 맺힌 사람에 대한 적개심이 해결이 안 될 때는 나, 좋아하는 사람, 무관한 사람에 대한 자애명상을 다시 한다. 그러고 난 뒤 다시 원한 맺힌 사람에게 자애명상을 해 본다. 그래서 적개심이 해결되면 다음 단계로 넘어갈 필요가 없다. 두 번째 단계는 두 가지로 나눌 수 있다. 하나는 붓다의 '톱의 비유'의 경책을 생각한다. '비구들이여, 무지막지한 악당들이 양쪽에 자루가 달린 톱으로 사지를 토막토막 자르더라도 그것 때문에 마음속으로 화를 낸다면 그는 나의 가르침을 따르는 자가 아니다.' 또 하나는 화난 사람에게는 적을 즐겁게 하고 적에게 도움이 되는 일곱 가지가 찾아온다는 것이다. 즉 흉한 꼴, 괴롭게 잠들게 됨, 행운이 찾아오지 않음, 부를 이룰 수 없음, 명성이 찾아오지 않음, 친구가 없음, 죽은 뒤 악처에 태어남이다. 셋째, 그 사람의 좋은 점을 떠올린다. 즉 그 사람의 좋은 점을 생각할 때 나에게 고요함이나 청정함이 생기는 그런 좋은 점을 말한다. 만약에 그런 점이 전혀 없으면 죽어서 지옥에 떨어질 것이라고 생각하면서 연민을 일으킨다. 넷째, 자기를 훈계한다. 설사 남이 나에게 나쁜 짓을 했다 해도 나는 나의 영역인 내 마음을 지키겠다고 마음먹는다. 다섯째, 우리 모두가 업의 상속자임을 생각한다. '여보게, 그에게 화를 내어 무엇을 할 것인가? 화냄으로 인한 그대의 업이 장차 그대를 해로움으로 인도하지 않겠는가. 그대의 업이 바로 그대의 주인이고, 그대는 업의 상속자이고 업에서 태어나고 업이 그대의 친척이고 업이 그대의 의지처다. 그대는 그대가 행한 업의 상속자가 될 것이다.' 여섯째, 붓다의 전생 수행의 덕을 생각한다. 붓다는 과거 수없는 생에서 인간과 동물로 태어나서 도저히 참을 수 없는 상황에서 화를 내지 않으려고 노력했다. 일곱째, 긴 윤회에서 어머니, 아버지, 형제가 아니었던 중생을 만나기가 어렵다는 것을 생각한다. 여덟째, 자애의 11가지 이익을 생각한다. 즉 편안하게 자고, 편안하게 깨어나고, 악몽에 시달리지 않고, 사람들이 좋아하고, 사람 아닌 자들이(선신 등) 좋아하고, 신들이 보호하고, 불이나 독이나 무기가 영향을 미치지 못하고, 마음이 쉽게 삼매에 들고, 안색이 밝고, 혼란되지 않은 상태에서 죽음을 맞이하고, 더 높은 경지에 도달하지 못하더라도 범천의 세계에 태어난다. 아홉째, 화내는 대상을 다음과 같이 스스로 분석한다.

'그대가 그에게 화를 낼 때 무엇에 대하여 화를 내는가? 머리털에 대하여 화를 내는가? 아니면 몸털, 손톱, 발톱…… 오줌에 대해 화를 내는가? 혹은 머리털 등에 있는 땅의 요소에 대하여 화를 내는가? 아니면 물의 요소, 불의 요소, 바람의 요소에 대하여 화를 내는가? 이와 같이 요소들을 분석할 때 마치 바늘 끝의 겨자씨처럼, 허공의 그림처럼 화를 내는 발판을 얻지 못한다.' 여기서 머리털, 몸털, 손톱, 발톱부터 오줌은 우리 몸을 구성하는 32가지이다. 지면상 생략한 것이다. 불교에서는 우리는 우리 몸을 구성하는 32가지로 구성되어 그것들이 있는 것이지 그것들을 움직이는 자아나 주체가 있다고 보지 않는다. 화를 낼 때 그것을 받을 자아나 주체가 없으니 우리 몸을 구성하는 32가지에 화를 내는 것인데 실제 32가지 각각이 어떻게 화를 받고 있나를 보자는 것이다. 실제는 우리가 생각하는 것과 다르다는 것이다. 열째, 상대에게 필요한 것을 준다. 주면 나의 적개심이 가라앉고 상대방에 대한 화도 내가 주는 것을 상대방이 받는 순간 가라앉는다. Vism. IX. 14~40; 전현수, 『정신과 의사가 붓다에게 배운 마음 치료 이야기』(불광출판사, 2010), pp.178~181을 요약 정리함.

58 미산, 「대념처경을 중심으로 본 초기불교 수행법」, 『불교평론』 14호(2003), pp.89~111.

59 『잡아함경』 15권 386경(대정장 권2, 104)

60 Vism. I. 12~13; 대림 역, 『청정도론』 I, p.130.

61 비구 보디(2009), pp.220~221.

62 S. II. 153~154(S.14:13).

63 A. II. 52(A.4:49).

64 비구 보디(2009), pp.222~223.

65 D. II. 290.

66 D. II. 299~300.

67 Vism. XXII 117. 공의 수관은 무상無相의 수관隨觀과 무원無願의 수관隨觀과 함께 3해탈문(vimokkha-mukha)의 3수관에 속한다. 『상윳따니까야』의 「공한 삼매경」(S43:4)과 『앙굿따라니까야』의 「탐욕의 반복경」(A3:163)에는 3삼매, 즉 공삼매空三昧, 무상삼매無相三昧, 무원삼매無願三昧라는 구절이 나온다.

68 M. III. 71~78.

69 비구 보디(2009), pp.232~233.

70 비구 보디(2009), pp.234~235.

71 이 경지는 여섯 번째 청정에서 일곱 번째 청정의 중간에 일어나는 현상이므로 그 어느 쪽에도 속하지 않는 과도기적인 지혜의 단계라고 할 수 있다. 미산(2009), p.83 참고.

72 Vism. XXII. 97.

73 Vism. XXII. 92~103; 비구 보디(2009), pp.236~237.

74 정준영,「나라고 할 만한 것이 있는가」,『나, 버릴 것인가 찾을 것인가』(운주사, 2008), pp.62~63.

75 논의한 내용을 도표로 정리하면 다음과 같다. 미산(2009), p.87. 도표 재인용.

욕계의 5가지 결박번뇌	색계와 무색계의 5가지 결박번뇌
① 유신견	⑥ 색계에 대한 욕망
② 회의적 의심	⑦ 무색계에 대한 욕망
③ 계율, 종교적 의식 등에 집착	⑧ 아만
④ 감각적 욕망	⑨ 들뜸
⑤ 악의	⑩ 어리석음(無明)

4부류의 성인과 10가지 결박번뇌의 소멸

성인	10가지 족쇄의 소멸
수다원	①-③의 소멸
사다함	①-③의 소멸, ④-⑤의 약화
아나함	①-⑤의 소멸
아라한	①-⑩의 소멸

수다원, 사다함, 아나함, 아라한, 이 네 부류의 성인들은 각각 순간적인 깨침의 길(道, Magga)로 들었다가 곧 바로 깨침의 결과(果, Phala)를 성취한다. 즉 수다원도/수다원과, 사다함도/사다함과, 아나함도/아나함과, 아라한도/아라한과, 이렇게 8부류 4쌍의 성인(四雙八輩)들이 있게 되며, 위와 같은 미세한 번뇌들을 단계적으로 소멸하게 된다. 이 성인들의 수행의 과정과 결과를 4향4과(四向四果)라고도 한다.

76 김재성(2010), p.98.

77 『앙굿따라니까야』의 여러 곳에서 금생의 행복과 내생의 행복을 언급하며 재가자의 수행 덕목을 시설하고 있다. A. IV. 426(A9:37); 대림 역, 『앙굿따라니까야』 5권, p.472.

78 A. IV. 156f(A8:5-6); 대림 역, 『앙굿따라니까야』 5권, pp.69~70.

대승불교의 행복론 | 모두의 행복을 위한 보살의 길

1 J. K. Nariman(1919초판, 1991), pp.11~62에 자세히 기술되어 있다. Irma Schotsman(1995), Canto III. pp.36~51. Sarla Khosla(1991) 등 참조. 혜원 역, 『과거현재인과경過去現在因果經』(민족사, 2003), pp.70~86. 마명馬鳴 저·김달진 역주, 『붓다차리타』(고려원, 1988), pp.35~79 참조. 불전문학에 대한 내용과 역사적 성격에 대한 내용은, 불광교학부 엮음, 『經典의 세계』(불광출판부, 1990), pp.17~33 참조. 여기서는 불전문학의 내용과 문헌을 개괄적으로 소개하고 있다.

2 사문유관의 역사적 진실은 모호한 점이 많다. 붓다의 생애를 기록하고 있는 다양한 문헌들에도 사문유관에 관한 기록은 정확히 일치하지 않는다. 그래서 사문유관의 내용을 후세에 만들어진 이야기로 보는 학자들도 있다. 히라카와 아키라 지음·이호근 옮김, 『인도불교의 역사』 상권(민족사, 1989), pp.40~41. 『Aṅguttara Nikāya』 145~146에 나타난 붓다의 회상 장면이나 『Dīghanikāya』의 「Mahāpadānasuttanta」에서 볼 수 있는 비파시(毘婆尸, Vipaśyin) 불佛의 출유出遊 장면 등에서 찾아볼 수 있다. 강성용, 「인도 불교전통에서 붓다 설화의 발전-빨리(Pāli)문헌에 나타난 사문유관四門遊觀을 중심으로」, 『지중해연구』 제7권 제1호(2005. 4), pp.114~116, pp.125~128. 한역본에서도 사문유관이 간접적이나마 붓다의 일생에 하나의 사건으로 정형화되기 시작한 전거典據는 과거7불 중에 첫 번째 불佛인 비파시 붓다의 이야기를 중심으로 비교적 자세하게 서술하고 있는 『장아함(長阿含, Dīghanikāya)』, 『대본경(大本經, Mahāpadānasttanta)』 하권에서 볼 수 있다.

3 "此有故彼有 此生故彼生 此無故彼無 此滅故彼滅" 『잡아함』 권15.

4 우제선, 『요가행자의 증지(Yogipratyakṣa)』(무우수, 2006), p.13.

5 최연철, 「사문유관의 만달라적 의미」, 『인도철학』 제26집(2009), pp.239~268.

6 히라카와 아키라 저·이호근 역, 앞의 책(1989), pp.276~296.

7 이지수, 『인도에 대하여』(통나무, 2002), pp.349~350. 대승불교의 기원에 대한 또 다른 견해로는 아쇼카왕의 가교설이 있는데, 아쇼카왕이 진정한 의미의 불교도였는지 아니면 단순히 통일제국의 틀을 완성하기 위해 불교의 포용과 화합 정신을 정치에 활용한 정치적 국왕이었는지는 확신할 수 없다. 그럼에도 불구하고 흔히 불교도들은 아쇼카왕을 승가의 화합을 국가적 이념으로 삼고 불교의 정법을 전파한 전륜성왕으로 꼽기를 주저하지 않는다. 아쇼카왕이 보편적인 다르마를 선포함에 따라 결과적으로 불교가 대중화되었으며, 나아가 대중화된 불교에 맞는 보편적인 다르마의 이론과 실제, 즉 대승불교가 촉발된 것으로 보는 것이다. [中村元 著·金知見 譯, 『佛陀의 世界』(김영사, 1984), pp.271~277 참조]. 아쇼카왕 비문에 새겨진 관련 내용은 N. A. Nikam and Richard Mckeon (ed, 1978), *Edicts of Aśoka*, University of Chicago Press 참조. -오강남, 『불교, 이웃종교로 읽다』(현암사, 2006), pp.103~105, 각주 4에서 재인용.

8 『중아함경』 권31-132, 「뇌타화라경」.

9 한자경, 『불교철학의 전개, 인도에서 한국까지』(예문서원, 2003), pp.89~94.

10 샨띠데바 저·최로덴 역주, 『입보리행론 譯註』(하얀연꽃, 2006), pp.394~402.

11 최근, 권오민, 「불설과 비불설」, 『문학/사학/철학』 17호(2009)에 대한 논쟁은 학계의 다양한 반론과 재반론 등에서도 살펴볼 수 있다. 이와 같은 정체성에 대한 논쟁은 민중의 관심인 종교적 안녕에 기여한다기보다 오히려 학자들의 연구논리를 만족시키는 데 그치는 경우가 많아 보인다. 정순일, 『인도불교사상사』(운주사, 2005), pp.340~344.

12 김성철, 「Systematic Buddhology와 『보리도차제론』」, 『불교학연구』 제3호(2001).

13 홍사성, 「대승불교의 아킬레스건」(2006), *http://cafe.daum.net/hongsasung/4wfN/34*.

14 최로덴, 「가톨릭과 티베트 불교의 의례비교」, 『불교평론』 13호(2003), 논단.

15 기원전후로 나타난 대승경전은 시기별로 가장 초기에 제작된 것으로 보이는 『육바라밀경』, 『보살장경』, 『삼품경』, 『도지대경道智大經』 등이 있고, 이 경전들을 인용하고 있는 『아촉불국경阿閦佛國經』, 『대아미타경(無量壽經)』 등은 대승의 선구적인 경전으로서 서력기원 이전으로 추정되며, 기원후 1세기에는 『팔천송반야경』, 『유마경』, 『화엄경』 중에 가장 오래된 독립품인 『십지경十地經』, 『법화경』, 『정토경전』 등 대승불교의 이론형성에 기여한 대표적인 경전이 편찬된 것으로 추정된다. 이와

같은 초기 대승경전은 대체로 민중의 타력적 구원의 염원을 담은 보신구제불報身救濟 佛의 사상과 붓다의 연기론적 깨달음을 대치한 공空의 철학을 담고 있다. 또한 4세기 무렵에는『해심밀경』,『승만경』,『능가경』 등과 같이 이론적 체계를 정교하게 구축한 중기 대승경전들이 나타난다. 이후 7세기경부터는 후기 대승경전으로 분류되는 일련의 밀교경전들이 다양하게 출현하였다. 히라카와 아키라 저·이호근 역, 앞의 책(1989), pp.297~298. 윤성태,『대승불교의 핵심』(우리출판사, 1994), p.41. 불광교학부,『經典의 세계』(1990), pp. 206~867. 이외에도 인도의 대승불교를 인도에서 불교가 쇠멸한 1203년(이슬람의 침입 후)까지의 시기로 보고 있다. 또한 연대기적으로 초기, 중기, 후기로 나누기도 하는데, 초기는 인도 대승의 발현 이후부터 용수(龍樹, Nāgārjuna, 150~250)의 시대까지이고, 중기는 용수보살 이후부터 세친(世親, Vasubandhu, 320~400)의 시대를 지나 인도불교 인식논리학을 완성한 법칭(法稱, Dharmakīrti, 600~660)까지이며, 후기는 700년경부터 1200년경까지로 나눌 수 있다. 특히 후기 대승불교는 법칭 이후의 인도불교 인식논리학의 전개와 맞물려 있으며, 실천적인 면에서도 밀교적 경향이 점점 뚜렷해지는 시기이기도 하다.(가나오까 슈우 편저·안중철 역,『대승불교총설』, 불교시대사, 1992, pp.147~148)

16 난다라타나,「인도대승불교의 기원과 전개에 관한 연구」, 동국대학교 불교대학원 불교학과 석사논문(1999), pp.34~54.

17 반야부 경전에는 붓다의 연기적 깨달음을 무상無相과 무자성의 공성으로 표현하고 있는『소품반야경(8천송)』,『대품반야경(2만5천송)』,『대반야경(10만송)』,『반야심경』,『금강경』 등이 있다.

18 여성형의 이름은『반야심경』의 티벳어 명칭인『bCom ldan 'das ma shes rab kyi pha rol tu phyin pa'i snying po(世尊母般若波羅密多心經)』에 더 구체적으로 나타나 있다.

19 전재성 역주,『금강경』(한국빠알리성전협회,2003), pp.419~424.

20 『반야심경』에 대한 해석은 너무나 다양하다. 핵심진언에 대한 해석도 범어의 문법적 분석과 함께 대승사상의 배경적 이해가 어우러져 다양한 해석이 가능하다. 본문에서는 범어 'gate'를 과거완료형으로 분석하고 대승반야의 행복이라는 관점에서 해석하였다.

21 같은 반야부 계통에 해당하는『유마경(Vimalakīrtinirdeśa-sūtra)』의「문수사리문질품文殊師利問疾品」에서. 박용길 역,『유마경』(민족사, 2000), pp.140~141.

22 대략 기원전 1세기경에 성립된 것으로 알려져 있으며, 총 7권 28품으로 이루어져 있는데, 각 품마다 성립시기가 다르다. 마지막 6품을 제외한 나머지 품은 운문(中說偈) 형식으로 이루어져 있다. 중국의 천태종과 법상종의 소의경전이기도 하다. 히라카와 아키라 저·이호근 역, 앞의 책(1989), pp.304~307. 윤성태, 앞의 책(1994), p.41.

23 이지수, 앞의 책(2002), pp.357~358.

24 『법화경』에서는 경전의 단 한 게송을 수지 독송하거나 탑·사리·불상을 예배하는 사람, 심지어 장난삼아 모래로 탑을 쌓는 흉내를 내거나 손톱으로 벽에 불상을 그리는 어린아이도 부처님의 자비에 의해 제도된다고 한다.

25 총 34품으로 이루어진 『화엄경』은 처음부터 경전의 전모가 완성된 것이 아니라 범어본이 남아 있는 「십지품十地品」과 「입법계품入法界品」을 필두로 점차로 편집 완성된 것으로 보인다. 두 품의 성립시기가 150년경으로 보이기 때문에 『화엄경』은 2~3세기 이후에 성립된 것으로 보인다. 한역漢譯으로는 『대방광불화엄경』 60권 불타발타라(Buddhabhadra, 418~420) 역본(60화엄), 『대방광불화엄경』 80권, 실차난타(Siksānanda, 695~699) 역본(80화엄)과 45장으로 구성된 티벳 역본 등이 있다. 또 『화엄경』은 경전을 구성하고 있는 설법의 장소와 모임을 기준으로 60권본의 34품을 기준으로 크게 7처處 8회會로 나눈다. 대승불교의 의미를 체계적으로 잘 전달하고 있기 때문에 이후에 전개된 불교사에 큰 영향을 미친 것은 물론 선불교에도 많은 영향을 미친 것으로 알려져 있다. 히라카와 아키라 저·이호근 역, 앞의 책(1989) 상권, pp.301~304. 윤성태, 앞의 책(1994), p.43.

26 붓다의 경지(佛果)를 증득하기 위한 보살수행의 과정으로 신심으로 붓다의 가르침을 따르는 십위十信의 지위, 진제眞諦의 진리에 머무는 십위十住의 지위, 이타적 중생제도를 행하는 십행十行의 지위, 자리이타自利利他의 공덕을 중생을 위해 회향하는 십회향十廻向의 지위, 중생을 위해 보살행을 실천하는 초지初地부터 십지十地까지 보살의 지위, 붓다의 깨달음에 도달한 등각等覺과 묘각妙覺의 지위 등 52위를 구체적으로 조직하고 있다.

27 히라카와 아키라 저·이호근 역, 앞의 책(1989) 상권, pp.307~312.

28 이외에도 모든 중생의 행복을 위한 원력으로 세워진 다양한 정토들이 생겨났는데, 미륵불의 도솔천, 아촉불阿閦佛의 묘희국妙喜國, 약사여래藥師如來의 정유리국淨琉璃國 등이 그 대표적인 예이다. 한편, 아미타불의 수행을 다루고 있는 『반주삼매

경』과 같은 경전에서는 아미타불의 모습을 삼매 속에서 어떻게 떠올릴 것인가에 대한 염불관상법念佛觀想法을 설하기도 한다.

29 정토경전의 대중화로 인해 대승반야의 교리체계를 담고 민중의 염원에 부응하여 중생제도의 목적을 이루기 위해 민간의 신앙이나 진언염송(陀羅尼眞言念誦)과 같은 주법呪法을 수용한 밀교적 대승경전들이 다양하게 나타난다.

30 본문에서 사용하고 있는 '중기'라는 시대구분은 4세기 이후에 형성된 현교적 대승경전들을 총칭하는 말이다. 6~7세기 이후에 급격한 성장을 보이는 대승밀교의 흐름은 후기로 구분하였다. 이러한 구분은 대승경전의 전체적 흐름을 살펴보기 위한 포괄적인 구분이다.

31 이지수, 앞의 책(2002), p.359.

32 용수에서 의해 시작된 중관철학은 7세기 샨따락시따(Śāntarakṣita)에 이르기까지 여러 논사들에 의해 발전되었다. 용수의 중관철학이 학파적으로 발전한 것은 방법론상의 이견으로 붓다빨리따(Buddhapālita, 470~540)와 짠드라끼르띠(Candrakīrti, 600~650)의 귀류논증파(Prāsaṅgika)와 디그나가(Dignāga, 400~480)의 불교논리학에서 상용된 추론식을 사용하여 공사상을 긍정적으로 논증하고자 했던 브하바비베까(Bhāvaviveka, 500~570)의 자립논증파(Svātantrika)로 분열된 시기이다. 이지수, 앞의 책(2002), p.381.

33 미륵(Maitreyānātha)을 필두로 무착(Asaṅga), 세친(Vasubandhu)에 의해 유식학설이 정립되었다. 특히 바수반두 이후 유식설은 5~6세기 날란다(Nalaṇḍa) 승원대학 학문의 주류를 이루어 많은 논사들을 배출하였는데, 이후 구나마티(Gunamati), 스티라마티(Sthiramati 470~550)로 대표되는 무상유식파(Nirākāravijñānavādin)와 디그나가, 아슈바브하바(Aśvabhāva) 계통의 유상유식파(Sākāravijñānavādin)로 분립하게 되었다. 한편, 용수의 『중론』을 근본 성전으로 하고 공사상을 강조하여 유가행파에 대항한 학파가 6세기 초에 성립하는데 이를 중관학파(Madyamika)라고 하며 그 선구는 붓다빨리따(佛護)와 브하바비베카(靑辨)였다. (카지야마 유이치 저·권오민 역, 『인도불교사』, 경서원, 1985, p.133.)

34 히라카와 아키라 저·이호근 역, 앞의 책(1989) 하권, pp.61~83.

35 불교철학의 학설은 대략 4종으로 분류할 수 있는데, ①외계의 모든 대상은 직접 지각되는 것이라는 유부有部의 설, ②외계의 모든 대상은 다만 추론될 뿐이라는 경량부經量部의 설, ③외계의 모든 대상은 공하며, 인식주체인 마음(心)만이 실체라

는 유가행파瑜伽行派의 설, ④일체가 공성이라는 중관파中觀派의 설을 말한다. 이러한 분류는 우리의 인식 방법과 관련해서, 외계의 존재를 어떻게 이해할 것인가에 따른 분류이지만, 불교의 모든 학파는 존재의 순간성(無常과 無我)을 인정하고 있다. 이러한 분류는, 14세기 마디바(Madhiva)의 『전철학강요全哲學綱要』처럼, 후대의 힌두교가 불교를 비판할 때도 사용한 분류로서 인도 사상계가 공인한 대표적인 불교학설의 분류 방식이다.

36 용수보살 저·김성철 역주, 『중론』(경서원, 1993), p.414.

37 대정장 1674(32-751), 대정장 1656(32-493).

38 "중관파의 학설에 있어서는 참으로 그 지(知=識)까지도 궁극적 실재가 아니다. 검증을 감내하지 못하기 때문이다. 필경 궁극적 실재라고 세간에서 말하는 것은 그 자체의 존재를 구유具有하고 있을 것이다. 그런데 검증해 볼 때, 이 심식心識에는 자기존재自己存在로 이야기되는 것이 하나의 전체성으로서이건, 다수의 원자로서이건, 자기존재는 인정되지 않는다. 예를 들면 '현자들에게는 이 식識도 또한 궁극적 실재로 인정되지 않는다.'[Tarkabhāṣā(논리의 언어)] 早島鏡正 외·정호영 옮김, 『인도사상의 역사』(민족사, 1988), 관련항목 note.

39 샨따락시따는 브하바비베카의 자립논증 계열로 분류되는데, 다르마끼르띠의 인식논리학에 정통하였고 유식의 이론을 중관의 관점에서 설명하였기 때문에 유가행중관학파瑜伽行中觀學派로 알려져 있다.

40 카지야마유이치 저·권오민 역, 앞의 책(1990), p.37.

41 샨따락시따는 본문의 내용을 자신의 저서인 *Madhyamakālaṁkāra*과 *Tattvasaṁgraha*를 통해 자세하게 해설하고 있다. 카지야마유이치 저·권오민 역, 앞의 책(1990), pp.103~133.

42 티벳의 승원교육체계가 인식논리학적 학습위주로 자리 잡은 (약 12세기경) 이후 오늘날까지, 보통 6세 전후로 승원에 들어가게 되는데, 대략 15세까지는 티벳어를 읽고 쓰는 문법을 공부하거나 아침저녁 정진 시간에 승원의 교재를 암송하며 근본불전과 그에 대한 주석서의 내용을 주로 암송한다. 15세가 넘어가면 본격적으로 불교 논리 논파술을 익히기 시작하는데, 이후 약 10~20여 년에 걸친 긴 논증의 훈련과 실제 수행을 통해 최종적인 게셰(傳法學位)의 단계에 도달할 수 있다. 티벳불교는 흔히 인도 날란다의 전통을 따른다고 알려져 있다. (Geshe Sonam Gyaltsen Gonta(1997), 「チベットの僧院における學習課程と實踐」, 『세계 승가공

동체의 교학체계와 수행체계』, 대한불교조계종교육원/사단법인 가산불교문화연구원, pp.333~358.) 날란다에서 상가끼르띠(Saṅghakīrti)라는 분이 낮에는 부파불교의 철학을 가르치고 밤에는 대승의 인식논리학을 가르쳤다는 기록이 있다. (K. H. M. Sumatipala. *Buddhist Universities in ancient India*, Colombo: M. D. Gunasena & Co. Ltd.,1968), p.5. 가나오까 슈우 편저, 안중철 역, 앞의 책, p. 49) 이러한 전통은 대승의 밀교적 전통과 함께 티벳에 고스란히 전해져 오늘날까지도 현교와 밀교의 승원교육체계로 기능하고 있다.

43 카츠라 쇼류 저·권서용 외 옮김, 『인도인의 논리학』(산지니, 2009), pp.144~305.

44 실존적 인물인가에 대한 의심의 여지에도 불구하고 유식학파를 성립시킨 인물은 미륵으로 알려져 있다. 그리고 미륵을 가르침을 통해 유식학파의 체계를 완성한 인물은 무착과 세친이다. 또한 지식의 실재를 놓고 마음에 인식된 대상을 유효한 지식으로 인정하는 유상유식학파와 마음의 형상으로 나타난 대상을 유효한 지식으로 인정하지 않는 무상유식학파로 나누기도 한다. 불교의 인식논리학에서는 이들의 관점에 따라 논증의 견해를 달리한다. 히라카와 아키라 저·이호근 역, 앞의 책 하권, pp.84~105, 192~209.

45 등하 옮김, 『법구경-불타의 게송』(법공양, 2006), p.10

46 '[힌두의] 와이셰시까 학파에 따르면, 모든 원자는 그 [전체의 형상形象]을 구성하는 것이며, 유부의 학설에서는 [그것이 집합된 경우] 직접지각의 대상이며, 경량부의 견해에서는 그것 자체의 형상을 [우리 인식 속에] 투영시킬 따름의 것으로 [직접지각의 대상은 아니다. 이와 같이 간주되는 원자도, 유가행파의 견해에 의하면 아무것도 존재하지 않는다. …… 만약 외계의 대상이 존재하지 않는다면, 이 표상(表象; 識의 影像=인식)은 도대체 무엇을 대상으로 하는 것인가. 실로 그것은 [우리의 의식 속에 잠재적으로] 무한의 과거로부터 존속하고 있는 습기에 근거하여 나타나는 것으로, [외계에] 대상을 가짐이 없이 성립된다. …… 예를 들면 '[실로 전체성도 없으며, 원자(個別性)도 존재하지 않는] 표상은 무대상無對象인 것, 꿈의 지각과 같다'고 게송에 있는바 그대로이다. …… 만약 외계의 대상이 존재하지 않는다면, 도대체 무엇이 실재하는 것인가. 주관과 객관(能取와 所取, 主와 客) 등의 더러움에 염오되지 않는, 희론(주객 대립적 언어표현의 다양성)을 떠난 지(知=識)만이 궁극적 실재이다. …… '지각에 의해 경험되어야 할 다른 것이 있는 것이 아니며, 지각과 경험내용은 별개의 것이 아니다. 주관과 객관이 존재하지 않으므로, 그것(知覺=識)

만이 현현한다'고 세존께서도 설하셨다. '외계의 대상은 어리석은 사람들이 생각하는 것처럼 존재하지 않는다. 습관성에 촉발되어 마음이 대상의 상像을 구성함으로 말미암아 나타나는 것이다.' 『入楞伽經, 제10장』. 이 [유가행파] 가운데 어떤 사람들은 말한다. '신체와 대상으로 성립되어 있는 이 일체는 식識에 다름 아니다. 그리고 그것은 자기인식이며, 따라서 주관이나 객관이라는 것은 아무것도 실재하지 않는다. 또한 구상構想의 활동으로써 주객의 관계가 있음에 지나지 않는 것이다. 따라서 형상은 지니고 있지만, 가구假構된 상태로 주객을 떠난 식識만이 존재한다(有相唯識說).' 이에 대해 다른 사람들은 말한다. '일체의 형상이라는 더러움에 염오되지 않은, 청정한 수정과도 같은 식識[만]이 순수한 실재이다. 이에 대해 이들 형상은 전혀 허위의 것으로, 근원적 무지無明에 근거하여 시현示現 현출顯出한 것이다. 그러므로 객관인 것은 없다. 객관이 존재하지 않으므로, 이와 관련하여 식識 중의 주관인 것(=見分)도 또한 존재하지 않는다(無相唯識說).'' [Tarkabhāṣā(논리의 언어)] 早島鏡正 외·정호영 옮김, 앞의 책, 관련항목 note.

47 이지수, 앞의 책(2002), pp.402~405.
48 밀교성립의 연대에 대해서는 학자들 간에 다양한 이견이 있다. 실제 고고학적 유물이나 경전에 담긴 해석적 측면, 그리고 구전으로 전승된 스승의 계보 등을 볼 때 밀교의 본질은 부처님 재세 시부터 있었던 것으로 판단되는 경우도 많은 만큼, 단순한 연대기적 결정이 쉽지 않다.
49 가나오까 슈우 편저·안중철 역, 앞의 책(1992), p.51.
50 "붓다와 용수의 시기로 소급되는 이 지역이 대승불교와 관련한 중심적 역할을 해 온 것은 사실이지만, 온전한 대학의 형태로 자리 잡은 것은 5세기 무렵 후기굽따왕조(480~535)시대로 보인다. 이 시기에 꾸마르 굽따 I세가 학숙 형태의 승원인 날란다대학을 설립한 것으로 보이며, 그 이후에 불교 발전에 따른 영향으로 힌두 전통의 사원 대학들이 함께 자리 잡기 시작한다. 날란다 이외에도 나중에 설립된 비끄라마실라 등과 같은 당대의 대규모 승원들은 우안거 때 집중적인 교육의 중심으로 자리 잡게 되었다." B. N. Miśra(1998), *Nālandā*, vol. I., B. R. Pub, pp.181~182.
51 윤성태, 앞의 책(1994), p. 196. 호사카 슌지 저, 김호성 역, 『왜 인도에서 불교는 멸망했는가』(한걸음 더, 2008), pp.57~74.
52 비밀스러운 전환의 도구라는 의미에서 삼밀三密이라고 부르기도 한다.
53 인도불교의 마지막 단계에서 발생하여 티벳불교의 수행적 특징으로 대변되는 무상요

가 계열의 밀교는 이전의 『대일경』이나 『금강정경』의 내용에는 없는 성적인 합일방식의 상징들이 많기 때문에 문자 그대로만 이해하는 데서 오는 다양한 오해의 소지가 있고, 실제 역사 속에서 그러한 모순으로 인해 불교 자체가 타락한 경우도 있었다. 그러나 무상요가에 표현된 성적인 내용은 모두 지혜와 방편의 합일을 상징하고 몸과 마음의 기운을 운용하는 특별한 테크닉을 표현하고 있다. 따라서 문자 그대로만 이해하고 혼자서 수행하는 것은 매우 위험한 일이다. 바른 스승을 구해 바른 방식으로 수행하는 것이 최선의 길이라고 할 수 있다. 그래서 티벳에서는 스승을 중심으로 전승하는 수행체계가 발달하였고 그 의미를 담아 '라마(bLa-ma, Guru, 스승)' 불교라고 칭하기도 한다.

54 초기불교에서도 밀교와 유사한 형태로 보이는 호주(護呪, parita)를 사용하여 독사를 물리치는 방법 등이 나타난다. 이와 같은 방법은 지금도 남방 상좌부 불교국가에서 널리 행해지고 있다.

55 가나오까 슈우 편저·안중철 역, 앞의 책(1992), p.51.

56 달라이 라마를 비롯한 티벳불교의 지도자들은 대부분 티벳불교의 전통을 인도의 날란다에서 비롯된 것이라고 말한다. 현재 전 세계의 불교 문화권은 크게 세 부분으로 나누어진다. 첫째는 스리랑카, 태국, 미얀마 등지에서 신봉되는 소승불교, 즉 남방 상좌부 불교이고, 둘째는 중국, 한국, 일본과 같은 한자 문화권에서 신봉되는 대승불교이며, 셋째는 티벳과 몽고 등지에서 신봉되는 밀교이다. 시기적으로 볼 때 남방 상좌부 불교는 기원후 2세기 이전까지의 인도불교에 토대를 두고 있고, 한자문화권에는 기원 전후부터 7세기 이전까지의 인도불교가 전래되었으며, 티벳에는 7세기 이후의 인도불교가 수입되었다.(김성철, 앞의 글, 제3호, 2001) 이하 본문은 바라나시 고등연구소(CIHTS)의 정교수이자 남인도 라뙤사원의 방장인 라뙤켄 린포체 췰팀푼촉의 법문, 그리고 필자의 경험을 개량적으로 정리한 것이다. 최로덴, 「한국불교세계화 모색을 위한 제5차 국제정책세미나, 아시아 지역(III) - 티벳」(대한불교조계종 총무원 사회부, 2009), pp.18~36. Geshe Sonam Gyaltsen Gonta(1997), ibid, pp.333~358.

57 Bu ston, Trans. Obermiller E., *The History of Buddhism in India and Tibet*, Delhi: Sri Satiguru Publications, Bibliotheca Indo-Buddhica Series, 1996(1932)b, No.48. pp.186~96.

58 Padmasambhava(sLob dpon Padma 'byung gnas).

59 대승밀교에서 사용하는 '딴뜨라(Tantra, rGyud, 繼續, 本續)'라는 용어는 밀교경전에 근거한 수행 전통을 말한다. 딴뜨라는 구체적으로 밀교수행의 다양한 양식과 관념들, 여러 가지 상징물과 함께 구전 전승되고 있는 모든 의례의식과 광범위한 성취차제를 담은 밀교적 경론들을 포괄하는 말이다. 최로덴, 『티벳불교의 향기』(대숲바람, 2005), pp.115~116.

60 가장 오래된 닝마파의 경우에는 '대원만(大圓滿, Dzog chen)'이라는 수행을 강조하며, '매장서埋藏書'들에 대한 수행 전통이 있다. 또 까규파는 인도의 스승인 띨로빠(Tilopa)로부터 유래한 '마하무드라(Mahāmudrā, 大印)'의 수행을 강조하는데, 이것은 주로 '구히야삼마자(Guhyasamāja)' 또는 '짜끄라상와라(Cakrasaṃvara)' 딴뜨라들에 근거한 가르침이다. 겔룩파는 역시 '구히야삼마자'와 '짜끄라상와라' 딴뜨라를 밀법의 기초로 삼고 있으며, 더불어 '깔라짜끄라딴뜨라(Kalācakratantra)'의 수행도 함께 전하고 있다. 또 사꺄파는 '헤바즈라딴뜨라(Hevajratantra)'에 기초한 '람대(道果)' 수행 전통을 이어가고 있다. 각 학파들은 특정한 인도의 스승들에게서 이어진 법맥을 가지고 있으며, 수행의 방법도 어느 정도 차이를 보인다. 하지만 이러한 차이점에도 불구하고 티벳불교의 4대 종파들은 많은 면에서 서로의 정보를 공유하고 있다.

61 티벳에는 닝마(rNying Ma), 까규(bKa' brGyud), 싸꺄(Sa sKya), 겔룩(dGe Lugs)을 포함한 4개의 주요 종파와 수많은 군소 학파들이 발달하였는데, 이들 학파간에는 딴뜨라 수행과 수뜨라 해석에 대한 미묘한 이해의 차이가 있다. 구 딴뜨라 또는 전기번역(sNga 'Gyur)의 추종자들을 닝마파(古派)라고 부르며, 후기에 번역(Phyi 'Gyur)된 딴뜨라를 따르는 이들을 사르마파(gsar ma pa, 新派)라고 부른다.

62 토버스 레어드 지음·황정연 역, 『달라이 라마가 들려주는 티베트 이야기』(웅진지식하우스, 2008), pp.23~43.

63 샨띠데바 저, 최로덴 역주, 앞의 책(2006), p.498.

64 금강승의 밀교경전은 크게 네 가지로 나눌 수 있는데, 각각 소작所作 딴뜨라, 행行 딴뜨라, 요가 딴뜨라, 무상요가 딴뜨라이다. 첫 번째 소작 딴뜨라는 『소실지경蘇悉地經』이나 『후선정품後禪定品』 등이 대표적인 경전인데 주로 제존諸尊에 대한 공양법, 식재息災, 증익增益, 경애敬愛, 항복降伏 등의 기도법과 법의식의 진행방법을 담고 있다. 두 번째 행 딴뜨라는 『대일경大日經』으로 대표되는데 주로 수법에 의한 신속한 성불을 목표로 하는 취지를 내세운다. 세 번째 요가 딴뜨라로 대표되는 경전은

『진실섭경眞實攝經』인데 본존과 수행자와의 요가 쌍입雙入이 강조된다. 네 번째 무상요가 딴뜨라는 인도 후기밀교의 흐름으로 이 전통은 주로 티벳, 네팔 등지에서 전승되고 있다.

65 금강승의 밀법 수행은 '본존(本尊, deity)요가'라고 부르는 수행이 핵심 열쇠인데, 이것은 만달라를 관상하는 수행과도 직결되어 있다. 본존요가의 근간은 모든 사물의 본성이 본래 공함을 관觀하는 심일경성心一境性의 선정삼매와 성적 충동의 자극을 통해 경험되는 것과 같은 지복의 경험을 합일하는 것이다. 즉 공성과 지복을 합일하는 것이다. 이와 같은 밀법의 심오한 의미는 티벳불교의 정교하고 복잡한 도상학(Iconography)에도 잘 나타나 있다. 만달라는 그 안에서 본존의식의 생명공간이다. 금강승의 밀법수행에는 기맥(氣脈, Tsa)이나 명점(明点, Thig-le)과 같은 인체 생리학의 특정한 요소와 그 안에 흐르는 풍기(風氣, rLung)의 특수한 작용들에 대한 정교한 기술적인 방법들을 포함한 수행자의 자질과 조건에 상응하는 다양한 차원의 수행들이 있는데, 그 중에 핵심이 되는 것이 이와 같은 수행의 기술을 사용하는 것이 무상요가 딴뜨라이다. 무상요가 행법은 복잡한 관상觀想수행을 통해 자신의 정체성을 신성한 의식으로 전환하는 생기차제生起次第와 구체적인 기맥氣脈을 활용하여 일반적인 관념과 자아에 대한 속박을 벗어나 신속한 해탈을 이루는 구경차제究竟次第 등으로 구분된다. 무상요가의 구경차제는 인간 신체의 미세한 차원에 존재하는 맥관, 풍기, 명점 등을 제어하고, 이것들을 통해 마음의 성숙시켜 더욱 빠르게 붓다의 경지에 도달하는 것을 목적으로 한다. 이 수행법은 마음과 신체를 수행자의 뜻에 따라 제어할 수 있는 상태로 미세화해 가는 방식이다. 이것은 죽음의 과정과 유사한 체험이기도 하다. 죽음의 순간에 나타나는 광명을 파악하고 제어하면 그 순간 바로 광명의 체험을 깨달음의 의식으로 전환할 수 있다. 이와 같은 원리로 광명과 미세한 신체로서의 환신幻身을 차별 없이 인식하는 것이 구경차제를 수행하는 궁극적인 목표이다. 죽음을 맞이할 때에는 전신에 흐르고 있는 풍기가 중앙 맥관으로 흘러들어 맥관의 중심부에 있는 명점으로 모여든다. 이 때 죽음의 광명이 나타나는 것이다. 죽음으로부터 재생에 이르는 과정은 이 풍기가 융해된 명점의 미세한 광명의식이 업과 번뇌의 힘에 따라 중유의 세계로 들어가 제어할 수 없는 상태에서 방황하는 것을 말한다. 내세의 전생이 가까워지면 미세한 신체가 거친 신체로 변화하여 내세로의 새로운 탄생의 장소로 이끌려 거기에 마음이 들어가는 것이다. 구경차제는 이러한 죽음의 공포를 극복하고 광명을 제어하여, 광명과 환신의

무차별을 완성하는 것이다. 이렇게 하여 붓다의 경지를 존재의 전환방식을 통해 완성하는 것이다.

66 온마蘊魔, 번뇌마煩惱魔, 사마死魔, 천마天魔의 네 가지 마장魔障을 의미한다.

67 보시布施, 애어愛語, 이행利行, 동사同事의 네 가지 실천방식을 의미한다.

68 이외에도 분노존이 들고 있는 다섯 가지 카팔라(해골바가지)는 ①행위에 대한 갈망의 정화, ②무명으로부터의 해방, ③제불보살의 소청所請, ④잘못된 개념의 극복, ⑤신구의 삼문三門의 허물을 제거하는 것을 상징한다.

69 달라이 라마에 관한 자료는 Dalai Lama XIV(1983, 1997), *My Land and My People: The Original Authobiography of His Holiness the Dalai Lama of Tibet*, Warner Books.와 Tenzin Gyatso(1990), *Freedom in Exile: The Autobiography of the Dalai Lama of Tibet*, Hodder and Stoughton. 등에서 찾아볼 수 있다.

70 청전 저, 『달라이 라마와 함께 지낸 20년』(지영사, 2006), pp.12~47.

71 Tsongkhapa, *Lam gyi gtso bo rnam gsum gyi rtsa ba*,(2002) Sherig Parkhang, 다람살라 (Dharamsala) 유통본.

72 까말라실라의 주저인 이 논서에는 대승보살의 점차적인 수행차제가 상편, 중편, 하편에 걸쳐서 구체적으로 설해져 있다. 중암 저, 『수습차제 연구』(불교시대사, 2006), pp.283~409.

73 이하, 직접적으로 인용된 달라이 라마의 법문 내용은, 1979년 스위스 성당聖堂에서 서양인들을 대상으로 강설講說한 내용을 포함하여 세계 각지에서 필자가 경험한 달라이 라마의 핵심 법문 내용을 정리한 것이다. Tenzin Gyatso, A. A. Shiromany (ed.), *The Spirit of Tibet: Universal Heritage. Selected Speeches and Writings of His Holiness the Dalai Lama XIV*,(1995) Allied Publishers 참조.

74 칠불통계게七佛通誡偈: "제악막작諸惡莫作 중선봉행衆善奉行 자정기의自淨其意 시제불교是諸佛敎" 등하 역, 『법구경-불타의 게송』(도서출판 법공양, 2006), p.28. 티벳어본 칠불통계게: "어떠한 죄업도 짓지 않고, 선한 복덕을 쌓기 위해 애쓰며, 자신의 마음을 완전히 길들이는 것, 이것이 부처님께서 가르치신 것이다(sDig pa ci yang mi bya zhing/dge ba pun sum tshogs par spyad/rang gi sems ni yongs su 'dul/ 'di ni sangs rgyas bstan pa yin)" 샨띠데바 저·최로덴 역, 앞의 책(2006), 서장.

75 등하 역, 앞의 책(2006), pp.292~293.

76 등하 역, 앞의 책(2006), pp.305~306.

77 '중생무변서원도衆生無邊誓願度, 번뇌무진서원단煩惱無盡誓願斷, 법문무량서원학法門無量誓願學, 불도무상서원성佛道無上誓願成'의 사홍서원과 보시布施, 지계持戒, 인욕忍辱, 정진精進, 선정禪定, 반야般若의 육바라밀.

78 흔히 '랍뽀'라고 발음하는데, 현대의 실용심리학에서 주로 사용하는 용어로서 두 사람 사이의 공감적인 인간관계 또는 그 친밀도를 나타낸다. 특히 치료자와 환자 혹은 상담기법에서 상담자와 피상담자 사이의 관계를 말한다.

79 샨띠데바 저·최로덴 역주, 앞의 책(2006), p.479.

80 전통적으로 티벳불교에는 '3년 3보름 정진'이라는 것이 있다. 3년 3보름 동안 흑방黑房이나 무문관無門館에서 폐관閉關하며 밀교적인 집중수행을 하는 경우가 있는데, 혹자들은 이러한 수행방식을 통해 곧바로 붓다가 될 수 있다고 주장한다. 하지만 달라이 라마는 이렇게 형식에 갇힌 방식으로 붓다의 길을 왜곡하고 선전하는 사람들에게 진정한 보살의 길을 바르게 전하도록 분명히 경고하고 있다. 청전, 「흑방黑房수행」, 『청암』, 통권59호(2008), pp.12~13, 참조.

81 샨띠데바 저·최로덴 역주, 앞의 책(2006), p.468.

82 샨띠데바 저·최로덴 역주, 앞의 책(2006), p.468.

83 등하 역, 앞의 책(2006), pp.220~221.

84 등하 역, 앞의 책, p.264.

85 등하 역, 앞의 책, p.275.

86 박기련, 「정법불교를 모색하는 지리산 야단법석」, 『불광』, vol.419(2009), p.32. 김영태 저, 『韓國佛敎史槪說』(경서원, 1986), pp.261~262.

87 전재성 역주, 앞의 책(2003), pp.419~424.

88 김영태 저, 앞의 책(1986), p.255.

89 정성본 저, 『간화선의 이론과 실제』(동국대학교 출판부, 2005), pp.56~57.

90 정성본 저, 앞의 책(2005), p.80.

91 정성본 저, 앞의 책, p.151.

92 정성본 저, 앞의 책, p.368.

93 김영태 저(1986)와 가마타 시게오 저·신현숙 역, 『한국불교사』(민족사, 1988), 기타 참조.

94 향봉, 「정법불교를 모색하는 지리산 야단법석」, 『불광』, vol.419(2009), p.41.

선불교의 행복론 | 선시, 절대적 행복을 노래하다

1 촉판대장경은 또한 勅版大藏經, 開寶勅大藏經, 官版大藏經이라고도 한다.
2 『三蘇全集·嘉祐集』 권18, 「極樂院造六菩薩記」, 홍콩: 中文出版社, p.113.
3 『蘇軾文集』 권20, p.567.
4 『蘇軾文集』 권19, p.578. "昔余先君文安主簿贈中大夫諱洵, 先夫人武昌太君程氏, 皆性仁行廉, 崇信三寶. 捐館之日, 追述遺意, 捨所愛作佛事. 雖力有所止而志則無盡" 「眞相院釋迦舍利塔銘一首幷序」
5 『蘇軾文集』 권20, p.591. 「十八大阿羅漢頌結尾」.
6 『蘇軾文集』 권20, p.585. "眉山蘇軾, 敬舍亡母蜀郡太君程氏遺留簪珥, 命工胡錫采畫佛像, 以薦父母冥福. 謹再拜稽首而獻頌曰: 佛以大圓覺, 充滿河沙界. 我以顚倒想, 出沒生死中. 雲何以一念, 得往生淨土. 我造無始業, 本從一念生. 旣從一念生, 還從一念滅. 生滅滅盡處, 則我與佛同. 如投水海中, 如風中鼓橐. 雖有大聖智, 亦不能分別. 願我先父母, 與一切衆生, 在處爲西方, 所遇皆極樂. 人人無量壽, 無往亦無來."
7 「釋迦文佛頌」: "端明殿學士兼翰林侍讀學士蘇軾, 爲亡妻同安郡君王氏閏之, 請奉議郞李公麟敬畫釋迦文佛及十大弟子. 元祐八年十一月十一日, 設水陸道場供養. 軾拜手稽首而作頌曰."
8 「朝雲墓志銘」. "浮屠是瞻, 伽藍是依, 如汝宿心, 惟佛之歸."
9 『蘇軾文集』 권20, p.592. "子由問黃檗長老疾云: 五蘊皆非四大空, 身心河嶽盡圓融. 病根何處容他住, 夜還將藥石攻. 不知黃檗如何答? 東坡老僧代云, 有病宜須藥石攻, 寒時火燭熱時風. 病根旣是無容處, 藥石還同四大空."
10 『蘇軾文集·蘇軾佚文匯編』 권4, p.2514.
11 李燾著, 『續資治通鑑長編』 권23, 世界書局, p.10.
12 李燾著, 『續資治通鑑長編』 권233, 熙宁五年五月甲午. "安石曰: 臣觀佛書, 乃與經合, 蓋理如此, 則雖相去遠, 其合猶符節也."
13 『蘇軾文集』 권63, 「祭龍井辯才文」, 北京: 中華書局. "孔老異門, 儒釋分宮. 又于其間, 禪律相攻. 我見大海, 有北南東. 江河雖殊, 其至則同."
14 「王大年哀辭」. "嘉祐末, 予從事岐下, 而太原王君諱彭, 字大年, 監府諸軍. …… 予始未知佛法, 君爲言大略, 皆推見至隱以自証耳, 使人不疑. 予之喜佛書, 蓋自君發之."

15 『蘇軾文集』 권12, 「中和勝相院記」.

16 「子由生日以檀香觀音像及新合印香銀篆盤爲壽」詩. "君少與我師皇墳, 旁資老聃釋迦文."

17 「書白樂天集后二首」.

18 "今觀古塑維摩像, 病骨磊嵬如枯龜. 乃知至人外生死, 此身變化浮雲隨. 世人豈不碩且好, 身雖未病心已疲. 此叟神完中有恃, 談笑可卻千熊羆. 當其在時或問法, 俯首無言心自知. 至今遺像兀不語, 與昔未死無增虧. 田翁裏婦那肯顧, 時有野鼠銜其髭. 見之使人每自失, 誰能與結無言師."

19 『蘇軾詩集』 권3, 『傳燈錄』. "天衣義懷禪師가 이르기를 '기러기가 넓은 하늘을 지날 때 차가운 물속에 그 그림자를 드리웠네. 기러기는 발자취를 남기려는 뜻이 없었고, 물도 그림자를 남기려는 마음은 없었다. 만약 이와 같이 할 수 있으면 비로소 다른 무리들 속에서 살아가는 방법을 깨달았다고 할 수 있다'라고 하였다.(天衣義懷禪師曰: 雁過長空, 影沈寒水, 雁無遺迹之意, 水無留影之心, 苟能如是, 方解異類中行.)"

20 『蘇軾文集』 권22, 「海月辯公眞贊」. "百憂氷解, 形神俱泰."

21 『宋史·蘇軾傳』, 臺灣: 鼎文書局, p.2893.

22 『蘇軾文集』 권49, 「與章子厚參政書二首」. "初到(黃州), 一見太守, 自余杜門不出. 閑居未免看書, 惟佛經以遣日."

23 『蘇軾文集』 권12, 「黃州安國寺記」. "焚香默坐, 深省省察, 則物我相忘, 身心皆空."

24 『蘇軾文集』 권62, 「南華寺六祖塔功德疏」. "以前世惡業, 應墮惡道, 故一生憂患. …… 念餘年之無幾, 賜以安閑. 蘇軾不自求本心, 永離諸障, 期成道果, 以報佛恩."

25 "先生听然而笑曰: '人生一世, 如屈伸肘. 何者爲貧? 何者爲富? 何者爲美? 何者爲陋? …… 較豐約於夢寐, 卒同歸於一朽. 吾方以杞爲糧, 以菊爲糗. 春食苗, 夏食葉. 秋食花實而冬食根, 庶幾乎西河南陽之壽.'"

26 "凡物皆有可觀, 苟有可觀, 皆有可樂, 非必怪奇瑋麗者也. 哺糟啜醨, 皆可以醉; 果蔬草木, 皆可以飽. 推此類也, 吾安往而不樂."

27 "吾謫海南, 子由雷州, 被命卽行, 了不相知, 至梧乃聞其尙在藤也, 旦昔當追及, 作此時示之."

28 『蘇軾文集』 권55, 「與程秀才三首 其一」. "此間食無肉 病無藥 居無室 出無友 冬無炭

夏無寒泉. …… 近與小兒子結茅數椽居之, 僅庇風雨, 然勞費已不貲矣. 賴十數學生助工作, 躬泥水之役, 愧之不可言也. 尙有此身, 付與造物, 聽其運轉, 流行坎止 無不可者. 故人知之, 免憂."

29 『佛光大辭典』, 臺灣: 佛光出版社, p.3844.

30 『佛光大辭典』, p.5075. '無心'이란 모든 망념을 벗어난 청정한 진심을 가리킨다. 즉 凡人과 聖人, 선과 악, 아름다움과 추함, 크고 작음 등 분별의식을 벗어나 어디에도 집착하지 않고 막힘이 없는 자유의 경계를 가리킨다. 이것은 바로 일체의 객관적인 사물의 존재를 부정함으로써 다다르는 청정한 마음의 경계를 말하는 것이다.

31 『景德傳燈錄』 권28. "惠忠國師, 自受心印. 肅宗上元二年赴京, 帝問師在曹溪寺得何法? 師曰: '陛下見空中一片雲麽?'"

32 불교와 선종에서는 바로 세계만물과 사람의 몸이 모두 地·水·火·風의 四大가 화합하여 이루어져 모두가 허망한 형상으로 본다. 그래서 만약 이 四大의 본질이 空한 것이고, 가짜라는 것을 깨우칠 수 있다면 바로 空寂의 경계로 들어간다고 설명하고 있다. 『佛光大辭典』, p.1654.

33 『楞嚴經』 권제5(대정장 945, p.126b). "독침이 발을 상하게 하여 몸을 움직이면 통증이 오는데, …… 청정심을 깨달으니 조금의 아픈 느낌도 없도다(毒刺傷足, 擧身疼痛, …… 覺淸淨心, 無痛痛覺)."

34 『蘇軾文集』 권71. "己卯上元, 余在儋耳, 有老書生數人來過, 曰: '良月佳夜, 先生能一出乎?' 予欣然從之. 步城西, 入僧舍, 曆小巷, 民夷雜揉, 屠酤紛然, 歸舍已三鼓矣. 舍中掩關熟寢, 已再鼾矣. 放杖而笑, 孰爲得失? 問先生何笑; 蓋自笑也, 然亦笑韓退之釣魚無得, 更欲遠去. 不知釣者 未必得大魚也."

35 『傳燈錄·馬祖道一』 卷六. "鄧隱峰辭師. 師云, 什處去. 對云, 石頭去. 師云, 石頭路滑. 對云, 竿木隨身逢場作戲."

36 「與章子厚參政書二首」. "初到(黃州), 一見太守, 自余杜門不出. 閑居未免看書, 惟佛經以遣日."

37 「黃州安國寺記」. "焚香默坐, 深自省察, 則物我相忘, 身心皆空."

| 서양철학의 행복론 | 인간적 행복과 신적 지복 |

1 한국경제신문 2010년 10월 11일자.
2 이정전,『우리는 행복한가. 경제학자 이정전의 행복방정식』(한길사, 2008)에서 인상적인 예를 찾을 수 있다. 통계는 행복한 사회를 만드는 데 어떤 정책적 우선순위를 두어야 하는지 판단할 때 도움을 주겠지만, 개인의 행복 만들기에 같은 방식으로 도움이 될지는 판단하기 어려운 것 같다.
3 결혼한 사람의 행복지수가 결혼하지 않은 사람의 그것보다 높게 나오므로 결혼해야 한다는 주장을 자신의 혼인결정에 참고하는 사람은 아마 많지 않을 것 같다. 결과는 나중에 통계로 잡히더라도. 개인의 결정은 보다 철학적인 수준에서 내린다고 볼 수 있지 않은가? 인생은 어차피 모험이라는 생각이나 사랑을 믿는다는 생각 혹은 주변 여건상 실패할 확률이 적은 결혼을 하겠다는 생각 등이 더 결정적이지 않을까?
4 행복에 관한 통계를 읽는 것이 읽는 사람을 행복하게 할 이유도 없고 불행하게 할 이유도 없지만, 행복에 관한 글을 그렇게 무심하게 읽을 수 있다면, 철학적 작품이라고 하기 어려울 것이다. 사랑에 관한 글을 읽었더니 더욱 마음이 싸늘해졌다거나, 행복에 관한 글을 읽었더니 더욱 불행해졌다면, 철학적 글로서는 일종의 자기모순에 빠진 셈이 될 것이다.
5 20세기 덕 윤리의 고전으로 다음 작품이 꼽힌다. MacIntyre, Alasdair C., *After virtue : a study in moral theory* (London, 1985) 2nd ed.; 이태수,「최선의 삶과 행복에 관하여」·「지성의 역할에 관하여」, 석학과 함께 하는 인문강좌 7: "아리스토텔레스의 니코마코스 윤리학", 서울역사박물관 강연록(2009. 5. 30), p.7.
6 아리스토텔레스,『니코마코스 윤리학』1권 1장, 1094a1~2, 이창우·김재홍·강상진 공역(이제이북스, 2006), p.13.
7 만약 목적의 목적을 묻는 물음과 대답이 무한히 나아간다면 "그 결과 우리의 욕구는 공허하고 헛된 것이" 될 것이라는 것이 아리스토텔레스의 대답이다.『니코마코스 윤리학』1권 2장, 1094a20~21.
8 『니코마코스 윤리학』1권 4장, 1095a17~20.
9 『니코마코스 윤리학』1권 2장, 1094a22~24.
10 아리스토텔레스는 통속적인 행복 이해에 대한 비판을 통해서 자신이 염두에 두고

있는 행복의 기준이 무엇인지에 대한 단서들을 계속 조금씩 제공하는 전략을 취한다. 즐거움, 명예, 정치적 삶, 탁월성 등으로 조금씩 나아가면서 결국 활동 개념에 수렴되지 않고서는 행복을 제대로 이해할 수 없을 것이라는 준비 작업을 진행하고 있다.

11 『니코마코스 윤리학』 1권 7장, 1097b25~28.
12 기능논변으로 알려진 이 부분에 대한 탁월한 토론은 이태수, 앞의 강연, pp.32~36쪽을 참조.
13 『니코마코스 윤리학』 1권 4장, 1095a18~19.
14 『니코마코스 윤리학』 1권 7장, 1098a3~4.
15 『니코마코스 윤리학』 1권 7장, 1098a16~17.
16 『니코마코스 윤리학』 2권 1장, 1103b21~25.
17 이창우·김재홍·강상진, 「『니코마코스 윤리학』의 구조: 철학적 입문」, p.453에서 약간 수정하여 옮겼음.
18 『니코마코스 윤리학』 2권 9장, 1109a25~30.
19 아리스토텔레스는 물론 이런 종류의 이성적 기능이 단순히 영리한 것과는 구별되는 어떤 것임을 설명한다.
20 지성의 이러한 초월적 성격에 대한 탁월한 토론으로 다음의 강연을 참고하라. 이태수, 「지성의 역할에 관하여」, 석학과 함께 하는 인문강좌 7: "아리스토텔레스의 니코마코스 윤리학", 서울역사박물관 강연록(2009. 6. 20), pp.28~32.
21 『니코마코스 윤리학』 10권 7장, 1177ba33~1178a2.
22 아리스토텔레스의 『형이상학』을 여는 첫 문장은 '인간은 본성상 앎을 욕구한다'이다.
23 『논어』 「학이편」 6장에 등장하는 '행유여력 즉이학문'(行有餘力 則以學文)을 아리스토텔레스가 들었다면, 외적으로 드러나는 관계에서 사람이 마땅히 수행해야 할 기능을 다하고 힘이 남는다면, 학문에 힘써 이론적 지성에게도 발휘될 수 있는 기회를 주라는 뜻으로 이해했을 것이다.
24 『니코마코스 윤리학』 1권 8장, 1177ba33~1178a2.
25 습관화의 과정을 거쳐 굳어진 것은 제2의 본성이라는 것이 아리스토텔레스의 생각이다. 습관을 바꾸기가 어려운 것도 습관이 본성을 닮았기 때문이다. 『니코마코스 윤리학』 7권 10장, 1152a29~31. 아리스토텔레스는 이 맥락에서 습관과 본성에

관한 통찰을 담은 에우에노스의 시를 인용하고 있다. 1152a32~33.

　　친구여, 오랜 시간에 걸친 훈련, 실로
　　그것이 결국 인간의 본성이 되네.

26 "만약 그렇다고 한다면 우리는 살아 있는 사람들 가운데서 우리가 이야기했던 것들을 가지고 있고 앞으로도 가질 사람들을 지극히 복된 사람이라고, 물론 인간인 한에서 지극히 복된 사람이라고 부를 것이다."『니코마코스 윤리학』 1권 10장, 1101a19~21.

27 아우구스티누스·성염 역주, 『신국론』 9권 15장(분도, 2004), p.955.

28 아우구스티누스·성염 역주, 『신국론』 9권 14장(분도, 2004), p.954 각주 75.

29 인간의 사멸성과 행복의 양립가능성은 당대 철학의 논쟁거리 중의 하나였다. "인간이 사멸하는 존재이면서도 행복할 수 있는가의 여부는 인간들 사이에 커다란 문제이다. 혹자들은 인간 조건을 더 비하시켜 통찰했으며, 인간이 사멸하는 존재로 살아있는 동안은 지복을 얻을 수 없다고 했다. 그런가 하면 혹자는 인간을 고양하여 사멸하는 존재들도 지혜를 구비하는 한 행복할 수 있다고 과감하게 주장했다." 아우구스티누스·성염 역주, 『신국론』 9권 14장(분도, 2004), p.955. 번역 일부 수정

30 뒤에서 보다 자세히 토론할 불멸성 혹은 영원성을 행복한 삶, 혹은 좋은 삶과 관련이 없는 것으로 선언하는 태도에서 삶과 행복에 관한 고전적인 태도를 분명하게 읽을 수 있다. "실로 인간의 지성은 하늘에까지 이르지 않았는가? 동물 중 인간만이 별들이 뜨고 지는 과정 그리고 별들의 행로를 안다. 인간 좋은 날과 달, 해의 한계를 규정했고, 일식과 월식을 알아냈으며 앞으로 올 모든 시간에 일식이 발생할지 월식이 발생할지, 언제 얼마만큼 일어날지를 예측했다. 이것들을 관찰함으로써 인간은 신에 대한 인식을 얻게 된다. 이로부터 종교적 경건심이 나오게 되며, 정의와 다른 덕들은 이 경건심과 결합되어 있다. 이 덕들로부터 생기는 행복한 삶은 신들의 행복과 비슷하거나 동등하다. 차이가 있다면 오직 불멸성에 있어서일 뿐이지만, 정작 불멸성은 좋은 삶과 상관이 없다." 키케로, 『신들의 본성에 관하여』 2권 153장. 필자는 이 구절을 다음 발표에서 배우게 되었다. 이창우, 「신을 닮는 것: 스토아 윤리학 및 자연철학에 전해진 플라톤의 유산 - 플라톤의 『티마이오스』를 중심으로」, 출판 예정.

31 마르쿠스 아우렐리우스 저·천병희 옮김, 『명상록』 IV.49(숲, 2005), pp.68~69.

32 Kreuzer, J., *Augustinus* (Frankfurt am Main, 1995), p.132.

33 아우구스티누스, 『신국론』, 같은 곳.
34 "자기 원하는 대로 사는 사람은 행복하다고들 누구나 말한다. 그러나 이것은 거짓이다. 인간에게 합당치 못한 바를 원한다는 것은 더없이 가련한 일이다! 또 불행이 있다면 소망하는 바에 도달 못하는 데에 있다기보다는, 합당한 소망도 못 되는 것을 소망하고 또 거기 도달하는 데에 있다." 이 인용은 원래 지금은 소실된 키케로의 『호르텐시우스』에 나오는 것이다. Cicero, *Hortensius*, fragment 39, ed. Mueller, 317. 『삼위일체론』 13.5.8에서 인용되고 있다. 크레모나 저·성염 역, 『성아우구스티누스전』(바오로딸, 1992), p.43. "사람이 사랑하는 바를 소유할 때 행복하다고 말할 수 있다. 하지만 진정 행복한 사람은 사랑하는 바를 소유하는 사람이 아니라 사랑할 만한 것을 사랑하는 사람이다."『시편상해』 26,7. 크레모나 편·성염 역, 『명상록』(바오로딸, 1991), p.38에서 재인용.
35 아우구스티누스 저·성염 역주, 『신국론』 14권 25장(분도, 2004), pp.1529~1531.
36 아우구스티누스는 용기에 대한 당대의 칭송 중의 하나인 '자살에의 용기'를 검토하면서, 철학자로 하여금 죽음을 감행하게 만드는 불의와 악의 무게를 분석해 낸다. 날로 과중해지는 악에 패배하여 스스로 죽음을 결행한다면 불행에 결국 진 것이며, 용기를 통해 행복을 추구했지만 결국 패배를 당한 셈이라는 것이다. 용기가 빛을 발하는 현실은 안타깝게도 그것이 비참함을 웅변적으로 증명한다. "인생의 위험과 수고와 고통의 위력에 맞서서 저런 덕목들이 큰 도움이 되면 될수록, 그것은 인생에는 비참함이 엄연히 존재한다는 사실에 대한 더욱 신빙성 있는 증거가 아닐 수 없다" 성염 역주, 『신국론』 19권 4장, pp.2159~2161.
37 아우구스티누스 저·성염 역주, 『신국론』 19권 7장, pp.2169~2171.
38 Harrison, C., *Augustine: Christian Truth and Fractured Humanity,* (Oxford 2000) xiii.
39 성염 역주, 『신국론』 19권 24장, pp.2241~2243; Horn, Chr., *Augustin* (Muenchen, 1995) pp.118~119.
40 성염 역주, 『신국론』 19권 23장, p.2241.
41 Harrison, C., 같은 곳. "우리가 여하한 덕성을 갖고서 악습에 대항하여 싸우든, 그래서 비록 악습을 극복하고 복종시키는 일이 있더라도, 우리가 이 육체 속에 머물러 있는 동안은 하느님께 '우리의 죄를 용서하소서'라고 말씀드리지 않을 수 없음을 우리는 안다. 우리가 불사불멸하는 육체를 지닌 채 항상 존재하게 될 나라에서

는 우리에게 싸움도 일체 없을 테고 죄도 일체 없을 것이다. 또 우리 자연본성이 원래 바르게 창조 받았던 것처럼 그대로 지속했더라면 그런 것들이 어느 곳 어느 때도 없었을 것이다. 그런 점에서 우리의 이 갈등, 우리가 위험에 내맡겨지고 최후의 승리로 벗어나기를 열망하는 이 갈등 역시 이 인생의 악에 해당하며, 그 숱하고 엄청난 악들을 증거로 삼더라도 이 인생이 단죄 받은 인생임을 우리는 입증하는 바이다." 아우구스티누스 저·성염 역주, 『신국론』 22권 23장, pp.2677~2679.

42 현대에서는 예기치 않았던 사고와 같이 우연적인 요소가 가져다 줄 위험까지도 보험이라는 형태로 계산에 넣고 있다. 아우구스티누스의 지적은 결국 당신이 아무리 비싼 보험을 들어 놓았다 하더라도 불안까지 제거할 수는 없으며, 그런 불안을 안고 사는 한 행복을 누리는 것이 아니라는 것이다.

43 성염 역주, 『신국론』 19권 4.1장, pp.2147~2149. 번역 일부 수정.

44 중력이 물체 전체에 작용하여 끌어가듯, 사랑이 정신을 끌어가는 비유에 대해서는 성염 역주, 『신국론』 11권 28장, pp.1217~1219.

45 아우구스티누스는 진정 사랑할 만한 것을 '우리의 의지에 반하여 잃을 수 없는 것'으로 이해하고 진리와 지혜를 그러한 것으로 제시하고 있다. 성염 역, 『자유의지론』 2권 13.37~38(분도, 1998), p.229.

46 이 절의 이하 내용 중 일부는 강상진, 「아우구스티누스와 고전적 덕론의 변형」, 『인간 환경 미래』 5(2010)에서 가져왔다.

47 Harrison, C., *Augustine: Christian Truth and Fractured Humanity,* (Oxford, 2000) pp.93~94.

48 아우구스티누스 저·성염 역주, 앞의 책, 14권 6장, p.1449.

49 아우구스티누스 저·성염 역주, 앞의 책, 11권 28장, p.1217. 번역은 필자의 것.

50 성염 역주, 『신국론』 15권 22장, pp.1639~1641.

51 "참 하느님을 알지 못하고 그분의 통치권에 복속하지 않고 부패하기 이를 데 없고 또 남을 부패시키는 정령들에게 몸을 파는 지성이 어떻게 육체와 악덕들을 다스리는 주인이 될 수 있겠는가? 그러므로 스스로 덕성을 갖추었노라고 자부하고 그 덕성으로 육체와 악덕에 명령을 내린다 하더라도, 그것이 하느님이 아닌 다른 것을 획득하고 보존하는 목적에 연관된다면 그것은 덕이라기보다도 차라리 악덕이다. 덕목이 다른 이유로 추구되지 않고 오직 덕목 자체로만 연관된다면 진실하고 고상한 덕목이

라고 여길 사람들이 있을지 몰라도, 그런 경우는 스스로 으스대는 오만한 덕목일 터이고 따라서 덕이 아니며 오히려 악덕이라고 단정 지어야 한다. 육을 살게 만드는 것이 육에서 오지 않고 육 위에 있듯이, 인간을 행복하게 만드는 것은 인간에게서 오지 않고 인간 위에 있다." 성염 역주, 『신국론』 19권 25장, pp.2243~2245.

52 『가톨릭교회의 관습과 마니교도의 관습』 1.15.25.

53 지성을 인간 안에 있는 신적인 것으로 보면서 지성을 통한 초월을 얘기하는 대목: 각주 229.

54 문명적으로는 아테네-로마로 이어지는 지중해 문명에 속하는 사람이지, 이후 옥스퍼드-파리-쾰른으로 이어지는 유럽 대륙의 중세 문명에 속하는 사람은 아니다.

55 Celano, A. J., "Robert Kilwardby and the Limits of Moral Science", (ed.) Long R.J., *Philosophy and the God of Abraham: Essays in Memory of James A. Weisheipl, OP* (Toronto, 1991), pp.38~39.

56 Celano, A. J., "Act of the intellect or act of the will. The critical reception of Aristotle's ideal of human perfection in the 13th and early 14th century", *Archives d'Histoire Doctrinale et Litteraire du Moyen Age* 57(1990), p.101.

57 앞의 논문 p.107.

58 앞의 논문 pp.108~109.

59 앞의 논문 pp.111~117.

60 앞의 논문 p.119.

61 Forschner, M., *Über das Glück des Menschen* (Darmstadt, 1993) VII.

62 MacIntyre, A., *After virtue : a study in moral theory* (London, 1985), p.58.

63 필자는 우선적으로 울리히 벡의 '위험사회론'을 염두에 두고 있다. 울리히 벡 저·홍성태 옮김, 『위험사회: 새로운 근대(성)를 향하여』(새물결, 1997).

윤리학·사회학의 행복론 | 삶을 사랑하는 법, 혹은 두 번의 긍정

1 조갑제, 『내 무덤에 침을 뱉어라』 1~8(조선일보사, 1998~2001).

2 진중권, 『네 무덤에 침을 뱉으마』 1~2(개마고원, 1998).

3 Ed Diener et al., "Unhapiness in South Korea: Why It Is High and What Might

Be Done About It",『2010 한국심리학회 연차학술대회 자료집』(한국심리학회, 2010), pp.21~23.

4 같은 글, p.3.

5 Martin Saligman, *Authentic Happiness,* 김인자 역,『긍정심리학』(도서출판 물푸레, 2006), p.98.

6 같은 책, p.98.

7 이른바 '묻지마 살인'의 한 극단이었던 2008년 아키하바라 살인사건의 범인은 토요타 자동차 하청공장의 파견노동자였다. 일본 비정규직 노동운동의 리더 중 한 사람인 아마미야 카린(雨宮處凜)은 파견노동으로 인해 모르는 사람 사이를 전전해야 하기에 교류도 대화할 친구도 갖지 못하는 불안정하고 고립적인 상황이 파견노동자를 이런 절망적인 상태로 몰고 간 것이라고 지적한 바 있다(「プレカリアとの亂?」,『脫'貧困'への政治』, 岩波書店, 2009, pp.34~37).

8 이에 대해서는 조원광,「유연화 체제의 프롤레타리아트, 비정규직」,『알』2호(2008) 참조.

9 1995년 일본의 경영자 단체인 일경련은「새로운 시대의 일본적 경영」이라는 보고서를 제출하는데, 그것의 요지는 정규직 사원의 평생고용을 축으로 하는 이른바 '일본식 경영'을 해체하여 비정규직 노동을 적극적으로 도입하는 것이었다. 이러한 전략 변환을 통해, 86년 제정된 노동자파견법을 개정하여 파견업종을 자유로이 함으로써 비정규직 노동을 전면화했다. 이후 비정규직 노동자는 급증하여 2008년에는 전체 노동자의 35% 정도를 차지하게 되었고, 노숙자와 빈민이 급증하게 된다. 이에 대해서는 모리타 미노루(森田實)·아마미야 카린,『國家の貧困』, 日本文藝社, 2009, p.130 이하; 우츠노미야 켄지(宇都宮健兒)·유아사 마코토(湯淺誠) 編,『派遣村』, 岩波書店, 2009, pp.20~22 참조.

10 서은국·구재선·이동귀·정태연·최인철,「한국인의 행복지수와 그 의미」,『2010 한국 심리학회 연차학술대회 자료집』(한국 심리학회), p.225.

11 같은 책, pp.221~23.

12 Martin Saligman, 앞의 책, p.91.

13 서은국·구재선·이동귀·정태연·최인철, 앞의 책, pp.228~29.

14 임영진·고영건·신희천·조용래,「한국인의 정신건강」,『2010 한국 심리학회 연차학술대회 자료집』(한국심리학회). 여기서 '정신적 웰빙'이란 스스로의 삶에 만족하고

행복감과 즐거움 등의 긍정적 정서를 많이 경험하며, 불안 분노 등의 부정적 정서를 적게 경험하는 것으로, 정서적 웰빙과 심리적 웰빙(개인의 기능에 대한 주관적 평가), 사회적 웰빙(사회의 기능에 대한 주관적 평가)을 포함한다고 한다(같은 책, p.233).

15 같은 책, pp.244~47.
16 같은 책, pp.250~251.
17 같은 책, p.251.
18 M. Saligman, 앞의 책, pp.12~13.
19 같은 책, p.35.
20 같은 책, p.85.
21 같은 책, p.89.
22 같은 책, p.201.
23 같은 책, p.81.
24 Joshua Wolf Shenk, "What Makes Us Happy?", *Atlantic Monthly*, 2009, June에서 재인용.
25 M. Saligman, 앞의 책, pp.81~82.
26 "긍정적 정서는 우리의 지적·신체적·사회적 자산을 지속적으로 확충하고 형성하여 위기에 처할 때와 기회가 있을 때마다 활용하게 한다. 긍정적 기분에 처해 있을 때 다른 사람들이 우리를 더 좋아하게 되고, 따라서 우정·애정·유대감이 돈독해질 가능성이 아주 높아진다. 또한 부정적 정서에 휩싸여 있을 때와는 달리 정신작용이 활발해지고 인내심과 창의력이 커진다. 그런 만큼 새로운 사상과 낯선 경험에도 마음을 열게 된다."(M. Saligman, 앞의 책, p.70)
27 같은 책, p.82.
28 George Vailant, *Aging Well*, 이덕남 역, 『행복의 조건』(프런티어, 2010), p.49.
29 Henri Bergson, *L'Evolution créatrice*, 황수영 역, 『창조적 진화』(아카넷, 2005), p.230.
30 이러한 감정들은 '나'의 능력의 감소를 야기한다는 점에서 공통적이며, 이런 점에서 '슬픔'이라는 감응(affect)의 일종이라고 스피노자는 정의한다(Benedict de Spinoza, *Ethica*, 강영계 역, 『에티카』, 서광사, 1990, p.188 이하).

31 Sigmund Freud, 「자아와 이드」, 박찬부 역, 『쾌락원칙을 넘어서』(열린책들, 1997), p.100.
32 S. Freud, 「'신비스런 글쓰기 판'에 대한 소고」, 박찬부 역, 앞의 책, p.191.
33 S. Freud, 「쾌락원칙을 넘어서」, pp.41~42.
34 G. Vailant, 앞의 책, pp.109~10.
35 같은 책, p.132.
36 같은 책, p.290.
37 같은 책, p.281.
38 같은 책, pp.285~88.
39 같은 책, pp.302~03.
40 J. Shenk, 앞의 글, p.17.
41 Friedrich Nietzsche, Zur Geneologie der Moral, 김정현 역, 『선악의 저편/도덕의 계보학』(책세상, 2002), p.451.
42 Gille Deleuze, *Nietzsche et la philosophie*, 신순범 외 역, 『니체, 철학의 주사위』(인간사랑, 1993), p.96.
43 Gille Deleuze/ Félix Guattari, *Anti-OEdipe*, Minuit, 1972.
44 F. Nietzsche, *Jenseit von Gut und Böse*, 김정현 역, 『선악의 저편/도덕의 계보』(책세상, 2002), pp.35~36.
45 Martin Heidegger, *Sein und Zeit*, 이기상 역, 『존재와 시간』(까치, 1998), p.160.
46 Antonin Artaud, *Van Gogh, suicidé par la société*, 조동신 역, 『나는 반 고흐의 자연을 다시 본다』(도서출판 숲, 2003).
47 시선을 나 자신으로 돌리면, 내 자신의 신체 또한 100조 개 정도의 세포들로 구성된 공동체임을 볼 수 있다. 거기서 가령 나의 손은 끊임없이 피를 돌리는 심장에, 산소를 공급하는 허파에, 음식을 씹는 입과 이빨에, 음식을 분해하고 흡수하는 위와 장에 기대어 존재한다. 모든 세포, 모든 부분이 다른 모든 것들에 기대어 존재한다. 나의 신체 자체가 하나의 거대한 공동체인 것이다. 이러한 존재론적 공동체론에 대해서는 이진경, 「코뮨주의에서 공동성과 특이성」, 『탈경계 인문학』(이화인문과학원), 2010년 여름호 참조.
48 B. Spinoza, 『윤리학』, p.142.

49 Michel Foucault, *Histoire de la séxualité 3*, 이영목 역, 『성의 역사 3: 자기에의 배려』(나남출판, 2004).

50 谷川雁,「政治的 前衛とサークル」, 岩崎稔・米谷匡史 編, 『谷川雁セレクション』 I(日本經濟評論社, 2009), p.363.

51 이진경,「무아의 철학과 차이의 철학」, 『노마디즘』 2(휴머니스트, 2002) 참조.

심리학의 행복론 | 긍정심리학, 개인과 사회의 상생적 행복을 꿈꾸다

1 권석만, 2008; Seligman, 2000.

2 Seligman, 1999.

3 Deci & Ryan, 2008.

4 민중서림 편집국, 2001.

5 한글판 위키백과: www.ko.wikipedia.org

6 Compton, 2005.

7 Diener, 1984; Kahneman, Diener, & Schwarz, 1999.

8 Diener, Suh, Lucas, & Smith, 1999.

9 Satisfaction With Life Scale; Diener, Emmons, Larsen, & Griffin, 1985.

10 출처는 Diener 등(1985)이며 필자가 번역한 것이다.

11 Positive Affectivity and Negative Affectivity Scale; Watson, Clark, & Tellegen, 1988.

12 Multiple Affect Adjective Check-List: Zuckerman & Lubin, 1965.

13 Profile of Mood States: McNair, Lorr, & Droppleman, 1971.

14 Ryff & Singer, 2008.

15 Compton, 2005.

16 Wikipedia: http://en.wikipedia.org/wiki/Eudaimonia

17 Wikipedia: http://en.wikipedia.org/wiki/Virtue

18 Carol Ryff, 1989, 1995; Ryff & Singer, 2008.

19 Carol Ryff, 1989.

20 Psychological Well-being Inventory: Ryff & Singer, 1996.

21 Ryff & Singer, 2001; Singer & Ryff, 2001.

22 WHO, 2001, p.1.

23 Adams, Bezner, & Steinhart, 1997; Owen, 1999.

24 WHO, 2005, p.2.

25 Ralph & Corrigan, 2005.

26 Peterson C., & Seligman, M. E. P, 2004.

27 Peterson, 2006.

28 Myers, 2007.

29 Diener & Biswas-Diener, 2002.

30 Diener et al., 1985.

31 Diener, Suh, Lucas, & Smith, 1999.

32 Reis & Gable, 2003.

33 Cohen & Herbert, 1996.

34 Diener, 1984.

35 권석만, 2010.

36 Peterson, 2006.

37 Austin & Vancouver, 1996.

38 권석만, 2010.

39 Austin & Vancouver, 1996.

40 Hsee & Abelson, 1991.

41 Michalos, 1985.

42 Lyubomirsky & Ross, 1997.

43 Brickman, Coates, & Janoff-Bulman, 1978.

44 이 절은 필자가 다른 학술지에 발표한 논문(권석만, 2010)의 일부 내용을 발췌하여 소개한 것이다.

45 권석만, 2010.

46 Seligman, 2002.

47 Seligman, 2002.

48 Seligman, 2002.

49 Peterson C., & Seligman, 2004.

50 Peterson C., & Seligman, 2004.

51 Peterson, C., Park, N., & Seligman, 2005.

52 권석만, 유성진, 임영진, 김지영, 2010.

53 Seligman, 2002.

54 Peterson C., & Seligman, 2004.

55 Seligman, Rashid, & Parks, 2006; Seligman, Steen, Park, & Peterson, 2005.

56 경찰청, 2010.

57 조맹제, 2010.

58 통계청, 2010.

59 Kahneman et al., 1999.

60 Diener, Suh, Kim-Prieto, Biswas-Diener, & Tay, 2010.

61 Diener, 2010.

■ 책을 만든 사람들

박찬욱 (밝은사람들 연구소장)

김재성 (서울불교대학원대학교 불교학과)

미　산 (중앙승가대학교 포교사회학과)

최연철 (동국대학교 티벳장경연구소)

박영환 (동국대학교 중어중문학과)

강상진 (서울대학교 철학과)

이진경 (서울과학기술대학교 기초교육학부)

권석만 (서울대학교 심리학과)

'밝은사람들연구소'에서 진행하는 학술연찬회에 관심이 있으신 분은 전화(02-720-3629)나 메일(happybosal@paran.com)로 연락하시면 관련 소식을 받아보실 수 있습니다.

행복, 채움으로 얻는가 비움으로 얻는가

초판 1쇄 발행 2010년 12월 7일 | 초판 2쇄 발행 2011년 4월 25일
집필 미산 외 | 펴낸이 김시열
펴낸곳 운주사 (136-034) 서울시 성북구 동소문동 4가 270번지 성심빌딩 3층
전화 (02) 926-8361 | 팩스 0505-115-8361
ISBN 978-89-5746-259-1　94100　값 20,000원
www.cafe.daum.net/unjubooks 〈다음카페:도서출판 운주사〉